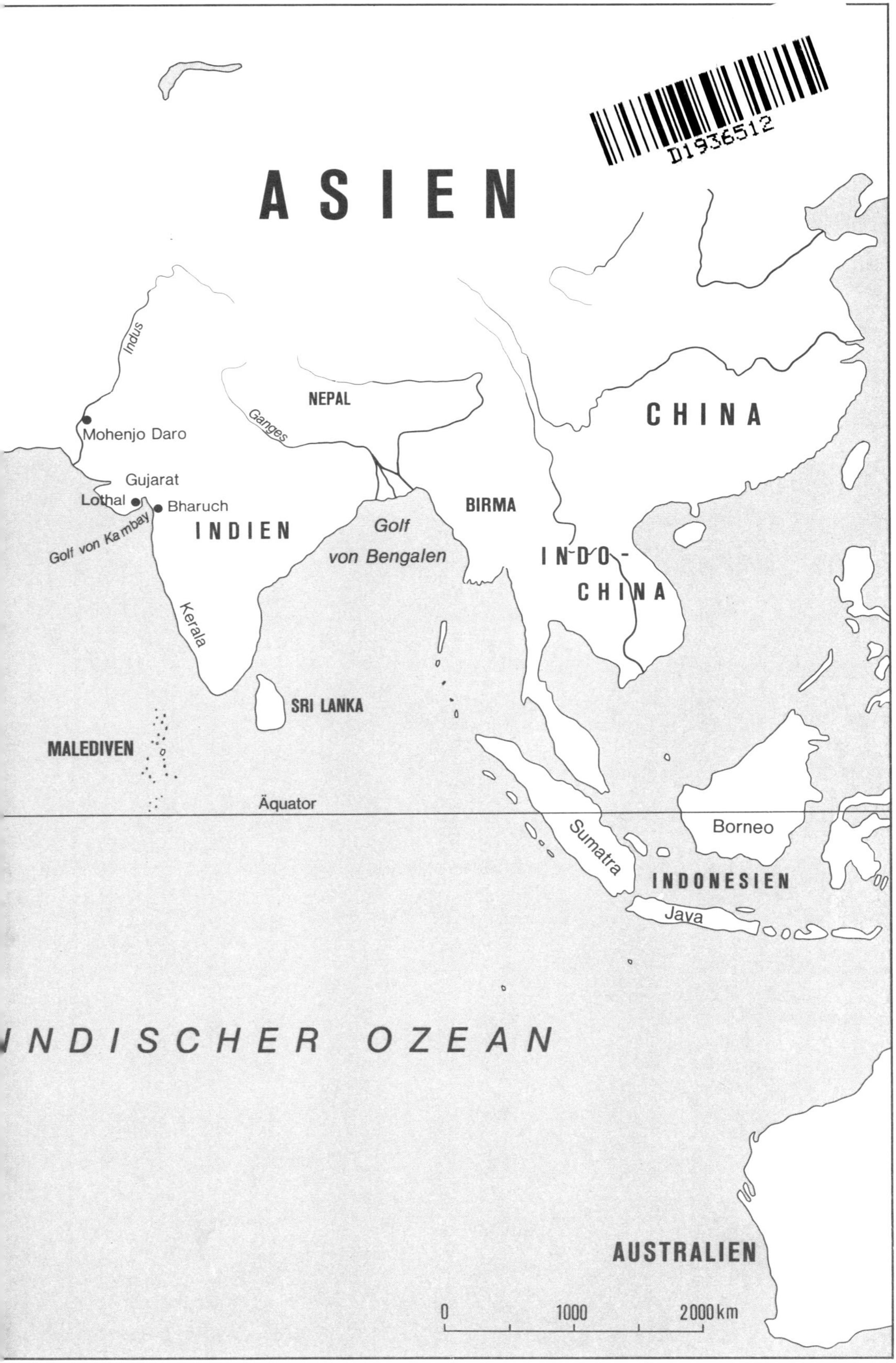
ASIEN
CHINA
NEPAL
Indus
Ganges
Mohenjo Daro
Gujarat
Lothal
Bharuch
INDIEN
Golf von Kambay
Golf
von Bengalen
BIRMA
INDO-
CHINA
Kerala
SRI LANKA
MALEDIVEN
Äquator
Sumatra
Borneo
INDONESIEN
Java
INDISCHER OZEAN
AUSTRALIEN
0
1000
2000 km

CB

Thor Heyerdahl

Fua Mulaku

Reise zu den
vergessenen Kulturen
der Malediven

C. Bertelsmann

Fotonachweis:
Michael Friedel, Dietramszell: Doppelseite nach Seite 292.
Alle anderen Fotos: Sebra Film, Stockholm.

Aus dem Englischen übersetzt von Wolfgang Rhiel.

© 1986 C. Bertelsmann Verlag GmbH, München/54321
Lektorat: Dr. Dieter Struss, Grafing bei München
Gesamtherstellung: Mohndruck Graphische Betriebe GmbH, Gütersloh
ISBN 3-570-01800-8 · Printed in Germany

Inhalt

Kapitel 1

Das Geheimnis der tausend Inseln

Die begrabenen Statuen und das Jungfrauenopfer

Schwarze Erdklumpen und grünes Moos kullerten über den roten Teppich des Präsidentenpalastes, als unsere alten Kartoffelsäcke aufgeschlitzt wurden, und dann rollten die schweren Steine heraus. Sie kamen direkt aus dem Urwald und waren noch mit Flechten und Moos bedeckt.

Die Augen hinter den Brillen der kleinen Gruppe von Würdenträgern, die der seltsamen Zeremonie beiwohnten, wurden groß und größer. Seine Exzellenz Maumoon Abdul Gayoom, der Präsident der noch jungen Republik der Malediven, gab sich keine Mühe, seine Freude zu verbergen, ebensowenig wie die hohen Beamten in ihren dunklen Anzügen, die ehrerbietig neben ihm standen. Die verwirrten Bediensteten und Soldaten aber, die die Säcke hereingeschleppt hatten, zogen sich mit halb ehrfurchtsvollen, halb fassungslosen Gesichtern zurück. Noch nie war so etwas in das vornehme Innere des Palastes gelangt, und sie hätten es nicht einmal auf den Boden ihrer eigenen Hütten geschüttet.

Auf dem Teppich vor uns lagen mehrere verwitterte Kalksteinblöcke, die irgendwann einmal fein säuberlich aus dem weißen Muttergestein der Insel geschnitten worden waren, jetzt aber dunkelgrau vor Alter aussahen und auf einer Seite ein noch immer gut sichtbares, von Flechten überwachsenes Relief trugen. An der anderen Seite befand sich oben ein Halsglied, das in eine Mauer paßte.

Die Symbole waren so herausgemeißelt, daß sie sich in Fingerstärke vom übrigen Stein abhoben. Am auffälligsten waren die großen Sonnensymbole, so groß wie Eßteller. Eine runde, in der Mitte befindliche Scheibe, die die Sonne darstellte, war von erhabenen Ringen mit immer größer werdendem Durchmesser umgeben. Seit der Zeit der ältesten Kulturen in Mesopotamien und Ägypten war dies das klassische Bild der Sonnengottheit bei allen die Sonne verehrenden Völkern gewesen. Einige der mit Sonnen verzierten Steine hatten ein etwas vornehmeres Aussehen. Ihre Sonnen hatten auf beiden Seiten Flügel, wodurch das Muster dem Emblem einer modernen Luftfahrtgesellschaft ähnelte. Die geflügelte Sonne war auch charakteristisch für die alte Kunst in Ägypten und Mesopotamien.

Einige Steine sahen ganz anders aus und waren viel reichhaltiger verziert. Mehrere frei stehende Sonnenblumen wechselten sich mit einem erhöhten Symbol aus senkrechten Stäben ab, die von drei übereinander stehenden Punkten flankiert wurden und fast wie Zahlenhieroglyphen der Mayas wirkten. Über dieser Reihe lief ein breiteres Band aus Lotosmotiven seitlich um den Stein. Auch die Sonnenblume war ein Sinnbild der frühen Sonnenanbeter, und die Lotosblume verkörperte vom Ägypten der Pharaonen bis nach Mesopotamien und dem alten Indien den Sonnenaufgang.

Ohne Frage hatten wir etwas entdeckt, das niemand auf Inseln so weit draußen im Indischen Ozean vermutet hatte. Selbst die Inselbewohner gaben zu, noch nie etwas Derartiges gesehen zu haben. Sie waren Moslems. Alle Bewohner des Malediven-Archipels waren Moslems, wie ihre Vorfahren seit achthundert Jahren, das heißt, seit der herrschende Sultan im Jahr 583 des Propheten den islamischen Glauben angenommen und durch Gesetz zur Staatsreligion gemacht hatte – nach christlicher Zeitrechnung also seit 1153. Seit dieser Zeit also wäre niemand auf den Gedanken gekommen, solche Motive auf dem Malediven-Archipel in Stein zu hauen. Es ist sogar so, daß sich niemand dort niederlassen kann, wenn er nicht vorher zum Islam übertritt.

Und wir, die wir gerade auf den Malediven angekommen waren, hatten diese Steine entdeckt. Sie waren nicht einfach zu finden gewesen, hatten, von Moos überwachsen, unter Farn und Laub im Urwald gelegen. Wir hatten sie auf einer unbewohnten Insel entdeckt, so weit südlich und so weit von der Hauptstadt Malé und den Touristenrouten entfernt, wie es möglich gewesen war, in dieses langgestreckte Archipel vorzudringen. Was wir mitgebracht hatten, war, wie wir wußten, lediglich eine Kostprobe dessen, was noch im Dschungel ruhte. Wir hatten diese Kleinodien zunächst in das kleine moslemische Museum in der Hauptstadt gebracht, woraufhin der Präsident angeordnet hatte, sie in den Palast zu bringen, damit er sie persönlich in Augenschein nehmen konnte. Er empfing uns freundlich und sah voller Würde zu, wie die Kartoffelsäcke ankamen. Aber als er den Inhalt erblickte, kam Leben in ihn, wie bei einem kleinen Jungen, der verzückt die Geschenke betrachtet, die der Nikolaus aus seinem Sack zieht. Schließlich erhob er sich langsam und sagte stolz:

»Wir sind eine junge Republik, das ist richtig. Doch jetzt haben wir den Beweis, daß auch wir eine große Geschichte haben, genau wie unsere Nachbarn auf dem Festland!«

Die Steine lagen immer noch auf dem roten Teppich, als wir den Palast verließen. Die Wachen sollten sie zurück in das einzige Museum des Landes bringen, wo sie vorübergehend in einer Ecke verstaut werden mußten, weil sie überhaupt nicht zur islamischen Kunst und Geschichte paßten, denen das Gebäude gewidmet war. Ich verließ den Palast mit dem herrlichen, aus Walfischknochen gefertigten Modell eines maledivischen *Dhonis,* eines Segelboots, und mit einer persönlichen Einladung des Präsidenten, die ersten archäologischen Ausgrabungen zu organisieren, die je auf den schätzungsweise eintausendzweihundert Inseln durchgeführt werden sollten, aus denen sein Land bestand.

Nach einer erfrischenden Dusche legte ich mich auf das Bett meines Zimmers in dem kleinen öffentlichen Gästehaus, nur ein paar Schritte vom Palast entfernt. Auf dieser kleinen Hauptinsel Malé war alles zu Fuß zu erreichen.

Ich schaltete den Deckenventilator an, stellte ihn aber wieder ab. Bei dem Lärm konnte ich nicht nachdenken. Denn nachdenken mußte ich, wenngleich Gedanken ein unnötiger Aufwand bei diesen angenehmen tropischen Temperaturen zu sein schienen. Die Sonne, das Meer, der weiße Sand und die Kokospalmen draußen luden zu süßem Nichtstun und Sorglosigkeit ein. Aber als ich mein sonnenwarmes Gehirn zu einigen Überlegungen zwang, wurde die Lage doch hinreichend klar. Noch vor einem Monat hatte ich kaum gewußt, wo die Malediven lagen. In der vergangenen Woche war ich zum erstenmal hierhergekommen, hatte einen Tag im selben Hotel verbracht, bevor Björn Bye und ich zu den südlichen Atollen aufgebrochen waren. Jetzt waren wir wieder in Malé, und ich lag auf demselben Bett und dachte über eine unerwartete Einladung des Präsidenten nach, den Versuch zu unternehmen, die verlorene Vergangenheit seines Landes wiederzufinden, während fünf schwere Steine in schmutzigen Kartoffelsäcken vom Palast zurück ins Landesmuseum gebracht wurden und elf weitere auf einem Schiff hierher unterwegs waren.

Unfaßbar!

Unfaßbar, denn ich wußte so gut wie nichts über dieses Land. Ein bloßer Zufall hatte mich hierher verschlagen, und ich war völlig unvorbereitet. Die Touristen, die auf dem Flugplatz der Nachbarinsel landeten, waren im Durchschnitt wahrscheinlich dank der Lektüre der in ihrer Landessprache verfaßten Ferienführer besser vorbereitet als ich. Bis vor einer Woche waren diese Inseln für mich nichts als Punkte auf einer Meereskarte mit so seltsamen Namen für mich gewesen, daß ich beim Lesen immer wieder stolperte. Ich beherrschte die Landessprache nicht, die *Divehi* heißt, und verstand nicht die eigenartigen Zeichen ihrer Schrift. Mir kam diese seltsame Schrift wie zerhackte Spaghetti vor, die man zu Zeilen zusammengeworfen hatte. Sie wird *Gabuli tana* oder *Tana akuru* genannt und von rechts nach links geschrieben.

Wie konnte ich mit einer vernünftigen Suche nach etwas beginnen, was diese des Lesens und Schreibens kundigen Menschen nicht längst über ihre Vorfahren wußten?

Und auf welcher der eintausendzweihundert Inseln?

Dieser Aufgabe mußte sich jemand annehmen, der mehr über die örtlichen Gegebenheiten wußte als ich.

Aber hier bot sich auch eine außergewöhnliche Herausforderung. Hier lag ein Land mitten im Meer, das inzwischen Mitglied der Vereinten Nationen war und dessen Ursprünge sich dennoch im dunkeln verloren. Noch nie war ein Archäologe gekommen, diese abseits liegenden Inseln zu erforschen. Sie lagen zu weit draußen im Meer.

Aber eins hatte ich doch voraus. Ich kannte mich im Umgang mit frühgeschichtlichen Schiffen aus. Aus diesem Grund hatten wir auch diese Steine entdeckt. Ich hatte ganz gezielt dort gesucht, wo primitive Schiffe höchstwahrscheinlich hätten anlaufen können. Viel zu lange hatte die Theorie gegolten, die Seefahrer der präeuropäischen Kulturen hätten aus Angst vor dem Meer und mangels seetüchtiger Schiffe lediglich Küstenschiffahrt betrieben. Aber meine Freunde und ich hatten in den vorangegangenen Jahren frühgeschichtliche Floßtypen getestet und mit ihnen drei Weltmeere überquert. Bei unserem letzten Unternehmen, der Fahrt mit dem Schilfboot *Tigris* vom einstigen Mesopotamien zum Indus-Tal, hätten wir ohne Schwierigkeiten weiter die indische Küste entlang und hinaus zu den Malediven segeln können. Aber wir beschlossen damals, quer über den Indischen Ozean nach Afrika zu kreuzen. Dank dieser Expedition war ich diesmal den Verlokkungen der Malediven erlegen. Die Malediver glaubten nicht, daß präeuropäische Seefahrer vor den Küsten gekreuzt waren. Sie wußten, daß ihre Vorfahren in präeuropäischer Zeit über das offene Meer gekommen waren. Aber sie wußten nicht von wo.

Sie wußten außerdem, daß ihre Vorfahren später Besuch von seefahrenden Arabern bekommen hatten, und selbst diese Araber waren dort gewesen, Jahrhunderte bevor Kolumbus die Meere befuhr. Ihre geschriebene Geschichte ging bis ins zwölfte nachchristliche Jahrhundert zurück, festgehalten mit der eigenen Schrift, die in Kupferplatten geritzt wurde, die man dann zu regelrechten Büchern zusammenband. Daher wußten sie, daß seefahrende Araber 1153 den islamischen Glauben gebracht hatten. Und jetzt waren wir in ihren Wäldern auf bearbeitete Steine gestoßen, Überreste derjenigen, die schon vor den Arabern zu diesen Inseln gesegelt waren und die Sonne anbeteten, nicht Allah.

Der Präsident hatte recht. Das Malediven-Archipel war als Republik noch jung. Der letzte totalitäre Sultan war erst 1968 durch eine demokratische Regierung ersetzt worden. Dennoch konnten diese einfachen Inselbewohner der Welt dank achthundertjähriger schriftlicher Überlieferung von ihrer friedlichen Geschichte berichten. Was sich vorher hier ereignet hatte, war Terra incognita und stand jedem zur Erforschung offen.

Bisher wußte niemand etwas.

Wenn ich mit einer Untersuchung vor Ort beginnen sollte, mußte ich bei Null anfangen. Zunächst einmal mußte ich erfahren, was andere bereits wußten. Aber danach besaß ich einen eindeutigen Vorsprung. Ich hatte die haltbare Theorie als Wegweiser, die mir geholfen hatte, direkt zu jenen Steinen zu finden, die die Malediver selbst jetzt in ihr Museum brachten. Sicher waren im Strom der Touristen viele Wissenschaftler auf die Malediven gekommen. Die Touristen waren wegen der Sonne gekommen. Die Wissenschaftler waren gekommen, um das Leben der heutigen Bevölkerung zu erforschen und darüber zu berichten. Aber unter ihnen waren keine Archäologen gewesen. Ich sollte bald erfahren, daß einige Unentwegte tatsächlich ihr Glück mit Hacke und Schaufel vor einigen Jahrzehnten versucht hatten, aber ihre Arbeit war nicht von seiten der modernen Wissenschaft fortgesetzt worden.

Das Heulen einer Düsenmaschine über mir trieb mich ans Fenster. Ein Riese des zwanzigsten Jahrhunderts landete auf dem schmalen Betonband, das erst vor kurzem voller Vertrauen von zwei arabischen Brüdern erbaut worden war, indem man einfach eine kleine, der Insel Malé vorgelagerte Insel erweitert hatte. Deutsche, italienische und schwedische Touristen strömten die Gangway hinunter in das kleine Abfertigungsgebäude des Flughafens. Noch keine andere Nation schien dieses sonnenflirrende Paradies richtig entdeckt zu haben. Kaum einer dieser Touristen würde sich auf Malé oder einer anderen Malediven-Insel zeigen, die von Einheimischen bewohnt war. Die Regierung hatte für die Zerstreuung der zahlenden Touristen die Sonne und den Sand einer Reihe bisher unbewohnter Inseln auf den Atollen in der Nähe von Malé und dem Flughafen reserviert.

Aus irgendeinem Grund schien es so, als hätte die Sonne eine sehr lange Tradition, die Menschen zu den Malediven zu locken. Auch schon in vorgeschichtlichen Zeiten. Was wir entdeckt hatten, waren die Ruinen eines Sonnentempels, und nichts als die Sonne hatte uns auch dorthin geführt. So einfach war das gewesen. Es war ein kurzer und direkter Weg.

Es war die Sonne gewesen, die mich zum Sonnentempel gebracht hatte, aber ein Luftpostbrief hatte mich auf diese Inseln gebracht. Vor gut einem Monat, als die Malediven für mich noch nichts weiter als Punkte auf der Landkarte waren, hatte ich in meinem Briefkasten einen festen Umschlag mit exotischen Briefmarken aus Sri Lanka gefunden.

So hatte alles angefangen.

Der Umschlag enthielt ein großformatiges Foto. Ich erwartete, herrliche Farbfotos von den Palmen und Stränden auf Sri Lanka zu sehen, erlebte jedoch eine Überraschung. Es war eine Schwarzweißaufnahme, auf der nichts weiter zu sehen war als der Kopf und die Schultern einer großen steinernen Bildsäule, die aus dem Boden ragte. Der Kopf war meisterhaft gearbeitet und gut erhalten. Ein schwach lächelnder, freundlich blickender Mensch mit einer Eigenart, die sofort meine Aufmerksamkeit auf sich zog: die Ohren. Die Ohrläppchen waren so ausgeweitet, daß sie bis auf die Falten des Gewandes hingen, das der Dargestellte über den Schultern trug. Obwohl die Skulptur einen Mann darstellte, sah es so aus, als ob das lockige Haar oben auf dem Kopf zu einem kleinen Knoten zusammengebunden gewesen wäre.

Die steinerne Statue eines Mannes mit langen Ohren und einem Haarknoten.

Ich war plötzlich hellwach. Dies war eine Neuauflage des Geheimnisses der Osterinsel, das mich schon so lange beschäftigte. Auf der Osterinsel gab es Hunderte riesiger Steinbüsten, die wie diese aus dem Boden ragten und Männer mit bis auf die Schultern hängenden Ohren und einem auf dem Kopf sitzenden Haarknoten darstellten. Keine Frage, die dortigen Statuen waren vom Stil her steif und konventionell. Die Bildsäule auf diesem Foto wirkte dagegen sehr wirklichkeitsnah. Aber wenn die Aufnahme aus einem Gebiet stammte, das nicht so weit von der Osterinsel entfernt war, daß eine Verbindung auf dem Wasserweg möglich war, bestand vielleicht eine ursprüngliche Beziehung zwischen den Schöpfern dieser alten steinernen Denkmäler.

Ungeduldig entfaltete ich den beiliegenden Brief, um zu erfahren, wo diese Aufnahme gemacht worden war. Der Brief kam tatsächlich aus Sri Lanka, aber das Foto stammte von einem Atoll aus den Malediven.

Dann konnte es keine Verbindung geben. Die Malediven lagen auf der anderen Seite des Planeten, tatsächlich eine halbe Weltreise von der Osterinsel entfernt. Mir fiel ein, daß wir darüber diskutiert hatten, ob wir die Malediven ansteuern sollten, als wir mit unserem Schilfboot *Tigris* vom Indus-Tal auf den Indischen Ozean hinausgefahren waren.

Ich holte den Globus vom Regal und betrachtete die Lage der Malediven.

Wie ich es mir gedacht hatte. Die Osterinsel und die Malediven-Gruppe lagen sich auf dem Globus genau gegenüber. Exakt 180° voneinander entfernt, der halbe Erdumfang. Die Malediven lagen näher am Indus-Tal als die Osterinsel an Peru. Die alten Künstler der Malediven konnten den Brauch, die Ohrläppchen in die Länge zu ziehen, vom asiatischen Festland übernommen haben, wo er seit der Zeit der alten Indus-Kultur an der Küste praktiziert wurde. Die Bewohner der Osterinsel hatten ihn aus Peru eingeführt, wo er charakteristisch für die Inkas war.

Keine Verbindung. Ich kümmerte mich wohl besser um meinen Koffer, denn ich wollte am nächsten Tag über Amerika nach Japan fliegen.

Aber die Statuen mit den langen Ohren gingen mir nicht aus dem Kopf. Ich nahm das Foto noch einmal zur Hand und las den Brief ein zweites Mal. Er kam von einem Mann, den ich nicht kannte, von Björn Roar Bye, dem Direktor der Worldview International Foundation, deren Zentrale sich in Colombo befand, der Hauptstadt Sri Lankas. Zu meiner Schulzeit hieß es noch Ceylon. Die Worldview International Foundation kannte ich. Ich war einmal Mitglied geworden, weil das WIF-Programm für ein besseres Verständnis zwischen den Industrie- und Entwicklungsländern eintrat. Die WIF leitete Studenten der dritten Welt an, selbst Videofilme als Aufklärungsmaterial für die Industrieländer herzustellen. Beide Seiten hatten sich etwas zu geben. Die Kommunikation, die einmal dank der ersten Schiffe möglich war, hatte zum Aufbau der frühen Kulturen beigetragen. Und noch immer hatten wir eine Menge von der einfachen Kultur ihrer Nachfahren zu lernen, bevor sie durch unser Verschulden unterging.

In dem Brief stand, daß Björn Bye gerade auf den Malediven gewesen war, um dort ein Büro der WIF einzurichten. Das Foto war ihm von einem maledivischen Beamten gezeigt worden, der meinen Namen auf der Mitgliederliste bemerkt hatte. Auf den Malediven hatte man die Fahrt der *Tigris* verfolgt und gehofft, daß das Schilfboot dort vorbeikommen würde. Vor kurzem war ein Inselbewohner auf einem kleinen Atoll auf diese Steinfigur gestoßen, und dem maledivischen Beamten war der Gedanke gekommen, mir ein Foto zu schicken. Vielleicht bewegte es mich, zu kommen und dem Rätsel hinter diesem Zeugnis alter Schiffahrt nachzuforschen.

Ich betrachtete erneut das Foto. Es konnte eine alte Buddha-Statue darstellen. Buddha hatte so lange Ohrläppchen. Tatsächlich war es Buddha gewesen, der diese Sitte der langen Ohrläppchen bei seinen Anhängern in ganz Asien einführte.

Buddha wurde im sechsten vorchristlichen Jahrhundert geboren. Die Vergrößerung der Ohrläppchen begann nicht mit ihm. In einigen Teilen Indiens wurde dieser seltsame Brauch lange vor der Geburt

Buddhas von Adligen praktiziert. Buddha ist der von Siddharta Gautama, einer historischen Persönlichkeit, die als ein Hindu-Prinz geboren wurde, angenommene Name. Noch als Hindu-Prinz hatte man ihm die Ohrläppchen durchbohrt und mit starken Pflöcken aufgeweitet, wie dies in den alten Adelsfamilien der Hindus Brauch war. Große Ohrläppchen sind aber auch nicht von den Adelsfamilien der Hindus eingeführt worden. Erst in jüngster Zeit hat man große Ohrpflöcke, wie diejenigen der adeligen Inkas und der »Langohren« auf der Osterinsel, in großer Zahl in Lothal ausgegraben, dem frühgeschichtlichen Hafen der alten Kultur aus dem Indus-Tal.

War es bloßer Zufall, daß so entlegene Inseln wie die Malediven und die Osterinsel von Seefahrern besiedelt wurden, deren Götter und Adlige große Scheiben in ihren Ohrläppchen getragen haben sollen? Vielleicht ja. Vielleicht aber auch nicht, denn wir haben es hier mit Personen, eigentlich mit umherziehenden Familien zu tun, deren Entdekkungsfahrten zu entlegenen Inseln sie als geschickte, hochseetüchtige Kundschafter auswiesen.

Aber ob das Standbild nun Buddha oder einen seiner langohrigen Vorfahren darstellte, ich wußte zumindest, daß ich eine Statue vor mir hatte, die auf den Malediven entstanden war, bevor die frühe Verbreitung des Islam alle Kunst, die einen Menschen darstellte, rigoros verbot. Aber hinzu kam, daß das Foto eine fast bis zu den Schultern im Boden vergrabene Bildsäule zeigte. Was war also da unter Umständen noch alles durch Ausgrabungen zu entdecken?

Ich dachte zurück. Es war erst eine Woche her, daß ich auf die Malediven gekommen war, und erst fünf Wochen, daß ich dieses Foto erhalten hatte. Mein Koffer war schon gepackt, als das Foto ankam, und das Ticket für den Flug nach Japan schon in meiner Hand. Ich hatte keine Zeit, einen Besuch auf den Malediven zu planen. Ich bat einen Freund, dem Direktor der WIF in meinem Namen zu antworten. Er sollte ihm schreiben, daß ich von Bangkok einen Abstecher zu den Malediven machen würde, falls irgend jemand mich dort mit Reiseinstruktionen erwartete, und zwar an dem Tag, an dem mein Kongreß in Japan beendet war.

In völliger Ungewißheit stieg ich zwei Wochen später in Bangkok aus dem Flugzeug und ging durch die Zollabfertigung. Ich hatte nichts mehr von den Malediven gehört. Doch unter den wartenden Menschen vor der Absperrung erkannte ich einen Kameramann, den ich vor nicht allzu langer Zeit in Oslo getroffen hatte. Er war klein, hatte einen dichten Bart und trug eine starke Brille. Neil Hollander. Er schüttelte mir die Hand und versicherte mir, daß mein Abstecher in die Malediven bestens vorbereitet sei. Er wollte selbst mitkommen, um einige der einmaligen maledivischen Segelboote aufzunehmen, die sogenannten *Dhonis*. Sie hatten einen eigenartigen, hochgeschwungenen Bug, der wie ein Fächer auslief, wie die aus Papyrus bestehenden Schiffsschnäbel der alten ägyptischen Boote. Neil erzählte mir, daß er sich in Asien aufhalte, um Aufnahmen von den letzten noch mit dem Segelboot arbeitenden Menschen der Welt zu machen. So würde er mich also zu den Malediven begleiten. Am nächsten Tag flogen wir gemeinsam nach Sri Lanka.

Ein anderer Mann mit Bart erwartete uns, als wir in Colombo, der Hauptstadt Sri Lankas, landeten. Ich kannte ihn nicht. Der breitschultrige Hüne schleuste uns mit der Verwegenheit eines Wikingers und dem friedvollen Lächeln eines Missionars durch alle bürokratischen Hindernisse der Abfertigung. Björn Roar Bye aus Norwegen war ohne Frage in diesen tropischen Breiten und den chaotischen Zuständen des Flughafens zu Hause. Er war eigentlich von Norwegen hierhergekommen, um für die protestantische Asien-Mission zu arbeiten, aber da er die Landessprachen beherrschte und sich in den Sitten und Gewohnheiten der Einheimischen auskannte, war er schließlich bei der Worldview International Foundation gelandet, wo er heute der Leiter der Zentrale und verantwortlich für die gesamte Filmarbeit war.

Er lachte, als ich mich bei ihm für die Übersendung des Fotos bedankte, denn er fand es äußerst lustig, daß diese Aufnahme mich tatsächlich in diesen Teil der Welt gelockt hatte, in den ich bisher nie hatte kommen wollen. Er fuhr mich direkt zu seinem Bungalow im quirligen, tropischen Colombo. Neil machte sich zu einem kleinen Hotel auf, wo er zwei andere Kameramänner treffen wollte, die ihn zu den Aufnahmen auf den Malediven begleiten würden.

Im Haus von Björn und Gretha Bye bekam ich den ersten Unterricht über die Malediven. Aber vorher fuhren wir in die Stadt und suchten nach einer Karte. In einem zwielichtigen Laden in einem heruntergekommenen Gebäude fanden wir die letzte in Colombo erhältliche Seekarte der Malediven. Triumphierend kehrten wir mit unserem kostbaren Schatz in Björns Haus am Rande Colombos zurück, in dem bereits zahllose Gäste darauf warteten, mich kennenzulernen. Aufgrund seiner Position bei der WIF schien Björn Bye eine Unmenge einheimischer Persönlichkeiten zu kennen. Roland Silva war eine davon, und er hatte einige wichtige Informationen für mich, wie Björn mir erklärte. Dieser hochgewachsene und vornehm wirkende Herr war der für archäologische Fragen auf Sri Lanka zuständige Generaldirektor, und er war auch schon auf den Malediven gewesen. Roland Silva, ehemals Architekt, der sich dann der Archäologie zugewandt hatte, leitete heute das ehrgeizige UNESCO-Programm zur Ausgrabung und Restaurierung der riesigen buddhistischen Tempelanlagen an den drei historisch bedeutendsten Stätten auf Sri Lanka, dem sogenannten archäologischen Dreieck Sri Lankas.

Ich erzählte ihm von meinem Vorhaben, eine steinerne Statue auf den Malediven auszugraben, und erlebte gleich den ersten Schock.

»Ich glaube, die Statue ist bereits ausgegraben und zerstört worden«, sagte er. »Die Bewohner der Malediven sind fanatische Moslems und dulden nichts, was der Koran verbietet. Sie leugnen ihre eigene Geschichte aus der Zeit vor Einführung des Islam.«

Ich erfuhr, daß Archäologen aus Sri Lanka gern auf den Malediven gegraben hätten. Aber da sie Buddhisten waren, würden sie kaum die Genehmigung dazu erhalten. Man würde sie verdächtigen, nach buddhistischen Zeugnissen zu suchen. Roland Silva war voll des Lobes über die Malediver als Volk. Aber sobald die Religion ins Spiel kam, waren sie eigensinnig und kompromißlos.

Ich holte die Seekarte der Malediven hervor, die wir erstanden hatten. Roland Silva stimmte uns zu, daß dieser Archipel für jeden Seefahrer, der die Südspitze Asiens umfahren wollte, eine strategisch äußerst bedeutsame Lage hatte. Die vierzig Seemeilen breite Straße zwischen Indien und Ceylon bzw. Sri Lanka war mit Riffen übersät und zu seicht, als daß man sie gefahrlos hätte durchfahren können. Um den indischen Subkontinent zu umrunden, mußten Segelschiffe so weit nach Süden ausweichen, daß sie auch Sri Lanka umfuhren, und dann mußten sie sich zwangsläufig einen Weg durch die lange Inselkette der Malediven suchen. Diese Kette sah auf einer normalen Karte wie ein paar harmlose Partikel aus einem Pfefferstreuer aus, doch die sehr viel genauere Seekarte enthüllte den wahren Sachverhalt. Noch nie hatte ich es klarer gesehen. Die Malediven lagen wie ein tückisches Hindernis da. Kein Admiral hätte eine strategisch bessere Linie finden können, wenn er einen Schiffahrtsweg für jeden Seefahrer hätte verminen wollen, der die Südspitze Asiens nach Westen oder Osten passieren wollte. Aus der Tiefe des Indischen Ozeans steigt, von Norden nach Süden und über neunhundert Kilometer lang, unvermittelt ein scharfkantiger Rücken empor. Gekrönt ist er in Höhe des Meeresspiegels von den Riffen lebender Korallen, Sandbänken und einer Doppelreihe kleiner Atolle, die die Durchfahrt um vieles gefährlicher macht. Die Inseln erheben sich nur so wenig über die Wellen, daß sie ohne die hohen Kokospalmen nicht zu sehen wären, bis das Schiff in der Brandung gefangen wäre. Nur am südlichen Ende dieses langgestreckten Korallenhindernisses gibt es zwei offene Kanäle, die eine sichere Durchfahrt von der einen Seite Indiens auf die andere ermöglichen.

Mein Wunsch, diese strategisch so günstig liegenden Inseln aufzusuchen, wuchs, je öfter ich die Karte studierte. Statue oder nicht, ich wollte mit eigenen Augen sehen, was diese Inseln eventuell verbargen. Roland Silva lieh mir daher ein altes und sehr kostbares Werk über die Malediven. Ich durfte es fotokopieren, denn er wußte von keinem zweiten Exemplar auf Sri Lanka. Auf den Malediven, wo es welche gab, wie er behauptete, würde ich kaum eins zu Gesicht bekommen.

Der Autor war ein ehemaliger britischer Kommissar der ceylonesischen Zivilverwaltung, H. P. C. Bell. Er war 1879 nach einem Schiffbruch erstmals auf die Malediven gekommen. Im Vorwort hieß es, er sei später bei zwei Gelegenheiten noch einmal dort gewesen, abgeordnet von der ceylonesischen Regierung, »um die ehemalige Existenz des Buddhismus auf der Inselgruppe zu erforschen«.[1] Bei dieser Aufgabe hatte er in der Tat mit größter Behutsamkeit vorgehen müssen, um die religiösen Gefühle der Inselbewohner nicht zu verletzen. Bell hatte in einigen Schutthügeln gegraben, die nach seinen Worten die zerstörten Überreste ehemaliger *Dagoben* oder *Stupas* waren und den buddhistischen Tempeln auf Ceylon ähnelten.

Es konnte also kein Zweifel bestehen, daß es auf den Malediven etwas zu suchen gab. Bells Grabungsmethoden ließen naturgemäß einiges zu wünschen übrig. Seine Niederschriften waren außerhalb der Inseln kaum bekannt, und kein Berufsarchäologe hatte fortgesetzt, was er begonnen hatte. Aber seine Aufzeichnungen über das, was die Inselbewohner ihm erzählt hatten und was er selbst gesehen hatte, waren eine enorme Hilfe für jeden, der diese Inseln erkunden wollte.

Noch ein zweites, fast druckfrisches Buch gab es über die Malediven: *People of the Maldive Islands* von Clarence Maloney. Es behandelte allerdings die heutigen Inselbewohner, nicht die der Vergangenheit. Aber Dr. Maloney war ein professioneller Anthropologe von der University of Pennsylvania und ein Fachmann für südasiatische Völker. Das versetzte ihn in die Lage, einige anregende Gedanken über den Ursprung des *Divehi* zu formulieren, der Sprache der Malediver. Einige *Divehi*-Worte ließen eine Verwandtschaft zum Sanskrit und anderen alten nordindischen Dialekten erkennen, andere zu Dialekten Südindiens und Sri Lankas.

Die langohrige Statue war dem Autor noch nicht bekannt gewesen. Aber die Vielfalt der Typen, die auf diesen Meeresinseln Seite an Seite lebten, und der Aufbau ihrer Sprache hatten dennoch bewirkt, daß Maloney die Augen offenhielt. Er folgerte aus einfachen Beobachtungen der jetzigen Bevölkerung, daß ». . . wir darauf vorbereitet sein müssen anzuerkennen, daß die Kulturgeschichte der Malediven komplizierter ist als bisher angenommen«. Er vermutete, daß in frühgeschichtlicher Zeit wahrscheinlich verschiedene Volksgruppen diese entlegenen Inseln erreicht hatten.

Das war eine klare Sprache. Wenn sich das ableiten ließ, ohne auch nur einmal zu graben, bestanden sicher einige Aussichten für eine archäologische Suche unter der Oberfläche von heute. Doch da war Maloney nicht so zuversichtlich, wie Bell es gewesen war:

»Es sind noch keine archäologischen Grabungen durchgeführt worden, um die Frühgeschichte der Inseln zu erkunden, was auf jeden Fall wegen des Sandbodens der Korallenatolle und des hohen Wasserspiegels schwierig wäre.« Obwohl er die gegenwärtigen Malediver überschwenglich lobte, hatte er doch auch seine Vorbehalte:

»Zur anthropologischen Feldarbeit auf den Malediven gehören beschwerliche Reisen, Schwierigkeiten beim Zugang zu vielen kleinen Inseln, auf denen man seit alters her ungastfreundlich zu Fremden ist, und der Umgang mit einer äußerst konservativen Gesellschaft, die sich an strenge mohammedanische Vorschriften hält.«[2]

Das klang kein bißchen ermutigender als Roland Silvas Worte. Doch jetzt konnte mich nichts mehr aufhalten. Und außerdem, wenn man auf den Malediven nicht wollte, daß ich kam und grub, warum hatte man dann Björn gebeten, mir das Foto von der Statue mit den langen Ohren zu schicken?

Drei Tage später wurden die Punkte auf der Landkarte lebendig, als wir einen ersten Blick aus der Luft auf die Malediven werfen konnten. Durch das Flugzeugfenster sah es aus, als blickte man auf eine Auslage grüner Jadehalsbänder und dazwischengestreuter Smaragde auf blauem Samt. Der grenzenlose Indische Ozean unter uns war so blau, wie das unergründliche Meer nur sein kann, wenn es einen wolkenlosen Tropenhimmel widerspiegelt. Die Sonne stand direkt über uns und ließ die Inseln üppig grün und ohne Schatten auf den Palmwipfeln erscheinen, die ein dichtes Dach bildeten. Jede der kleinen Inseln war ein Juwel für sich, eingefaßt in einen Ring aus goldenem Sandstrand und einem zweiten, größeren Ring aus glasgrünem Wasser draußen, wo das Korallenriff sich der Wasseroberfläche näherte. Wie riesige Pilze ragten sie aus dem grundlosen Blau. Eins war gewiß: Der Malediven-Archipel war eine echte Zierde des Planeten Erde.

Das große dröhnende Flugzeug, das auf dem Weg zu den Malediven war, war bis auf den letzten Platz mit blassen Pauschalreisenden aus Europa besetzt, die übereinander krochen, um einen flüchtigen Blick zu erhaschen von diesem unvergleichlichen Schauspiel der Natur in ihrer vollen Pracht. Was mich betraf, so reiste ich nicht mehr allein. Außer Neil und den beiden Kameramännern, die ihn begleiteten, um Segelboote zu filmen, war auch Björn jetzt dabei, der zwei Filmstudenten aus Sri Lanka mitgenommen hatte, in der Hoffnung, wir würden etwas finden, das sie als Übungsprojekt aufnehmen konnten.

Die erste Insel glitt unter uns vorbei, die zweite wurde größer, kam näher. Dann tauchte die schmale Landebahn vor uns auf. Ganz im Wasser, und das von der Stadt bedeckte Inselchen Malé mit seinen grünen Gärten direkt daneben am Rand derselben stillen Lagune. Ein leichter Stoß, und wir waren in der Republik der Malediven gelandet, der alten Heimat eines Volkes unbekannter Herkunft, heute eine aufstrebende Nation mit einer Bevölkerung von etwa 160000 Menschen, alle Mohammedaner.

Wir kamen als Gäste in das Haus einer sehr alten Kultur, die eine eigene Schrift besaß und sich jetzt mit Hilfe einer bündnisfreien, demokratischen Regierung unter einem Präsidenten auf die um sich greifende Neuzeit einzustellen versuchte. Wahrscheinlich der einzige Staat, der aus so vielen verstreuten Stücken Land bestand, daß noch nie zwei Zählungen das gleiche Ergebnis erbracht haben und man sich noch immer nicht auf die genaue Anzahl der Inseln einigen konnte. Die englische Seekarte führt etwa 1100 Inseln auf, eine neuere Zählung durch die Regierung kam auf 1196, und ein Touristenführer nennt eine Gesamtzahl von 1983. Wie gesagt, niemand weiß es genau, denn einige Inseln wachsen aus versunkenen Riffen empor und andere werden Stück für Stück vom Meer abgetragen und verschwinden. Keine Insel erhebt sich mehr als zwei Meter über dem Meeresspiegel und würde von den Wellen fortgespült, würden sie nicht geschützt durch die natürlichen Wellenbrecher, die Riffe. Nur 202 Inseln sind bewohnt, auf anderen finden sich die Ruinen aus der Zeit früherer Besiedlung. Auf einer dieser zahllosen Inseln war die Statue entdeckt worden, die ich mir jetzt ansehen wollte.

Noch nie war ich in Begleitung so vieler Kameramänner gereist. Neil hatte Harald aus Deutschland und John aus Kanada bei sich, Björn Palitha und Saliya aus Sri Lanka. Und jetzt war Abdul, ein weiterer seiner ehemaligen Filmstudenten, zum Flughafen gekommen, um uns durch den Zoll zu helfen. Abdul arbeitete für das maledivische Fernsehen, das nur in Malé empfangen werden konnte. Aber ein Drittel der Bevölkerung des Landes lebt in Malé, wo Grund und Boden inzwischen so knapp werden, daß man dem Meer Land entreißt, indem man die immer größer werdenden Mengen festen Müll hineinschüttet.

Eine kurze Fahrt in einem Motorboot brachte uns acht von der Flughafeninsel in die Hauptstadt Malé, wo Neil mit seinen beiden Kollegen im Chaos der *Dhonis* verlorenging, die um die Anlegeplätze oder Raum zum Manövrieren kämpften. Aber deswegen war Neils Team ja gekommen. In einer endlosen Reihe lagen *Dhonis* Seite an Seite überall an den Ufern, die meisten noch mit Mast und Segeln, alle noch mit dem berühmten Bug, der in den Himmel ragte, als wären sie hölzerne Nachbildungen der eleganten Papyrusboote der Pharaonen.

Touristen sah man keine mehr. Schnellboote und mit Kabinen ausgerüstete *Dhonis* hatten sie direkt zu den Touristeninseln gebracht, wo sie bleiben sollten. Tagsüber konnten sie zum Einkaufen auf die Insel Malé kommen, aber nach zehn Uhr abends durften sich Touristen nicht mehr in der Hauptstadt aufhalten. Im Flugzeug hatten wir alle einen Handzettel erhalten, auf dem wir warnend darauf hingewiesen worden waren, daß es verboten war, Hunde, Alkohol und Aktbilder in die Republik der Malediven einzuführen. Auf den für die Touristen reservierten Inseln waren die Ausländer dagegen frei von allen moslemischen Vorschriften.

Abdul erklärte uns, daß für uns Zimmer im Sosunge reserviert seien, dem Gästehaus der Regierung in Malé. Wir hatten praktisch das ganze Hotel für uns, denn es gab nur ein paar Zimmer. Unser Gepäck wurde mit einem Taxi vorausgeschickt, und Abdul führte Björn und mich noch die geschäftige Uferstraße entlang, um seinen Chef aufzusuchen, den Mann, der Björn veranlaßt hatte, mir das Foto der Statue mit den langen Ohren zu schicken. Er hieß Hassan Maniku und war der Direktor des maledivischen Fernsehens und Informationsminister.

Es herrschte eine Atmosphäre, die nichts Gutes versprach, als wir das große Vorzimmer zum Büro des Direktors im ersten Stock des Ministeriums betraten. Eine Schar junger Maledivinnen saß mit gesenkten Köpfen da und schrieb Maschine oder las Kriminalgeschichten. Niemand begrüßte uns. Den Chef selbst sahen wir hinter einer Glasscheibe; er telefonierte. Er war so beschäftigt mit Telefonieren und Notizenmachen, daß für Besucher keine Zeit blieb, obwohl wir eine Nachricht in das Büro schickten und höflich Zeichen durch die Glasscheibe gaben. Irgend etwas schien nicht zu stimmen. Schließlich gab ich auf und ging zum Hotel. Dort läutete das Telefon, und ich bekam die Nachricht, daß der Direktor den Wunsch habe, uns sofort zu empfangen.

Als wir schließlich hinter der Glasscheibe Platz genommen hatten, entdeckte ich nach und nach, daß Hassan Maniku ein angenehmer Mann war. Für europäische Verhältnisse war er klein, für maledivische jedoch normal. Aber er war breit gebaut und hatte ein rundes Gesicht, das ihn fälschlicherweise wie einen Schlemmer aussehen ließ. Als das Offizielle allmählich abfiel, kam eine außergewöhnliche Liebenswürdigkeit zum Vorschein, und was noch wichtiger war, eine erstaunliche Sachkenntnis. Dennoch bekamen wir noch unsere kalte Dusche, als wir unser Hauptanliegen zur Sprache brachten. Die Statue. Die steinerne Darstellung mit den langen Ohren.

»Die Statue ist bereits ausgegraben worden«, erklärte Maniku ohne Umschweife. »Es war eine komplette Büste.«

»Ausgegraben?« wiederholte ich. »Von Archäologen?«

»Von Einheimischen«, erwiderte er ruhig. »Sie haben das Stück zertrümmert.«

Es war nicht zu fassen. Roland Silvas Befürchtung hatte sich bestätigt.

»Religiöse Fanatiker«, räumte Maniku ein und zuckte mit den Schultern. »Den Kopf haben wir gerettet. Sie können ihn sehen, wir haben ihn im Museum im Sultanspark eingelagert.«

»Aber ich möchte zu der Insel, wo er gefunden wurde.« Ich war aufs höchste enttäuscht. »Vielleicht findet man noch mehr, wenn man an der gleichen Stelle gräbt.«

»Nein. Es ist nichts mehr zu finden.«

»Es lohnt sich sicher nachzusehen. Ich habe deswegen eine lange Reise gemacht.«

Nichts zu machen. Jetzt setzte Maniku wieder seine offizielle Maske auf. Auf der Insel sei absolut nichts mehr zu sehen. Alles sei ausgegraben und zerstört worden. Selbst die Überreste einer Art Tempel habe man dem Erdboden gleichgemacht und zertrümmert. Nichts. Maniku war so unnachgiebig, daß ich ein weiteres Gespräch für sinnlos hielt. Entweder gab es tatsächlich nichts mehr zu sehen, oder man wollte aus irgendeinem Grund nicht, daß wir auf die Insel kamen.

Wenigstens konnte ich den Kopf im Museum sehen. Maniku griff zum Telefon und gab den Museumsangestellten einige Anweisungen.

Der Palast des Sultans war niedergerissen worden, nachdem die Malediven eine Republik geworden waren, aber eine alte Villa im Garten hatte man stehen lassen und zum Nationalmuseum gemacht. Ein paar verrostete Kanonen und ein alter deutscher Torpedo lagen neben der Treppe am Eingang, wo eine kleine Armee von Rentnern müßig an einem Tisch mit Eintrittskarten saß oder an der Tür herumstand. Aufgrund von Manikus Anweisungen, daß wir den Steinkopf untersuchen und fotografieren dürften, schleppten vier der alten Männer auf einem Stück Sack einen riesigen, kalkweißen Kopf aus dem Gebäude die Treppe hinunter auf den Rasen des Parks. Es sah aus, als ob ein Geist aus einer Hängematte blickte. Man sah den Gesichtern der vier Männer den Abscheu an, den sie für diese heidnische Skulptur empfanden, aber dennoch setzten sie den mächtigen, schweren Kopf vorsichtig auf dem Rasen ab.

Der enthauptete Geist lag in der sengenden Sonne und blickte uns mit weit geöffneten Augen und einem friedlichen Lächeln an. Sehr groß, aber so realistisch wie eine Totenmaske. Es war der Kopf eines Buddhas, eines schönen Buddhas, dessen Körper und Gliedmaßen fehlten. Es war ein großes Standbild gewesen, von der doppelten Größe eines Menschen und meisterhaft aus dem hellen Kalkstein der Inseln gehauen. Das Werk eines großen Künstlers. Das Gesicht, das ich von dem Foto kannte: ausdrucksstark und mit zu einem schwachen Lächeln geschlossenen Lippen. Die Augen waren ursprünglich farbig, was dem freundlichen Ausdruck mehr Lebensnähe verleihen sollte. Das Haar war mit feinen Locken verziert und zu einem Knoten hochgebunden. Die Ohren waren dort, wo man sie von den Schultern abgebrochen hatte, beschädigt, aber immer noch ungewöhnlich lang. Außerdem schien es so, als ob jemand vor langer Zeit versucht hätte, Gesicht und Augen mit einer dünnen Gipsschicht zu überdecken, wie um zu verhindern, daß die lebensechte Statue noch etwas wahrnähme. Vielleicht hatten das die früheren Anhänger selbst gemacht, als sie vor achthundert Jahren den verehrten Buddha hatten aufgeben müssen, weil ihnen eine neue Religion aufgezwungen wurde. Seit dem Jahr 531 nach mohammedanischer und 1153 nach christlicher Zeitrechnung hatte kein Malediver mehr dem lächelnden Riesen Blumen gebracht.

Die größte Überraschung erwartete uns jedoch hinter einer verschlossenen Tür im Innern des kleinen Gebäudes. In zwei kleinen Räumen im Untergeschoß waren einige Betten, Throne und Sänften der Sultane ausgestellt. Im ersten Stock waren darüber hinaus verschiedene Dinge aus dem persönlichen Besitz derselben ehemaligen Herrscher, ihre Waffen, Musikinstrumente, Wandteppiche und schöne Stücke alter maledivischer Lackarbeiten zu sehen. Hier und da hatten sich einige Kuriositäten eingeschlichen, Stoßzähne von Elefanten, Hirschgeweihe, Treibgut, das man am Strand gefunden hatte, ein Stein mit einer Flagge zur Erinnerung an den Flug von Apollo 14 zum Mond.

Wir waren ganz benommen von den sonderbaren Eindrücken, als wir die steile Treppe wieder hinunterstiegen und unsere eigentliche Entdeckung machten. Die Wächter kamen gerade mit dem großen Buddha-Kopf zurück und öffneten die Tür zu einer kleinen Kammer, aus deren Halbdunkel uns eine wahrhaft unheimliche Ansammlung verborgener Dämonen und bizarrer Skulpturen aus Holz und Stein anstarrte. Der Buddha-Kopf wurde mitten dazwischengestellt und sah jetzt wie ein lächelnder weißer Engel zwischen den entsetzlichen Teufeln zu beiden Seiten aus, die Fratzen wie wilde Tiere schnitten und Krallen und Zunge herausstreckten, um den haßerfüllten Ausdruck der zornsprühenden Augen noch zu verstärken. Gutes und Böses, dargestellt in Stein von verschiedenen Bildhauern und nebeneinander aufbewahrt auf dem steinernen Bett eines Sultans.

Nachdem die Wächter den schweren lächelnden Kopf auf das Bett zurückgestellt hatten, beeilten sie sich, aus der Kammer zurückzutreten, und sahen uns dabei von der Seite an, als wollten sie prüfen, ob wir auch verstanden, daß dies nicht ihre Götter waren, und sie sie am liebsten losgewesen wären. Ansonsten lagen in der Kammer noch einige verrostete Ankerketten und anderer Schrott, zwei zerbrochene mohammedanische Grabsteine, die darauf warteten, wieder instand gesetzt zu werden, ein Sortiment alter Telefone und ein Dutzend Geschützmodelle im Spielzeugformat.

In diesem Durcheinander von Gegenständen stachen unwillkürlich zwei Dinge ins Auge und ließen alles andere verblassen: die Dämonen neben dem lächelnden Buddha stammten von frühen Bildhauern, die weder Moslems noch Buddhisten gewesen waren. Aber auch diese Skulpturen stellten ohne Zweifel »Langohren« dar, die in den vergrößerten Ohrläppchen überdimensionale Scheiben trugen.

In dieser einfachen Kammer innerhalb der Mauern dieses Museums lag eindeutig der Beweis dafür, daß die Malediven im Lauf ihrer Geschichte mindestens drei verschiedene Kulturen beherbergt hatten. Verkörpert waren sie durch das Bett des Sultans, den Buddha und den Dämonengott. Auf vier Kulturen kam man, wenn man auch die letzte mit Telefonen und Geschützen hinzuzählte. Auf dem Bett neben den steinernen Figuren stand auch die ziemlich große hölzerne Statue eines vornehm gekleideten orientalischen Würdenträgers von ebenfalls beträchtlichem Alter. Sie konnten wir jedoch nicht mitzählen, denn sie war ohne Frage ein vom Wasser abgenutztes Stück, das Einheimische als Treibgut am Strand gefunden hatten. Die steinernen Köpfe gehörten nicht in diese Gruppe. Sie waren auf den Malediven aus hiesigem Kalkstein gehauen worden und hatten den Gläubigen zweier verschiedener Religionen gedient. Beide waren nicht mohammedanischen Ursprungs. Demzufolge mußten diese Stücke älter als achthundert Jahre sein.

Auf dem Bett lag noch ein zweiter Buddha-Kopf, allerdings sehr viel kleiner, etwa so groß wie ein Apfel. Auch er war am Hals abgebrochen worden. Auch die Nasenspitze hatte man abgeschlagen, aber selbst jetzt war es noch ein sehr schönes Stück, die Arbeit eines sehr erfahrenen Künstlers. Der Kopf hatte das gleiche stille Lächeln, etwas dickere Lippen und stärkere Locken, und auch hier waren die Ohren wieder aufgeschnitten, so daß die Ohrläppchen wie leere Schlaufen bis auf die Schultern hingen. Buddha selbst hat nie Scheiben oder andere schmükkende Gegenstände in seinen langen Ohrschlitzen getragen; sie hingen schlicht nach unten, wie man sie ihm, dem Hindu-Prinz, in der Kindheit in die Länge gezogen hatte. Die anderen Skulpturen, die teufelsähnlichen mit den Katzenzähnen und der herausgestreckten Zunge, trugen große Scheiben als Pflöcke im Ohr. Die beiden größten dieser Art waren keine bloßen Steinköpfe, sondern richtige *Stelen,* wie in der Kunst der Mayas, mit wunderlichen Gesichtern auf allen Seiten, zum Teil sogar übereinander oder auf der Spitze der Bildsäule. Mit den gefletschten, raubtierartigen Eckzähnen, der herausgestreckten Zunge und den großen Ohrscheiben sahen diese Skulpturen tatsächlich mehr wie Maya-Stelen aus Mexiko oder Guatemala oder wie Statuen aus dem Südamerika der Vor-Inka-Zeit aus als alles, was man auf anderen Inseln draußen im Indischen Ozean fand. Auf einer der Stelen waren deutliche Reste roter Farbe zu erkennen. Auf einigen der dämonischen Figuren war eine krummlinige Schrift eingeritzt. Björn und mir kam sie wie die Schnörkel der maledivischen Schriftzeichen vor, doch weder Abdul noch die Museumswärter konnten die Zeichen lesen.

Neben dem kleinen Buddha-Kopf lag noch eine kleine Steinschildkröte, die sehr wirklichkeitsnah gearbeitet war, aber auf der Bauchseite ein quadratisches Fach hatte, das sich mit einem perfekt sitzenden Steindeckel verschließen ließ. Wahrscheinlich ein sakraler Behälter für kleine Weihegaben.

Wie Liliputaner standen zwischen den gewaltigen Steingesichtern zwei winzige Ganzkörperfigurinen aus Bronze. Sie waren in Reichweite und klein genug, um in jeder Tasche zu verschwinden, falls zufällig ein langfingriger Besucher in die Kammer schaute und das Alter dieser Gegenstände erkannte.

Buddu nannten die Museumswärter sie. Doch *Buddu* war der maledivische Oberbegriff für jede Skulptur in Menschengestalt, gleichgültig, ob sie Buddha, die Jungfrau Maria, Schneewittchen oder Churchill darstellte.

Eine dieser Bronzefigurinen war tatsächlich ein Buddha. Ein typischer Buddha, der mit verschränkten Beinen in der Meditationspose saß, die die Buddhisten *Samadhi Mudra* nennen, und der offenbar Mitgefühl, Liebe und Sanftmut verkörpern sollte. Die andere kleine Figur war schon von Erosion angefressen und offensichtlich sehr viel älter. Es war kein Buddha, wie man an der aufwendigen Kleidung und Haartracht erkennen konnte, den Halsketten und vielen Reifen an Armgelenken und Knöcheln sowie den Blumenornamenten auf Oberarmen, Brust und Bauch. Diese vornehme Persönlichkeit saß auf einem Kissen oder Hocker, das linke Bein untergeschlagen, während das rechte nach unten hing. Eine Hindu-Gottheit, wahrscheinlich der wohlwollende Schöpfer und höchste Herr Schiwa. Zwei religiöse Konkurrenten, Schiwa und Buddha, saßen friedlich nebeneinander auf dem Bett eines Moslems.

Etiketten mit näheren Angaben gab es keine. Die Wärter verwiesen uns an Hassan Maniku. Offenbar war er der einzige, der sich auskannte oder sich vielleicht auch kümmerte.

Maniku konnte bestätigen, daß sämtliche Stein- und Bronzefiguren auf den Malediven gefunden worden waren, aber keine von ihnen zusammen mit dem großen Buddha. Die Bronzefigurinen waren vor langer Zeit auf einem der südlichen Atolle ausgegraben worden. Die steinernen Dämonenköpfe hatte man vor kurzem hier auf Malé gefunden. Ob ich die drei abgeflachten Steinmasken bemerkt hätte, von denen zwei einen Schnauzbart und lange Ohren hatten?

Das hatte ich. Sie hatten zusammen mit den anderen auf einem Steinbett gelegen.

Eine davon, erzählte Maniku leicht erheitert, war von einigen Straßenarbeitern gefunden worden, die auf der Straße vor seinem Haus den Boden für die Kanalisation aufgerissen hatten. Er hatte es noch rechtzeitig bemerkt, um die Maske vor der Zerstörung zu retten.

»Und die beiden großen *Stelen*?« erkundigte ich mich.

Sie waren entdeckt worden, als jemand im äußersten Osten der Insel gegraben hatte, um eine Hauswand hochzuziehen, wo nach der Sage immer ein Dämon ans Ufer kam und Jungfrauen verlangte.

Ich erinnerte mich an die alte Geschichte, von der auch Bell berichtete. In alter Zeit kam einmal im Monat ein furchterregender *Dschinn,* oder Dämon, aus dem Meer ans Ufer. Er kam immer zum Ostkap von Malé, wo ein *Budkhana* lag, ein Götzentempel. Jedesmal, wenn er dort an Land kam, verlangte er nach einer Jungfrau. Wenn die Inselbewohner am nächsten Tag zum Tempel gingen, fanden sie die Jungfrau stets tot. Dieser schreckliche Zustand hielt an, bis ein beherzter Berber moslemischen Glaubens auf einer Fahrt von Nordafrika auf die Insel kam und beschloß, dem Ungeheuer den Garaus zu machen. Er nahm am Abend den Platz der Jungfrau im Götzentempel ein und rezitierte die ganze Nacht aus dem Koran, womit es ihm gelang, den *Dschinn* für alle Zeiten zu vertreiben. Einigen alten maledivischen Schriften zufolge war dies der Grund, warum die Malediver sich bereit erklärten, den islamischen Glauben anzunehmen.

Ich wollte diesen Ort am Ostkap sehen, wo der heidnische Tempel gestanden haben sollte und die beiden größten *Stelen* mit den teuflischen Steinfratzen tatsächlich gefunden worden waren. Aber wieder zeigte sich Maniku absolut uninteressiert. Es gäbe dort jetzt definitiv nichts mehr zu finden. Nur noch neuerbaute Mauern und die Lagerhäuser eines neuzeitlichen Wartungszentrums für Maschinen. Aber wenn wir wollten, könnten wir einen menschlichen Schädel sehen, den man zusammen mit den Skulpturen vom gleichen Ort hierhergebracht hatte. Als man das Fundament für das neue Wartungszentrum ausgehoben hatte, war man auf unzählige vermoderte menschliche Knochen gestoßen. Man hatte nur einen guterhaltenen Schädel gerettet, weil er oben auf der größten der *Stelen* mit den vielen Gesichtern gelegen hatte, auf der mit fünf Gesichtern, die alle lange Ohren hatten.

Als wir zum Museum zurückkehrten, brachten die Wärter einen Schuhkarton an, aus dem sie einen menschlichen Schädel hervorholten. Es war ein ziemlich kleiner Kopf, ein Rundkopf. Ein eigenartiges Gefühl beschlich uns beim Gedanken an die alte Sage. Der Schädel stammte von einer jungen Frau.

Wieder im Hotel an diesem ersten Tag meines Besuchs auf den Malediven, ließ ich mich in einen tiefen Sessel fallen, um über all die neuen und unerwarteten Beobachtungen nachzudenken. Die Statue mit den langen Ohren, der ich hatte nachforschen wollen, war zu einem geköpften Buddha zusammengeschrumpft, aber dafür hatten wir eine ganze Kammer voll langohriger Steinköpfe gefunden, die einer noch älteren Kultur angehörten, die ebenfalls die Malediven erreicht hatte, unabhängig natürlich von den Buddhisten und Moslems.

Ich hatte die Seekarte aufgeschlagen auf den Knien liegen und war gewillt, dieses immer verworrener werdende Malediven-Rätsel mit den Augen eines Seefahrers anzugehen. Wie konnte jemand behaupten, daß auf diesen Inseln nichts mehr zu finden sei, wenn schon am ersten Tag unseres Besuchs soviel ans Licht gekommen war? Auf jeden Fall wollte ich nicht abfahren, ohne persönlich nach weiteren Zeugnissen zu suchen, die vielleicht übersehen worden waren.

Aber wo sollte ich mit der Suche beginnen? Die Schwierigkeit lag darin, daß die letzte offizielle Zählung 1196 eigenständige Inseln aufführte, zwischen denen es keine regelmäßige Verbindung gab. Den großen Buddha-Kopf hatte man auf der Insel Toddu gefunden, unmittelbar westlich von Malé, den kleinen Buddha-Kopf auf Kurandu weit im Norden; die beiden Bronzefigurinen stammten dagegen von irgendeinem der Atolle im Süden, und die steinernen Dämonen waren hier auf der Insel Malé ausgegraben worden. Aber Manikus Worten zufolge war an keinem dieser Orte mehr etwas zu finden.

Als Maniku erfuhr, daß ich mich gerne auf einigen anderen Inseln umsehen wollte, gab er mir großzügig einige Fotokopien, und zwar von einem Manuskript zu einem Büchlein, das er herausbringen wollte.[3] Es war eine alphabetische Auflistung aller maledivischen Inseln mit jeweils einer kurzen Anmerkung über irgendwelche Moscheen auf den betreffenden Inseln und alle Schiffe, die an den örtlichen Riffen gestrandet waren. In einigen Fällen hatte er den geographischen Namen eines auf der Insel liegenden Hügels hinzugefügt. Jeder Hügel, so hatte Maniku sofort erkannt, mußte von Menschenhand aufgeschüttet worden sein. Denn die Korallenkolonien, die diese Kalksteinatolle aufgebaut hatten, hatten jedes Atoll so flach wie einen Tennisplatz werden lassen. In einige dieser Hügel waren Gräben gegraben worden, entweder von Bell oder irgendwelchen anderen Schatzsuchern. Die meisten von ihnen aber lagen noch unberührt als Haufen aus Korallentrümmern da. Wahrscheinlich enthielten sie gar nichts.

Aber wer konnte das sagen?

Die Zahl der Inseln schien jeden, der sich entscheiden mußte, wo er mit der Suche beginnen sollte, zunächst zu erschlagen. Die Seekarte war ein wirres Durcheinander von kleinen Inseln, Riffen und Namen. Auf Manikus Liste waren die Inselnamen wenigstens alphabetisch geordnet. Ich warf einen Blick auf die erste Seite: Aahuraa, Aahuraa, Aahuraa und Aahuraa. Vier Inseln mit demselben Namen. Drei davon waren nach einem Sturm im Jahr 1955 entstanden, die vierte war durch Erosion verschwunden. Ich sah auf der letzten Seite nach. Sechs Inseln hießen Viligili, und sechs weitere Viligili mit einem Zusatz. Es war wohl besser, wenn ich mich an die Karte hielt.

Die Karten machten die Sache, was die Namen betraf, keineswegs einfacher. Jedes Atoll hatte zwei oder mehr Namen, die von Karte zu Karte völlig voneinander abwichen. Um dieses Durcheinander zu entwirren, haben die jetzigen Behörden sämtlichen Atollen noch einen anderen Namen gegeben. Diese neuen, kürzeren Namen hatte man von der Benennung für verschiedene Zeichen der hiesigen Schrift abgeleitet. Aber die Lage der Inseln ließ sich anhand der Karten sofort bestimmen.

»Hier müssen wir suchen«, erklärte ich Björn und fuhr mit dem Finger den Äquator entlang, wo der das Malediven-Archipel kreuzte. Die langgestreckte Barriere aus Riffen und Inseln reichte bis knapp über den Äquator. Und genau in Höhe des Äquators lag jene breite freie Durchfahrt, die auf der Karte als »Equatorial Channel«, Äquatorkanal, bezeichnet war. Diese breite Wasserstraße lief, wie ich schon vorher bemerkt hatte, ohne ein Riff genau von Osten nach Westen. Eine sehr einladende Fahrrinne für jedes Segelschiff, das es mit diesem Hindernis aufnahm, wenn es die Südspitze Asiens umrunden wollte. Es gab nur noch einen einzigen vergleichbaren Kanal, der eine sichere Durchfahrt vom östlichen in den westlichen Teil des Indischen Ozeans erlaubte, der sogenannte »Anderthalbgradkanal«. Aber ich wollte mein Glück am Äquatorkanal versuchen.

Warum so weit unten, wunderte Björn sich.

Das hatte zwei Gründe. Für die Seefahrer der Frühzeit, die sich bei der Navigation an der Sonne und den Sternen orientierten, war nichts leichter, als den Äquator anzusteuern und ihm zu folgen. Außerdem vererhrten die frühesten Seefahrer die Sonne. Die erste Religion aller alten Kulturvölker, die den Indischen Ozean befuhren, war der Sonnenkult. Die Gründer der Dynastien in Mesopotamien, Ägypten und dem Indus-Tal bezeichneten sich ausnahmslos als Abkömmlinge der Sonne. Spuren dieses Glaubens an die Sonne als göttliche Vorfahrin

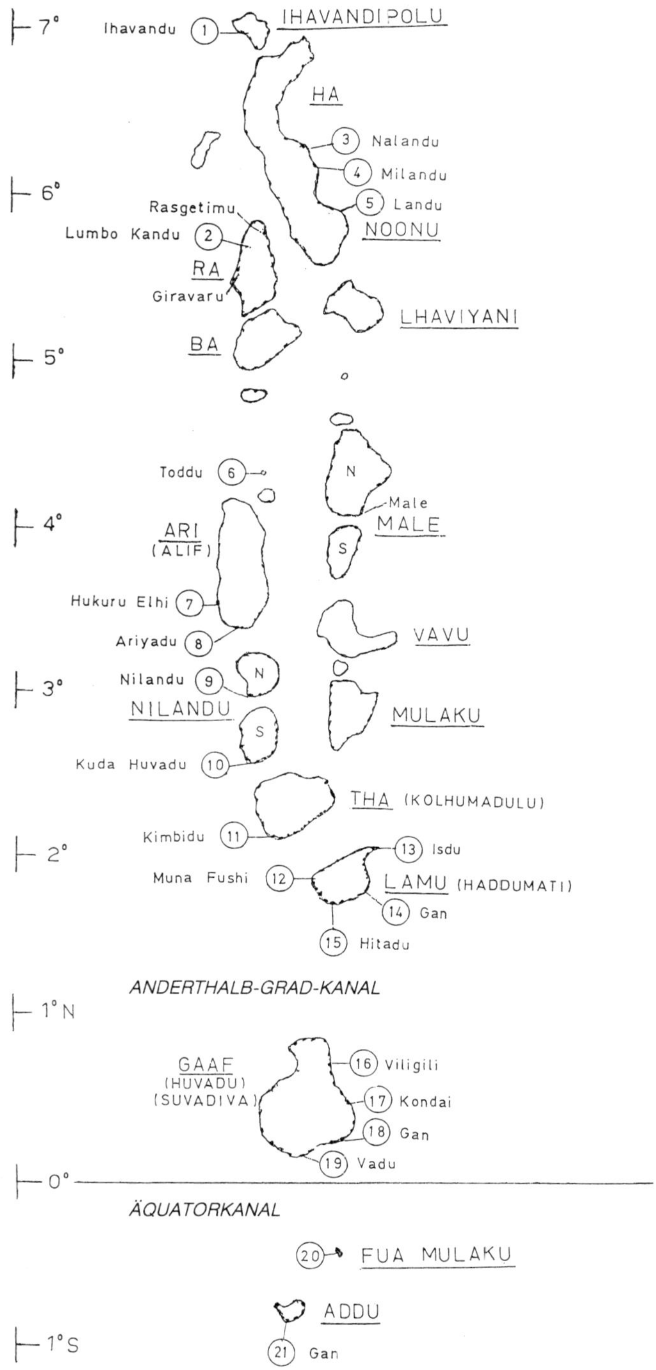
7°
Ihavandu
1
IHAVANDIPOLU
HA
3 Nalandu
4 Milandu
6°
5 Landu
Rasgetimu
Lumbo Kandu
2
NOONU
RA
Giravaru
LHAVIYANI
BA
5°
Toddu
6
N
Male
4°
ARI
(ALIF)
MALE
S
Hukuru Elhi
7
Ariyadu
8
VAVU
N
Nilandu
9
3°
NILANDU
MULAKU
S
Kuda Huvadu
10
THA (KOLHUMADULU)
Kimbidu
11
2°
13 Isdu
Muna Fushi
12
LAMU (HADDUMATI)
14 Gan
15 Hitadu
ANDERTHALB-GRAD-KANAL
1° N
GAAF
(HUVADU)
(SUVADIVA)
16 Viligili
17 Kondai
18 Gan
19 Vadu
0°
ÄQUATORKANAL
20
FUA MULAKU
ADDU
1° S
21 Gan

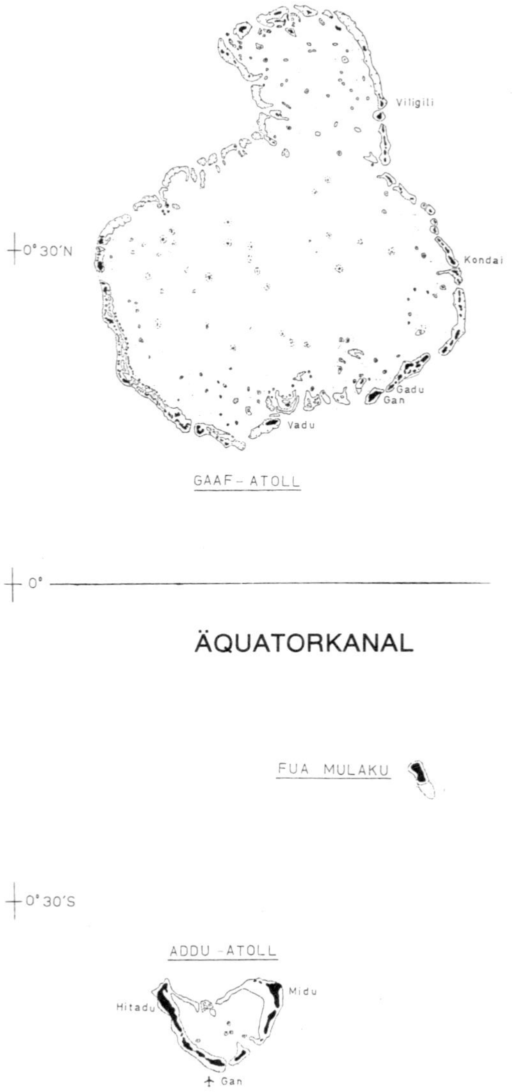

Die Atolle Gaaf und Addu sowie Fua Mulaku unmittelbar nördlich und südlich des sogenannten Äquator-Kanals. Jedes Atoll besteht aus einer Vielzahl von Inseln, die sich um eine Lagune herum gruppieren und gegenüber dem Meer durch Korallenriffe geschützt sind. Fua Mulaku ist das einzige Atoll der Malediven, das kein Korallenriff besitzt und ohne Lagune auskommen muß. Aber es verfügt über einen Süßwasserbinnensee.

Links: *Die Republik der Malediven besteht aus rund 1200 Inseln. Die Zahl schwankt, da immerzu Inseln vom Meer zerstört und von Korallen neu gebildet werden. Die Zahlen geben an, in welcher Reihenfolge die Inseln von den legendären Redin besiedelt wurden. Rasgetimu, Giravaru, Male und Isdu spielten in der hinduistischen und buddhistischen Periode der Insel eine bedeutene Rolle, bevor im Jahre 1153 der Islam eingeführt wurde.*

haben sich auch in der königlichen Geschlechterfolge der Hindus gehalten, und selbst Buddhas Familienname weist auf seine Abstammung von der Sonne hin. Aufgrund meiner eigenen Forschungsarbeit im pazifischen Raum wußte ich, daß auch die hervorragenden Seefahrer Polynesiens Kane, den Gott ihrer Vorfahren, mit der Sonne in Verbindung brachten, und den Äquator nannten die ausgezeichneten Himmelsnavigatoren »den goldenen Weg Kanes, des Sonnengottes«. Die die Sonne verehrenden Inkas hatten am Äquator in Ekuador ein Denkmal errichtet, das den Weg ihrer göttlichen Vorfahrin, der Sonne, kennzeichnete.

Für diese Menschen der Frühgeschichte war der Sitz des Sonnengottes und der verehrten halbgottgleichen Könige der Vergangenheit durch einen Tunnel zu erreichen, an dem die Sonne vorbeizog, wenn sie auf ihrem täglichen Weg von Osten nach Westen durch die Unterwelt zurückkehrte. Wenn je ein Seefahrer in den frühen Tagen des Sonnenkults die Malediven erreicht hatte, war es völlig natürlich anzunehmen, daß der Äquatorkanal für ihn von doppelter Bedeutung war – einmal als bequemer Durchschlupf und zum anderen als ein Ort mit besonderem religiösem Gewicht. Wenn mitten im Meer direkt am Äquator ein Stück Land lag, war das ein Platz, der die frühesten Seefahrer anziehen mußte, dort einen Tempel zu Ehren der Sonne zu errichten.

Björn hörte meine Ausführungen geduldig an und meinte dann gedankenvoll, daß es da unten am Äquatorkanal einen Flugplatz gäbe, den einzigen neben dem auf Malé. Die britische Luftwaffe hatte auf der Insel Gan einen Flugplatz gebaut, der im Zweiten Weltkrieg als wichtiger Militärstützpunkt gedient hatte. Er war 1976 aufgegeben worden, aber die Malediver benutzten ihn immer noch für ein kleines Flugzeug, das manchmal mit Touristen aus Malé einen Rundflug machte.

Ein Zufall?

Ganz und gar nicht. Die Geschichte wiederholt sich. Die britischen Militärstrategen hatten mehr als tausend Inseln in diesem Archipel zur Auswahl gehabt und doch ein Atoll direkt am Äquatorkanal gewählt, weil hier alle Schiffe vorbeikommen mußten, die den kürzesten Weg um Südasien nehmen wollten. Von hier erstreckten sich die maledivischen Riffe nach Norden wie ein verschlungenes Labyrinth, das ebenso gefährlich zu passieren war wie ein Minenfeld.

Neil und seine beiden Kollegen kamen ins Zimmer, um genaueres über unsere Pläne zu erfahren. Sie hatten im Hafen *Dhonis* gefilmt, seit wir auf Malé gelandet waren.

»Wir wollen schon morgen aufbrechen«, erklärte ich ihnen. »Zum Äquatorkanal.«

Die drei Kameramänner strahlten. Sie wollten mitkommen, wenn wir nichts dagegen hatten. In den südlichen Bereichen sollte es *Dhonis* mit quadratischen Segeln geben, die wie alte ägyptische Boote aussahen. Hier oben war alles auf die modernen Dreieckssegel umgestiegen.

Zu meiner eigenen Überraschung gab es tatsächlich am nächsten Tag einen Flug nach Gan am Äquatorkanal. Eine sechzehnsitzige Maschine stand startklar bereit, auch wenn sie eher wie ein Güterwagen mit Flügeln aussah. Das Buchen von acht Plätzen bedeutete die Belegung des halben Flugzeugs. Wir hätten den Flug nie geschafft, wenn Maniku uns nicht behilflich gewesen wäre, wobei noch all unsere Sachen und die Hälfte der Kameraausrüstung zurückblieben. Unsere Gruppe vergrößerte sich noch, als man uns Mohamed Waheed mitgab, einen Vertreter der Inselverwaltung, der sicherstellen sollte, daß wir uns überall frei und unbehindert bewegen konnten.

Ich kam mir vor wie Charles Lindbergh vor seinem historischen Flug über den Atlantik, als ich allein auf das Flugzeug zuging, während meine sieben Begleiter meine Schritte in der Erwartung dramatischer Entdeckungen filmten. Vielleicht kam als nächstes die Entdeckung einer untergegangenen Kultur auf den Inseln dort unten am Äquatorkanal – wer konnte das wissen? Es schien wie eine bewußte Komödie. Dabei sollte jetzt erst alles beginnen.

Kapitel 2

Der große Hügel von Fua Mulaku

Wer waren die Redin?

Sonnenstrahlen schienen überall im blauen All über und unter den Tragflächen des Flugzeugs aufzublitzen, als wir von Malé dröhnend über den Meeresarchipel nach Süden flogen. Das schien ganz natürlich zu sein, da wir uns dem »goldenen Weg Kanes, des Sonnengottes«, näherten. Doch zu unserer Überraschung lag ein langes, tiefes Wolkenband wie ein überdimensionaler Kondensstreifen unter uns, wo wir den Äquator vermuteten. Bei dem blauen Himmel, der sich im sonst überall blauen Meer spiegelte, sah es so aus, als wäre die Tropensonne auf ihrem Weg von Osten nach Westen tief über das Wasser gezogen und hätte es zum Kochen gebracht. Das schmale, tiefliegende Wolkenband war so auffällig, daß es nur von feuchter Luft herrühren konnte, die infolge einer anderen Wassertemperatur nach oben stieg. Der schnelle Äquatorialstrom mußte hier verlaufen und gemeinsam mit den saisonabhängigen Monsunwinden im Indischen Ozean seine Richtung von Ost nach West ändern. Vielleicht bewirkte diese gewaltige Meeresströmung Verwirbelungen an angrenzenden Inseln, oder der Äquatorialstrom drückte einen Strom kälteren Wassers durch eine Öffnung in den Malediven. In dem Augenblick bestätigte der Pilot auch schon, daß wir gerade den Äquatorkanal überflögen.

Im nächsten Augenblick kurvte die kleine Maschine über dem Addu-Atoll nach unten, dem südlichsten Zipfel des Malediven-Archi-

---

Mit diesem Foto begann das Rätsel der Malediven. Das Bild wurde dem Autor von einem Fremden zusammen mit der Aufforderung geschickt, auf eine Insel weit draußen im Indischen Ozean zu kommen und ein Rätsel zu lösen. Wer schuf diese Statue, die man vergraben auf einer Insel fand, auf der das islamische Recht seit mehr als acht Jahrhunderten strengstens jede künstlerische Darstellung des menschlichen Körpers verbietet?

pels. Hier war das Land zu Ende. Das Atoll unter uns war ein großer Ring aus Korallenriffen und Untiefen, auf denen in Abständen flache, dicht mit Kokospalmen bestandene Sandinseln lagen, so als tanzten alle in fröhlichem Reigen um die stille Lagune. Eine dieser Inseln war Gan, auf deren ehemals britischem Flugplatz wir sanft landeten. Der schwarze Asphalt bereitete uns einen heißen Empfang und ließ uns eiligst der kleinen Flugplatzhütte zustreben, wo wir Schutz vor dem mittäglichen Angriff der Äquatorsonne suchten. Selbst die Angestellten standen in einer Gruppe unter einer Überdachung, die vor der sengenden Rache des früheren Sonnengottes bewahrte. Die Menschen hatten nichts vom Schutz der Natur gelassen. Der Wald war verschwunden und mit ihm das einstige Blätterdach, das von der Sonne selbst gefördert wurde, damit alles tropische Leben geschützt wurde und gedieh.

Dies war die einst grüne Insel, auf der Bell 1922 einen fast neun Meter hohen, von Menschenhand aufgeschütteten Hügel gesehen hatte, »begraben unter dem dichten Buschwerk des Dschungels und reichlich bestanden mit dicht wachsenden Bäumen«.[4]

In der flachen Umgebung des Flugplatzes war weder ein Dschungel noch ein Hügel zu sehen, und so fragten wir die ältesten der unter dem Schutzdach stehenden Männer, wo wir den *Ustubu* sehen könnten, den großen Hügel, den Bell für die Ruine einer buddhistischen *Stupa* gehalten hatte? Sie deuteten die Startbahn entlang. Einige von ihnen hatten etwas Englisch gelernt, als britische Streitkräfte im Zweiten Weltkrieg auf dem Addu-Atoll stationiert gewesen waren.

»Der *Ustubu* war dahinten, am Ende der Startbahn«, sagte einer der Männer und grinste.

Als man das Addu-Atoll als militärischen Stützpunkt auserkor und Gan als den Flugplatz, war der alte Hügel ein Hindernis gewesen und

---

Oben: *Die Inselbewohner hatten zwei Bronzefigurinen ausgegraben. Die Figuren enthüllten, daß asiatische Seefahrer bereits das offene Meer befuhren, als in Europa noch finsterstes Mittelalter herrschte. Der Buddha rechts bewies, zusammen mit dem abgebrochenen Steinkopf, daß der Buddhismus auf diesen entlegenen Inseln Fuß gefaßt hatte, bevor die Araber 1153 den Islam brachten. Die verwitterte Hindugottheit links ist ein Zeuge für noch frühere Besuche von Seefahrern in der Zeit vor dem Buddhismus.*
Unten: *Zusammen mit Björn Bye (links), der die Aufforderung schickte, begab sich der Autor sofort zum fernen Maledivenarchipel, nur um festzustellen, daß die steinerne Statue schon ausgegraben und von religiösen Fanatikern zerstört worden war. Nur der Kopf war übriggeblieben, der, wie sich zeigte, einen sehr schönen, in einheimischen Kalkstein gehauenen Buddha darstellt.*

hatte verschwinden müssen. Er wurde von Bulldozern eingeebnet und mit Asphalt bedeckt. Nicht ein einziger Huckel war auf der makellosen Startbahn zu sehen.

Es war tragikomisch. Den Inselbewohnern selbst war es gelungen, die herrliche Buddha-Statue zu zerstören, ein Denkmal ihrer eigenen Vergangenheit. Und hier hatten britische Bulldozer ihnen geholfen, sämtliche Spuren eines gewaltigen Bauwerks zu beseitigen, das ein ehemaliger britischer Kommissar für einen möglichen frühgeschichtlichen Tempel gehalten hatte.

Als ich über die leere Startbahn zum blauen Horizont blickte, fingen die Kameramänner an zu lachen. Wäre der Asphalt nicht so kochendheiß gewesen, hätten sie mich gebeten, mit ihnen auf die Startbahn zu gehen, damit sie mich hätten filmen können, wie ich zwischen meinen Beinen hindurch auf die frühgeschichtliche Stätte zeigte. Wirklich tragikomisch. Aber es war auch etwas peinlich, sowohl für mich, der ich auf der Suche nach frühgeschichtlichen Zeugnissen hierhergekommen war, als auch für diejenigen, die die Nachwelt darum gebracht hatten, ein bemerkenswertes Inselbauwerk zu sehen und unter Umständen zu rekonstruieren.

Bis auf uns acht Fremde waren alle übrigen Passagiere des Fluges Malediver gewesen, die mit Familie und Freunden verschwanden. Wir konnten kaum etwas anderes tun, als das Angebot der touristischen Einrichtungen in einer der ehemaligen Luftwaffenbaracken anzunehmen. Die Malediver betrieben sie inzwischen selbst als eine Art Gästehaus, aber wie sich herausstellte, waren wir die einzigen Gäste. Ein mit viel Curry gewürzter Fisch, der in der früheren Offiziersmesse aufgetragen wurde, half uns wieder etwas auf die Beine. Es gab ganz legal Dosenbier, da der Ort für Ausländer reserviert war.

Im Schatten der Veranda setzten wir uns mit den kühlen Gläsern vor unsere Baracken, um nachzudenken. Ich holte erneut meine Fotokopie des Berichts von Bell hervor, um zu sehen, was uns entgangen war. Bei seinem Besuch hatte dichter Dschungel ihn offenbar buchstäblich daran gehindert, den gewaltigen Hügel, den er entdeckt hatte, ganz zu erforschen. Er nannte lediglich den Umfang am Fuß mit 85 Metern. Das massive Bauwerk hatte einst in einer Verschalung aus zugeschnittenen Korallenblöcken gestanden, die aber restlos abgetragen worden waren. Das, so schrieb er, hatte sich über viele Jahrhunderte erstreckt, als der Tempel den moslemischen Inselbewohnern das Addu-Atolls als eine Art Steinbruch für Korallenplatten gedient hatte, die sie fertig zugerichtet für den Bau ihrer Moscheen und wichtigsten Häuser verwenden konnten. Nichts als ein großer, unförmiger Hügel schien zu Bells Zeit übriggeblieben zu sein, denn er schrieb:

»Im Fall dieser kärglichen Überreste einer auf den Malediven längst untergegangenen Religion ist buchstäblich kein Stein auf dem andern geblieben, so daß die ursprüngliche Gestalt noch zu erkennen wäre.« Und weiter: »Die ganze antiquarische Ausbeute ... der zweitägigen ›Arbeiten‹ an dem Hügelchen waren zwei alte Perlen, die wahrscheinlich fortgeworfen worden waren von den Vorfahren der heutigen moslemischen Inselbewohner, als sie sich über diese ›gottlose‹ Weihestätte hergemacht hatten.«

Auf keiner anderen Insel des Addu-Atolls hatte Bell alte Ruinen gefunden, nur noch auf dem Nordzipfel von Hitadu, einer Insel, die wie ein Finger in den Äquatorkanal wies. Dort hatte er die verfallenen Korallenwände eines alten Befestigungsbaus nichteuropäischen Ursprungs entdeckt. Dennoch rieten uns einige alte Inselbewohner, Hitadu einen Besuch abzustatten, denn dort sei mehr als nur der alte Befestigungsbau, den Bell gesehen hatte.

Wir brachen wieder auf, diesmal in einen Flugplatz-Lkw gepfercht, aber dennoch zuversichtlich und guter Dinge, in der Hoffnung, etwas zu finden, das sich so weit von der Flugplatzinsel entfernt gehalten hatte. Hitadu lag am anderen Ende dieses ausgedehnten Atolls. Die Briten hatten die Untiefen zwischen den Riffen aufgefüllt und so am Westrand des Atolls eine Insel mit der anderen verbunden. So fuhren wir über eine Straße durch die kleinen Inseln mit Dörfern und Kokosnußhainen bis nach Hitadu. Wo die Straße aufhörte, trafen wir auf ein paar Inselbewohner, die zusahen, wie glitzernde Thunfische aus einem *Dhoni* entladen wurden. Einer der Männer behauptete, er wüßte von einigen bedeutenden frühgeschichtlichen Überresten.

Ermutigt durch seine Worte drangen wir in das dichte Unterholz vor, unser barfüßiger Führer voran, und ich, den die anderen für eine Art Sherlock Holmes hielten, ihm dicht auf den Fersen. Schließlich war ich auf die Malediven gekommen, um ein Rätsel zu lösen. Die anderen waren einfach so mitgekommen und hofften, das filmen zu können, was ich eventuell entdeckte. Neils professionelle Gruppe war schwer bepackt für normale Bild- und Tonaufnahmen, und Björns Studenten waren mit Videogeräten ausgerüstet, und während einige von uns hinten filmten, liefen andere voraus oder versteckten sich im Busch, um uns aufzunehmen, wie wir ankamen, vorbeizogen und weitergingen, irgendwelchen erhofften Entdeckungen entgegen, die im Dickicht da vorne auf uns warteten.

Ich habe nie die Gelegenheit gehabt, die vielen Meter Film zu sehen, die von unserem Führer und mir gedreht worden sind, wie wir liefen und liefen, in der Hitze keuchten, Äste und Korallenstücke zertraten, bis wir mit einemmal an einer Lichtung anhielten und unser Führer nach vorn deutete.

Ich sah nichts.

»Das Bad der Königin!« erklärte er voller Stolz, und zwei Mikrofone wurden ihm hingehalten, als Abdul dolmetschte.

Ich sah immer noch nichts. Der Mann machte zwei Schritte nach vorn und wies nach unten direkt vor seine Füße. Der Boden wies eine leichte Vertiefung auf, in der etwas abgestandenes Wasser eine flache Pfütze gebildet hatte. Es hätte der Königin gerade gereicht, um ihren großen Zeh hineinzutauchen.

»Es war früher größer«, meinte unser Führer, als er meine verhaltene Begeisterung bemerkte. »Aber es ist eingestürzt, als die Leute sich Steine aus den Mauern geholt haben, um Häuser zu bauen.«

Wieder waren wir zu spät gekommen.

Wir waren gespannt, was er uns sonst noch zu zeigen hätte. Es gab noch mehr zu sehen. An einem anderen Ort stand ein sehr alter Steinturm, den die ersten Vorfahren erbaut hatten, die auf diese Inseln gekommen waren.

Wieder hielten die Kameras auf zwei Beinpaare, die im Dickicht verschwanden. Wir würden bald da sein, versicherte uns der Führer, als wir schon anfingen, die Brandung zu hören, die mit losen Korallentrümmern spielte und sie gegen ein steil abfallendes Stück Strand schleuderte. Wieder zeigte er nach vorn. Direkt nach unten.

Bedeckt von ein paar spärlichen, verdorrten Schlingpflanzen lag eine Reihe zugeschnittener Korallenziegel vor uns. Die Kameras holten meine Hand ins Bild, als ich mich bückte, um sie ziemlich ratlos anzufassen.

»Die sind aber nicht sehr alt«, sagte ich, aufs äußerste enttäuscht.

»Nicht sehr«, räumte er ein. »Ein englischer Offizier hat sich hier sein Haus gebaut.«

»Aber Sie haben gesagt, Sie wollten uns einen sehr alten Turm zeigen, den Ihre Vorfahren gebaut haben!«

»Das ist er«, erwiderte er, erstaunt über meine Ungeduld. »Dies war einmal ein sehr alter Turm. Sehen Sie!« Er zeigte auf eine verwitterte Platte, die unter der Grundmauer des ehemaligen englischen Hauses kaum zu sehen war. Es war ein vor langer Zeit aus einem Steinbruch geschlagener Block, ohne Frage. Es hätte ein Stück eines alten Bauwerks sein können. Vielleicht sogar der unterste Teil eines alten Turms, der weiß Gott wie hoch gewesen sein mochte. Aber der Turm war nicht da. Doch für unseren Führer war diese Tatsache ohne Bedeutung. Wie konnte ich seine Behauptung in Frage stellen, wenn er direkt von seinem Großvater wußte, daß genau hier der Turm gewesen war, erbaut von ihren Vorfahren?

Auf dem Rückweg schwiegen wir alle, und die Kameras liefen nicht. Einmal bückte ich mich, um etwas Terrakottafarbenes aufzuheben, das in den Boden getreten war, doch ich schleuderte es weg, als wenn ich mir die Finger verbrannt hätte, als ich merkte, daß es ein Stück Kunststoff war und eine Kamera bereit war abzufahren.

Asphalt, Kunststoff, eine lumpige Pfütze und das Haus eines britischen Offiziers, das war das magere Ergebnis des ersten Tages unserer Erkundungen außerhalb der Kammer im Museum von Malé. Ich fragte mich, ob meine Begleiter wohl ebenso enttäuscht über den bisherigen Ausgang waren wie ich. Wenn, dann verbargen sie es gut. Als wir wieder zu dem Feldweg kamen, verabschiedeten wir uns herzlich von unserem freundlichen Führer und kletterten lachend auf den Lastwagen.

Wir hatten nichts gefunden, doch ließ sich eine Schlußfolgerung aus dem ziehen, was andere gesehen hatten, als es noch stand. Nach Berichten der Inselbewohner hatten auf dem Addu-Atoll vor langer Zeit zwei hohe Steinbauwerke existiert. Ob es Tempel aus der Zeit vor den Moslems oder Verteidigungsanlagen gewesen waren, sie hatten an Stellen gestanden, wo man sie schon weit draußen auf dem Meer erkennen konnte, lange bevor diese flachen Inselchen zu sehen waren. Eines dieser Bauwerke, an das sich die Inselbewohner noch erinnerten und dessen Ruinen wahrscheinlich auch Bell noch gesehen hatte, hatte sich auf einem Vorsprung befunden, der sich wie ein Finger gerade in den Äquatorkanal erstreckte. Das andere, von dem Bell nur noch einen neun Meter hohen Haufen aus Korallentrümmern vorgefunden hatte, hatte auf der entgegengesetzten Seite des Atolls gelegen, mit Blick auf den Indischen Ozean südlich des letzten Ausläufers der Malediven. Von diesen Stellen konnte man über das Meer kommende Feinde ausmachen und befreundeten Seefahrern einen sicheren Kurs weisen. Die gleichen Stellen hätte man für moderne Leuchttürme ausgewählt, die den Seefahrern auf ihrem Weg um die Südspitze Asiens dienten. Der Turm auf Hitadu wäre für diejenigen gewesen, die den Äquatorkanal durchfuhren, und der Hügel auf der Insel Gan für die, die den längeren Weg um die Malediven südlich des Addu-Atolls wählten.

Am Abend erzählte uns ein junger Malediver, der uns in der Offiziersmesse bediente, von noch existierenden Ruinen auf einer anderen Insel dieses Atolls, zu der man weder zu Fuß noch mit dem Wagen kam. Er versprach, uns am nächsten Morgen mit dem Boot dorthin zu fahren.

In der ersten Morgendämmerung erwachten wir mit neuer Hoffnung und überquerten die ganze Lagune in fünfzehn Minuten mit einem schnellen motorisierten *Dhoni* zur Insel Midu auf der anderen Seite des Atolls. Midu lag von Gan so weit nordöstlich wie Hitadu nordwestlich, aber diese beiden Inseln waren durch einen langen, versunkenen Teil des Kranzriffs am Eingang zur Lagune getrennt.

Midu war bewohnt. Die Einheimischen kannten die Ruinen und führten uns sofort dorthin. Was sie uns zeigten, waren solide gebaute Bunker und überwucherte Gräben der Briten aus dem Zweiten Weltkrieg, die auf den Äquatorkanal gingen. Die Kameramänner machten sich nicht einmal die Mühe, ihre Geräte auszupacken. Ihr Optimismus und ihr Sinn für Humor hatten sichtlich gelitten. Sie merkten nicht einmal auf, als ich kurz darauf ein bißchen Aufregung zeigte und erkannte, daß wir tatsächlich etwas Glück hatten. Nichts Umwerfendes, aber doch eine neue Spur. Vom Sandstrand von Midu hatte man eine 750 Meter lange Mole aus rohen Korallenblöcken in die seichte Lagune hinaus gebaut, die so weit reichte, daß kleine *Dhonis* am äußersten Ende Passagiere und Lasten absetzen konnten. Ich konnte nicht umhin, die groben Korallen- und Kalksteinblöcke zu untersuchen, die zum Bau dieses langen, hellen Piers aufgehäuft worden waren. An mehreren Stellen bemerkte ich einige Steine, die ganz anders aussahen als die übrigen: schöne Quader mit klassischen Kanneluren auf einer Seite, als wären sie einmal Teil eines architektonisch besonderen Bauwerks gewesen. Und das war das Erstaunliche: Am ufernahen Ende der Mole lagen noch mehr dieser bearbeiteten Kalksteine, die erst in neuerer Zeit wahllos als Rand für die Korallenfüllung eingesetzt worden waren, eingesetzt ohne Rücksicht auf das Muster der Kanneluren.

»Wiederverwendete Bausteine aus irgendeinem Tempel«, erklärte ich den Kameramännern, denen die Blöcke zu elegant erschienen, als daß sie Teil eines von den Inselbewohnern errichteten Bauwerks hätten sein können. Aber als ich anfing, die rohen weißen Blöcke in den hohen Steinmauern der Dorfgärten zu untersuchen, hielten sie mich aufgrund meines Filzhutes aus dem Himalaja, den Björn mir an dem Tag geschenkt hatte, offenbar wieder für Sherlock Holmes. Ihre Kameras folgten mir, sobald meine Finger über einen dieser gleich schönen Steine fuhren, die verkehrtherum oder verkantet zwischen Schotter und Kalk steckten. Waren diese eigenartigen Steine irgendein Fingerzeig?

Abdul fragte die Dorfbewohner, wo sie diese bearbeiteten Steine gefunden hätten. Man holte den ältesten Mann der Dorfgemeinde, von dem man glaubte, er wäre über neunzig Jahre alt. Er schlurfte mit uns zu einem Ort zwischen einigen riesigen Bäumen und sagte, dort hätten einst zwei »alte Moscheen« gestanden. Die feinbearbeiteten Steine stammten aus den Ruinen dieser alten Gebäude.

Ich äußerte den Wunsch, die heutige Moschee zu sehen. Sie entpuppte sich als ein bescheidenes, kleines Gebäude aus rohen Bruchsteinen mit Zapfenverbindungen. Kein Moslem hätte die beiden bedeutenderen Moscheen mit ihren großen mit Simsen und Friesen verzierten Steinen eingerissen, um ein so schäbiges Gebäude an ihre Stelle zu setzen, und dann mit den verzierten Steinblöcken lediglich Gartenmauern und eine Mole gebaut. Und auch die britischen Soldaten hätten weder Zeit noch den Grundstock gehabt, Bunker oder Baracken mit kannelierten Steinen zu bauen, die so schön wie griechische Tempel gewesen wären. Hier war etwas, das keinen Sinn ergab, wenn wir versuchten, es als Überreste ausgedienter moslemischer Moscheen oder britischer Bunker abzutun. Warum hatten diese frommen Moslems irgendein schönes Tempelbauwerk niedergerissen und mit viel Mißachtung behandelt? Hier hatten wir endlich die ersten zerstörten Spuren einer wahrhaft hochstehenden Kultur erblickt, die auf diesem Äquatoratoll gegründet worden war, bevor die Moslems die Herren der Malediven wurden.

Das Oberhaupt von Midu war sofort damit einverstanden, einen der kannelierten Steine aus der Mole holen und nach Gan bringen zu lassen, damit er mit dem Schiff ins Museum von Malé transportiert werden konnte.

Es lag auf der Hand, daß wir auf dem Addu-Atoll nichts weiter unternehmen konnten, aber es sprach alles dafür, einige der anderen Inseln hier im Äquatorkanal näher unter die Lupe zu nehmen, die noch nicht von der heutigen Zivilisation heimgesucht worden waren. Am verlockendsten war die einsame Insel Fua Mulaku, die ganz allein und ohne Kranzriff mitten in dem breiten, offenen Kanal lag.

Nach vielen vergeblichen Versuchen, ein *Dhoni* zu finden, das uns dorthin bringen würde, gelang es Björn und Abdul schließlich, mit dem Besitzer und Kapitän eines am Ort gebauten Boots von ziemlich beachtlicher Größe handelseinig zu werden. Er war bereit, uns für eine Tagesgebühr überzusetzen. Zum Abschluß des Geschäfts mußten wir uns noch damit einverstanden erklären, daß er auf der Überfahrt auch andere Passagiere mitnehmen könne, die er eventuell auftrieb. Das Boot, das *Midu* hieß wie die Insel, die wir gerade besucht hatten, war mit viel Geschick von Einheimischen aus dem handgespleißten Holz der Kokospalme vom hiesigen Atoll gebaut worden. Es war groß und breit, wie eine mächtige Badewanne, grün angestrichen und von einem hohen Deck überspannt.

Als die *Midu* am nächsten Morgen über die Lagune kam, um uns in Gan abzuholen, war sie bereits randvoll mit Inselbewohnern aller Altersstufen und sah aus, wie ich mir in meiner glücklichen Kindheit die Arche Noah vorgestellt hatte. Allerdings ohne Hunde und andere Tiere, mit Ausnahme lebender Hühner, und mit wenigstens vier Generationen entfernter Abkömmlinge Noahs. Mannschaft und Passagiere drängten sich Schulter an Schulter an Deck, wo ein kleiner Junge auf einer Feuerstelle hinter dem Steuerrad damit beschäftigt war, flaches arabisches Brot zu backen. Wir acht, die wir das Boot gemietet hatten, zwängten uns an Bord und verstauten die Kameraausrüstung und die übrige spärliche Habe irgendwo zwischen Bündeln, Säcken und ganzen Bergen grüner Kokosnüsse.

Ein schwacher Gartenzaun trennte uns und alles andere vom Meer und verhinderte, daß jemand über Bord fiel. Ein Dach aus Leinwand bedeckte fast die gesamte Arche vom Bug bis zum Heck, eine tröstliche Feststellung, denn ein lärmendes Gewitter mit sturzbachartigem Regen war in der vergangenen Nacht über das ehemalige Luftwaffencamp hinweggezogen, und dunkle Vorhänge überall am Horizont waren ein Zeichen dafür, daß noch immer heftige Windböen umliefen.

Über dem Gewusel an Deck waren drei hölzerne Hängematten angebracht, die wie Türen an vier Seilen hingen. Der Kapitän hatte sie für sich, Björn und mich reserviert. Unsere Begleiter streckten sich zufrieden auf dem Deck aus, eingekeilt zwischen kichernden maledivischen Schönheiten mit oder ohne Babys oder Ehemann.

Björn, der als Erster-Klasse-Passagier über der Menge hin und her schaukelte, holte die abgegriffene Fotokopie von Bell vor, um laut von der Insel vorzulesen, auf die wir zuhielten: Fua Mulaku. Bell führte aus, daß es ein Atoll war, das aus einer einzigen Insel bestand. Sie lag mitten im Äquatorialstrom, in der Mitte des Äquatorkanals und fast genau auf dem Äquator. In ihrer »paradiesischen Abgeschiedenheit«, wie Bell schrieb, hielten die Malediver sie mit Recht für die schönste und von der Natur am meisten begünstigte aller Inseln des gesamten Archipels.

»Wie echt die Abgeschiedenheit Fua Mulakus ist, kommt durch die eigenartige Tatsache zum Ausdruck, daß sie selbst in diesem zwanzigsten Jahrhundert den Europäern in jeder Hinsicht absolut unbekannt bleibt. Es ist eine beinahe unglaubliche Tatsache, aber soweit bekannt, ist unwidersprochen, daß es nur zwei Berichte über die Insel gibt: der erste ist ein bloßer Hinweis des maghrebinischen Reisenden Ibn Battuta aus der Mitte des 14. Jahrhunderts, der zweite eine ausführliche Schilderung der frazösischen Brüder Jean und Raoul Parmentier, die Fua Mulaku ebenfalls nur zufällig einen kurzen Besuch in der ersten Hälfte des 16. Jahrhunderts abstatteten . . .«[5]

Wir hatten gerade die Insel Midu passiert und die Lagune verlassen und fuhren hinaus in den offenen Äquatorkanal. Hier draußen wurde eine unwahrscheinlich starke Strömung von bis zu 5,5 Knoten gemessen. Die riesige, breite Wanne fing an zu rollen, die Passagiere wurden schläfrig, aber einige Frauen und Babys konnten nicht länger bei sich halten, was sie schon vor langem gegessen hatten. Björn, für den das

Meer etwas Ungewohntes war, verlor das Interesse an Bell, so daß ich selbst weiterlesen mußte.

Die Insel, die wir ansteuerten, hatte weder einen Hafen noch eine Lagune, noch einen sicheren Ankerplatz. Es war die einzige Insel der Malediven, die kein vorgelagertes Riff hatte, das ihre Küste schützte. »Ein steiler Strand mit Korallenscherben, in dem die Füße bei jedem Schritt versinken, fällt direkt ab zu einem unterseeischen Riff. Mehrere hundert Meter im Bereich dieses umlaufenden Riffs läßt sich die Tiefe praktisch nicht ausloten, so abrupt ist der Abfall. Das Anlaufen eines solchen Ufers ist zwangsläufig zu jeder Zeit mit Gefahren verbunden; zu bestimmten Zeiten wird es beinahe unmöglich, außer unter höchster Gefahr.«

Wir betrachteten die dunklen Wolkenwände, die uns von allen Seiten umgaben, doch den Kapitän der schlingernden Wanne brachte das überhaupt nicht aus der Ruhe. Er schickte den Küchenjungen herum, der mit heißem Tee und grünen Blättern, die gehackte Betelnüsse zum Kauen mit Limonelle enthielten, über das Deck wankte.

Auf halbem Weg zu unserem Ziel verloren wir die Kokospalmen von Midu aus den Augen, die das letzte waren, das wir hinter uns sahen. Aber just zum gleichen Zeitpunkt erblickte ich vor uns einen dunklen Punkt am Horizont, den ich zunächst für ein Schiff hielt, bis er sich als eine Ansammlung von Bäumen auf irgendeinem Hügel herausstellte, der höher als die Wipfel der Palmen war, die ebenfalls langsam am Horizont wuchsen. Das sah alles sehr aufregend aus. Wir waren ohne Frage unterwegs zu einer völlig anderen Welt, die selten besucht worden war, und vielleicht gab es hier einen frühgeschichtlichen Hügel, der dem Erdboden noch nicht gleich gemacht worden war. Bell war nur am Morgen hierhergekommen und mittags schon wieder weggefahren. Bedauernd schrieb er, daß das Schicksal ihm nicht erlaubt habe, die Geheimnisse dieses, wie er es nannte, »lieblichen Juwels der maledivischen See« zu enthüllen, »das noch praktisch vollkommen unbekannt war. Solches Glück fällt vielleicht eines Tages einem glücklicheren Reisenden zu: für uns gilt, ›Insel der Schönheit, lebe wohl‹.«

Ich mußte die Fotokopie von Bells Buch zusammenfalten und in einen wasserdichten Beutel stecken. Die Palmen standen jetzt wie eine grüne Wand ganz dicht vor uns. Wir waren inzwischen so nah an der Insel, daß wir das Donnern der Brandung hören und sehen konnten, wie sie schäumend gegen das Ufer anrannte. Keine Stelle zum Anlegen. Alle empfanden wir eine gewisse Spannung. An einer Stelle des steilen Korallenstrandes mühte sich eine Gruppe Menschen, ein winziges *Dhoni* durch die gischtenden Brecher ins Wasser zu bringen. Es tanzte wie wild in der Brandung und hüpfte immer noch aufgeregt auf und ab, als es uns erreichte und an einem Tauende der *Midu* festmachte. Als das

Dhoni vertäut neben uns lag, sprangen von beiden Booten ein paar braune Gestalten ins Wasser und verschwanden. Sie kamen wieder hoch, blieben aber im Wasser und tauchten erneut, bis einer von ihnen ein langes Tau ausmachte, das irgendwie am Grund befestigt war und einem Boot von der bescheidenen Größe des unseren ermöglichte festzumachen, bis der Wind drehte. Ein solches Tau zum Festmachen sollte eigentlich auf beiden Seiten der Insel im Meer liegen, wo der Wind je nach Monsunzeit aus entgegengesetzten Richtungen kam.

In Dreier- und Vierergruppen kletterten wir mit unseren Habseligkeiten in das auf und ab tanzende Ruderboot und fuhren auf dem Kamm der Brandung zu den am Ufer wartenden Menschen, die unsere Hände ergriffen und uns geschwind den steilen Strand hinaufzogen, bevor das Boot mit den beiden Ruderern mit antilopengleichen Sprüngen wieder durch die kippenden Brecher hinauseilte, um die nächste Fuhre zu holen.

Die Abenteuer auf Fua Mulaku begannen am Tag unserer Ankunft. Wir hatten kaum Zeit gehabt, uns ein wenig an diesem so vielversprechenden Ort umzusehen, als wir auch schon zurückkommen und unsere Sachen aus dem Berg von Gepäckstücken suchen mußten, die am Ufer lagen. Irgend jemand tauchte mit einem Handkarren auf, und begleitet von einer Schar fröhlicher Inselbewohner zogen wir durch ein bewundernswert sauberes Dorf, hinter dessen Steinmauern einige Einheimische hervorlugten, fast bis zum anderen Ufer. Dort bekamen wir ganz für uns allein einen netten, gerade erst fertiggestellten Bungalow mit schneeweißen Mauern aus zerstoßenen Korallen und Kalk. Bisher hatten nur kurzschwänzige Geckos das Haus bewohnt, die an den Wänden und Decken herumliefen und Motten und Mücken fingen. Und außer ein paar Feldbetten, die anläßlich unseres Besuchs herbeigeschafft worden waren, gab es keine Möbel.

Fua Mulaku ist eine der größten Inseln des Malediven-Archipels mit schätzungsweise 5600 Bewohnern, die in einem zwischen Kokospalmen und Brotbäumen verstreut liegenden Dorf leben. Über die Steinmauern, die die kleinen Dorfhäuser umgaben, blickten außerdem die großen Blätter von Bananenstauden und Bäume, die vollhingen mit Orangen, Zitronen, Papayas, Mangos und anderen tropischen Früchten. Aus den im Freien liegenden geschützten Küchen stieg Rauch empor. Die meisten Hütten waren getüncht und bestanden aus Korallentrümmern und Kalk, aber eine ganze Reihe war auch noch aus geflochtenen Kokosblättern erbaut, die die Sonne braun gefärbt hatte. Wie auf allen maledivischen Inseln war der Boden sandig und topfeben, wenngleich wir hier zu unserer Überraschung gelegentlich blinkendes Wasser und Taro-Sümpfe sahen, als wir die Insel durchstreiften.

Niemand wußte von unserer Ankunft, und staunend nahmen wir zur Kenntnis, was später ein alltäglicher Anblick auf den Malediven sein sollte: die Straßen waren mit frischem, weißem Korallensand bestreut. Es waren immer einige Frauen da, die zu zweit gebeugt mitten auf der Straße standen und sie mit kurzen, selbstgemachten Besen fegten. Sie sammelten sogar den Hühnerkot ein, damit die barfüßigen Fußgänger unbehelligt umhergehen konnten.

Auf Fua Mulaku lebten keine Fremden, obwohl wir bald erfuhren, daß nach Bells Besuch einige Ausländer eine Zeitlang hier verbracht hatten. Bells Beschreibung traf noch immer zu, Fua Mulaku war von der Natur gesegnet mit mehr Fruchtbarkeit und einer größeren Vielfalt an Früchten und Wurzelgemüsen als alle anderen Inseln zusammen. Die Menschen waren darüber hinaus außergewöhnlich schön und zeigten weit mehr verschiedene Körpertypen, als wir auf Malé gesehen hatten. Einige waren bemerkenswert groß.

Es war heiß, als wir uns am Nachmittag endlich in unserem neuen Haus eingerichtet hatten. Harald und John hatten sich ihrer schweren Kameras entledigt und erklärten uns, wir könnten ihre Schlafplätze nach unserem Gutdünken einrichten. Sie wollten unbedingt noch vor Sonnenuntergang ein Bad im Meer nehmen. Alle Überredungsversuche, sie von ihrem Vorhaben abzubringen, waren umsonst. Sie sagten, sie wüßten, daß es hier keine Lagune gäbe. Sie wußten von der Brandung und den Küstenströmungen. Doch sie kannten diese Gefahren von den vielen Monaten, in denen sie *Jangada*-Flöße auf den ruppigen Wellen des Atlantiks und *Shampans* in der Brandung von Bangladesch gefilmt hatten. Sie hatten schon von allen möglichen primitiven Booten aus getaucht und waren mit ihnen gekentert. Mir wurde bewußt, daß sie nicht unter meiner Aufsicht standen. Sie hatten Neil begleitet, um *Dhonis* zu filmen, hatten sich aber von der Möglichkeit, die Spuren einer untergegangenen Kultur zu finden, vom Weg abbringen lassen. Der Gedanke an ein Bad ließ sie nicht mehr los, und so nahmen sie ihr Handtuch und machten sich zum nächstgelegenen Stück Küste auf mit dem Versprechen, nichts Unvernünftiges zu tun.

Ein paar Minuten danach verließ auch ich das Haus, um zu sehen, wohin sie gegangen waren. Das Westufer war nur ein paar hundert Meter entfernt, doch die Stürme hatten einen hohen Wall aus Sand und Korallenscherben aufgetürmt, der einen Blick vom Haus direkt auf das Meer verhinderte. Sobald man oben auf dem Sandwall stand, hatte man das gesamte kahle Ufer vor sich. Dort, wo ich stand, lag kieloben ein winziges Boot, an dem zwei Inselbewohner einige Risse abdichteten. Unsere beiden Freunde schwammen bereits weit draußen im tiefen Wasser und winkten übermütig mit den Armen. Sie trieben auf den tanzenden Wellen außerhalb der unter Wasser liegenden Kante des seichten Riffs, und einen Augenblick stritten sich in mir ein Gefühl der Verärgerung über ihre Sorglosigkeit mit dem der Bewunderung über ihren Mut und ihr Geschick. Aber dann kam es mir doch seltsam vor, daß sie weiterwinkten, nachdem ich zweimal mit beiden Armen zurückgewinkt hatte.

Und urplötzlich wurde mir klar, daß sie nicht aus Freude winkten – sie waren in Gefahr und winkten, weil sie Hilfe brauchten.

Ich wußte nur zu gut, daß ich nicht über das Riff hinaus schwimmen und irgend jemanden durch diese Brandung zurück ans Ufer bringen konnte. Ich wäre an der scharfkantigen Korallenwand zerschellt, und ihnen würde es ebenso ergehen, wenn sie versuchten, noch dichter an die Riffkante zu schwimmen, als sie schon waren. Sie waren nur so lange sicher, wie sie sich mit Wassertreten außerhalb der Brecher an der Riffkante halten konnten.

Ich rannte zu den beiden Inselbewohnern, die gemächlich ihr Boot ausbesserten. Das ständige Rauschen der Brandung an der gesamten Küste machte unmöglich, daß jemand an Land irgend etwas hörte, egal, wie laut jemand draußen im Wasser schrie. Ich packte den mir am nächsten stehenden Mann am Arm und wandte seinen Kopf. Ich wies auf die beiden Schwimmer, die jetzt ganz offensichtlich verzweifelt winkten und gegen die Dünung ankämpften. Der Mann blickte auf, machte sich dann unwillig von mir los und wandte sich wieder seiner Arbeit zu. Wir beide hatten keine Sprache, in der wir uns hätten verständigen können, und so zog ich ihn erneut herum und machte ihm durch Zeichen klar, daß die beiden Männer da draußen ertranken, und daß wir das kleine Boot zu Wasser lassen und hinausrudern mußten, um sie zu retten.

Diesmal wurde er sichtlich wütend, knurrte mich mit zornfunkelnden Augen an und machte sich nervös wieder an seine Arbeit. Der andere tat das gleiche. Noch bevor ich dazu kam einzugreifen, war unser maledivischer Dolmetscher Abdul bei mir und erkannte sofort die Gefahr. Er schrie den beiden Männern etwas zu, die antworteten, ohne von ihrer Arbeit aufzusehen.

»Sie sagen, sie hätten keine Ruder«, dolmetschte Abdul.

»Das macht nichts«, rief ich wütend. »Sagen Sie ihnen, daß wir das kleine Boot auch mit den Händen rudern können.«

Inzwischen hatten sich einige neugierige Inselbewohner um uns versammelt. Ich hielt sie alle für hervorragende Schwimmer in diesen Gewässern. Aber keiner zeigte sich an den beiden Männern interessiert, die sich verzweifelt bemühten, sich draußen vor dem Riff über Wasser zu halten. Abdul dolmetschte in großer Hast die nüchterne Feststellung, daß im letzten Monat drei ihrer eigenen Frauen ertrunken seien, weil sie so dumm gewesen waren, an dieser Stelle des Riffs zu baden. Da bemerkten wir zu unserer großen Erleichterung ein kleines Ruderboot mit zwei Männern, die auf dem offenen Meer noch hinter unseren Freunden fischten. Sie ruderten sehr langsam, aber, wie es schien, mit dem richtigen Kurs, denn die beiden Schwimmer winkten jetzt wie wild, da sie das Boot offenbar gesehen hatten. Alle rannten wir am Strand hin und her und winkten mit unseren Hemden und Palmblättern und schrien, was unsere Lungen hergaben, obwohl uns klar war, daß niemand jenseits der Brandung uns hören konnte.

Jetzt hatten die Männer im Boot die beiden im Wasser offensichtlich entdeckt. Sie hielten direkt auf sie zu. Uns allen fiel ein Stein vom Herzen. Aber zu früh. Nur wenige Schläge vor den zappelnden Schwimmern stoppte das Ruderboot. Und dann trauten wir unseren Augen nicht. Langsam bewegten sich die Ruder in die andere Richtung. Das Boot ruderte weg, und die Entfernung zu den beiden Männern im Wasser wurde immer größer. Bald befand es sich so weit draußen im Meer, daß wir das Interesse an ihm verloren.

Abdul hatte inzwischen erfahren, daß jemand zum nächsten Haus gelaufen sei, um Ruder zu holen. Plötzlich bemerkte ich in der Menge ein bärtiges Gesicht mit Brille. Es war Neil. Mit neugierigem Gesichtsausdruck kam er zu mir und fragte ganz ruhig, was all die Aufregung zu bedeuten habe. Ich hatte gerade nach draußen gewiesen und die Namen seiner beiden Kollegen genannt, als der kleine Mann auch schon Hals über Kopf hinunter zum Wasser rannte und hineinsprang, bevor irgend jemand ihn hätte aufhalten können. Er verschwand in einer Welle, und als er in der nächsten auftauchte, hatte er seine Brille verloren und sah nichts mehr. Die übernächste Welle schlug über ihm zusammen und zog ihn hinaus zur Riffkante.

Als die Dorfbewohner mit den Rudern gelaufen kamen, kämpften alle drei Kameramänner um ihr Leben, der eine in der tobenden Brandung über dem Riff und die beiden anderen weiter draußen. Die Äquatorsonne sank schnell und senkrecht und würde jeden Augenblick ins Meer tauchen, ohne daß Zeit blieb für die Dämmerung.

Jetzt ging alles so schnell und durcheinander, daß wir kaum noch folgen konnten. Bevor die Männer mit den Rudern das Wasser erreicht hatten, hatten einige andere ein unter den Bäumen verborgenes Boot hervorgeholt. Zuerst watend und dann mit den Händen paddelnd erreichten sie die beiden Schwimmer draußen im tiefen Wasser und zogen einen in ihr Boot. Neil kam mit einer gewaltigen Welle aus eigener Kraft an Land getorkelt, weil er entweder ein Meisterschwimmer war oder Allah auf seiner Seite gehabt hatte. Tastend griff er um sich, um ohne Brille den Weg ans Ufer zu finden, und wurde von starken Armen gepackt und an Land gezogen, gefolgt von einer Riesenwelle von den Ruderern mit John. John stolperte die steile, mit Korallenscherben bedeckte Böschung ohne Hilfe hinauf, bleich wie der Mond und mit allen Anzeichen eines Schocks. Einen Augenblick später trug jemand den leblosen Harald ans Ufer. Als Björn mit Wiederbelebungsversuchen begann, fing er an, sich zu bewegen, und aus seinem Mund kam in rhythmischen Schwallen das Wasser wie aus einer Pumpe.

Die Sonne war untergegangen, und Fua Mulaku lag in tropischer Dunkelheit, als Harald und John ihre Stimme wiederfanden und mit uns um eine Kerosinlampe saßen und ihre Geschichte erzählten. Abdul erschien in Begleitung des Dorfoberhaupts und berichtete, daß die Dorfbewohner empört über die beiden Männer im Boot seien, die bis unmittelbar zu den ertrinkenden Fremden gerudert waren und sie dann ihrem Schicksal überlassen hatten. John und Harald hatten das Boot die ganze Zeit gesehen, nachdem eine plötzliche Widersee sie vom Riff weggezogen hatte. Sie berichteten, daß sie »Hilfe! Hilfe!« gerufen hätten, bis das Boot kam und fast in Reichweite war. Dann hatten die Ruderer das Boot abrupt gewendet, und einer von ihnen hatte sie spöttisch »Hilfe! Hilfe!« nachgeäfft. Dann hatten sie sich in die Riemen gelegt und waren davongerudert.

»Warum?« fragten wir.

Keiner der Inselbewohner hatte darauf eine Antwort. Wenn, dann behielten sie sie für sich. Sicher billigten sie ein so feindseliges Verhalten nicht, nicht einmal Fremden gegenüber, die keine Moslems waren.

Die ganze Nacht tobte ein Gewitter über der Insel, und um fünf Uhr früh hatten unsere drei Begleiter genug von Fua Mulaku. Wir alle standen auf, um Neil, Harald und John zu verabschieden. Sie hatten ganz unvermittelt ihre Meinung geändert und wollten ihr Abenteuer auf den Malediven abbrechen. Sie fragten, ob das gecharterte Boot sie zurück nach Gan bringen könnte, wo sie den nächsten Flug nach Malé nehmen wollten. Björn und ich waren einverstanden, sofern sie das Boot zurückschickten. Bei Björn und mir blieben unser Dolmetscher Abdul und Björns zwei Studenten aus Sri Lanka mit ihrer Videoausrüstung.

Als die Sonne aufging, kehrte ich noch einmal an die Stelle des Beinaheunglücks zurück, um zu sehen, ob es möglich war, im flachen Bereich ein morgendliches Bad zu nehmen, ohne Gefahr zu laufen, in die Nähe des abrupt abfallenden Riffs zu kommen. Da der Zwischenfall vom gestrigen Abend mir noch frisch in Erinnerung war, wollte ich keinerlei Risiko eingehen. Ich kam mir wie ein Feigling vor, als ich bis zu den Knien in das lauwarme Wasser watete und mich hineinlegte. Kaum mehr als ein leichtes Kräuseln kam jetzt vom Meer her, denn es herrschte Ebbe. Dennoch legte ich mich neben eine große, kugelförmige Koralle, um mich an ihr festzuklammern, falls unerwartet ein Brecher käme.

Das Leben war herrlich. Der Himmel im Osten war purpurrot, wo die neugeborene Morgensonne soeben über die Kokospalmen blinzelte. Plötzlich stieg der Wasserspiegel, als vom Strand unerwartet eine Welle kam. Ich spürte ein Zerren an meinem Körper und krallte mich mit beiden Händen an die versteinerte Koralle. Ich hielt mich mit Leibeskräften fest, als der Sog stärker wurde und die Strömung mir die Beine vom Grund zog. Wenn ich losließ, würde ich wie unsere Begleiter gestern ins Meer hinausgespült werden.

Es war absurd. Der plötzliche Sog war nicht von See her gekommen. Bevor noch mehr passierte, war ich schnell wieder auf dem Trockenen, als der wirbelnde Strom nachließ und seine Umklammerung lockerte. Jetzt begriff ich, daß größte Vorsicht nicht genügte, ein sicheres Bad an dieser Stelle zu garantieren, vielleicht nirgendwo an dieser Küste. Offenbar war am gleichen Küstenabschnitt, aber an anderer Stelle eine riesige Welle auf den steilen Strand gelaufen und seitwärts das Ufer entlang gezwungen worden, bis sie gerade dort einen Weg aus dem Korallenriff gefunden hatte, wo wir es tief genug für ein Bad gehalten hatten.

Der Besitzer des Hauses, das wir gemietet hatten, ein hochgewachsener, stämmiger Inselbewohner, dem auf Schritt und Tritt ein liebenswerter Zwerg folgte, servierte uns ein Frühstück aus frischem, ungesäuertem arabischem Brot, Bananen, Tee und Kokosmilch, das aus einem anderen Haus des Dorfes gebracht wurde, und dann machten wir uns auf, um das erste imposante frühgeschichtliche Bauwerk zu sehen, auf das wir auf den Malediven stießen.

Das Geheimnis dieser Insel schien sich auf einen gewaltigen, von Menschenhand aufgeschütteten Hügel zu konzentrieren. Bell hatte ihn kurz gesehen, aber bisher hatte noch kein Archäologe ihn erforscht. Möglicherweise war er von der gleichen Art wie derjenige, der auf Gan existiert hatte, bis der Flugplatz gebaut worden war.

Bell hatte von einem Hügel auf Fua Mulaku erstmals von einem Bewohner dieser Insel gehört, als er nach dem Schiffbruch 1879 Malé besucht hatte. Seine Aufzeichnungen über den Abstecher nach Fua Mulaku belegen, daß es auf dieser Insel den Einheimischen zufolge vom Dschungel überwucherte Ruinen gab, »die den glockenförmigen Dagoben ähneln, wie sie sich auf Ceylon von den Plattformen erheben, und mitten unter ihnen eine steinerne Skulptur des Buddha in der *Sthana-mudra* (aufrechten Haltung)«.

Diese Gerüchte ließen Bell damals zu dem Schluß kommen:

»Während die bisher vorhandenen Zeugnisse völlig unzureichend und viel zu vage sind, um eine gesicherte Schlußfolgerung zuzulassen, ist es alles andere als unwahrscheinlich, daß . . . buddhistische Missionare im Geiste der Erlasse des Asoka aufbrachen, um sich unter alle Ungläubigen zu mischen, Besseres zu lehren, und ihre Lehre über das Meer trugen, sogar auf die geringgeschätzten und kaum bekannten Malediven.«[6]

Als Bell schließlich 1922 wieder auf die Malediven kam und Fua Mulaku besuchte, gestattete ihm sein kurzer, morgendlicher Abstecher lediglich, die Maße der Überreste des alten Bauwerks aufzunehmen. Es hatte noch etwa eine Höhe von 7,5 Meter und war von Bäumen und Kokospalmen bedeckt. Ein Teil der Mauern war abgetragen und ausgeschlachtet worden, doch es war noch genug von der ursprünglichen, vorgesetzten Steinmetzarbeit aus harten, zugeschnittenen Korallenblöcken übriggeblieben, was ihm den Schluß erlaubte, daß es sich definitiv um die Überreste einer ehemaligen buddhistischen Dagoba oder Stupa gehandelt habe.

Bell bemerkte, daß die moslemischen Inselbewohner die besten Stücke der quadratischen Verblendsteine abtransportiert hatten, aber den großen Hügel abzutragen, der sich aus dem Inneren des kompakten Bauwerks zusammensetzte, war niemandem gelungen. An den stehenden Buddha erinnerte freilich nichts mehr, und es war auch nichts mehr von ihm zu sehen.

Bell schloß, daß das, was er 1879 gehört hatte, »damals vielleicht gestimmt hat; aber etwa vierzig Jahre später war nichts von irgendwelchen buddhistischen Skulpturen bekannt – auf jeden Fall nichts verbreitet«.[7]

Wir selbst machten uns weitere sechzig Jahre später mit großen Erwartungen daran, die Überreste der *Hawitta,* wie die Inselbewohner sie nannten, zu erforschen. Inzwischen gab es auf Fua Mulaku fahrbare Untersätze: einige Handkarren und ziemlich viele Fahrräder. Die flache Insel mißt von Norden nach Süden ungefähr sechseinhalb Kilometer und ist gut drei Kilometer breit. Mit geliehenen Fahrrädern fuhren wir am Morgen durch die breiten Dorfstraßen und über einen schmalen Fußweg in den dichten, immergrünen Wald. Am Nordostende der

---

Eine runde (oben) *und eine quadratische* (unten) *Kalksteinstele waren ringsum mit verschiedenen Teufelsmasken mit Raubkatzenzähnen und ausgestreckter Zunge verziert. Alle hatten große Scheiben in den ausgeweiteten Ohrläppchen. Die Fläche zwischen den Masken war übersät mit unverständlichen Zeichen einer vergessenen Schrift.*

Insel führte der Pfad rechts am Fuß eines steilen, steinigen Hügels vorbei, der sich über uns erhob und mit dichtem Buschwerk und palmenähnlichen Schraubenbäumen bewachsen war. Wir sprangen von den Rädern und versteckten sie im Schatten der Sträucher. Auf allen vieren krabbelten wir den Hügel hinauf, wobei wir einem Einschnitt folgten, der auf einer Seite hinauflief und in einem Krater auf dem Gipfel endete.

Der große Hügel war geplündert worden.

Sicher nicht von Bell während seines nur halbtägigen Besuchs. Die Wunde, die das Bauwerk davongetragen hatte, war relativ wenig bewachsen und mit Korallenbrocken der verschiedensten Größen und ein paar schönen, quadratischen Kalksteinblöcken angefüllt, letztere sicher von einer früheren Außenmauer hineingefallen.

Von der Spitze sahen wir nur eine grüne Wildnis, keine Häuser. Das Gebiet um die *Hawitta* war leer und unbebaut geblieben. Auf der dem Meer zugewandten Seite lag eine steinige Ebene mit ein paar Kokospalmen, auf der Dorfseite wucherte dichter Dschungel. Jenseits der Küstenlinie erstreckte sich bis zum Horizont das blaue Wasser des breiten Äquatorkanals. Ein Greis bestätigte meine Vermutung, daß diese *Hawitta* ihm und den anderen zur See fahrenden Inselbewohnern als Seezeichen gedient hatte. Das um so mehr, erzählte der alte Mann weiter, als die steinernen Mauern der *Hawitta* früher mit einem weißen Kalkputz überzogen waren.

Wir krochen durch das dichte Unterholz rund um den Hügel, wobei wir immer einige aufmerksame Inselbewohner hinter uns hatten, die uns keine Sekunde aus den Augen ließen. Wir entdeckten für spezielle Zwecke bearbeitete und mit Profilen versehene, geschmackvoll geformte Blöcke, die als Sockel, Säulenplatten, Unterbau für Mauern, Säulen und andere architektonische Elemente gedient hatten, die wir nach unserem Gefühl eher im alten Griechenland erwartet hätten als auf dieser einfachen Insel. Dennoch erinnerte dies an das, was wir ver-

---

Unsere erste Entdeckung waren Sonnensymbole, in Kalksteinblöcke gehauen, die verstreut am Fuß eines runden Tempelhügels mitten im Dschungel lagen.
Unter den herabgestürzten Blöcken waren viele wie stilisierte Totenmasken behauen.
Einige Steinmauern wiesen noch Spuren von Metallklammern auf, die die Blöcke früher zusammengehalten hatten; ein Beweis dafür, daß die frühgeschichtlichen Baumeister einer sehr hochstehenden Kultur angehörten.
Wir entdeckten auch eine Steinplatte mit mehreren Symbolreihen, die Hieroglyphen ähnelten.

streut in der Mole und den Gartenmauern von Midu gesehen hatten, der nächstgelegenen Insel an der Südseite des Äquatorkanals.

Ein Stückchen weiter den Pfad entlang liefen wir direkt in eine weitere Unregelmäßigkeit des Bodens, einen niedrigen, aber breiten Hügel, auf dem, wie sich herausstellte, ebenfalls Säulenplatten, Sturzsegmente und andere mit Profilen versehene Steine umherlagen. Das waren die traurigen Überreste von *Kudu Hawitta,* »Klein Hawitta«, wie jemand aus unserem ständig größer werdenden Begleittroß einräumte. Diese *Hawitta* sei viel größer gewesen, aber die Leute hätten alle Steine fortgetragen, ergänzte ein Inselbewohner. Wir baten um Erlaubnis, alle großblättrigen Pflanzen und das niedrige Buschwerk zu entfernen, die den Hügel überwucherten, und mit großer Begeisterung leisteten uns mehrere Erwachsene und Kinder dabei Hilfe.

Hoffnungsvoll fragten wir, ob es auf der Insel noch andere *Hawittas* gäbe. Nein. Alle waren sich einig, es gab nur diese beiden.

In dem Augenblick hörten wir Mohamed Waheed rufen, den normalerweise stillen Beamten der Inselverwaltung. Er stand auf einer Erhöhung, die unter einem dichten Blätterwald verborgen lag, und rief, daß dort auch noch eine *Hawitta* sei. Alle, die uns umstanden, schienen aufs höchste erstaunt und ein wenig ratlos zu sein und bestanden darauf, daß dies eine Neuentdeckung sei. Um dies angesichts unserer offenkundigen Zweifel klarzumachen, beschlossen sie, diese dritte Ruine zu Ehren ihres stolzen Entdeckers *Waheed Hawitta* zu nennen.

Die dicht wachsenden ledrigen und langblättrigen Schraubenbäume in allen Größen, deren Kanten eng mit nadelscharfen Dornen besetzt waren, machten den größten Teil des Gebiets undurchdringlich. Es war keine Frage, daß sich unter dieser Wildnis noch weitere Ruinen verbargen, vielleicht bis auf den Grund geschliffen. Im dichtesten Teil stolperten wir in eine tiefe Mulde. Erst später entdeckten wir, daß es die Reste eines vornehmen Bades waren, möglicherweise von der Art, die die Königin auf Hitadu benutzt hatte. Wir stießen auf verschiedene Zeichen einer früheren Besiedlung, darunter einige sehr alte Topfscherben.

Auf dem fast kahlen Kiesboden auf der dem Meer zugewandten Seite der großen *Hawitta* rief Björn uns zu sich, um uns zu zeigen, daß er auf kreisförmig angeordnete, sehr schön geformte und eingepaßte Steine gestoßen war. Der Durchmesser war so groß, daß sich ein Erwachsener bequem in den Kreis hineinlegen konnte. Alle Steine waren leicht keilförmig geschnitten, als sollten sie die erste Reihe für ein Gewölbe in der Art eines Iglus bilden.

Dank unseres immer gegenwärtigen Dolmetschers Abdul hatte ich mich mit einem liebenswerten älteren Mann namens Ibrahim Said angefreundet, der mir folgte und sorgsam meine Eindrücke registrierte, wenn ich die Überreste der hervorragenden Steinmetzarbeiten bewunderte. Die große *Hawitta* sei früher sehr schön gewesen, erklärte er unvermittelt von sich aus. Er hatte sie noch gesehen, bevor sie völlig zerstört wurde. Er erinnerte sich an Treppen, die die meerseitige Mauer hinaufgeführt hatten. Eine lange Reihe mit Schriftzeichen, die niemand verstand, war dort gewesen, ganz oben auf dieser Mauer. Sie war etwa zweieinhalb Meter lang gewesen, und die Zeichen hatten eine Höhe von ungefähr fünfundzwanzig Zentimetern gehabt. Und dann taute er auf. Ich hatte gerade das guterhaltene Segment einer runden Steinsäule von etwa 45 Zentimetern Durchmesser gefunden und fragte ihn, was das gewesen sein könnte. Es war Teil einer Säule gewesen, erfuhr ich, die einem Erwachsenen bis zur Brust gereicht hatte.

»Wozu diente sie?« fragte ich.

»Für den Betel.«

»Aber mußten denn die Menschen zur *Hawitta* kommen, um Betel zu kauen? Konnten sie das nicht zu Hause?«

»Nicht die Menschen. Das war für den steinernen *Buddu.*«

Ich wußte mittlerweile, daß *Buddu* der maledivische Ausdruck für jede Art von Statue war, und wollte hören, wie dieser *Buddu* ausgesehen habe.

Er hatte ihn nie gesehen. Seine Mutter hatte ihm erzählt, daß der *Buddu* ungfähr 1,65 Meter groß gewesen sei. Er stand auf dem Boden direkt neben einer anderen Statue von etwa 90 cm Höhe. Der *Buddu* hatte eine Hand ausgestreckt. Seine Mutter hatte ihn noch stehen sehen, bevor einige Jungen ihn zerstörten. Aber sie habe nie gesehen, wie der Betel als Opfer dargebracht wurde, fügte er hastig hinzu. Er selbst hatte nie etwas Derartiges gesehen. Nur einen kleinen Steinelefanten, den jemand in der Nähe der kleinen *Hawitta* gefunden hatte. Er war etwa 20 bis 25 Zentimeter lang gewesen und in harten Kalkstein gehauen, und hatte einen langen Rüssel und Stoßzähne gehabt. Man hatte ihn in das Dorf gebracht, wo er verlorengegangen war. Ich bat Ibrahim, eine Zeichnung aus dem Gedächtnis zu machen. Er zeichnete etwas, das eher einer Streichholzschachtel mit vier Beinen und hängendem Kopf und Schwanz ähnelte. Als sich andere zu uns gesellten, um zuzuhören, hatte er plötzlich nichts mehr zu sagen.

Die Mittagssonne brannte. Uns allen knurrte der Magen, und alsbald strebte ein langer Zug von Fahrrädern und Fußgängern dem Dorf zu.

Uns war wiederholt klargeworden, daß diese Menschen nicht gern über Dinge sprachen, die sie für heidnisch hielten, wenn andere dabei waren. Mit Hilfe unserer beiden Freunde Abdul und Waheed aus Malé und des Inseloberhaupts machten wir einen Greis ausfindig, der Bell zu der *Hawitta* begleitet hatte, und wir luden ihn für den Abend allein in unser Haus am Rand des Dorfes ein. Magi Eduruge Ibrahim Diddi gab sein Alter mit vierundsiebzig Jahren an. Er wußte nicht mehr sehr viel von Bells Besuch, außer, daß Bell viele Messungen durchgeführt, alte Stücke gesammelt hatte und nicht in der Lage gewesen war, die Schriftzeichen über der Treppe zu lesen. Das sei erstaunlich gewesen, sagte er, denn Bell habe sowohl europäische als auch singhalesische Schriftzeichen lesen können, da sein Vater Engländer und seine Mutter Singhalesin aus Sri Lanka gewesen war.

Bell habe die Statue nicht gesehen, erzählte er weiter.

»Welche Statue?«

»Die steinerne Statue von *Mahafoti Kalege.*«

»Wer war das?«

»Das war die Statue von dem Mann mit dem Fisch. *Mahafoti Kalege* bedeutet ›Besitzer des Fisches‹. Das war der Name, den die alten Inselbewohner diesem Standbild gegeben hatten. Aber sie hatten diesen Namen selbst erfunden, denn die Steinfigur hielt ein Stück Fisch an einer Schnur in der Hand.«

Wir hatten noch nie gehört, daß Buddha einen Fisch an einer Schnur gehalten habe. Unser Besucher war nicht der Meinung, daß der »Besitzer des Fisches« Buddha dargestellt habe. Auf unsere Bemerkung, daß die Buddhisten Standbilder von keiner anderen Person als Buddha gemacht hätten, ernteten wir nur ein Schulterzucken.

Unser Besucher erinnerte sich außerdem daran, daß nach Bells Besuch jemand anders aus Malé gekommen war, der auch den gewaltigen Graben in die *Hawitta* gegraben hatte. Man hatte vier steinerne Behälter und eine Räuchervase gefunden. Jeder der vier Steinbehälter hatte zwei Kammern, von denen die eine mit Holzkohle und Asche, die andere mit »Dingen« wie Goldbändern gefüllt war. Damals hätten viele Teile von zerbrochenen Steinstatuen, wie Hände und dergleichen, bei der *Hawitta* herumgelegen.

Unser nächster Besucher war der etwa gleichaltrige Ahmed Ali Diddi. Er erinnerte sich an die *Hawitta* als ein Bauwerk mit einer kegelförmigen Spitze mit großen Platten. Zu den Schriftzeichen konnte er nichts sagen, aber von der steinernen Statue hatte er gehört. Sie wurde *Mahafoti Kalege* genannt und stellte einen Mann mit einem Stück Fisch an einer Schnur dar. *Maha* bedeutete »Fisch«, *Foti* »Scheibe«, und *Kalege* war der »Mann«, insbesondere »Herr«. Allah wurde in ihrer Sprache *Maikalege* genannt, was »Großer Herr« hieß.

Das fing an, kompliziert zu werden. Diese Menschen waren Moslems und hätten nie das Standbild irgendeiner Person hergestellt. Die *Hawitta* war von Bell als ein buddhistisches Bauwerk identifiziert worden, aber Buddhisten hätten nie einem Mann mit einem Fisch an einer Schnur Betel als Opfer dargebracht.

Anstatt alte Leute zu uns einzuladen, was lange Fußmärsche für eine Generation bedeutete, die nicht Fahrrad fahren konnte, gingen wir abends zu den verstreut liegenden Hütten der Alten, saßen bei ihnen in den hölzernen Hängematten und hörten ihre Geschichten. Uns war vollkommen klar, daß das, was sie uns erzählten, nicht so zuverlässig wie die archäologischen Funde sein würde, die wir mit eigenen Augen sahen. Es gab viele Gründe, skeptisch hinsichtlich der Einzelheiten in ihren Geschichten zu sein, ob sie nun mit oder ohne Absicht entstellt wurden. Offen über andere Religionen als den Islam zu reden, war auf diesen Inseln eine sehr heikle Angelegenheit. Im übrigen war das menschliche Gedächtnis nicht immer besonders zuverlässig. Das Ziel bestand darin, aus ihren Aussagen die Bruchstücke an Erkenntnissen auszusondern, die darauf hindeuten konnten, daß in früheren Zeiten außer ihren eigenen Vorfahren auch andere Menschen auf dieser Insel gelebt hatten.

Ali Mussa Diddi war fünfundsiebzig. Er war dabeigewesen, als die *Hawitta* geplündert worden war. Er hatte die Menschenknochen gesehen, die man gefunden hatte. Unmittelbar unter dem jetzigen Bodenniveau hatten sie eine Steinplatte ausgegraben, unter der kein Behälter, sondern ein Skelett mit Schädel gelegen hatte. Sie hatten die Knochen gesammelt und in der Nähe der Moschee begraben. Ali Mussa Diddi hatte auch die doppelkammerartigen Steinbehälter gesehen, die nach seinen Worten mit den Trümmern wieder in die *Hawitta* geworfen worden waren, während man den Inhalt nach Malé gebracht hatte. Er hatte *Mahafoti Kalege* bei der kleinen *Hawitta* stehen sehen. Das Standbild war zu Bells Zeit noch dagewesen, aber er hatte es nicht angerührt. Es war die Statue eines nackten Mannes ohne Bart und Haare mit abgebrochenem Penis und einem Stück Fisch an einer Schnur gewesen. Ali Mussa Diddi hatte außerdem den Elefanten gesehen. Es war eindeutig ein ungefähr 30 cm hoher Elefant gewesen.

Wir zogen von Haus zu Haus, und überall wurde die Geschichte von *Mahafoti Kalege* bestätigt. Abdulla Mufeed hatte eine Geschichte gehört, die erklärte, wie diese Statue entstanden war. Sein Großvater hatte ihm erzählt, daß sich vor langer Zeit von der arabischen Seite kommende Seefahrer verirrt hatten und auf dieser Insel gelandet waren. Später ging einmal ein Mann namens Ambolakeu fischen, und seine Frau stand am Ufer. Gerade als er ihr den Fisch reichen wollte, kam ein *Dschinn* (Teufel) vorbei und warf Korallensand über sie, so daß sie beide zu Stein wurden. Ein Mann und ein Frau. Abdulla hatte beide selbst gesehen, aber nachdem sie schon zerbrochen waren. Beide hatten sehr große Köpfe und lange Gesichter gehabt. Die Beine und Arme waren kürzer als normal gewesen. Sie hatten große Ohren, kleine Augen und weder Haare noch Bart gehabt. Sie hatten wie Japaner ausgesehen. Die Frau hatte eine kleinere Stirn als der Mann gehabt, aber ebenfalls ein sehr langes Gesicht. Der Mann hatte eine Hand mit ausgestreckten Fingern vorgestreckt, die eine sehr kurze Schnur mit einer runden Scheibe Fisch hielten. Die Frau war nackt gewesen und hatte kleine Brustwarzen und eine Furche für den Sexualverkehr gehabt. Der Mann war ebenfalls nackt gewesen, sein Geschlechtsorgan war jedoch abgebrochen. Bevor sie zerstört wurden, hatten sie auf Steinsäulen in der Nähe der kleinen *Hawitta* gestanden. Die Frau hatte keinen Namen, der Mann wurde »Besitzer des Fisches« genannt. Auch Abdulla hatte den Elefanten gesehen, so groß wie ein Kaninchen mit vier Beinen, Stoßzähnen und Rüssel.

Es lag auf der Hand, daß die Legende vom *Dschinn,* der Sand über den Fischer und dessen Frau geworfen und sie in Stein verwandelt hatte, von denen erfunden worden war, die die Statuen bereits vorgefunden hatten. Da sie nichts über deren Ursprung oder Aufgabe wußten, schufen sie sich ihre eigene Erklärung.

Unser Gespräch mit dem greisen Abdul Rajmal, der neunzig Jahre zählte, war weniger erfolgreich. Der alte Mann sprach einen regionalen Dialekt, den unser Dolmetscher aus Malé nicht verstand, so daß er auf die Hilfe jüngerer Verwandter zurückgreifen mußte. Bald waren Haus und Garten des alten Mannes voller Menschen, und unser Gastgeber, der bis dahin offen gesprochen hatte, erinnerte sich plötzlich an gar nichts mehr. Niemand wußte mehr etwas. Um zu sehen, welche Wirkung es hätte, sprach ich einen magischen Namen aus:

»Mahafoti Kalege!«

Alle reagierten. Ein Junge neben mir wiederholte den Namen, wies mit breitem Lachen zum Nordostkap und sagte *»Hawitta«.* Viele der Anwesenden lachten scheu, doch plötzlich stürzte ein mittelalter Mann zur Tür herein und fuchtelte mit einem Stock herum. Vor meinen Füßen zeichnete er einen Kreis auf den Boden.

»So hat *Mahafoti Kalege* ausgesehen, ein runder Stein mit einem Loch! Es war nichts weiter als die Art von Ankersteinen, die man früher hier verwendet hat.«

Ich wagte die Frage, warum man einen runden Stein »Mr. Fischstück« genannt habe. Der Mann hatte sofort eine Antwort parat, die die Diskussion beendete:

»Ein Stück Fisch kann jede Form haben.«

Wir dankten unseren Gastgebern für die freundliche Aufnahme und die interessanten Auskünfte und fuhren mit unseren Fahrrädern hinaus in die Dunkelheit. Die Straßen waren breit, gerade und lang, und die Häuser standen weit auseinander, so daß wir bei Nacht nur das gelegentliche Glimmen einer Paraffinlampe sahen. Sonst griffen silhouettenartig nur die riesigen Bananenblätter und die noch größeren gebogenen Brotbäume in den Himmel, die ihre gelappten Blätter zwischen den Sternen auszubreiten schienen.

In einem anderen Teil des Dorfs hatten wir mehr Glück. Der siebzigjährige Muhammed Maniku hatte keine Angst zu sprechen. Früher, so erzählte er, machten singhalesische Fischer aus Sri Lanka gelegentlich hier halt, »um zu danken«. Sie waren sehr fromm. Sein Vater hatte singhalesische Fischer gesehen, die sich auf dieser Insel aufhielten, um dem Standbild Fisch darzubringen. Rohen Fisch. Sie hatten eine »gute Beziehung« zu dem Standbild. Er selbst hatte sich an den Grabungen in der *Hawitta* beteiligt, hatte aber nur wenig Neues zu berichten, bis auf die Tatsache, daß der Mann, der aus Malé gekommen war, die Schrift auf der Mauer gesehen hatte, die nach dessen Worten tamulischen Schriftzeichen geähnelt habe. Nach dem, was uns Abdulla Mufeed vorher erzählt hatte, ähnelte sie singhalesischen Zeichen. Das hatte er von alten Leuten gehört, die nach Sri Lanka gesegelt waren und ihm außerdem erzählt hatten, daß die *Hawitta* wie ein singhalesischer Tempel aussehe, und daß Singhalesen manchmal hierherkämen und sich in der Nähe aufhielten.

Wieder zurück im eigenen Haus, bekamen wir noch späten Besuch von Kennari Ibrahim Diddi, unserem eigenen Gastgeber, einem kräftig gebauten Mann mittleren Alters, der früher Kapitän und auch offizieller Vertreter von Fua Mulaku in Malé gewesen war. Kennari war ein ruhiger und bestimmt auftretender Mann, den seine weltweite Erfahrung geprägt hatte. Als wir ihn fragten, ob er von irgendeiner Statue auf der Insel gehört hätte, sagte er, daß er den Mann kenne, der eine vergraben habe.

»Waren es nicht zwei?« fragte Björn.

»Ach, Sie meinen die Frauenfigur?« platzte unser Gastgeber heraus. Dann erzählte er, daß es einmal sehr viele Standbilder hier gegeben haben müsse. Als sie in der *Hawitta* gegraben hatten, hatten sie Arme und Bruchstücke anderer Figuren entdeckt. Aber das Graben hatte allein der Suche nach Schätzen gedient, so daß man all diese Sachen in den zuerst ausgehobenen Graben zurückgeworfen und zugeschüttet hatte. Wenn wir mehr wissen wollten, könne er uns zu einem alten Verwandten führen, der die Grabung geleitet hatte.

Der dreiundsiebzigjährige Hussain Kalefán war ein Verwandter Kennaris, der uns berichten konnte, daß lange nach Bells Besuch ein gewisser Adam Naseer Manik gekommen war. Dieser Mann erklärte, aus Malé geschickt worden zu sein, um in der *Hawitta* zu graben. Hussain hatte ihm daher geholfen, Arbeiter zu finden, und als sie in der *Hawitta* gruben, fanden sie einige Steinbehälter mit Deckel. In ihnen befand sich Gold, das der Besucher mit nach Malé genommen hatte. Etwas tiefer hatte ein weiterer Steinbehälter mit einer kleinen Skulptur gelegen. Diese Skulptur kam nicht nach Malé und wurde auch nicht zerstört. Es war nicht das gleiche Standbild wie *Mahafoti Kalege* mit dem Fisch. Diese Skulptur war nur etwa 30 cm hoch. Sie war nicht wie Buddha, sondern nackt, und stand aufrecht, die Hände mit langen Fingern ausgestreckt seitlich am Körper. Augen, Nase und Mund waren so beschaffen, daß die Figur mehr einem Menschen als einem Teufel ähnelte; Ohren fehlten, und die Zähne waren nicht besonders hervorgehoben. Der »Leiter« aus Malé hatte sich nicht dafür interessiert. Es war ohnehin verboten, in Malé eine menschliche Figur zu zeigen. Schon für ein geringeres Vergehen wurde man ins Gefängnis geworfen, selbst wenn man nur eine menschliche Figur in den Sand zeichnete.

Das waren wichtige Auskünfte. Die Statue, so hieß es, sei noch da, im selben steinernen Behälter unter den Korallentrümmern, die man in die der *Hawitta* geschlagenen Wunde zurückgeworfen hatte. Man konnte sie leicht wiederfinden, ohne das alte Bauwerk zu beschädigen. Wir brauchten nur dort zu graben, wo sie zuvor ausgegraben worden war, und den steinernen Behälter herauszuziehen.

Wir bestimmten Kennari zum Leiter eines Teams, das den Graben erneut öffnen sollte, aber zuvor sollte unser Begleiter Waheed von der für das Atoll zuständigen Verwaltung eine Genehmigung aus Malé einholen. Jedes Atoll hatte einen Vorsteher, der täglich in Funkverbindung mit Malé stand. Waheed verbrachte Stunden vor dem kleinen Funkgerät im Büro des Vorstehers und versuchte, unsere Meldung durchzugeben. Schließlich bekamen wir Antwort aus Malé. Man hatte ein nationales moslemisches Komitee eingesetzt, das darüber befinden sollte, ob die *Hawitta* erneut geöffnet werden könnte. Wir sollten den Hügel nicht anrühren, bevor wir nicht wieder aus Malé gehört hätten.

In der Zwischenzeit waren wir nicht müßig und sammelten weitere Informationen unter den Dorfbewohnern. Noch ein anderer alter Inselbewohner, Ibrahim Didi Kalo Sehigé, hatte einen Blick in die steinernen Behälter geworfen, als sie aus der *Hawitta* gezogen worden waren. Jeder besaß zwei Kammern und einen gewölbten Deckel, der wie das Dach eines Hauses aus der Mauer ragte. In einem hatte er Gold in einer Messingschale gesehen, in einem anderen einen Brenner sowie

Holzkohle und Asche. Er bestätigte, daß eine kleine, stehende Statue in ihrem steinernen Behälter gelassen und wieder zugeschüttet worden war.

Man verwies uns an Kadija Ibrahim Kalifan, eine alte Frau und die Witwe des Oberhaupts aus der Zeit, in der das Gold aus der *Hawitta* geholt worden war. Das hatte jemand gemacht, von dem sie als einem »Leiter« aus Malé sprach. Alles, was er in der *Hawitta* gefunden hatte, hatte er bis zu seiner Abreise von der Insel in ihrem Haus aufbewahrt. Er hatte ihr lediglich zwei Gefäße gezeigt, die mit kleinen Gold- und Bernsteinobjekten angefüllt waren, sowie ein paar Amulette, die mit Zauberei zu tun hatten. Aber sie wußte, daß die Männer auch einen Schädel und Menschenknochen gefunden hatten. Sie hatte man nicht in der Nähe der Moschee begraben, sondern neben der *Hawitta.*

Björn und seine beiden singhalesischen Studenten nahmen Lieder und Verse auf Band auf, für das Ahmed Mussa, ein Mann mittleren Alters, einen sehr rhythmischen Vortrag beisteuerte, dessen Text, wie sich herausstellte, sogar die jungen Leute auf der Insel kannten. Es war das erste Mal, daß wir von den Redin hörten. Wahrscheinlich hätte niemand an die Redin gedacht oder sie uns gegenüber freiwillig erwähnt, wären sie uns nicht, versteckt in einem einheimischen Gedicht, begegnet. Es war ein Vers, der ihre eigene Insel pries, wobei ein Abschnitt speziell der großen *Hawitta* gewidmet war:

Redin taneke hedi ihao
Hawittai dágebó singhala maumore ko.
Etá buddé hutte dò
balang damá huri etó.

Abdul übersetzte mit Hilfe derer, die im hiesigen Dialekt ganz zu Hause waren:

Hier war es, wo die Redin einst schufen
die *Hawitta,* sehr alt, von Singhalesen erbaut.
Dort war ein Standbild, weißt du,
sollen wir hingehen und nachsehen,
ob es noch da ist . . .

Der geschickte Hinweis auf eine möglicherweise verborgene Statue schien deutlich genug zu sein, aber der Verweis auf die beiden eindeutigen Urheber der *Hawitta* ergab für mich zunächst keinen Sinn. Bell hatte die *Hawitta* auf Fua Mulaku als eine ehemalige singhalesische Stupa der sehr alten singhalesischen Art bestimmt, wie er sie aus Sri Lanka kannte. Man konnte also durchaus die in dem Gedicht gemachte

Behauptung akzeptieren, daß sie von Singhalesen erbaut worden sei. Aber wer war oder waren Redin? Und wenn die Singhalesen die *Hawitta* erbaut hatten, wie konnte sie dann zuerst von Redin geschaffen worden sein?

Erst einige Zeit danach ging mir allmählich die eigentliche Bedeutung dieses Gedichts auf. In den ersten Tagen und Nächten in dieser eigenartigen Gemeinschaft mit ihrer Mischung aus Geheimniskrämerei und Zutrauen hatte es zuviel zu verdauen gegeben, als daß ich irgendeine sinnvolle Schlußfolgerung hätte ziehen können. Außerdem hatten wir Besuch von einem jungen Inselbewohner von einem der nördlichen Atolle, der als Lehrer hierhergeschickt worden war. Er wollte, daß ich erfuhr, daß es auf dieser Insel mehr Wissen um die frühe Geschichte und mehr nichtmoslemische Überzeugungen gab, als die Bewohner Fremden gegenüber zuzugeben wagten.

Wahrscheinlich hatte er recht, doch mein Notizbuch füllte sich mit immer neuen Einzelheiten über die Geschichte der Insel. Ich war ganz besonders darauf aus, mehr über die geheimnisvollen Redin zu erfahren. Die Redin waren, wie sich herausstellte, ein Volk, nicht eine einzelne Person. Als ich Bells nützlichen Bericht erneut durchlas, entdeckte ich einen beiläufigen Hinweis auf die Redin in einer Anmerkung über einen Hügel, den er auf einer Insel im Haddummati-Atoll besichtigt hatte:

»Es gibt keine Überlieferung hinsichtlich des Hügels, außer daß seine Errichtung den sogenannten ›Redin‹ zugeschrieben wird, legendären alten Erbauern so monumentaler Bauwerke.«

Später schreibt er über ein anderes derartiges Bauwerk, ganz oben in den nördlichen Atollen auf der Insel Milandu:

»Aus Aberglauben haben die Inselbewohner Angst, in dem Hügel zu graben, den sie *›Redinge Funi‹* nennen.«[8]

Redinge Funi heißt »Redins Hügel«. Die beiden Atolle, wo Bell von den Redin gehört hatte, lagen an den beiden äußersten, entgegengesetzten Enden der langen maledivischen Inselkette. Und jetzt hatten wir erfahren, daß man sich der Redin auch als der Initiatoren des großen Hügels auf Fua Mulaku erinnerte.

Bei unseren Bemühungen, mehr über die Zeit der legendären Redin zu erfahren, stellten wir überrascht fest, daß man allgemein der Überzeugung gewesen war, Fua Mulaku sei ein Atoll mit einer Lagune gewesen, als die Redin die *Hawitta* schufen. Vor sehr langer Zeit, so berichteten alle, konnten Schiffe bis in die Mitte der Insel fahren und dort ankern oder anlegen, wo heute bebautes Land war. Die Inselbewohner hatten von ihren Vorfahren gehört, daß vor vielen, vielen Jahren ein entsetzlicher Sturm Korallenblöcke und Sand emporgeschleudert hatte, der den Eingang zur Lagune blockiert und sie allmählich in fruchtbare Felder mit einem Süßwassersee in der Mitte verwandelt hatte. Sie waren so überzeugt davon, daß sie uns zu der Stelle an der Südküste führten, heute ein durchgehender, steil abfallender Findlingsstrand, wo der Laguneneingang gewesen sein sollte.

Wir staunten nicht schlecht, als sie uns auch landeinwärts zu einem sehr schönen, ungefähr 300 Meter großen Süßwassersee geleiteten, von dem in alle Richtungen Gräben durch das sumpfige Land liefen, um die feuchten Taro-Felder zu entwässern. Bandara Kuli hieß der See, der erste und einzige, den ich je auf einer Koralleninsel gesehen oder von dem ich gehört habe. Ungebrochen warf der spiegelglatte See das Bild der grünen Tropenpracht, der Bananenblätter und Kokospalmen zurück. Hier sollten einmal die Redin mit ihren Schiffen gefahren sein, bevor Haie und Krustentiere ausgesperrt wurden und an die Stelle der Korallenbänke auf dem Grund des Sees dunkler, fruchtbarer Humus trat. Das erklärte auch, warum es im ganzen Archipel hieß, keine andere Insel der Gruppe sei mit einer solchen Vielfalt an tropischen Früchten, Blumen und Pflanzen gesegnet wie Fua Mulaku.

Irgendwo mitten in diesem grünen Paradies lagen, wie es hieß, noch die Überreste eines alten Landeplatzes unter der Erde, die wir nie zu Gesicht bekamen.

Es fiel schwer, sich von dem Bild dieses Binnensees loszureißen, als der dreiundsiebzigjährige Muhammad Ali Diddi von der ehemaligen Lagune auf Fua Mulaku berichtete. Sein Großvater hatte ihm erzählt, daß es schon sehr, sehr lange her sei, daß Fua Mulaku seine Lagune verloren und sich in Festland verwandelt hatte.

»Diese Umwandlung erfolgte, noch bevor wir Moslems wurden«, sagte er. »Als wir den Islam annahmen, lebten bereits Menschen in der Mitte der Insel.«

Aber am Anfang, als die ersten Siedler hierherkamen, war das Innere der Insel eine Lagune, so daß niemand dort leben konnte. Die Menschen auf der einen Seite der Insel konnten sich mit denen auf der anderen nur dann austauschen, wenn sie den ganzen Weg um die Insel liefen.

Zu der Zeit gab es einen Fischer namens Ambola Keu oder Ambola Keola. Er fuhr mit seinem Boot in das Innere der Insel und dort von der einen Seite der Lagune zur *Hawitta*-Seite, wo er auf zwei alte Männer mit sehr, sehr langen Bärten traf, die ihnen bis auf die Brust reichten. Sie waren keine Moslems. Sie trugen weiße Gewänder aus Blättern. Abdul übersetzte zunächst Bananenblätter, wurde aber sofort berichtigt. Es waren die Blätter der Schraubenpalme. Diese frühen Siedler weichten die schmalen Streifen der Schraubenpalmblätter in Wasser ein, schälten die Streifen und klopften sie dann mit einer Holzkeule, bis daraus eine Art Tuch wurde, das geschmeidig wie Seide war. Die Kleidung dieser beiden Männer bedeckte nur die Schamgegend. Beide benutzten beim Gehen einen Stock und hatten das Aussehen sehr frommer Männer. Ambola Keu hatte gefischt, und die beiden alten Männer befahlen: »Gib uns Fisch!« Sie baten nicht oder fragten höflich. Ambola gab ihnen ein paar Stücke Fisch an einer Schnur. Sie hängten den Fisch an ihre Stöcke auf der Schulter und gingen fort.

Als der Großvater unseres Informanten diese Geschichte gehört hatte, hatte er gefragt:

»Wer waren diese Männer, die Ambola Keu getroffen hat?«

Er hatte zur Antwort bekommen:

»Es waren die Leute von der *Hawitta*.«

Die Stelle, wo Ambola sein Boot festgemacht hatte, lag bei Iduga Koletere, heute trockenes Land im Innern der Insel.

Es gab einen unklaren Zusammenhang zwischen dem Ereignis, das das Zusammentreffen Ambolas mit den Männern der *Hawitta* schilderte, und der verlorenen Statue des »Besitzers des Fisches«. Als ich meine Notizen durchlas, stellte ich fest, daß der alte Fischer Ambola Keu den gleichen Namen wie der Fischer aus der Legende hatte, die ich zuvor aufgeschrieben hatte, in der er von einem Teufel in eine steinerne Statue verwandelt wurde, die später den Namen *Mahafoti Kalege* bekam, was wörtlich »Besitzer des Fisches« hieß.

Der gleiche Informant hatte nur sehr vage Erinnerungen an diese Statue.

»Sie ist zerstört worden«, war alles, was er noch wußte. »Alle Statuen sind zerstört worden.«

»Wer hat die Statuen gemacht?«

»Die Redin. Die Redin haben die *Hawitta* und die Statuen gemacht.«

»Wer waren die Redin?«

Der alte Mann zuckte die Schultern. Zögernd meinte er, daß es Singhalesen gewesen sein könnten; auf jeden Fall hatten sie eine Sprache, die sich vom *Divehi* der Malediver unterschied. Die Redin waren zuerst auf diesen Inseln, die Malediver waren später gekommen. Die Redin waren Weiße gewesen. Sie hatten braune Haare gehabt. Unser Erzähler berührte Björns kastanienbraunes Haar, um zu verdeutlichen, was er meinte. Sie hatten große Hakennasen und blaue Augen gehabt, große Menschen mit länglichen Gesichtern. Sie errichteten Standbilder und verehrten sie.

Er bestätigte, daß man im Inneren der großen *Hawitta* eine andere Statue gefunden hatte, aber er meinte, sie sei zerstört worden. Der »Besitzer des Fisches« und das Standbild der Frau hatten bei der kleinen *Hawitta* gestanden. Mehr wußte er über die Redin nicht.

Wir kehrten zu Hussain Kalefán zurück, der einst die Grabungen geleitet hatte, und fragten ihn, ob er etwas von den Redin gehört hätte. Wir saßen mit ihm und seiner Familie in seinem Haus, und alle am Tisch sahen sich schweigend an, als würden sie die Frage nicht verstehen. Einen Augenblick dachte ich, der Name Redin wäre ihnen unbekannt. Aber während die Erwachsenen noch mit einer Antwort zögerten, trat von hinten ein aufgeweckter kleiner Junge vor und rief:

»Redin, natürlich, er hat hier gewohnt.«

Die Eltern schienen verlegen zu sein. Der Vater überging die eigenartige Bemerkung und versuchte, das Gespräch in andere Bahnen zu lenken, indem er meinte, daß Redin nur der Name eines sagenhaften Volkes sei. Ich wollte wissen, wie die Redin ausgesehen hätten, aber niemand wußte es. Vielleicht waren es nur Hindus, meinte unser Gastgeber. Als der Junge darauf beharrte, Redin in diesem Haus gesehen zu haben, war ich etwas ratlos und fragte seine Eltern, ob sie Besuch von einem Hindu gehabt hätten. Sie lachten verlegen und verneinten, aber ein Fremder wie wir sei auf diese Insel gekommen und hatte sich in ihrem Haus aufgehalten. In Wirklichkeit hatte er Michael geheißen. Man hatte ihm den Spitznamen »Redin« gegeben, weil er braunes Haar gehabt und wie ein Redin ausgesehen hatte.

Wir waren dem kleinen Jungen dankbar für diese unfreiwillige Auskunft seines Vaters. Diese Menschen hatten demnach von den Redin die Vorstellung, daß sie braunes Haar hatten und wie wir aussahen.

Das hieß, daß eine seltsame alte Legende, die in anderen Teilen der Welt sehr verbreitet war, auch auf diesen entlegenen Inseln im Indischen Ozean gegenwärtig war. In Sagen enthaltene Hinweise auf Menschen mit heller Haut und braunem Haar waren im präkolumbischen Mexiko und Peru und sogar auf der Osterinsel im Pazifik nichts Außergewöhnliches. Sicher waren diese frühen zur See fahrenden Baumeister der Sagen und Legenden nicht aus Europa gekommen. Aber es gab auch außerhalb Europas Menschen, auf die diese Beschreibung paßte. Im Nahen Osten und in Westasien lebten hellhäutige Menschen mit braunem Haar. Das einzige, was wir mit Sicherheit aus dem, was die Inselbewohner uns erzählten, ableiten konnten, war, daß die heutigen Bewohner Fua Mulakus nicht glaubten, die großen Hügel seien von ihren Vorfahren hinterlassen worden, sondern von einem älteren Volk, dessen Angehörige ihnen wie Fremde vorgekommen waren.

Wir sollten bald erfahren, daß wahrscheinlich alle Erwachsenen auf Fua Mulaku und auch die meisten anderen Malediver schon von den Redin früherer Zeiten gehört hatten. Aber kaum jemand räumte offensichtlich ein, an diese alten Geschichten über die Vorfahren zu glauben. Für die jungen Malediver von heute bedeutete das Wort Redin nicht mehr als *Dschinn* oder andere Begriffe für Geister und Märchengestalten. Bald wird es zu spät sein, auch nur noch die letzten Reste der prämoslemischen Legenden auf den Malediven zu retten.

Während wir auf die Genehmigung aus Malé warteten, erneut den Graben zu öffnen, in dem nach den Worten der Inselbewohner der kleine *Buddu* wieder samt der steinernen Lade vergraben worden war, fingen die Dorfbewohner an, sich darüber zu streiten, ob es klug wäre, wieder nach dieser heidnischen Figur zu suchen. Einige versicherten uns plötzlich mit Nachdruck, daß es Zeitvergeudung sei. Ein alter Mann suchte uns auf, um zu bezeugen, daß es gar nicht stimme, daß man in einem der steinernen Behälter einen *Buddu* gefunden habe. Als wir seine Glaubwürdigkeit überprüften, erfuhren wir vom Aufseher der damaligen Grabung, daß dieser »Augenzeuge« zu der Zeit nie in der Nähe der *Hawitta* gewesen war. Der Aufseher bestätigte selbst, daß er den *Buddu* gesehen habe. Wir besuchten den alten Mann daher noch einmal. Diesmal gab er zu, uns nur erzählt zu haben, was er von einer vertrauenswürdigen Person gehört habe, die tatsächlich dort gewesen war und ihm versichert hatte, keinen *Buddu* gesehen zu haben. Björn und Abdul machten daraufhin den Betreffenden ausfindig und entdeckten zu ihrer Überraschung, daß der Mann blind war.

Es gab keinen Grund, die Abergläubischen unter den Einheimischen zu verärgern, und es war auch noch keine Genehmigung zum erneuten Öffnen des Grabes aus Malé gekommen, und so beschlossen wir, die *Hawitta* zunächst einmal zu vergessen. Die *Midu* hatte die drei Kameramänner nach Gan gebracht und war zurückgekehrt, und wir wollten uns auf den Inseln am Nordrand des Äquatorkanals umsehen. Die Abfahrt erwies sich jedoch als unmöglich, da die Maschine unseres gecharterten Bootes sich nicht rührte. Die *Midu* hatte seit ihrer Rückkehr ruhig auf der Leeseite der Insel vor Anker gelegen. Doch als wir Fua Mulaku verlassen wollten, stellte sich heraus, daß jemand an der Maschine herumgespielt hatte, denn die Schraube drehte sich nicht mehr. Der Kapitän erklärte lakonisch, die *Midu* würde für immer hier bleiben, falls ihm nicht jemand einen Kompressor lieh. So etwas gab es auf Fua Mulaku nicht, und wenn wir uns nicht für alle Ewigkeit hier niederlassen wollten, mußten wir einen aus Gan besorgen. Sechzehn Mann ruderten in einem offenen *Dhoni* quer über den Äquatorkanal nach Gan und kamen zwei Tage später mit einem Kompressor zurück.

In der Zwischenzeit erkundeten wir die Insel und suchten nach anderen Spuren der Redin. Wer immer sie gewesen waren, sie mußten noch anderes als die monumentale *Hawitta* hinterlassen haben.

Kapitel 3

Der erste Fingerzeig

Reise durch Raum und Zeit

Eine winzige, alte Moschee lag ein paar hundert Meter von der großen *Hawitta* entfernt verlassen am Waldweg. Klein und bescheiden in jeder Beziehung, vor allem aber im Vergleich mit dem, was noch von ihrer gigantischen Nachbarin übrig war. Die Redin, die die Riesenpyramide gebaut hatten, hätten die Stirn über das schlichte Gotteshaus gerunzelt, das ihren Platz einnahm, als der Glaube Mohammeds Fua Mulaku erreichte.

Für die Inselbewohner war diese Moschee sehr wichtig, denn sie war die erste, die ihre Vorfahren erbaut hatten, nachdem sie den jetzigen Glauben angenommen hatten. Der Gegensatz in den Ausmaßen dieser beiden alten Heiligtümer war ein Zeugnis für den Widerstreit zwischen Glaubensstärke und rein physikalischer Kraft. Wer immer die Redin gewesen waren, sie hatten enorm viel Macht, Wohlstand, Geschick und Arbeitskraft in ihr monumentales Bauwerk gesteckt. Die Moschee dagegen war mit minimalem Aufwand von irgendeinem Maurer erbaut worden, der einfach die bereits fertigen Steine aus den kunstvollen Mauern des riesigen Redin-Baus genommen hatte.

Das hatten uns die Dorfältesten bestätigt. Die kleine Moschee war das älteste moslemische Bauwerk auf der Insel. Die schönen, geschliffenen Kalksteinplatten an ihren Mauern stammten aus der alten *Hawitta*. Sie waren von den Redin behauen worden, damit sie die Blendmauern bilden konnten, die einst das lose Füllwerk umschlossen hatten, das jetzt das einzige war, was von dem früheren Tempel übriggeblieben war. Als die Inselbewohner sich zum Islam bekannt hatten, hatten sie die Steine aus den Mauern der *Hawitta* geholt und sie hierher gebracht, um Allah die erste Moschee zu bauen. Vor dieser Moschee lag der Grabstein von Yusuf Naib Kalegefan, der die Menschen dieser Insel zum Islam bekehrt hatte. Yusuf war der Sohn von Yahya Naib Kalegefan, der mit einem Schiff aus irgendeinem fernen Land gekommen war, kurz nachdem Malé bekehrt worden war.

Die Mauern der Yusufschen Moschee hatten meine Aufmerksamkeit schon am ersten Tag erregt. Noch nie hatte ich schöner bearbeitete und geschliffene Kalksteinplatten gesehen, die so zusammenpaßten, als hätte man sie aus einem Riesenkäse geschnitten, nicht aus hartem Inselfels. Aber einige der Platten ragten an den Ecken über, woran man erkannte, daß sie nicht für die Moschee gedacht waren. Und eine der Mauern war einfach aus Kalksteinbrocken zusammengestückelt und mit gebranntem Kalk befestigt, wie es bei den Häusern im Dorf üblich war.

Eine genauere Untersuchung enthüllte, daß Yusuf seine Moschee auf dem schönen Unterbau eines älteren, klassischen Bauwerks errichtet hatte. Die Steine des Fundaments waren geschmackvoll kanneliert und lagen noch immer so zusammen, als wären sie gerade erst gesetzt worden.

Wir waren sehr bedacht, nichts von den Spuren der alten Redin zu übersehen, die hier ganz offensichtlich am Werk gewesen waren, und folgten dem gepflasterten Weg, der normalerweise vom Eingang der Moschee zu einer davorliegenden heiligen Quelle führt. Bei dieser Moschee bestand der Weg aus so kunstvoll zusammengesetzten, behauenen Steinen, daß er der Teil eines prämoslemischen Bauwerks gewesen zu sein schien. Tatsächlich ging er über die kleine Quelle hinaus und verschwand unter einigen Büschen. Wir folgten ihm und entdeckten zwischen den Büschen ein großes, rechteckiges Becken, in dem Wasser glitzerte.

Das Becken erwies sich als ein geschmackvolles Bauwerk, das fast ganz von Erde und Gras bedeckt war. Es hatte die Form eines kleinen Swimming-pools und bestand aus geschliffenen Platten, die genau aufeinanderpaßten. Das Fundament der Moschee, der Weg und das Becken gehörten ohne Frage zusammen und stammten aus der gleichen Zeit. Die Einheimischen bestätigten, daß Gläubige hier in früheren Zeiten rituelle Bäder genommen hatten. Heute benutzte es niemand mehr, höchstens noch, um sich ganz profan zu waschen.

Ein Schluß ließ sich bereits jetzt aus der kunstvollen Steinmetzarbeit ziehen, die der prämoslemischen Zeit zugeschrieben werden konnte. Es war offenkundig, daß die Baumeister der *Hawitta*-Periode nicht eine Handvoll Wilde gewesen waren, die irgendwann in grauer Vorzeit zufällig mit ihren Frauen hier gelandet waren. Was die Überreste an diesem Waldweg zeigten, war die Arbeit erfahrener Baumeister und tüchtiger Steinmetze, die diese Insel am Äquator auf einer Fahrt von einem Gebiet besiedelt hatten, wo ihre Vorfahren bereits eine ziemlich hochentwickelte Kultur besessen haben mußten. Hier am Äquatorkanal hatten wir die ersten Spuren kulturell hochstehender, frühgeschichtlicher Seefahrer entdeckt.

Yusufs Moschee war nicht die einzige auf der Insel. Im Dorfbereich gab es noch größere Moscheen, die jedoch neuer und daher wie die Häuser im Dorf aus rohen Korallenbrocken und Kalk gebaut waren. Wir standen noch ganz unter dem Eindruck der fugenlosen Mauern der von Yusuf erbauten Moschee, als wir vor der Dorfmoschee von Kedere auf ein großes, halb unter Erde begrabenes Bauwerk stießen.

Die Kedere-Moschee selbst war lediglich eine kleine Baracke, umgeben von einem bescheidenen moslemischen Friedhof. Auch hier fielen uns wieder herrlich kannelierte Tempelsteine auf, die wahllos als Grenzsteine zwischen den Gräbern und Wegen lagen. Wir folgten einem mit Platten belegten Weg von den Stufen des Eingangs und standen plötzlich vor einer großen, eingesunkenen Einschließung. Eine breite, prächtige Treppe aus riesigen, bearbeiteten Steinblöcken führte uns hinunter in einen dachlosen Raum mit einem Kiesboden. In der Mitte des Bodens befand sich eine kleine, mit Steinen eingefaßte Quelle, in der Wasser blinkte. Der ursprüngliche Boden war nicht zu sehen, da die Wände in der Erde verschwanden. Die aus großen, geschliffenen Blöcken gemauerten hohen Wände waren so nahtlos zusammengefügt, als hätten sie einen wasserdichten Raum umschließen sollen.

Die moslemische Quelle in der Mitte war offenbar nachträglich in dem anscheinend für rituelle Bäder bestimmten Raum gegraben worden. Das Bad selbst war quadratisch, hatte 5,30 Meter lange Mauern und war genau nordsüdlich beziehungsweise ostwestlich ausgerichtet. Wenn man in dem zum Teil begrabenen Becken stand, konnte man nicht über die Mauern sehen.

Die aus großen Steinen bestehende Treppe befand sich in der östlichen Mauer und war so breit, daß man die Arme ausstrecken konnte. Die Steine waren wirklich groß und dabei so gerade geschnitten und glatt wie eine Mauer aus Glas. Wir maßen einen Stein aus – er war 2,45 Meter lang, 63 Zentimeter breit und auf eine gleichmäßige Stärke von 10 Zentimetern geschliffen. Wir staunten, wie der harte Inselkalkstein mit einer solchen Präzision geschnitten werden konnte. Auch wenn die Steine so dicht zusammengefügt waren, daß man nicht einmal die Schneide eines Messers zwischen sie stecken konnte, waren doch alle von unterschiedlicher Größe und nicht immer rechteckig. Viele hatten an den Ecken eine oder mehrere treppenartige Einschnitte und paßten dennoch so nahtlos in die benachbarten Steine wie die Teile eines Puzzles.

Dieses versunkene Bauwerk war tatsächlich ein wichtiges Glied in dem Rätsel, das mich auf diese Inseln gebracht hatte. Es war mehr als nur ein Teil in einem Puzzle, es war ein Fingerzeig. Die Steine für die von Yusuf erbaute Moschee waren aus der alten *Hawitta* geplündert und nicht mit der ursprünglichen Exaktheit wieder zusammengesetzt worden. Aber diese Mauern hier waren nie abgetragen worden. Sie waren noch im Originalzustand. Ihre Erbauer hatten eine äußerst aufwendige Technik angewandt und waren einer wichtigen ästhetischen oder magisch-religiösen Tradition gefolgt, die nur einigen örtlich begrenzten präeuropäischen Kulturen bekannt war. Sie war nirgendwo in Europa bekannt, nicht einmal den besten Steinmetzen in den meisten Teilen der Welt. Diese spezielle Tradition des Bauens folgte auf eine höchst auffällige Weise der Verbreitung der Menschen, die einst Schilfboote gebaut hatten.

Diese Mauern trugen meine Gedanken zurück an ferne Orte, die ich besucht hatte bei meinen Versuchen, den Seewegen auf die Spur zu kommen, die die Menschen bei ihren frühen Wanderungen benutzt hatten. Sie waren typisch für Menschen mit eindeutig maritimer Kultur, das heißt für Menschen, die die Meere befuhren. Das erste Mal hatte ich solche Mauern auf dem einsamsten Fleckchen Erde gesehen, das es gibt, der Osterinsel. Dann im ehemaligen Inka-Reich in Südamerika, dann an der Atlantik-Küste Nordafrikas, in Kleinasien und zuletzt auf der Insel Bahrain im Persischen Golf. Jedesmal hatte ich diese Mauern im Zusammenhang mit Schilfbooten gesehen, und jedesmal hatten sie näher am Indischen Ozean gelegen. Und hier sah ich diese eigenartigen Mauern schließlich auf einer Insel mitten im Indischen Ozean. Sie waren also um den halben Erdball verstreut, mit der Osterinsel und den Malediven als Antipoden. Eine Verbindung schien unmöglich. Oder auch nicht. Wenn ich darüber nachdachte, so hatte ich all diese Meeresengpässe mit frühgeschichtlichen Bootstypen selbst befahren.

Im riesigen Pazifischen Ozean, wo ich solche Mauern zum erstenmal sah, existierten sie nirgendwo als auf der Osterinsel. Die untergegangene Kultur, die die langohrigen Statuen auf dieser einsamen Insel hinterließ, errichtete sie auf megalithischen Mauern, die mit dieser besonderen Technik zusammengefügt worden waren.[9]

Nichts Vergleichbares wurde an anderer Stelle der pazifischen Halbkugel gefunden, mit Ausnahme des nächstgelegenen südamerikanischen Festlands. Die Schöpfer der langohrigen Statuen, die vor den Inkas in Peru gewesen waren, hatten megalithische Mauern auf diese Art gebaut, und sie befuhren die offenen Küsten mit Schilfbooten und Balsa-Flößen. Auch ihre Schilfboote waren in der Form und vom Material her wie diejenigen auf der Osterinsel. Die Ähnlichkeiten waren so verblüffend, daß zahlreiche Wissenschaftler sie entweder als ein seltsames Zusammentreffen hatten erklären wollen oder als das Ergebnis einer frühgeschichtlichen Verbindung zwischen Peru und der Osterinsel. Daß eine solche Verbindung möglich gewesen ist, habe ich 1947 bewiesen, als ich mit meiner Mannschaft mit der *Kon-Tiki,* einem Balsa-Floß, wie es die Inkas benutzt hatten, von Peru zum Tuamotu-Archipel fuhr, doppelt so weit wie zur Osterinsel.

Meine nächste Begegnung mit dieser eigenartigen Technik des Mauerbaus hatte sich ganz unerwartet ergeben. Ich war nach Lixus in Marokko gefahren, um mit Erbauern der dortigen Schilfboote zusammenzukommen, bevor ich selbst ein Schilfboot für Tests auf dem Atlantik bauen wollte. Nirgendwo an der Atlantik-Küste Afrikas hatte sich der Schilfbootbau gehalten als in dieser einstmals phönizischen Hafenstadt. Ich war gekommen, um mich mit Schilfbooten zu beschäftigen, nicht, um mir Steinmauern anzusehen. Doch oben auf einem hohen Vorgebirge, wo der schiffbare Lixus in den Atlantik fließt, erhoben sich gewaltige megalithische Steinmauern in den Himmel. Ich war überrascht, hier die Steine auf die gleiche eigenartige Weise eingepaßt zu finden wie in Peru und auf der Osterinsel. Ein Jahr später, 1970, fuhr ich mit einer multinationalen Mannschaft von eben dieser afrikanischen Küste mit einem Papyrusboot, der *RA II,* nach Barbados im Golf von Mexiko.

Wer hatte die frühgeschichtlichen Ruinen in Lixus zurückgelassen?

Niemand wußte es. Aber die Archäologen waren sich einig, daß sie entweder von den frühen Phöniziern oder irgendwelchen unbekannten Vorgängern erbaut worden waren. Wer immer es gewesen war, es gilt allgemein als gesichert, daß die Gründer von Lixus mit Schiffen den weiten Weg aus dem Nahen Osten zurückgelegt haben, um ihren astronomisch ausgerichteten megalithischen Tempel für ihren Sonnengott zu bauen. Jahrhunderte später erreichten die Römer diesen Hafen und erbauten auf den alten Ruinen einen Tempel für ihren Meeresgott Neptun.

Da niemand die Tatsache in Zweifel zog, daß es möglich gewesen war, vom hinteren Mittelmeer zur Atlantik-Küste Marokkos zu segeln, wie es die Gründer von Lixus getan hatten, wäre es für mich sinnlos gewesen, diese Fahrt zu wiederholen. Die Seefahrer von Lixus müssen mit frühgeschichtlichen Schiffen in Flotten vom Libanon durch die Straße von Gibraltar gesegelt sein, um sich dort niederzulassen, wo der starke atlantische Strom seinen Weg zum tropischen Amerika beginnt.

Da die Baumeister und Steinmetze, die den Sonnentempel von Lixus bauten, den großen Kulturen des Nahen Ostens entstammten, überrascht es nicht, daß sie den Umgang mit riesigen Steinquadern beherrschten. Tempelmauern aus gigantischen Steinblöcken, die aus weit entfernten Steinbrüchen herangebracht werden mußten, waren im Nahen Osten nichts Ungewöhnliches. Sie waren charakteristisch für die meisten Kulturen, die in dem Jahrtausend, bevor die europäische Geschichte begann, plötzlich anfingen, das hintere Mittelmeer zu befahren. Noch heute staunen selbst die abgebrühtesten Touristen über diese kolossalen Mauern und werden auf Kreuzfahrten und mit Bussen dorthin gebracht.

Aber was war mit der Art des Steineeinpassens, dem »Fingerzeig-Mauerbau«, den ich von der Osterinsel nach Lixus zurückverfolgt hatte?

Wieder einmal brachten mich Schilfboote auf die Fährte zurück durch die Geschichte. Als ich in den Gräbern und Tempeln der Pharaonen nach Abbildungen von Schilfbooten suchte, sprang mir diese Art des Steineeinpassens gerade dort ins Auge, wo wir die *RA I* bauten. Dort, direkt hinter den mächtigen Pyramiden, waren einige der megalithischen Mauern der *Mastabas* und Sonnentempel auf diese Art erbaut worden. Aber in Ägypten war diese Art des Bauens nicht verbreitet.

Nachdem ich die Schilfboote altägyptischer Bauart, die *RA I* und *RA II*, auf dem Atlantik getestet hatte, ging ich als nächstes nach Kleinasien, diesmal, um mir die dortigen Schilfbootentwürfe anzusehen, bevor ich auf dem Indischen Ozean ein Schilfboot sumerischer Bauart erprobte.

Zwischen den Ruinen der Hethiter meinte ich den Ursprung jener Bauweise entdeckt zu haben, die ich durch Zeit und Raum zurückverfolgt hatte, von der Osterinsel über Peru und Lixus. In Anbetracht des großen Alters und der kulturellen Bedeutung der Hethiter wäre es nicht überraschend gewesen, wenn diese besondere Kunst des Einpassens von Steinen mit den Hethitern ihren Anfang genommen hätte.

Aber wer waren die Hethiter und wo lebten sie?

Bis Archäologen in der Neuzeit ihre Ruinen entdeckten, wußte es niemand. Und doch waren die Hethiter ein Volk, das Anerkennung von allen Nationen verdient, die sich heute zivilisiert nennen. Alle Künste und Fertigkeiten, die den kulturellen Fortschritt seit dem frühen Altertum ermöglicht haben, haben die heutige Welt durch sie erreicht. Die Hethiter waren die Vorgänger der Phönizier und lebten, wo heute der Libanon und Syrien liegen. Ihre Heimat erstreckte sich auf dem schmalen Landstrich in Kleinasien, der die Flüsse Mesopotamiens vom Mittelmeer trennt. Sie waren die Vermittler, die die Kunst des Schreibens von ihren Erfindern in Sumer zu den Phöniziern an der Küste des Mittelmeers brachten.

Die Hethiter waren nicht die Urheber der grundlegenden Züge ihrer eigenen Kultur. Sie hatten Gedanken aufgegriffen, die über den schiffbaren Doppelstrom Euphrat und Tigris direkt von den sumerischen

Häfen am Persischen Golf zu ihnen kamen. Die Sumerer hatten ihnen beigebracht, Sonnentempel zu bauen, große Statuen mit eingelegten Augen in Stein zu hauen, mit Hieroglyphen und Keilschriftzeichen zu schreiben und große Schiffe zu bauen, mit denen man das Meer befahren konnte. Ein Siegelzylinder mit eingravierten Darstellungen von Schilfbooten, die genau wie die Boote auf sumerischen Siegelzylindern aussahen, ist auf dem Gebiet der Hethiter am Oberlauf des Euphrats gefunden worden.

Zu Wohlstand kamen die Hethiter, weil sie den gesamten Handel des frühen Altertums zwischen den Seefahrtsbereichen des Ostens und Westens in ihrer Hand hatten. Nur zweihundert Kilometer trennten den schiffbaren Oberlauf des Euphrats von den Küsten des Mittelmeers. Die Sumerer selbst hatten vom Seehandel profitiert, den sie mit Schilfbooten im Persischen Golf und die Zwillingsströme hinauf bis ins Reich der Hethiter betrieben hatten. Die Hethiter beförderten die Handelsgüter das kurze Stück über Land zu ihren eigenen Häfen am Mittelmeer und von dort nach Ägypten, Zypern und an Orte ihrer eigenen Binnengewässer.

Lange bevor die alten Griechen begannen, die Geschichte aufzuzeichnen, wurden die Hethiter ausgelöscht und vergessen. Von den griechischen Geschichtsschreibern erfahren wir, daß die Phönizier die ersten waren, die Segelschiffe bauten und das offene Meer befuhren. Dank der Archäologie wissen wir heute, daß das nur dem entsprach, was die Griechen glaubten. Schon lange vor den Phöniziern hatten Schiffe vor dem Libanon und Ägypten das offene Meer befahren. Ägyptische Felszeichnungen und bemalte Tonwaren aus der Zeit vor den Pharaonen zeigen große Schilfboote mit Doppelkabinen, Segel und Takelage. Und als man unter dem Sand Kleinasiens die ersten herrlichen Sonnentempel der Hethiter entdeckte, fand man auf den Steinmauern Reliefdarstellungen von mächtigen Segelschiffen. Sie waren Jahrhunderte vor der Zeit der Phönizier aus dem Stein gehauen worden und hatten doch schon ebenso aufwendige Segel und Takelagen wie die Karavellen des Christoph Kolumbus Jahrtausende später.

Dort, im Gebiet der Hethiter am Oberlauf von Euphrat und Tigris, endeten die sichtbaren Spuren jener Mauerbautechnik, die mir auf den Malediven ein Fingerzeig war und die ich, auf der Osterinsel beginnend, von einem Schilfboothafen zum nächsten zurückverfolgt hatte. Bei den Sumerern am Unterlauf jener beiden Flüsse gab es keine auf diese Weise gebauten Mauern, obwohl die Hethiter fast all ihre Fertigkeiten von den Sumerern hatten.

Ich war mir so sicher gewesen, daß das Gebiet der Hethiter der Ausgangspunkt dieser Bauweise gewesen sein mußte, daß ich die Hethiter für die eigentlichen Urheber gehalten hatte. Es schien plausibel, daß diese Kunst sich im felsigen Gebirgsland der Hethiter im oberen Mesopotamien entwickelt hatte. Im unteren Mesopotamien, wo die Sumerer am Persischen Golf saßen, gab es überhaupt kein Felsgestein. Das Gebiet der Sumerer war eine riesige Sand- und Sumpfebene. Daher mußten die Sumerer ihre monumentalen Stufenpyramiden aus an der Sonne getrockneten Lehmziegeln bauen, und ihre Statuen schufen sie aus importiertem Stein.

1977 hatte ich das Schilfboot *Tigris* am Ufer des gleichnamigen Flusses mitten im ehemaligen Gebiet der Sumerer bauen lassen, um in Richtung Dilmun zu segeln, dem legendären Vaterland der Sumerer. Vor fast fünftausend Jahren hatten die Sumerer auf ihren Tontafeln geschrieben, daß ihre Vorfahren nach der großen Sintflut in Dilmun gelandet seien. Von Dilmun waren sie mit dem *Ma-gur,* ihren größten Schilfbooten, über das Meer gekommen und hatten in Ur in Niedermesopotamien die erste sumerische Dynastie gegründet. Den Aufzeichnungen auf vielen Tontafeln zufolge kehrten die seefahrenden sumerischen Kaufleute ständig in ihr geheiligtes Vaterland Dilmun zurück, um Handel zu treiben.

Dilmun war nichts weiter als ein sagenumwobener Name, bis Archäologen es vor einiger Zeit als die Insel Bahrain im Persischen Golf identifizierten. Über 100 000 große und kleine Grabhügel aus der Zeit der Sumerer lockten die dänischen Archäologen P. V. Glob und G. Bibby samt einem großen Team von Ausgräbern nach Bahrain. Sie entdeckten eine völlig vom Sand begrabene frühgeschichtliche Hafenstadt und einen aus schön bearbeiteten Steinen erbauten Tempel, eine kleinere Ausgabe der mesopotamischen Zikkurats oder Stufenpyramiden.[10]

Als wir mit der *Tigris* in Bahrain landeten, kam Geoffrey Bibby von Europa geflogen, um sich ein Schilfboot der Bauart anzusehen, wie es in der Dilmun-Ära von Mesopotamien aus Bahrain ausgelaufen hatte. Er führte uns hinunter in die Straßen seiner begrabenen Stadt.

Die Stadt war in geraden Blocks angelegt, die Straßen verliefen von Norden nach Süden und Osten nach Westen, was charakteristisch für Anhänger des Sonnenkults war. Das Haupttor öffnete sich vom Stadtgeviert direkt zum Hafen, ein typisches Merkmal für eine Seefahrt betreibende Stadt.

Bibby wies auf den seichten Korallengrund des Hafens, in den kein Kielschiff hätte einfahren können. Er nahm daher sehr interessiert zur Kenntnis, daß der aus zwei Schilfbündeln bestehende Rumpf unseres Bootes mit seinem sehr geringen Tiefgang bei Flut ohne weiteres hier hätte landen können und fest bei Ebbe auf dem Boden gelegen hätte, wo man das Schiff dann be- oder entladen konnte.

Auch die Bewohner von Dilmun hatten ohne Frage Schilfboote gebaut. Bibby zeigte mir, daß die Alten auf dieser Insel zum Fischfang noch immer mit Schilfbooten fuhren, die denen auf der Osterinsel, in Peru, Lixus, Ägypten und Mesopotamien glichen. Ich war daher überhaupt nicht überrascht, als auch bei den Ausgrabungen Bibbys die »Fingerzeig-Bauweise« wieder auftauchte.

Hier auf der Insel Bahrain nahm ich die Spur wieder auf, die ich verloren hatte, als ich mich auf den Weg zurück durch die Zeit vom Hethitergebiet flußabwärts in die Sumpfniederungen von Sumer begeben hatte. Einige der ältesten Steinmauern der Hafenstadt tief unter dem heutigen Bodenniveau, die Bibby uns zeigte, waren auf diese Weise zusammengefügt. Wenn die Sumerer von dieser Insel gekommen waren, mußten sie diese charakteristische Art, die Steine zuzuhauen, gekannt haben, weil sie noch Zugang zu abbaubarem Stein hatten. Allein die Tatsache, daß die Sumerer Bahrain zum Zweck des Handels aufsuchten, den sie dann flußaufwärts bis in das Gebiet der Hethiter trugen, zeigt, daß es zwischen den Bewohnern von Dilmun und den Hethitern keine geographischen Barrieren gab.

Da die Sumerer über ihre Vorfahren mit Bahrain verbunden waren und da die Kultur der Hethiter jünger als die der Sumerer war, hatte ich das Gefühl, daß Bibby uns etwas zeigte, das dem Ursprung näher war als alles, was ich bis dahin gesehen hatte. Der Gedanke, daß wir mit jedem weiteren Schritt in Richtung Osten offenbar weiter in der Zeit zurückgingen, verwirrte mich nicht im geringsten. Bahrain lag auf halbem Weg zwischen Sumer und der Straße von Hormus, dem Tor zum Indischen Ozean. Und doch war Bahrain sicher nicht der Ursprungsort dieser ausgefallenen Art des Bauens. Es gab auf Bahrain nicht einen einzigen Stein jener Art, mit denen man gerade diese Mauern errichtet hatte. Bibby erzählte uns, daß dieser feine Kalkstein nirgendwo auf der Insel zu finden sei. Es mußten daher Hunderttausende von Tonnen aus Steinbrüchen gehauene Blöcke auf dem Seeweg von irgendeinem noch nicht bestimmten Ort hierhergebracht worden sein.

Als wir die Genehmigung der Regierung von Bahrain zum Besuch der Gefängnisinsel Jidda ein paar Kilometer vor der Küste erhielten, fanden wir auch die noch fehlenden Steinbrüche. Große Bereiche der Kalksteinberge von Jidda waren von Fachleuten auf dem Gebiet sowohl der Steinbearbeitung als auch der Seefahrt abgetragen worden. Die Seefahrer, die die Hafenstadt und die kleine Zikkurat auf Bahrain gebaut hatten, waren keine primitiven Drifter. Sie mußten aus irgendeinem Teil der Welt gekommen sein, wo die Menschen bereits Meister im Aussuchen der besten Gesteinsart, in der Kunst des Behauens und im Befördern auf dem Seeweg zur Baustelle waren. Einige Blöcke, die zur Errichtung der Bauwerke auf Bahrain von Jidda herübertransportiert worden sind, hatten wirklich gewaltige Ausmaße und waren perfekt behauen. Aber nichts von der Steinmetzarbeit beeindruckte uns mehr als das, was wir sahen, als Bibby uns die Treppen hinunter in ein großes zeremonielles Bad führte, das er am Fuß der kleinen Zikkurat freigelegt hatte. Damals wußte ich noch nicht, daß ich später ein ähnliches Bad auf Fua Mulaku weit draußen im Indischen Ozean sehen würde, und schrieb:

»Bibby blickte etwas überrascht, als ich mich hinkniete und die absolut ebene und glatte Oberfläche dieser Dilmun-Blocks untersuchte, und auch, wie sie zusammengefügt waren . . . alle waren so gehauen, daß sie mit einer solchen Präzision an den benachbarten Block anschlossen, daß es keine Spalten oder Löcher zwischen ihnen gab. Meine Freunde von der *Tigris* betrachteten mich wie eine Art Sherlock Holmes, der nach Fingerabdrücken oder Werkzeugspuren sucht, die uns vielleicht auf die Fährte derjenigen führten, die sie geschaffen hatten. Die schönen behauenen Steine waren auf eine besondere Art geformt und zusammengefügt, die ich inzwischen nur zu gut kannte. Es war an der Zeit, meinen verwirrten Begleitern zu erklären, warum diese Steinmauern durch die Menschen, die sie errichtet hatten, eine Beziehung zu unserer Fahrt hatten, und zwar zur Fahrt gerade zu dieser Insel.«[11]

Von Bahrain mit seinem vorsumerischen Hafen, der kleinen Zikkurat und dem Bad waren wir damals mit der *Tigris* durch die Straße von Hormus hinaus auf den Indischen Ozean gefahren. Zuerst hatten wir Oman besucht. Hier hatte uns der dortige Archäologe Paulo Costa die riesigen frühgeschichtlichen Kupferminen gezeigt, in denen die Kaufleute von Dilmun und die Sumerer ihr Kupfer geholt hatten. Er führte uns zu einer erst kürzlich entdeckten kleinen Zikkurat mitten auf dem Bergwerksgelände und zeigte uns die Schilfboote sumerischer Bauart, die die Fischer in Küstennähe noch immer benutzten.[12] Aber von der besonderen Bauweise sahen wir nichts mehr, als wir Bahrain verließen.

Von Oman hatten wir den Bug unseres Schilfsbootes Richtung Pakistan und Indus-Tal gewandt, wo wir die teilweise freigelegten Ruinen von Mohenjo-Daro aufsuchten. Die längst vergessene Kultur im Indus-Tal mit ihrer Hauptstadt Mohenjo-Daro hatte sich entfaltet, nachdem in Ägypten die erste Pharaonendynastie und in Sumer das erste sumerische Königreich gegründet worden waren – vor rund fünftausend Jahren. Mein Interesse an Mohenjo-Daro ging auf die Tatsache zurück, daß in der Zeit von etwa 2500 v. Chr. bis 1500 v. Chr., als die Kultur des Indus-Tals plötzlich verschwand, auf dem Seeweg eine enge Verbindung mit Bahrain und Mesopotamien bestanden hatte. Eine Vielzahl Siegel mit der noch immer nicht entzifferten Schrift des Indus-Tals war auf den Inseln im Persischen Golf und in Mesopotamien von Ur bis hinauf ins Gebiet der Hethiter im heutigen Syrien gefunden worden. Auf einem Siegel aus Mohenjo-Daro war ein Schilfboot mit Kabine, zweibeinigem Mast und Doppelriemen abgebildet wie aus dem alten Sumer und Ägypten und genau wie unsere *Tigris.* Wenn die seefahrenden Kaufleute jener Zeit mit ihren Schilfbooten wie wir zwischen Mesopotamien, Bahrain und dem Indus-Tal verkehrt wären, hätten sie tonnenschwere Fracht und Vorräte befördern und so den mühsamen und gefährlichen Landtransport durch Wüsten, Gebirge und Gebiete mit feindseligen Stämmen vermeiden können.

Schilfboote hatte es also in Mohenjo-Daro gegeben und ein Bad für rituelle Reinigungen auch, aber nicht jene besondere Bauweise. Wie auch in Sumer gab es in den Flußebenen von Mohenjo-Daro kein abbaubares Gestein. Wie die der Sonne huldigenden Städtebauer von Mesopotamien und Bahrain hatten auch die Gründer von Mohenjo-Daro ihre Häuserblocks, Plätze und Straßen genau nach Plan angelegt, von Norden nach Süden und Osten nach Westen. Zwischen den Hauptgebäuden befand sich in zentraler Lage ein terrassenförmiger Tempelhügel, an dessen Fuß ein großes zeremonielles Bad lag. Das Bad war tief, hatte an einer Wand eine breite Treppe und erinnerte mit den unten an den Mauern rundum laufenden Bänken unmittelbar an das Bad, das wir gerade auf Bahrain gesehen hatten. Aber das Bad im Indus-Tal war aus gebrannten Ziegeln erbaut, die man mit Asphalt wasserdicht gemacht hatte, und unterschied sich insofern von dem Bad auf Bahrain.

Es war nicht das Bad von Mohenjo-Daro, sondern das entfernter liegende auf Bahrain, das in meiner Erinnerung lebendig wurde, als ich zum erstenmal das alte zeremonielle Bad auf Fua Mulaku sah. Die Fahrten durch Zeit und Raum, die mich Schritt um Schritt zurückgeführt hatten in diese Ecke der Welt, zogen blitzschnell an mir vorbei, als ich die glatten Mauern befühlte und dem Muster der schmalen Spalten mit einem Fingernagel folgte. Es war unmöglich, nicht gefesselt zu sein von der großen Ähnlichkeit zwischen diesem Bauwerk auf Fua Mulaku und dem auf Bahrain.

Bestand da irgendeine Beziehung?

Hatten die frühen Seefahrer, die Bahrain als Zwischenstation auf ihren Handelsfahrten zwischen Mesopotamien und dem Indus-Tal benutzten, auch einen Weg hinunter zu den Malediven finden können?

Die Entfernung von Lothal, dem wichtigsten Hafen im Indus-Tal, bis zum Malediven-Archipel war nicht weiter als die vom gleichen Hafen bis Mesopotamien. Sie war auch nicht größer als die letzte Etappe unserer eigenen Fahrt mit dem Schilfboot *Tigris,* als wir nonstop vom Indus-Tal bis nach Dschibuti in Afrika segelten. Wir wissen, daß die frühe Kultur des Indus-Tals ihren Einfluß die indische Westküste entlang geltend machte. Man sollte meinen, daß sie als die unerschrockenen Seefahrer, die sie waren, ebenso erfolgreich die eigene Ostküste erkundet haben, wie sie westwärts bis zum fernen Sumer schifften.

Wenn, dann wären sie unweigerlich auf das maledivische Hindernis gestoßen und hätten dort die Durchfahrtsmöglichkeit durch den Äquatorkanal gefunden. Als leidenschaftliche Sonnenverehrer und eifrige Astronomen, die den Weg der Sonne erkundeten, hatten sie doppelten Grund, diesen Äquatorkanal interessant zu finden.

Mir ging eine phantastische Möglichkeit auf in diesem alten Bad. Ich hatte fast vergessen, daß ich auch in Peru schon ein frühgeschichtliches Bad gesehen hatte, das größte von allen, und ebenfalls mit einer breiten Treppe, die an einer Seite hinunterführte. Die präinkaischen Sonnenverehrer von Chan Chan hatten es aus sonnengetrockneten Ziegeln auf der pazifischen Hochebene von Peru erbaut. Die Baumeister dieses Bades hatten auch große und kleine Stufenpyramiden nach Art des Zikkurats errichtet. Außerdem lebten sie im Zentrum der präinkaischen Schilfbootfahrer. Ein sehr häufig vorkommendes Motiv auf ihren Keramikwaren waren heldenhafte Ahnen, die mit großen Schilfbooten fuhren. Und auf den Tonkrügen waren die königlichen Vorfahren stets als Männer dargestellt, die große Scheiben in ihren stark vergrößerten Ohrläppchen trugen.

War es möglich, daß hier irgendeine Verbindung bestand?

Auf den ersten Blick erschien dieser Gedanke zu abenteuerlich, um ernstlich erwogen zu werden. Ich vermutete seit langem, daß die Kultur des Nahen Ostens das tropische Amerika Jahrhunderte vor Kolumbus auf dem Seeweg erreicht hatte, aber direkt von Afrika aus, nicht vom fernen Asien. Es gab Spekulationen über frühgeschichtliche Fahrten von Indien über den Pazifik nach Amerika. Ich habe solche Theorien immer als geographisch haltlos betrachtet und mit mir die meisten anderen Beobachter. Wenn die frühgeschichtlichen Seefahrer von Indien aus die ferne asiatische Pazifik-Küste erreicht hätten, hätten sie immer noch den halben Erdteil umfahren müssen, um nach Amerika zu kommen. Die südostasische und die südamerikanische Pazifik-Küste sind geographische Antipoden. Darüber hinaus wäre jedes frühgeschichtliche Segelschiff beim Erreichen des Pazifiks von den dort herrschenden Winden und Meeresströmungen zurückgedrängt worden. In diesem Teil der Erde sind sie durch die Rotation der Erde vom tropischen Amerika total auf das tropische Asien gerichtet.

Niemandem war offenbar aufgefallen, daß Amerika viel näher bei

Indien lag, wenn man über den Atlantischen Ozean nach Westen fuhr. Und diese Route wurde auch noch von den Elementen begünstigt.

Jetzt, da wir entdeckt hatten, daß frühgeschichtliche Seefahrer auf den Malediven Fuß gefaßt hatten, erkannten wir, daß sie eine wirklich gute Ausgangsposition gehabt hatten, weiter nach Amerika zu segeln. Der aus dem Nordosten blasende Wintermonsun hätte den Seefahrern von den Malediven aus einen günstigen Wind zur Südspitze Afrikas beschert, und dort beginnt auch schon der Atlantische Ozean. Die südatlantische Strömung und die Südost-Passatwinde hätten sie zu jeder Jahreszeit direkt bis zum Golf von Mexiko gebracht. Der Golf von Mexiko liegt tatsächlich wie ein Magnet da, der alles anzieht, was irgendwo von der afrikanischen Küste herantreibt. Mit dem Schilfboot *RA II* waren wir mit dem Nord-Äquatorialstrom und dem Nordost-Passat von Nordafrika gekommen. Wir hätten ebensogut mit dem Süd-Äquatorialstrom und dem Südost-Passat von Südafrika kommen können. Diese beiden mächtigen atlantischen Meeresströmungen vereinigen sich vor der Küste Brasiliens und fließen gemeinsam in den Golf von Mexiko.

Nahm man das Malediven-Archipel als Ausgangspunkt und eine Route, die den Elementen folgte, änderte sich das geographische Bild schlagartig. Die Fahrt mit dem Schiff wurde plötzlich möglich. Es war unvorsichtig von mir, die alte Ansicht aufrechtzuerhalten, daß Seefahrer aus Südasien aus praktischen Gründen keinen Zugang zum tropischen Amerika hatten haben können.

Aber was mich wirklich stutzig machte und mir die Frage aufdrängte, was geschehen sein mochte, waren die Statuen mit den langen Ohren, die mich eigentlich auf die Malediven gelockt hatten. Jetzt hatten wir eine Verbindung hergestellt zwischen ihnen und den Urhebern jener Bauweise, die ich auf Fua Mulaku als Fingerzeig empfunden hatte. Gemeinsam mit dieser Art des Mauerbaus und den Schilfbooten hatten wir die Sitte des Aufweitens der Ohrläppchen von der Osterinsel nach Peru und Mexiko zurückverfolgt, aber bisher noch nicht weiter. Die Sitte, die Ohrläppchen so lang zu ziehen, bis sie auf die Schultern reichten, wurde auf der Osterinsel noch praktiziert, als Kapitän Cook dort landete, aber auf keiner der tausend anderen Inseln im Pazifik. Auch der inkaische Adel vergrößerte seine Ohrläppchen mit der gleichen Art von Scheiben, bis die Spanier kamen, und erklärte, man habe die Anweisung dazu vom legendären Sonnenkönig Con-Tici-Viracocha erhalten. Der Geschichte der Inkas zufolge hatte er über ein langohriges Volk geherrscht, das in Peru lebte, bis er hinausfuhr auf den offenen Pazifik.

Obwohl das Vergrößern der Ohrläppchen in Mexiko nicht praktiziert wurde, als die Spanier kamen, sind auf den Stelen der Mayas sowie den Standbildern und Reliefs der Olmeken und Azteken immer wieder Männer mit langen Bärten und großen Scheiben in den Ohrläppchen dargestellt. Die Wandmalereien in einem Maya-Tempel in Chichen Itza zeigen ein Volk mit heller Haut und gelbem Haar, das mit Schiffen inmitten feindlicher Menschen dunkler Hautfarbe landet, und erstere haben ausnahmslos lange, herunterhängende Ohrläppchen. Wie aus Darstellungen auf Töpferwaren und Steinen in Mexiko und Peru hervorgeht, hatte das Vergrößern der Ohrläppchen offenbar eine lange Tradition und war bei den Ureinwohnern Amerikas sehr verbreitet. Doch war es auf die Gebiete beschränkt, wo einheimische Kulturen plötzlich damit begonnen hatten, die Sonne zu verehren und Pyramiden nach Art der Zikkurats zu bauen und außerdem in geordneten Gemeinwesen in Städten mit quadratisch angelegten Straßen und Häusern aus getrockneten Lehmziegeln lebten, genau wie im Nahen Osten der Frühzeit.

Vergebens hatte ich bei den Erbauern der Pyramiden in Mesopotamien und Ägypten nach der Sitte Ausschau gehalten, die Ohrläppchen zu vergrößern, auch bei den frühen Seefahrern, die Zypern, Kreta und Malta besiedelt hatten, bei dem, was die phönizischen Seefahrer hinterlassen hatten, und bei den Gründern von Lixus. Keine dieser Volksgruppen schien diesen Brauch praktiziert zu haben. Ich hatte über einhundert kulturelle Besonderheiten aufgelistet, die charakteristisch für das präkolumbische Mexiko und Peru waren und so speziell, daß sie in anderen Gebieten Amerikas unbekannt waren. Doch alle tauchten sie auch innerhalb der engumgrenzten Gebiete der Frühkulturen des Nahen Ostens auf. Das einzige Merkmal, das auf der Liste fehlte, waren die vergrößerten Ohrläppchen. Sie gab es zwar auch bei den Frühkulturen von Mexiko und Peru, aber bei den seefahrenden Kulturen auf der anderen Seite des Atlantiks konnte ich sie nicht entdecken.

Dann, ein Jahr nach der Fahrt mit der *Tigris,* kehrte ich ins Indus-Tal zurück, diesmal, um den erst kürzlich entdeckten Hafen Lothal mit seinen Ziegelmauern zu sehen, den Haupthafen Mohenjo-Daros und der Kultur des Indus-Tals. Lothal, auf der indischen Seite der pakistanischen Grenze, ist der älteste, von Menschenhand geschaffene Hafen der Welt, den wir kennen, und der von etwa 2500 v. Chr. bis 1500 v. Chr. seine Blütezeit erlebte. An der Universität von Baroda sichteten die einheimischen Wissenschaftler das Material, das sie in den Hafenbecken und Lagerhäusern dieser über viertausend Jahre alten Anlage ausgegraben hatten. Eine Schublade war voll von runden Keramikscheiben mit eingekerbtem Rand, wie überdimensionale Wirbel. Sie sahen genauso aus wie die tönernen Ohrpflöcke aus dem frühgeschichtlichen Mexiko und Peru. Die Inkas hatten sie aus reinem Gold gemacht. Auf der Osterinsel hatten wir selbst solche Scheiben entdeckt, aus dicken Muschelschalen geschnitzt. Ich war mir keinen Augenblick darüber im unklaren, was die Archäologen im Hafen von Lothal ausgegraben hatten, fragte aber trotzdem.

»Ohrpflöcke«, lautete die Antwort. »Diese alten Seefahrer durchbohrten sich die Ohren und weiteten die Läppchen, damit sie diese großen Scheiben hineinstecken konnten.«

Die Seefahrer aus dem Indus-Tal waren also »Langohren« gewesen!

Der Hindu-Adel hatte diese Sitte später von ihnen übernommen, und danach verbreiteten Buddha und seine Anhänger sie in weiten Teilen Asiens. Seit der Zeit, als die Bewohner des Indus-Tals anfingen, den Indischen Ozean zu befahren, wurde demnach diese eigenartige Sitte an der Küste und sogar von Seeleuten praktiziert, die auf dem Meer umherstreiften. Es war daher kein Wunder, daß Bildhauer aus alter Zeit Skulpturen mit langen Ohren auf den Malediven hinterlassen haben.

Erst später erfuhr ich, daß die Sitte, die Ohrläppchen zu vergrößern, sich auf den Malediven bis in neuere Zeit gehalten hatte. Maloney, der die hiesigen Sitten und Gebräuche erforschte, zitiert einen frühen Besucher, der erklärte, daß die maledivischen Frauen sich die Ohren durchbohrten, und er fügt hinzu: »Einige Bewohner erinnern sich heute noch, daß die Ohrläppchen ihrer Großmütter fast bis auf die Schultern reichten.«[13] Wenn »Langohren« die Malediven bewohnt hatten, dann war der Weg auch frei für den anderen seltsamen Brauch, der den Steinmetzen gefolgt war, die in frühgeschichtlicher Zeit mit Schilfbooten das offene Meer befahren hatten.

Als ich die Treppe des Kultbades von Fua Mulaku hinaufstieg und auf das glitzernde Blau des Äquatorkanals blickte, kam es mir so vor, als wäre die Luft erfüllt von außergewöhnlichen Möglichkeiten. Wenn wir als Neulinge im Umgang mit Schilfbooten diese Meere hatten überqueren können, warum hätten dann nicht die versierten »Langohren« aus Lothal das gleiche schaffen können? Wer wußte, was alles im Lauf der Jahrtausende diesen Kanal passiert hatte? Was für Boote als erste an dieser einsamen Küste gestrandet waren, und was für Menschen die große *Hawitta* gebaut und in dem herrlichen Becken gebadet hatten?

Wir bestiegen wieder unsere Fahrräder und fuhren auf einem Fußweg zu einem unbewohnten Ödland südlich des Dorfes. Dort ließen wir die Räder auf einem freien Feld liegen, das voller Spuren einer früheren Besiedlung war. Das steinige Gelände war trocken und baumlos, aber einige auf diesem Boden wachsende niedrige Sträucher bedeckten Überreste von Mauern und Gräbern.

In der Mitte des Gebiets lag ein großes, rundes Becken, das tief in das feste Erdreich eingesunken und mit bearbeiteten, kalkverputzten Steinen eingefaßt war. Der Durchmesser betrug 20,6 Meter, wie unsere Messung ergab. Der Kreis war so gleichmäßig und glatt, daß die Inselbewohner meinten, irgendwelche frühgeschichtliche Steinmetze hätten ihn aus einem einzigen riesigen Stück Fels gehauen.

Gut einen Meter unterhalb des Randes lief ein Absatz wie eine Bank rund um die ganze Mauer; von da setzte sich die Mauer noch einen weiteren Meter nach unten bis zum Boden fort. Unter der Bank sahen wir frisches, sauberes Wasser, obwohl der Boden selbst mit einer dikken Schicht Morast bedeckt war. In die östliche Mauer war eine Treppe eingeschnitten, die in das Becken führte.

Was konnte das für ein altes Bauwerk gewesen sein?

Die Inselbewohner schienen über seine ehemalige Aufgabe ebensowenig zu wissen wie wir. Sie kannten es nur als *Vasha veo,* was Abdul mit »das runde Bad« übersetzte. Sie meinten, irgendwelche Menschen hätten es früher für kultische Handlungen benutzt, und wiesen uns auf die vermeintlichen Überreste eines völlig zerstörten Tempels nur wenige Schritte östlich der Treppe hin.

Ich erinnerte mich, selbst ein großes, rundes Bad dieser Art schon gesehen zu haben. Es war ein weiteres jener charakteristischen Merkmale der Seefahrer, die in alter Zeit auf Bahrain gelebt hatten. Die gleichen Leute, die das quadratische Kultbad mit der besonderen Mauertechnik gebaut hatten. Warum die frühen Bewohner von Dilmun zwei kultische Bäder so völlig verschiedener Form für sich bauten, war ein Rätsel für sich, aber hier auf Fua Mulaku tauchten die beiden gleichen Arten erneut zusammen auf.

Zwar war es noch zu früh für Schlußfolgerungen, doch höchste Zeit, die Augen offenzuhalten und nach anderen Spuren auf diesen Inseln zu suchen, die die Historiker bisher übersehen hatten.

Als unser Kapitän lakonisch erklärte, daß die Schraube der *Midu* sich jetzt wieder drehe, gingen wir an Bord und verließen Fua Mulaku vorübergehend. Wir strebten den Inseln am Nordrand des Äquatorkanals zu, voller Erwartung dessen, worauf wir dort stoßen würden. Wir fuhren abends los, damit wir die Inseln auf der anderen Seite bei Sonnenaufgang erreichten.

Fünf Stunden später, unmittelbar vor Sonnenaufgang, fuhren wir langsam in die stille Lagune des Gaaf-Atolls ein, das früher als Huvadu bekannt gewesen war.

Kapitel 4

Eine Pyramide im Dschungel

Ein Sonnentempel auf Gaaf-Gan

In der Morgendämmerung glitt die *Midu* in die schmale Durchfahrt zwischen zwei Inseln im Gaaf-Atoll. Die Sonne ging auf, als wir dicht an der Küste den Sandstrand einer langen, flachen Insel entlangfuhren, die von dichtem Dschungel bedeckt war, aus dem vereinzelt einige Palmen ragten. Kein einziges Haus war zu sehen. Diese so üppig wuchernde Insel war aus keinem ersichtlichen Grund unbewohnt.

Sie hieß Gan, wie die Insel mit dem Flugplatz auf der gegenüberliegenden Seite dieses Kanals, die wir als erste im Addu-Atoll aufgesucht hatten. Wir beschlossen, sie Gaaf-Gan zu nennen, weil sie auf dem Kranzriff des ausgedehnten Gaaf-Atolls lag. Es gab noch eine dritte größere Insel in den Malediven, die Gan hieß. Dieses Gan lag im nächsten Atoll nördlich. Alle drei Inseln bargen nach Hassan Maniku bedeutende frühgeschichtliche Grabhügel. Der größte Hügel befand sich, wie er glaubte, auf der Insel, an der wir gerade vorbeifuhren. Weder er selbst noch Bell hatten diesen Hügel gesehen, aber Maniku schrieb, er sei bei den Einheimischen der Nachbarinseln als *Gamu hawitta* bekannt, »Gans Hügel«, und sei knapp 20 Meter hoch.[14]

Ich hatte Maniku in Malé gefragt, wieso drei große Inseln in den Malediven denselben Namen hatten, und was Gan eigentlich heiße. Ich bekam die erstaunliche Antwort, daß Gan und Gamu in der Landessprache lediglich verschiedene Beugungsformen desselben Namens seien. Richtig hießen diese drei Inseln eigentlich Gamu, wobei »gamu« ein alter Sanskrit-Ausdruck für »Siedlung« sei. Es war eine anerkannte Tatsache, daß das *Divehi,* die Sprache der Malediver, stark im Sanskrit wurzelt. Sanskrit war die alte indisch-arische Sprache, die sich um 1500 v. Chr. vom Indus-Tal ausgehend verbreitet hatte, etwa zu der Zeit, als die Kultur des Indus-Tals zusammenbrach. Aber die Insel, die wir jetzt vom Deck der *Midu* aus sahen, war vollkommen unbewohnt, so daß es eigenartig erschien, sie Gan zu nennen, wenn das »Dorf« oder »Siedlung« bedeutete.

Ein schmaler Kanal, wo die Brandung vom offenen Äquatorkanal in die Lagune drang, trennte Gan von der sehr viel kleineren Insel Gadu, die dicht besiedelt war. Hier lebten eintausendsechshundert Menschen zusammengedrängt in einem Dorf, das die gesamte Landfläche bedeckte, während sie zu der unbewohnten Insel Gan nur ruderten, um Nahrungsmittel zu holen.

Wir ankerten in der Lagune vor Gadu und wurden mit einem hiesigen *Dhoni* an Land gebracht. Die freundlichen Dorfbewohner beherbergten uns in ihrem Gemeindehaus, auf dessen irdenem, dick mit weißem Korallenkies bestreuten Boden Feldbetten mit selbstgemachten Schilfmatten aufgestellt wurden.

Meine erste Frage war, warum die große Insel Gan unbewohnt sei. Wir erhielten die verblüffende Antwort, daß Gan vor langer Zeit bewohnt gewesen sei, aber dann seien eines Tages vom Meer her riesige Katzen gekommen. Diese großen Katzen seien sehr wild gewesen, und die Menschen auf der Insel seien entweder getötet worden oder in ihren Booten geflohen. Seither hatte nie mehr jemand auf der Insel gewohnt. Heute betraten die Bewohner von Gadu die Insel nur noch bei Tage.

Katzen waren die einzigen, auf den Malediven heimischen Säugetiere, in früheren Zeiten sogar die einzigen Landsäugetiere, die diesen Menschen bekannt gewesen waren. Aber die Katzen, die über das Meer gekommen waren, wurden nicht als normale Kätzchen betrachtet, sondern als eine Art menschengroßer Dämonen in Katzengestalt.

Die Bewohner von Gadu erzählten uns, daß die Wälder von Gan voller Ruinen seien. Kein Mensch habe je dort gegraben. Es stimme, daß es einen großen Hügel gebe, der aber nicht *Gamu hawitta* oder »Gans Hügel« heiße, denn auf Gan gebe es mehrere Hügel. Der größte werde *Bodu hawitta* genannt, was ganz einfach »großer Hügel« bedeute. Der eigentliche Name sei *Vadamaga Hawitta* gewesen, und errichtet hätte ihn vor sehr langer Zeit ein Volk namens Redin. Man vermutete, daß im Innern noch die verschiedenartigsten Dinge verborgen waren.

Das Oberhaupt von Gadu kam mit einem ungewöhnlich großen

Ein großes aufgegebenes Bambusfloß wurde während unseres Besuchs auf Viringili an Land getrieben. Die Bauweise des Floßes und die Schrift auf einem Etikett, das wir in der Kabine fanden, enthüllten, daß das Floß von der Küste Birmas hierher getrieben worden war, 4000 Kilometer von den Malediven entfernt. Wir nahmen es als einen möglichen Hinweis, denn Birma war das für die frühe Ausbreitung des Buddhismus wichtigste Gebiet, als diese Religion von Nepal über das Gangestal hinunter zur Küste gelangte.

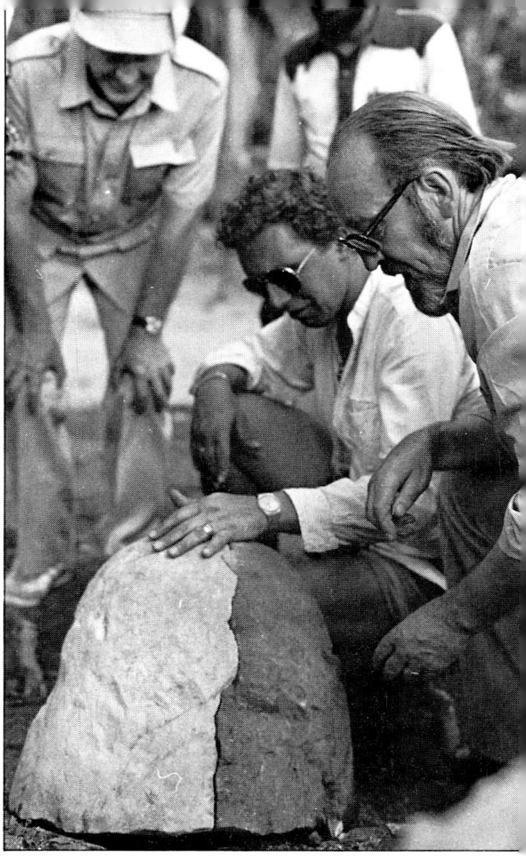

Mann zu uns, der ohne Frage irgendeine wichtige Stelle in der Gemeinschaft bekleidete. Er hieß Hassan Maniku, wie unser gelehrter Freund aus Malé. Um beide auseinanderhalten zu können, nannte Abdul ihn den »Besitzer« von Gan. Er erklärte, daß zwar niemand tatsächlich eine Insel besitze, aber dieser Hassan habe Gan von der maledivischen Regierung gepachtet, um die Kokosnüsse zu ernten. Die Bewohner von Gadu besorgten das für ihn und überließen ihm als dem »Besitzer« ein Achtel der Ernte.

Wir hielten uns nicht lange mit Vorreden auf und erklärten, daß wir die Insel gern besuchen würden. Der »Besitzer« schien überaus erfreut zu sein, uns dorthin zu führen. In einem kleinen *Dhoni* ruderten wir mit ihm und zwei seiner Männer hinüber. Wir glitten über die sanfte Dünung des Äquatorkanals, die vom offenen Meer durch den Eingang rollte, berührten Grund im Schutz einer länglichen Sandbank, die in die Lagune ragte, und wateten im lauwarmen Wasser an das Ufer von Gan. Friedlich spielten die leicht gekräuselten Wellen der großen Lagune gegen den Strand aus feinem, weißem Korallensand. Wie alle anderen Malediven-Inseln war auch Gaaf-Gan ein flaches Koralleneiland, das sich nicht mehr als zwei Meter über den Meeresspiegel erhob. Es wäre ständig von den großen Wellen des Äquatorkanals überspült worden, wenn es nicht von einem weiten und nur knapp unter der Wasseroberfläche liegenden Küstenriff geschützt worden wäre. Gebremst in ihrem freien Lauf durch diesen seichten Kalksteinschelf, schwollen die Wellen zur Brandung und fielen dann geschlagen zusammen, gestutzt zu harmlos gekräuselten Reihen, die schließlich das Land erreichten.

Zuerst liefen wir bequem durch offenes Grasland, auf dem verstreut mächtige Kokospalmen standen, dann einen Pfad entlang, den auf beiden Seiten dichter Dschungel einschloß. Die Wildnis abseits des Weges war undurchdringlich und konnte jedes Bauwerk verbergen, das auch nur eine Armlänge entfernt war. Zwischen den Ästen, Blättern und Dornen war gerade genug Platz, daß eine Eidechse hindurch-

---

Oben: *Zwei der 23 erhaltenen oder zerbrochenen Skulpturen, die in einem Testgraben auf der Insel Nilandu gefunden wurden. Links untersucht Professor Skjölsvold ein zusammengesetztes Exemplar – sind es Phallus-Darstellungen oder phallusartige Modelle einer Stupa? Rechts hat Johansen ein großes Fragment ausgegraben, das genau zu einem anderen paßt, das im dichten Unterholz oberirdisch gefunden worden war.*

Unten: *Zwei unserer maledivischen Helfer mit Exemplaren einer Mini-Stupa, von denen wir bei unseren Ausgrabungen sehr viele fanden.*

schlüpfen konnte. Aber oben über dem dichten Dschungeldach hingen in den Bäumen und Palmenkronen braune Fledermäuse, die so groß wie Kaninchen waren. Aufgeschreckt durch unsere Stimmen flatterten einige wie Hexen, die ihre Umhänge entfalten, über den Urwald fort. Sicher waren diese Flughunde die einzigen Warmblüter auf der Insel, seit die Großkatzen die Menschen vertrieben hatten.

Die Geschichte über die großen Katzen, die über das Meer gekommen waren, irritierte mich. Weder Robben noch andere Meerestiere hätten die Bewohner einer ganzen Insel verscheuchen können, die es ohne Furcht selbst mit den größten Haien aufnahmen. Es wäre für jeden Fremden ein leichtes gewesen, die Geschichte von den großen Katzen mit einem Lachen als ein Märchen abzutun, erfunden, um zu erklären, warum Gan in weit zurückliegender Zeit entvölkert worden war. Doch es genügte ein Gespräch mit dem »Besitzer« der Insel und denen, die an diese Überlieferung glaubten, um zu begreifen, daß wir es hier nicht mit kindlichen oder primitiven Menschen zu tun hatten, sondern mit den Erben einer Kultur, die so alt wie die unsere war – vielleicht sogar älter.

Mir fiel ein, daß sich die Bewohner des nächstgelegenen größeren Landes, von Sri Lanka, Singhalesen nannten, »Löwenmenschen«. Auf Sri Lanka hat es nie Löwen gegeben, aber die dortigen Singhalesen behaupten, von alten Seefahrern abzustammen, die mit einem legendären Löwen, den sie als ihren königlichen Ahnherrn verehrten, von Indien nach Sri Lanka gekommen seien. Aus diesem Grund schufen die Singhalesen Löwenstatuen und verwendeten Löwensymbole, etwa furchterregende Masken mit Katzenzähnen, um sich in Kriegs- und Friedenszeiten zu unterscheiden.

Löwen wären in der Tat für die Malediver »sehr große Katzen« gewesen, da sie nie eine der größeren Katzenarten gesehen hatten. Und alles sprach für die Annahme, daß die Löwenmenschen die Malediven aufgesucht haben. Bell hatte die große *Hawitta* auf Fua Mulaku als die Ruine einer singhalesischen Stupa erkannt. Die abgebrochenen Buddha-Köpfe und die einen Buddha darstellende Bronzefigurine, die wir in Malé zwischen den Dämonenskulpturen und dem hinduistischen Bronzefigürchen gesehen hatten, waren Beweis genug, daß Buddhisten vor den Moslems hier gewesen waren. Und diese Buddhisten hatten Menschen mit einer noch älteren Religion vorgefunden. Die Löwenmenschen von Sri Lanka waren fromme Buddhisten. Keine andere buddhistische Volksgruppe lebte näher bei den Malediven. Vielleicht waren singhalesische Plünderer in der Maskierung von Löwen die großen Katzen vom Meer, die furchterregend genug waren, die Bewohner einer ganzen Insel in die Flucht zu schlagen.

Ich war dem »Besitzer« der Insel dicht auf den Fersen, als er plötzlich stehenblieb und in den Dschungel zeigte. Abdul dolmetschte, was er sagte. Dahinten, in der Nähe der Küste, lägen die Ruinen einer »buddhistischen Burg«. Es sei nur noch sehr wenig zu sehen.

Ich fragte, ob die Redin Buddhisten gewesen wären. Aber nein, die Redin waren diejenigen, die die *Hawittas* gebaut hatten. Jemand anders hatte die »buddhistische Burg« errichtet. Wenn wir heute abend wieder auf Gadu wären, würde er einige uralte Männer zusammenrufen, die uns erzählen konnten, was sie wußten.

Wir waren an eine kleine Waldlichtung gekommen, durch die wir einen kurzen Blick auf das Meer werfen konnten. Schildkröten hatten große Krater in den Sand gegraben. Im kurzen Gras mitten in dieser Schneise befand sich eine tiefe, mit Steinen eingefaßte Quelle, aus der unsere Begleiter mittels einer an einer langen Stange befestigten halben Kokosnuß klares Trinkwasser schöpften. Ein überwachsener Pfad führte ins Innere der Insel. Der »Besitzer« der Insel bat seine beiden Begleiter, jetzt voranzugehen. Von hier an mußten sie mit ihren langen Macheten einen Weg bahnen.

Das Marschtempo war jetzt deutlich langsamer. Da wir nur schrittweise vorwärts kamen, hatten wir Zeit, die gewaltigen Stämme einiger Urwaldriesen zu bewundern, die an Umfang alles übertrafen, was wir bisher gesehen hatten. Lianen hingen wie Seile vom Dschungeldach, und die dicken Äste, die von den massigen Stämmen ausgingen, waren wie moosbedeckte Regale in einem Blumenladen mit Orchideen und schmarotzenden Farnen geschmückt. Es war heiß. Heiß und feucht. Kein Lufthauch drang bis hierhin vor. Nichts bewegte die Blätter in diesem schweigenden Dschungel am Äquator.

Schweißglänzend erwehrten wir uns der Moskitos, als die Männer vor uns plötzlich anhielten, mir Platz machten und mit ihren langen Messern nach vorn wiesen. Zunächst sah ich nichts als den grünen Dschungel direkt vor meiner Nase. Doch dann bemerkte ich etwas Ungewöhnliches, beinahe Schwarzes, das sich zwischen den Blättern verbarg. Es sah aus wie schwarzer Koks, der hier vor ewigen Zeiten aufgehäuft und vergessen worden war, verdeckt vom Grün und eingehüllt in Moos.

Der Haufen war sehr viel breiter, als ich zunächst angenommen hatte. Noch einen Schritt nach vorn, und ich entdeckte schwarze Steine, die mit grünem Moos bedeckt waren, wo immer ich rechts oder links einen Blick durch die Blätter werfen konnte. Wie hoch alles war, konnten wir nicht erkennen, da es oben in einem grünen Dach verschwand.

Das mußte die große *Hawitta* von Gan sein. Björn und ich gaben uns keine Mühe, einige unwillkürliche Ausrufe zu unterdrücken, als wir sahen, daß der Berg sich so hoch vor uns auftürmte, daß wir den Kopf in den Nacken legen mußten, wenn wir sein ganzes Ausmaß erfassen wollten. Wir standen am Fuß und sahen doch nicht mehr als ganz kurz immer wieder schwarze Steine über uns. Wir schickten uns an, auf allen vieren die Schräge hinaufzukrabbeln, wobei wir uns zwischen Ästen und Farn hindurchschlängelten.

Meine Füße waren inzwischen in Kopfhöhe der noch auf dem Boden Stehenden, und ich kletterte weiter über dicke Wurzeln, die sich zwischen den Steinen durchwanden. Ein riesiger Baum wuchs seitlich aus dem Hügel, obwohl dieser aus massivem Stein zu sein schien. Grobe Kalksteinbrocken und zerbrochene Korallenäste waren aufgehäuft worden zu diesem Hügel. Die einstmals schneeweißen Korallen und Kalksteine waren dort, wo das Moos sie nicht überwucherte, grauschwarz vor Alter geworden.

Die Steine waren locker, und wir krochen auf Händen und Knien nach oben, hielten uns an kräftigen Farnen, Stämmen und Wurzeln und waren darauf bedacht, daß den Nachfolgenden nichts auf den Kopf fiel. Die Sicht war stark behindert von den vielen Stengeln mit großen Blättern, die dem Rhabarber ähnelten und wie Unkraut den Hang hinaufwucherten. Das dichte Blätterwerk erschwerte uns den Blick nach oben wie nach unten, doch hatte ich den Eindruck, etwa die Höhe eines dreigeschossigen Gebäudes erreicht zu haben, als ich erstmals einen Blick über das geschlossene Dschungeldach werfen konnte.

Als ich mich auf dem Gipfel aufrichtete, war ich daher sehr erstaunt, zwischen den sich verzweigenden Wurzeln eines gigantischen Baums zu stehen, der so hoch war wie die Riesen, die wir unten auf dem Boden gesehen hatten. Vier Mann waren nötig, seinen Stamm zu umfassen, der wie eine Spitze feierlich in den blauen Himmel über uns ragte. Die Natur schien ihn hinzugefügt zu haben, um die so eindrucksvolle Architektur dieses verfallenen Tempelberges noch zu steigern.

Wäre der Baum auf dem Gipfel eine Eiche gewesen, hätte ich sein Alter auf fünfhundert oder mehr Jahre geschätzt. Im Dschungel wachsen Bäume oft sehr schnell. Aber dieser Baum stand ganz oben auf einem massiven Gesteinshaufen über dem Boden des Dschungels. Es waren wohl einige Jahrhunderte zusätzlich nötig, bis ein Dschungelbaum überhaupt auf einem so luftigen, von Menschenhand geschaffenen Steinkoloß Wurzeln schlagen und sich halten konnte.

Weder einen bearbeiteten Stein noch sonst etwas Interessantes fanden wir auf dem Gipfel, nur den Baum, und so krochen wir vorsichtig den steilen Abhang so wieder hinunter, wie wir heraufgekommen waren. Die Neigung des Hügels schien gerade noch einen solchen Winkel zu haben, bei dem herunterrollende Steine wieder zur Ruhe kommen. Es war durchaus möglich, daß es hier immer so ausgesehen hatte, ein Haufen Steine, die mit einem enormen Arbeitsaufwand aufeinandergeworfen worden waren. Ein Monument wie die königlichen Grabhügel der Wikinger. Aber es konnten auch die unförmigen Überreste einer massiven Pyramide sein, die einmal eine feste Gestalt mit terrassierten Mauern hatte, die später verfallen oder abgetragen worden waren, wodurch die aus Trümmern bestehende Füllung hatte hervorquellen und außer Form geraten können.

Wieder am Fuß des künstlichen Hügels angekommen, setzten sich der »Besitzer« und seine beiden Begleiter hochzufrieden mit dem Tagesausflug nieder. Sie hatten ihr Versprechen erfüllt, uns zur *Vadamaga Hawitta* zu bringen. Das war alles, mehr gab es hier nicht zu sehen. Aber sie hatten gehört, daß in dieser *Hawitta* viele wertvolle Sachen vergraben sein sollten. Wir waren jedenfalls begierig, noch mehr von diesem Ort zu sehen.

Einer der Männer hatte ein paar grüne Kokosnüsse gebracht, die er jetzt mit seinem langen Messer köpfte, als wären es Straußeneier. Ohne abzusetzen, leerten Björn und ich unsere Nüsse bis auf den letzten Tropfen und krochen dann in entgegengesetzten Richtungen in das Dickicht, das den Fuß des Hügels säumte. Hier war der Boden derart mit heruntergefallenen Steinen übersät, daß kaum Bäume wuchsen und wir Platz hatten, zwischen den Zweigen und Riesenfarnen herumzuklettern.

Die erste Entdeckung war eine vier Meter breite Rampe, die einen Teil der Südseite des Hügels hinaufführte. Das war sicher ein feierlicher Aufgang an der Mauer eines massiven Bauwerks aus Korallentrümmern gewesen, die man so hoch aufgeschüttet hatte, daß es die Umgebung weit überragte. Uns drängte sich die Frage auf, ob es schon immer ein unförmiger Hügel gewesen war oder vielleicht doch ursprünglich eine Art Pyramide mit Mauern.

Am nördlichen Abhang entdeckte ich die ersten spärlichen Überreste einer Stützmauer. Ein Dutzend moosüberwachsener Steinblöcke, alle quadratisch zugehauen, lagen noch unberührt in einer geraden Reihe übereinander und verhinderten, daß der dahinterliegende Schutt abrutschen konnte. Ich war überrascht festzustellen, daß der Abschnitt dieser Stützmauer eine gerade Linie bildete. Die *Hawitta* auf Fua Mulaku hatte einen kreisförmigen Grundriß, wie es bei einer buddhistischen Stupa üblich war. Aber dieser gerade Mauerabschnitt legte die Vermutung nahe, daß der Pyramidenbau, den wir jetzt erforschten, vielleicht quadratisch gewesen war. Mir fielen die Stufenpyramiden mit ihrem rampenartigen, feierlichen Aufgang in Mesopotamien, auf Bahrain, in Oman und dem präkolumbianischen Amerika ein.

Mich packte eine solche Aufregung, daß ich Björn rief, der sich von der anderen Seite vorkämpfte.

»Ja«, sagte er, als ich es ihm zeigte. »Ja.«

Aber er machte einen ziemlich zerstreuten Eindruck, und ich merkte, daß er meine Mauer überhaupt nicht beachtete, sondern auf etwas ganz anderes zeigte und rief:

»Aber was ist das hier?«

Ich blickte nach links oben, wohin er zeigte. Unter einer Wurzel starrte uns ein riesiges offenes Auge an. Mein erster Gedanke war, dies müßte ein Teil einer alten Steinfigur sein. Die Augen der Standbilder waren bei den alten Sonnenverehrern häufig so dargestellt worden, mit immer größer werdenden, einander einschließenden Kreisen, wie bei einer Zielscheibe auf einem Schießstand. Dieses weitgeöffnete Auge erschien uns hier zwischen den Farnen und Blättern ebenso bizarr und lebendig, als hätten wir einen einäugigen Kobold entdeckt, der uns vom Hügel her anblickte. Die Kreise zeichneten sich reliefartig durch die dünne Moosschicht ab, die sich der Oberfläche des Steins angepaßt hatte wie die Haut dem Fleisch.

»Was ist das?« wiederholte Björn ungeduldig, als er merkte, daß er etwas entdeckt hatte, was mir für einen Augenblick die Sprache verschlagen hatte.

»Ein Sonnensymbol«, rief ich. »Wir sind hierhergekommen, um nach Spuren des Sonnenkults am Äquator zu suchen, und hier haben wir sie. Konzentrische Kreise um eine Scheibe in der Mitte. Das ist das bekannte Symbol der heiligen Sonne sowohl im alten Asien als auch in Afrika und Amerika.«

»Was willst du noch mehr?« lachte Björn und schlug mir triumphierend auf die Schulter.

Die Begleiter von der Insel kamen und freuten sich mit uns und sorgten mit ihren Macheten für Platz. Einen Augenblick betrachteten sie schweigend den seltsamen Stein, genauso überrascht wie wir. Dann fingen sie an, rund um das Fundament die Farne auszureißen und Zweige wegzuhacken, damit wir uns alle Steine ansehen konnten, die von der *Hawitta* gefallen waren. Wir beschränkten unsere Suche bald auf die große Anzahl Steine, die zugehauen worden waren; die anderen waren nur Teil der Füllung und von der Form her zu grob gewesen, als daß sie hätten verziert gewesen sein können. Jeden Stein, den wir umdrehten, rollten wir wieder in seine ursprüngliche Lage zurück.

Plötzlich schrie einer der Männer mit den Macheten. Unter einem umgeknickten Farn lag ein weiterer Steinblock mit genau dem gleichen Sonnensymbol, und daneben noch einer. Der nächste, den ich fand, war anders. Auf beiden Seiten der Sonnenkreise ragten drei »Finger« hervor, als hätte die Sonne Flügel. Die geflügelte Sonnenscheibe war bei den alten Steinmetzen Mesopotamiens und Ägyptens ein verbreitetes Symbol für die höchste Gottheit, den Sonnengott.

Es kamen noch mehr mit einer Sonne verzierte Steine zutage, beide Arten. Wir fanden sogar einen Eckstein mit dem Sonnensymbol auf den beiden Außenseiten, woraus sich zweifelsfrei ergab, daß das Bauwerk nicht rund gewesen war. Es hatte gerade Mauern und rechtwinklige Ecken. Alle anderen Steine hatten hinten einen Hals, der so in die Mauer eingesetzt werden konnte, daß das reliefartig herausgearbeitete Sonnensymbol auf der leicht konvexen Außenseite hervorragte. Diese Technik war den großen Tempelbaumeistern der Alten Welt und des frühen Amerika bekannt.

Wir hatten noch längst nicht alle sonnenverzierten Steine am Fuß des Hügels inspiziert, als ich mich dem Boden etwas weiter abseits des Bauwerks zuwandte und auf eine leichte Erhebung des ebenen Geländes stieß. Bearbeitete Steine lagen zum Teil begraben, zum Teil frei übereinander. Eine zweite derartige schwache Erhebung entdeckten wir auf der gegenüberliegenden Seite der *Hawitta.* Die eine lag im Osten, die andere im Westen des großen Tempelberges. Die bearbeiteten Steine ließen auf das frühere Vorhandensein irgendwelcher Bauwerke schließen. Vielleicht waren es Nebentempel.

In dem Haufen westlich des großen Hügels lagen einige lange, flache Steine, die sehr schön von Steinmetzen verziert worden waren, die Meister ihres Fachs gewesen sein mußten. Hier waren es keine Sonnenscheiben, sondern Blumen. Sonnen-Blumen! Feine, kleine Sonnen-Blumen, die stark hervortraten und eine Reihe am Rand der Steine bildeten, die wie Fensterstürze oder Firststücke ausgekehlt waren. Zwischen den einzelnen Blumen befand sich ein eigenartiges Symbol, das sich jeweils leicht änderte, aber immer aus senkrechten Balken mit danebenliegenden Punkten bestand und damit sehr den Zahlzeichen der Maya-Hieroglyphen aus dem präkolumbischen Mexiko ähnelte. Es wären tatsächlich Maya-Zahlzeichen gewesen, wenn sie nicht auf beiden Seiten der Punkte Balken gehabt hätten. Auch das Blumenrelief, das sowohl symbolischen wie schmückenden Charakter hatte, hatte ich schon auf alten Maya-Tempeln und noch öfter in der religiösen Kunst der Hindus gesehen.

»Sieh dir mal das Schildkrötenornament an«, rief ich und zeigte Björn die breiteren, zungenförmigen Reliefs, die parallel zu den Reihen mit den Blumen- beziehungsweise Balken-Punkte-Symbolen liefen. Uns fiel die kleine Schildkrötenskulptur ein, die gemeinsam mit den dämonischen Steinköpfen an der Opferstätte auf Malé ausgegraben worden war. Beide sahen wir in Gedanken die Reihe der mit einem Kamm versehenen Seeschildkrötenpanzer mit den hinteren Paddeln vor uns, die eine neben den anderen direkt auf den Rand der Steine gesetzt waren. Kopf und Vorderteil der Schildkröten waren allerdings nicht in Stein gehauen. Und allmählich dämmerte es mir, daß wir uns irrten. Das hier waren gar keine Seeschildkröten, sondern der auf dem Festland übliche Lotosblüten-Schmuck, wie er typisch für die großen, alten Kulturen der Alten Welt war. Wir hatten es hier mit einem weiteren interessanten Fingerzeig zu tun. Auf den Malediven gab es sehr viele Seeschildkröten, sogar hier auf dieser Insel, aber Lotosblumen wuchsen nicht hier. Die Lotosblume war ein schmückendes Symbol, das die alten Kulturen der Ägypter, Phönizier, Mesopotamier und Hindus kannten. Lange bevor die Lotosblume in Europa Verbreitung auf den Kapitellen oder griechischen Säulen gefunden hatte, war sie im Nahen Osten und in Südostasien eines der am häufigsten verwendeten Ziersymbole in der Sakralarchitektur gewesen. Bei den Menschen dieser frühen Kulturen war der Lotos das Symbol für die aufgehende Sonne gewesen.

Sonnenscheiben, Sonnen-Blumen und Lotosblüten!

Was wollten wir noch mehr? Es wurde immer klarer, daß weder die Motive noch die architektonische Technik ihren Ursprung auf dieser kleinen Insel noch sonstwo auf einem dieser Atolle hatten, sondern in fertiger Form von Seefahrern aus fernen Landen eingeführt worden waren.

Der »Besitzer« der Insel war besorgt bei dem Gedanken, was jetzt mit diesen bildhauerisch bearbeiteten Steinen passieren würde, wo wir sie gefunden hatten. Alles, was als heidnische Überreste angesehen wurde, war jedesmal zerstört worden, wie er uns erklärte. Wir wußten, daß er recht hatte. Es genügte, an den schönen Buddha zu denken, dem sofort der Kopf abgeschlagen worden war, und an die Standbilder auf Fua Mulaku, die spurlos verschwunden waren. Man brachte diese Steine am besten ins Museum von Malé, wo sie sicher waren. Sie hatten ohnehin nicht mehr an ihrem ursprünglichen Platz in der Mauer gesessen. Gemeinsam trugen wir dreizehn Steine zurück zum Boot und ließen einen zurück, den wir am nächsten Tag holen wollten.

Die Sonne war über die *Hawitta* hinweggezogen, und das schwächer werdende Tageslicht zeigte uns, daß sie auf dem Weg zum Horizont im Westen war, wenngleich nicht ein einziger Strahl durch das Dschungeldach drang. Auf unserem Weg zurück zur Anlegestelle bogen wir in einen Seitenweg ein, um einen alten, aufgegebenen Moslemfriedhof zu besichtigen. Einige der Steine, die die Gräber einfaßten, waren mit Sicherheit wahllos aus einigen früheren nichtmoslemischen Tempeln geholt worden. Der Friedhof war völlig verwahrlost. Die schön gemeißelten moslemischen Grabsteine mit den alten arabischen Inschriften waren entweder halb versunken oder zerbrochen. Beiläufig wies der »Besitzer« der Insel auf den reichverzierten Grabstein hin, der an eine vortreffliche Persönlichkeit erinnerte, den Mann, der den Islam auf dieses Atoll gebracht hatte. Ich war sprachlos angesichts dieses völligen Mangels an Furcht oder Ehrerbietung, den diese Insulaner bei diesen alten Reliquien zeigten, die doch Zeugnisse ihres eigenen Glaubens waren.

Direkt danach liefen wir über die beinahe ganz begrabenen Überreste eines Steinzauns. Das umliegende Gebiet zeigte Spuren einer früheren Besiedlung, doch war alles von Gras und Wald dicht überwuchert.

»Die buddhistische Burg«, erklärte der »Besitzer« der Insel und deutete mit dem Kopf nach links und rechts.

Was immer das gewesen war, es war restlos verwüstet, denn man sah nichts mehr als ein paar Erdhuckel.

Wir kamen zu unserem kleinen Boot und ruderten zurück zum Dorf auf Gaaf-Gadu. Gaaf-Gan blieb verlassen hinter uns, bevölkert von keinem anderen Warmblüter als den riesigen Fledermäusen, die ihre Köpfe hoben und anfingen, über den Baumwipfeln umherzufliegen.

Die guten alten Kerosinlampen wurden in unserem Zimmer angezündet, als unser Begleiter vom Tagesausflug sein Versprechen einlöste und zwei Greise zu uns brachte. Sie waren tatsächlich sehr alt. Einem fiel sogar das Gehen und Sprechen schwer, aber als sie beide bequem in hölzernen Lehnstühlen saßen, funktionierte auf jeden Fall ihr Kopf, wenn auch langsam.

Ibrahim Futa sagte, er sei etwa einhundertundvier Jahre alt, während Don Futa sein Alter mit einhundertundzwei Jahren angab. Auf die Frage, was sie über Gan wüßten, antworteten beide, sie hätten gehört, daß die Leute dort umgekommen oder geflohen seien, als die großen Katzen vom Meer gekommen waren. Die großen Katzen waren die *Feretas,* ein Ungeheuer, das in früheren Zeiten manchmal aus dem Meer an Land gekommen und halb Katze, halb Mensch war. Keiner der heute noch Lebenden hatte *Feretas* gesehen.

Die Redin hatten die große *Hawitta* gebaut. Aber die Redin waren Menschen, keine *Feretas,* und es waren auch nicht die Redin gewesen, die von den *Feretas* verjagt worden waren. Andere Menschen hatten nach den Redin dort gewohnt und bevor die *Feretas* gekommen waren. Diese Menschen hatten eine Königin namens *Khanzi* gehabt, die über die Insel geherrscht hatte. Sie ließ kleinere *Hawittas* bauen, benutzte aber auch die große, von den Redin erbaute. Sie hatte eine sehr dunkle Haut und war groß und mächtig. Ihr Sohn hieß *Khanzi Bodu Takuru.* Man erzählte, er habe eine mächtige Stimme gehabt, wenn er zu den Bewohnern von Gadu gesprochen hatte.

Björn, der in Indien unter den Santhal gelebt hatte, flüsterte mir zu, daß *Takur* bei den Santhal ein gütiger Gott sei und außerdem ein indisches Wort für »Priester«. Daß *bodu* »groß« bedeutete, wußten wir schon. Es blieb also *Khanzi* als der gemeinsame Name für die Königin und ihren Sohn, was ein königlicher Titel oder ein Familienname sein konnte.

Die beiden alten Männer betonten, daß *Khanzi* ihr eigenes Volk regiert habe. Die Menschen waren groß von Gestalt, wie sie selbst. Sie lebten auf Gan, bevor die Singhalesen kamen. Die Singhalesen waren später nach Gan gekommen und hatten die *Khanzi*-Leute vertrieben, die auf die Insel Vadu im gleichen Atoll geflohen waren. Jetzt waren die Singhalesen einige Zeit auf Gan. Sie führten auf Gan das »Königreich der Katzen« ein. Die Singhalesen von Gan gingen schließlich sogar nach Wadu und brachten die *Khanzi*-Leute um.

Obwohl niemand die Singhalesen ausdrücklich als die großen Katzen bezeichnete, schien es uns doch offenkundig, daß eine Identität unterstellt werden könnte. Es wurde speziell gesagt, das »Königreich der Katzen« habe begonnen, als die Singhalesen die *Khanzi*-Leute von der Insel Gan vertrieben. Das »Königreich der Katzen« wäre dann die Herrschaft der Singhalesen gewesen, der »Löwenmenschen«.

Das alles nahm allmählich den Charakter eines regelrechten Detektivspiels ein. Es reizte zu der Annahme, daß die dunkelhäutigen, großen *Khanzi*-Leute Hindus aus Indien waren, denn sie hatten ihren eigenen Prinz nach einem indischen Gott *Takur* genannt. Daß Hindu-Siedler von buddhistischen Singhalesen aus Sri Lanka verjagt worden waren, war durchaus denkbar, denn wir hatten bereits den archäologischen Beweis gesehen – beide hatten ihre Standbilder auf den Malediven hinterlassen.

Aber wenn die *Khanzi*-Leute aus Indien gekommen und die *Feretas* »Löwenmenschen« aus Sri Lanka waren, wer waren dann die Redin, die als erste auf diese Inseln gekommen waren und die großen Hügel errichtet hatten?

Die Legenden über die *Khanzi* und die Katzenmenschen bezogen sich auf Siedler, die sich auf den Malediven bekämpft hatten, bevor im Jahr 1153 der moslemische Glaube übernommen wurde. Das alles hat sich vor so langer Zeit ereignet, daß man geneigt sein könnte, diese Erzählungen als bloße Märchen abzutun, wenn da nicht die Tatsache gewesen wäre, daß tatsächlich buddhistische und hinduistische Standbilder gefunden wurden. Ich zog mein kleines Notizbuch zu Rate und stellte fest, daß die beiden kleinen Bronzeskulpturen, die zusammen mit den großen Steinköpfen in der Kammer im Museum von Malé aufbewahrt wurden, von Gaaf-Gadu kamen, von dieser Insel. Die eine war hinduistisch, die andere buddhistisch. Erstere war die ältere und auch stärker verwittert. Das stützte die Theorie, daß die Hindus, in Übereinstimmung mit der *Khanzi*-Tradition, als erste hierhergekommen waren, und die Buddhisten, alias Katzenmenschen, später.

Die Einführung des Islam vor mehr als acht Jahrhunderten bedeutete auch für diese Menschen den Beginn der jetzigen Ära. Sie erinnerten sich noch des Namens desjenigen, der ihre buddhistischen Vorfahren zum Islam bekehrt hatte. Sein Name war Al Fagir Hafis Hassan Fali Takur. Es war sein Grabstein, den man uns auf Gan neben der »buddhistischen Burg« gezeigt hatte. Die Lage seiner Begräbnisstätte direkt neben dem buddhistischen Heiligtum deutete womöglich darauf hin, daß er selbst kein arabischer Einwanderer gewesen war, sondern ein einheimischer Inselbewohner, der vom Buddhismus zum Islam übergetreten war. Das seinem moslemischen Namen hinzugefügte *Takur* ließ vielleicht sogar auf einige königliche *Khanzi*-Verwandte unter seinen Vorfahren schließen.

Seit den Tagen des moslemischen Missionars Al Fagir waren, wie die beiden alten Männer berichteten, Standbilder jeder Art verboten. Sie wußten, daß ihre Vorfahren »zur Zeit der Singhalesen« Standbilder von Buddha besaßen, wie er mit verschränkten Beinen dasaß. Die *Khanzi*-Leute, so sagten sie, hatten andere Standbilder verehrt. Wenn die Bewohner von Gadu heute auf den Yams-Wurzelfeldern von Gan gruben, fanden sie manchmal noch so alte Skulpturen.

Es überraschte mich nicht, daß diese Menschen von einem singhalesischen oder prämoslemischen Zeitabschnitt ihres Atolls wie von einer allgemein bekannten Tatsache sprachen. Allem Anschein nach hatten die Sultane in Malé im Verlauf der Jahrhunderte ihr Bestes gegeben, die Erinnerung an Zeiten, die ihrer eigenen Geschlechterfolge vorangegangen waren, auszulöschen, wobei ihr Erfolg jedoch mit zunehmender Entfernung von der Hauptinsel abgenommen hatte.

Sowohl die Redin als auch die *Khanzi*-Leute hatten das Feuer und auch Standbilder verehrt, wie einer der alten Männer uns erzählte.

Nein, berichtigte der andere. Nur die Redin hätten das Feuer verehrt. Nach seinen Worten hatten die *Khanzi* nur Standbilder verehrt.

Einen Augenblick konnten sich die beiden Männer nicht einigen. Einer hatte sogar vage angedeutet, daß die *Khanzi* vor den Redin dagewesen seien. Doch am Ende waren sie offenbar beide der Meinung, daß die Redin die ersten gewesen waren. Und sie hatten sowohl das Feuer als auch Standbilder verehrt.

Das letzte, was unsere beiden alten Zeugen wiederholten, bevor sie davonstaksten, war, daß wohl noch viele wertvolle Dinge in der *Vadamaga Hawitta* verborgen sein mußten. Beide waren sich einig, daß dieses große Bauwerk früher sehr viel höher gewesen war und auf einer Seite eine Treppe gehabt hatte. Don Futa hatte von alten Inselbewohnern gehört, daß diese *Hawitta* früher offenbar quadratisch und oben flach gewesen war und dort auch einen »Raum« gehabt habe. Dieser Raum auf der Spitze war eingestürzt, weil er »hohl« gewesen war.

Sonst wußten sie nichts weiter von diesem Raum, der höchstwahrscheinlich ein kleiner Schrein oder Tempel oben auf der Spitze gewesen war.

Als die beiden Alten gegangen waren, holte uns das Dorfoberhaupt zu einem späten, aber deftigen Essen; es gab Schildkröteneier und Curryfisch, aufgetragen von den Frauen des Hauses. Dann kehrten wir zu unseren Betten auf dem mit weißem Kies bestreuten Boden in das Gemeindehaus zurück. Das letzte, was ich sah, bevor ich die Lampe ausblies, waren die beiden scheibenlosen Fenster, vor denen sich die neugierigen Gesichter beider Geschlechter und aller Altersgruppen drängten. Wahrscheinlich hatten sie noch nie gesehen, wie ein Fremder ins Bett geht. Dann vermischten sich die menschlichen Gesichter allmählich mit denen von Katzenmenschen und Redin, als ich sanft in eine Traumwelt hinüberglitt, aus der mich nicht einmal die Wolken von Moskitos wecken konnten.

Kurz bevor die Sonne aufging, rief mich der köstliche Geruch von Tee und frischgebackenem arabischem Brot wieder ins Leben. Ich setzte mich auf und merkte, daß die Zuschauer schon wieder vollzählig vor dem Fenster versammelt waren. Schon wieder, oder hatten sie die ganze Nacht dort gestanden? Es gelang mir, mich in meine Hose zu schlängeln und deutlich zu machen, daß ich einen gewissen Ort aufsuchen müsse. Man wies mich durch eine schmale Tür hinaus auf eine winzige Gartenparzelle mit außergewöhnlich großen Tomaten und so hohen Wänden, daß niemand hinübersehen konnte. Dort übergab man mir eine schwere Eisenstange, die für Benutzer bereitstand. Ich begriff und bohrte ein Loch in den Boden. Eine tiefe, schmale Toilette pro Person und Benutzung. Kein Wunder, daß die Tomaten so groß wurden.

Es war noch früh am Morgen, als wir in ein nußschalengroßes Ruderboot kletterten und vom übervölkerten Gadu zurückkehrten auf das unbewohnte Gan. Unsere gestrigen Begleiter waren auch heute wieder dabei. Diesmal fuhren sie an der ersten Sandbank vorbei, wo wir am Vortag an Land gegangen waren, da sie den Wasserstand für hoch genug hielten, daß wir staken und die sehr seichte Lagunenseite Gans entlangrudern konnten. Das ersparte uns einen längeren Fußmarsch.

Das seichte Wasser in der Lagune in der Nähe des Ufers war so ruhig und klar, daß die Korallen, die fast den Boden unseres Bootes berührten, außerhalb des Wassers zu sein schienen. Doch sie hatten nur im Wasser diese herrlichen Farben. Am Strand lagen angeschwemmte Korallenbruchstücke wie Knochen, weiß wie der Sand, bei dessen Entstehung sie mitgewirkt hatten. Im Wasser unter uns entfalteten sie ihr Leben und ihre ganze Pracht, als wir über einen märchenhaften Felsgarten glitten, den wir mit den Händen berühren konnten. Die Formen und Farben nahmen kein Ende. Korallen, Korallen und nochmals Korallen, eine versteinerte Natur ohne wogende Pflanzen oder die zarten Seeanemonen. Einige lagen rund wie Eier oder Pilze aller Größen da, andere waren flach wie ein Tablett oder zusammengefaltet wie halboffene Fächer, aber die meisten verzweigten sich wie verkrüppelte Sträucher und exotische Pflanzen oder elegante Kandelaber. Als Ganzes betrachtet, leuchtete der Boden uns in allen Farben einer riesigen Malerpalette entgegen. Während vom Dschungel am Ufer warme, würzige Düfte zu uns herüberwehten, rochen die herrlichen Korallen unangenehm nach Fisch, wenn man sie aus dem Wasser zog. Diese so ausgefallen geformten Wohnhäuser mit ihren Myriaden winziger Korallenpolypen, die aus den Fenstern winkten, waren wie geschaffen für diese Welt unter Wasser, in der kleine, bunte Fische aufgeregt hin und her schwammen und an den Korallen nippten wie friedliche Schmetterlinge. Größere Raubfische schossen vor dem sich nähernden Boot davon, als hätten sie ein schlechtes Gewissen, während die kleinen Fische scheinbar ganz gelassen blieben und sich höchstens zwischen den Zweigen der scharfen Korallen versteckten. Mich überraschte das völlige Fehlen von Seeigeln und Seesternen, die in diesen Meeresgärten sonst so häufig anzutreffen sind.

Wir beugten uns weit über den Dollbord, bis das Boot auf festen Kalkstein lief und wir herausspringen und an Land waten mußten. Wir waren früh hier, und doch zeigte uns der »Besitzer« Fußspuren von Kindern im Sand, die bereits den Strand nach Schildkröteneiern abgesucht hatten. Heute war der große wöchentliche Erntetag. Bald würden die Bewohner von Gadu herüberströmen, um Yams-Wurzeln zu schneiden und unserem Begleiter seinen Anteil von einem Achtel zu geben. Auch von den Schildkröteneiern bekam er ein Achtel. Er rechnete damit, daß sie heute von drei Schildkröten etwa vierhundert Eier sammeln würden. Jeden Monat kamen ungefähr vierunddreißig Schildkröten auf Gan an Land, um ihre Eier zu legen. Alle dreizehn Tage kamen sie wieder und legten Eier. Auf Gan wurden pro Jahr etwa dreißigtausend Eier gesammelt. Aber die Zahl der Schildkröten ging auf den Malediven drastisch zurück. Die vierunddreißig noch auf Gan verbliebenen Tiere waren gekennzeichnet, und der »Besitzer« betrachtete sie fast wie seine eigenen Hühner. Auf den meisten Inseln gab es schon keine Schildkröten mehr, und die Insulaner waren ernstlich besorgt über die Tatsache, daß eine der Hauptnahrungsquellen ihrer Vorfahren bald nicht mehr existieren würde.

»Warum?« fragten wir. Und später stellte ich dem Fischereiminister in Malé die gleiche Frage.

Früher hatten die Malediver nie Schildkröten gefangen. Sie hatten nur die Eier gegessen. Dann, vor etwa zehn Jahren, hatte der Tourismus das Gebiet um Malé erreicht, und Schildkrötenpanzer wurden zu einem wichtigen und gutbezahlten Andenkenartikel. Außerdem hatten sich die Malediver auch über die früheren Regeln hinweggesetzt und angefangen, Schildkrötenfleisch zu essen. Der Verkauf kompletter Schildkrötenpanzer war inzwischen gesetzlich verboten, aber aus den Panzern hergestellte Gegenstände durften in Malé nach wie vor verkauft werden. Und wer wollte im übrigen die Schildkrötenjagd auf tausend unbewohnten Inseln überwachen?

Wir turnten über ein paar tiefe Schildkrötennester, die unmittelbar oberhalb des Strandes gegraben waren, direkt am Rand des Dschungels. Eine Zeitlang liefen wir auf einem kaum erkennbaren Waldpfad landeinwärts. Dann ging es nur noch mit Hilfe der beiden Männer weiter, die uns einen Weg freischlugen, Schritt für Schritt.

Und dann standen wir vor *Koli Yavali,* der zweitgrößten *Hawitta* auf Gan. Ein weiterer gewaltiger Trümmerhaufen. Es war kaum noch ein bearbeiteter Stein zu sehen. Der Hügel war noch fünf Meter hoch, hatte aber seine ursprüngliche Gestalt vollkommen verloren, als die verzierten Blendsteine entfernt worden waren. Aber auf der Südseite waren noch die erhöhten Überreste einer ehemaligen Rampe zu sehen. Der Grundriß schien quadratisch gewesen zu sein, obwohl man ohne Ausgrabung nichts Endgültiges sagen konnte. Tief unten auf der Ostseite befand sich eine Vertiefung wie von einer eingestürzten Nische, die voller Sand war.

Die Moskitos trieben uns bald zurück an den Strand, wo die blaue Lagune zu einem erfrischenden Bad einlud. Kein Sand. Der rauhe Korallenboden zerschnitt uns die Füße wie Porzellanscherben. Aber wir mußten in dem von der Sonne erhitzten Wasser, das wärmer als wir selbst war, weit hinauslaufen, bis es uns zu den Knien reichte. Als wir uns zwischen die Korallen legten, ließen wenigstens die Moskitos von uns ab. Während wir im Wasser lagen, schickte der »Besitzer« seine beiden Männer den Strand hinunter und landeinwärts, damit sie den einen bearbeiteten Stein noch holten, den wir gestern zurückgelassen hatten.

Wir lagen noch fast eine ganze Stunde auf der mit Nägeln gespickten Matratze und ließen uns den Kopf rösten und den Körper kochen, bis die beiden Männer mit dem Stein zurückkamen. Mit dem falschen Stein. Es war nicht der mit den konzentrischen Sonnenkreisen, den wir gestern zurückgelassen hatten, sondern ein Stein, dessen Sonne Flügel hatte.

Sie hatten einen anderen Quader gefunden.

Sie hatten den Fehler kaum erkannt, als sie auch schon wieder fort waren, um nach dem richtigen Stein zu suchen. Unsere kleinen, aber sehr gut gebauten und drahtigen Begleiter verschwanden noch einmal im Dschungel, ohne sich von der Hitze und den Insekten beeindrukken zu lassen. Fast eine Stunde später kamen sie zurück, diesmal jeder mit einem Stein. Sie hatten zwei Sonnen-Steine gefunden, wo sie nur nach einem gesucht hatten. Es lag offenbar ein reichhaltiges Angebot an Steinen mit diesem Motiv im Umkreis der verwüsteten Überreste des Sonnentempels verstreut.

Am zweiten Abend auf Gadu hörten wir etwas über Kannibalen. Schon auf Fua Mulaku hatten wir Geschichten über Kannibalismus gehört. Irgend jemand hatte auf der Insel beim Ausheben des Fundaments für ein Haus in großen Mengen Menschenknochen gefunden, die die Bewohner von Fua Mulaku für die Überreste eines, wie sie es nannten, »Knochenhauses« hielten. Da wir nicht wußten, was ein »Knochenhaus« ist, erklärten sie, daß es ein Ort sei, an dem Knochen von Menschen aufbewahrt wurden, die gegessen worden waren.

Es verstieß selbstverständlich gegen den moslemischen wie den buddhistischen Glauben, Menschenfleisch zu essen, doch immer wieder tauchte die Geschichte auf, daß in früheren Zeiten viele Menschen gegessen worden waren. Der alte Abdulla Mufeed beharrte darauf, daß es sogar zur Zeit der Moslems einige Kannibalen gegeben habe. Er erzählte uns die unglaubliche Geschichte von einer Frau, deren Mann ihr Fleischstücke servierte, die er sich aus dem eigenen Körper geschnitten hatte und als Hühnerfleisch bezeichnete. Als sie die Wunde bemerkte und erkannte, daß er sie hinters Licht geführt hatte, tötete und verspeiste sie ihn. Später lockte sie mit Süßigkeiten Kinder an die Tür, packte sie und verzehrte auch sie. Etwa drei Jahre aß sie Menschenfleisch, dann beging sie Selbstmord.

Was immer der Ursprung dieser unwahrscheinlichen Geschichte war, sie schien die Erinnerung an einige entsetzliche Ereignisse widerzuspiegeln, deren Zeugen die Vorfahren dieser heute so friedfertigen Inselbewohner vor dem endgültigen Übertritt zum Islam vielleicht gewesen waren. Wort für Wort die gleiche seltsame Geschichte hörten wir vom alten Mohamed Diddi, aber nach seiner Darstellung war diese Frau mit ihrer furchtbaren Neigung nicht allein. Zusammen mit einer Hebamme und anderen Freundinnen hatte sie angefangen, Menschenfleisch zu essen. Um an ihre Beute heranzukommen, lockten sie sie ins Bett, unter dem sie spitze Stangen in den Boden gesteckt hatten.

Das, so wurde ausdrücklich erklärt, sei nach der Einführung des Islam geschehen, während man die »Knochenhäuser« mit irgendwelchen vagen Erinnerungen aus der Zeit vor dem Islam in Verbindung brachte.

Die Geschichten über Kannibalismus, die man uns jetzt auf Gadu erzählte, bezogen sich nicht auf lokale Ereignisse. Der alte Don Futa wußte von einer langen Geschichte von zehn Männern vom Addu-Atoll auf der Südseite des Äquatorkanals, die auf dem Meer die Orientierung verloren. Nach langem Umherirren kamen sie in das Land *Azékara,* wo Menschenfresser lebten. Man brachte sie in ein sehr großes Haus, wo man ihnen reichlich zu essen gab, damit sie fett wurden. Im Verlauf einiger Zeit wurden sie einer nach dem anderen aus dem Haus geholt, bis nur noch zwei Männer übrig waren. Diese beiden folgten heimlich ihrem letzten Freund, als dieser geholt wurde, und sahen, daß er in das Haus des Häuptlings gebracht wurde. Sie entdeckten, daß er gegessen wurde.

In derselben Nacht schlichen sie sich zum Fenster des Häuptlingshauses und fanden den Häuptling schlafend. Mitten im Raum bemerkten sie ein brennendes Feuer und zwei heiße Eisenstangen. Sie beratschlagten, was sie tun sollten, und töteten den Häuptling mit den heißen Eisenstangen. Sie flohen vor den Wachen durch das Fenster und liefen zum Strand. Dort verloren sie sich aus den Augen. Aber einer von ihnen, Kiruduni Alibeia, versteckte sich in einem Abfallhaufen am Ufer, wo er einige Tage schlief, bis er seine Flucht fortsetzen konnte und zu sehr guten Menschen kam. Von dort fuhr er mit einem Schiff nach Karatschi in Pakistan. Damals kamen Bewohner von Karatschi mit ihren Booten zu den Malediven, und Kiruduni kam schließlich doch noch über Sri Lanka und Malé nach Hause.

Uns verschlug es ein wenig den Atem angesichts der geographischen Ausmaße dieser abenteuerlichen Geschichte, aber wir waren dennoch nicht überrascht, denn wir hatten schon sehr oft gehört, daß maledivische Segelschiffe überall auf dem Indischen Ozean herumgefahren waren, sogar noch in jüngster Zeit. Alle Anwesenden bestätigten, daß Azékara ein geläufiger maledivischer Name für ein fernes Land war, das ihre Vorfahren in alter Zeit gekannt hatten. Einer der Männer war sich ziemlich sicher, daß Azékara irgendwo in Indonesien liege, vielleicht sogar der alte Name für Indonesien selbst sei. Es nutzte nichts, daß wir darauf hinwiesen, daß eine Heimfahrt von Indonesien nicht über Karatschi in Pakistan führen würde, das auf der anderen

---

Mauern aus bearbeiteten Quadern tauchten aus der Erde auf, als wir im Wald am Fuß eines künstlichen Hügels gruben. Sie erwiesen sich als die Grundmauern eines pyramidenartigen Bauwerks, dessen Inneres einst mit Sand gefüllt gewesen war. Das Bauwerk war von auf die Sonne ausgerichteten Mauern umschlossen gewesen, die man niedergerissen hatte, als der Islam die Insel erreichte. Von links: der Autor, Loutfi, Johansen und Skjölsvold.

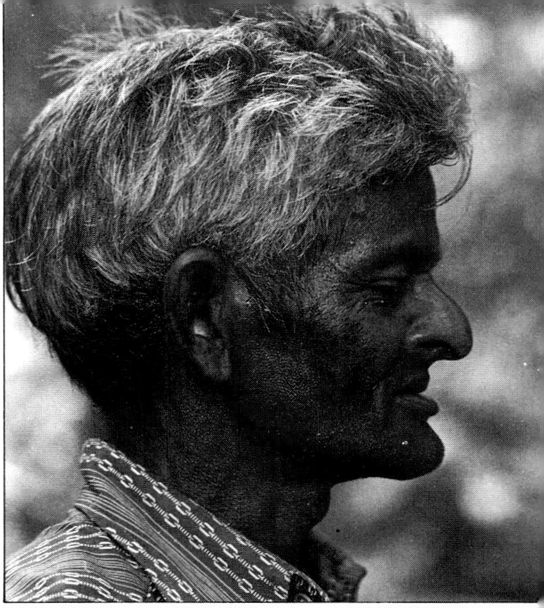

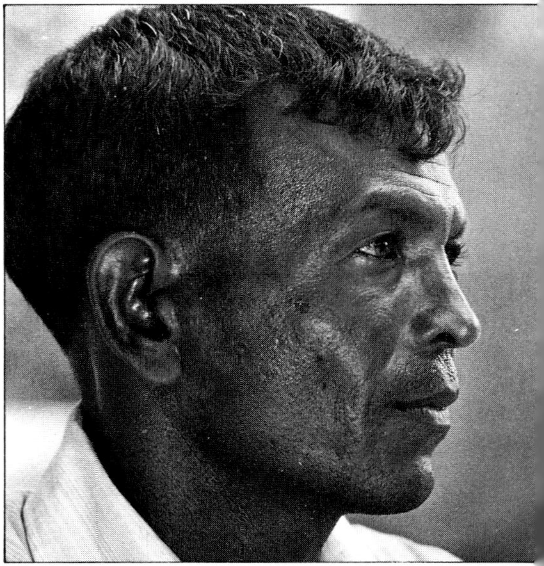
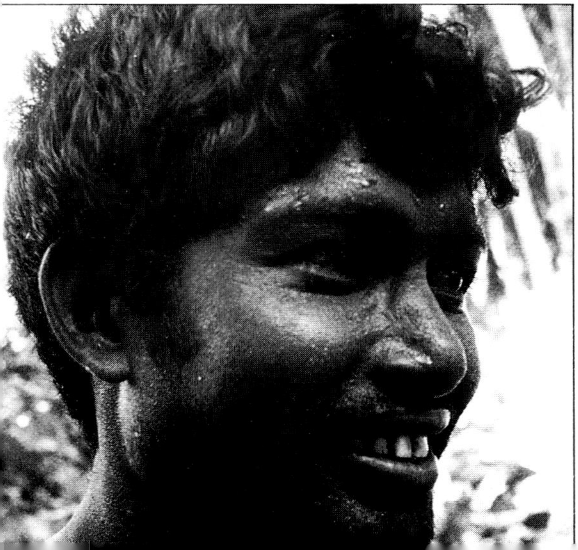

Seite der Malediven lag. Unser Einwand machte keinen Eindruck. Sie wußten alle sehr gut, wie man nach Indonesien und nach Pakistan kam, und obwohl er über Pakistan zurückgekommen war, hatten sich seine Erlebnisse bei den Kannibalen in Azékara ereignet.

Wir hatten schon vorher gehört, daß in früher Zeit Handelsschiffe zwischen Indonesien und den Häfen des Indus-Tals verkehrt hatten. Unsere Gäste vermuteten, daß Kiruduni Alibeia durchaus einige Zeit als Seemann auf einem solchen Handelsschiff gearbeitet haben könnte, bevor er zu seinen Angehörigen zurückkehrte.

Wir fragten viele Inselbewohner, wo das Land Azékara liege. Niemand wußte es genau, aber die meisten meinten, wie unser erster Informant, daß Azékara in Indonesien liege. Das ferne Azékara ließ uns zuerst an das Land der Azteken denken. Die Azteken in Mexiko begingen auf ihren Sonnenpyramiden Menschenopfer und religiösen Kannibalismus, lange nachdem die Moslembevölkerung die früheren Kulturen auf den Malediven ersetzt hatte, aber Mexiko war zu weit entfernt, als daß eine Rückkehr wie in der Erzählung möglich gewesen wäre. Das ferne Azékara mußte am Indischen Ozean liegen, entweder in Indonesien, wie man hier glaubte, oder irgendwo in Ostafrika.

Wir sollten später noch erfahren, daß das ferne Azékara in der Überlieferung der Vorfahren auf den gesamten Malediven gut bekannt war. Daß es früher schon Fahrten über das Meer zwischen den Malediven und Indonesien gegeben hatte, konnte nicht bezweifelt werden. Es war sogar eine erstaunliche Tatsache, die zwar nie erklärt wurde und doch allen Anthropologen bekannt war, daß frühgeschichtliche Seefahrer aus Indonesien den ganzen Indischen Ozean überquert und sich auf Madagaskar vor der ostafrikanischen Küste niedergelassen hatten. Die madagassische Bevölkerung und Kultur waren nicht afrikanischen, sondern indonesischen Ursprungs, und das Malediven-Archipel liegt genau auf halbem Weg zwischen Madagaskar und Indonesien.

Mir fiel eine Anmerkung Bells über Boote ein, die die Malediver auf den Inseln am Äquatorkanal gebaut hatten:

Wer waren ihre Vorfahren?
Die Malediven waren ein Königreich unbekannten Ursprungs bis zum Jahr 1153 n. Chr., als die Araber mit dem Islam kamen und ein Sultanat gründeten, das das Land für Fremde unzugänglich machte, bis die Malediven in den 70er Jahren unseres Jahrhunderts eine Republik wurden, die sich dem Tourismus öffnete. Die Typenvielfalt spiegelt daher ganz deutlich die komplexe Herkunft und die Kontakte zu überseeischen Gebieten mit vielen Nationen rund um den Indischen Ozean in frühgeschichtlicher Zeit wider.

»In den letzten Jahren ist mehr als ein Boot, wenn auch unbeabsichtigt, bis zur Ostküste Afrikas gelangt, wenn es in abenteuerlicher Fahrt vom Kurs abgetrieben wurde von den tückischen Winden und Strömungen, die das Befahren des ›Äquator-‹ und ›Anderthalb-Grad-Kanals‹ für die zwar hochseetüchtigen, aber doch kleinen maledivischen Barken stets gefährlich machten.«[15]

In einer Fußnote merkt er das letzte Beispiel an, das sich während seines Besuchs ereignete. Damals waren drei Boote von der Insel Midu im Addu-Atoll auf dem Weg nach Malé in den Äquatorkanal gefahren. Sie gerieten in ungünstigen Wind und Strömungen und wurden nach Westen über den Indischen Ozean getrieben, landeten aber schließlich sicher an der ostafrikanischen Küste. Die Besatzungen der drei Boote wurden mit einem Schiff nach Ceylon (Sri Lanka) gebracht und kamen 1922 nach Malé zurück, dem Jahr von Bells letztem Besuch.

Sicher waren nicht alle maledivischen Fahrten in ferne Länder das Ergebnis bloßen Zufalls. Einige der Nachfahren alter Bootsbauer und Seefahrer verblüfften uns mit ihren Kenntnissen von Häfen überall am offenen Meer, das ihre kleine Welt umgab. Häfen in Indien, dem Jemen und in Somalia, von denen wir kaum etwas wußten, waren einigen dieser Erben einer alten, mitten im Meer gelegenen Kultur bekannt. Und das keineswegs dank moderner Einflüsse.

Bell zeigte sich in seinen frühen Aufzeichnungen ebenso beeindruckt. Er zitiert die ersten Europäer, die unseres Wissens ihre Begegnung mit den Bewohnern der Malediven beschrieben haben, die französischen Brüder Parmentier, die 1529 mit den beiden Schiffen *Pensée* und *Sacré* das afrikanische Südkap umrundeten und auf Fua Mulaku im Äquatorkanal stießen. Sie wurden ehrenvoll von einem respektvollen und liebenswürdigen Mann empfangen, den sie für das Oberhaupt oder den Erzpriester der Insel hielten. In ihrem Bericht schrieben sie:

»... der Erzpriester, der ein Mann von großem Takt und Wissen war, ... zeigte dem Kapitän, in welchen Himmelsrichtungen die Länder *Adam, Persien, Hormus, Kalikut, Muluque* und *Sumatra* lagen, und erwies sich sowohl als gebildet als auch weitgereist.«[16]

Dieses Wissen bestand auf einer kleinen Insel im Äquatorkanal zur Zeit des Kolumbus. *Kalikut* war eine bedeutende Hafenstadt an der Westküste Indiens und erst dreißig Jahre, bevor die französischen Brüder Parmentier nach Fua Mulaku gekommen waren, von Vasco da Gama auf dessen historischer Reise erreicht worden, während die Araber seit dem siebten Jahrhundert ein Seehandelszentrum in Kalikut unterhielten. *Hormus* ist die wichtige Straße vom Arabischen Meer in den Persischen Golf, das Seefahrertor nach Mesopotamien, wo sowohl die christlichen Besucher als auch ihre moslemischen Gastgeber den sagenumwobenen Garten Eden am Zusammenfluß von Euphrat und Tigris ansiedelten. Durch die Erwähnung von *Sumatra* und *Muluque,* die Molukken, bewies der weise Alte auf Fua Mulaku, daß ihm auch indonesisches Gebiet vertraut war, das in östlicher Richtung so weit von den Malediven entfernt war wie Persien, die Straße von Hormus und das Land Adam in westlicher.

Uns wurde immer klarer, daß die Europäer auf diesem Meer nichts als hoffnungslose Nachzügler waren. Als sie zurückkamen und behaupteten, die Malediven »entdeckt« zu haben, waren sie in Wahrheit nur sehr späte Besucher eines alten maritimen Sultanats. Eines Sultanats mit bemerkenswert langer lokaler Geschichte und einer seefahrerischen Tradition, die ungezählte Jahrhunderte hindurch ganz sicher einen großen Teil unseres Planeten abdeckte.

Es war später Abend, als wir unsere neuen Freunde auf Gadu verließen, um wieder an Bord zu gehen und nach Fua Mulaku zurückzufahren. Ein schwerbeladenes *Dhoni* brachte uns hinaus zu unserem hohen und breiten Schiff, das in der Lagune vor Anker lag und wie immer voll geduldiger Inselbewohner war. Ein Sturm war vorübergezogen, und es war rauh zu rudern mit dem kleinen, schwer mit Menschen und bearbeiteten Steinen beladenen Boot. Die See war selbst in der großen Lagune so kabbelig, daß wir erbarmungslos auf und ab gegen den hohen Holzrumpf des vor Anker liegenden Schiffes geworfen wurden und mit Stöcken drückten, um nicht zu zerschellen. Mühsam bewahrten wir das Gleichgewicht, als wir unsere schmutzigen Kartoffelsäcke mit den schweren Steinen den hilfreichen Menschen hinaufwuchteten, die bäuchlings mit Taschenlampen auf dem Deck lagen und zu fassen versuchten, was wir ihnen hinüberreichen wollten.

Der Kapitän vom Adu-Atoll hatte Vertrauen in sein vor Ort gezimmertes Boot, und weder die Dunkelheit noch das rauhe Wetter hielt ihn davon ab, den Anker zu lichten, und so verließen wir die geschützte Lagune und fuhren hinaus in den heimtückischen Äquatorkanal. Nur schemenhaft sahen wir das Land zu beiden Seiten und hörten das ungestüme Branden am Riff, als wir hinaustanzten auf das offene Meer außerhalb der Lagune. Es war drei Uhr früh, als wir das Kranzriff des Gaaf-Atolls verließen, und zehn Uhr vormittags, als wir wieder an unserem vertrauten Ankerplatz im offenen Meer hinter Fua Mulaku lagen.

Aus Malé lag noch immer keine Antwort vor. Bevor das moslemische Komitee unsere Anfrage nicht beantwortet hatte, konnten wir nicht nach dem Standbild suchen, das wieder im Hügel der Redin vergraben worden sein sollte. Wartend verbrachten wir den Tag, und ich nutzte die Gelegenheit, die Inselbewohner zu fragen, ob Fua Mulaku schon immer bewohnt gewesen sei. Diesmal war der Blinde der erste, der redete. Fua Mulaku sei zweimal von seinen Bewohnern aufgegeben worden, das erstemal noch vor Zeiten des Islam, wie es hieß. Irgendwelche Geschöpfe, *Fereta* genannt, die vom Meer kommen und Menschen umbringen und sie fressen, hatten die gesamte Bevölkerung vertrieben. Nur eine Frau war geblieben und hatte sie aus der Nähe gesehen. Sie hatte einen *Fereta* mit kochendheißem *Aros* verbrüht, einer Süßspeise, die sie mit einem Stab umrührte. Der *Fereta* war fortgerannt und nie wiedergekommen. Als die Inselbewohner zurückgekehrt waren, hatte sie ihnen erzählt, daß die *Fereta* auf zwei Beinen gingen und Gesichter wie die Menschen hätten.

Das zweite Mal, daß Fua Mulaku aufgegeben wurde, war zu Zeiten der Moslems. Das Dorf lag damals in der Nähe des *Vasha veo*, des großen, kreisförmigen Bades, das wir gesehen hatten. Reisende schleppten eine Seuche auf die Insel, und die Menschen starben. Einige gingen auf die Insel Midu im Addu-Atoll. Dort lebte damals ein Volksstamm namens *Rannin*. Auf Midu waren noch immer die Überreste eines Beckens zu sehen, das die *Rannin* errichtet hatten. Fua Mulaku war damals acht Jahre unbewohnt. Die Regierung des Sultans auf Malé erfuhr davon, und es kam ein frommer Mann, der die Menschen von Midu wieder nach Fua Mulaku brachte. Die Insel wurde daraufhin von Familien neu besiedelt, die in vier Gruppen aufgeteilt waren. Die erste wurde angeführt von *Musculi Kalege*, was alter Mann heißt; die zweite von *Matti Atti Kalege*, einem Mann mit hohen Maßstäben; die dritte von *Ali Adalfi Kalege*, der ständig Betelnüsse kaute; und die vierte von *Bul Hadakene*, der sich um die Köpfe, das Haar und die Kopfbedeckung der Leute kümmerte. Die Insel wurde in vier Bereiche unterteilt, jeder mit einer eigenen Moschee.

Am Abend bekamen wir über Funk Antwort aus Malé. Das moslemische Komitee war zu dem Entschluß gekommen, wir sollten nicht nach dem vergrabenen Standbild suchen. Wir sollten den alten heidnischen Hügel nicht anrühren. Es sei besser, schlafende Hunde nicht zu wecken.

Der achttägige Charter für die gute alte *Midu* vom Addu-Atoll lief aus, und so überquerten wir am nächsten Tag die andere Hälfte des Äquatorkanals auf unserer Fahrt zurück zur Insel Addu-Gan, auf der sich der Flugplatz befand. Wir suchten unter den Steinen vom Sonnentempel von Gaaf-Gan die fünf schönsten Exemplare aus und nahmen sie mit ins Flugzeug nach Malé. Der Kapitän der *Midu* versprach, die restlichen Steine mitzubringen, wenn er das nächste Mal nach Norden zur Hauptstadt fuhr.

Wir hatten gefunden, wonach wir am Äquatorkanal gesucht hatten.

Nach gut einer Woche kehrten wir nach Malé mit dem Beweis zurück, daß frühe Anhänger des Sonnenkults lange vor Ankunft der Araber Tempel zu Ehren der Sonne am Äquator errichtet hatten. Eine andere alte Kultur mit einer anderen Religion war dem Islam vorausgegangen. Die Ursprünge der Malediven waren in der Tat verwickelt. Die Menschen auf diesen Inseln waren mehrere Male bekehrt worden, bis sie schließlich Moslems geworden waren.

Womit wir am wenigsten gerechnet hatten, waren weitere Überraschungen hinter der Tür der kleinen Kammer im Museum. Als wir die Tür aufstießen, um den Wächtern zu helfen, unsere mit Sonnen verzierten Tempelsteine zu den nichtmoslemischen Skulpturen auf den Boden zu legen, merkten wir, daß die Tür gegen einen Haufen Steinbrocken schlug. Der Haufen lag in der Ecke hinter der Tür verborgen und war nicht zu sehen, wenn die Tür offen stand. Beim letztenmal hatte ich die Steine zwar bemerkt, sie aber für Bruchstücke aus der Mauer gehalten, die der Kustos nach irgendwelchen Ausbesserungsarbeiten hatte aus dem Blickfeld räumen lassen. Aber inzwischen waren wir erfahren. Wir hatten die Kalksteintrümmer aus den Ruinen der steinübersäten Tempelhügel gesehen, und Björn griff nach einem der größten Stücke hinter der Tür und drehte es in der Hand.

»Eigenartig. Und das hier, was ist das?« hörte ich ihn murmeln.

Vor unseren Füßen lag das Eckstück einer Steinplatte, deren eine Seite geschliffen und glatt wie ein Marmorboden und mit eingemeißelten Symbolen bedeckt war.

»Hieroglyphen!« rief ich. »Das sind offensichtlich Hieroglyphen. Aber sie sind anders als die ägyptischen. Eigentlich ähneln sie den Hieroglyphen aus dem Indus-Tal.«

Über der Zeile mit den seltsamen Zeichen war eine Reihe mit Hakenkreuzen, ein für die frühe Kultur des Indus-Tals typisches Symbol, das später eine lange und zweifelhafte Geschichte hatte, als es in unserer Zeit von den Nazis in Deutschland usurpiert wurde. Ursprünglich war es ein Symbol für die heilige Sonne im Indus-Tal gewesen. Unter der Zeile mit den Schriftzeichen waren an der abgebrochenen Kante noch die Reste eines großen Rades mit vielen Speichen zu erkennen: das bekannte Sonnenrad der gleichen Frühkultur. An den Außenkanten war ein breiter Rand mit dem charakteristischen Lotosmuster, ebenfalls ein altes Symbol für die göttliche Sonne. Die aufgehende Sonne. Sonnensymbole in drei Spielarten beherrschten die Steinplatte.

Vor allem die mittlere Reihe mit den Bilderschriftzeichen stach mir ins Auge. Einmal die Meeressymbole: ein Angelhaken, eine Muschel und zwei Fische, alle hintereinander. Der Fisch war eines der häufigsten Zeichen der noch nicht entzifferten Schrift des Indus-Tals. Auch zwei Stöcke mit Haken waren zu sehen, die Speeren zum Aufspießen von Fisch ähnelten. Weiter gab es ein Bildzeichen, das im Indus-Tal ebenfalls sehr verbreitet gewesen war und einem Becher glich, von den Wissenschaftlern aber als das Symbol einer heiligen Trommel angesehen wurde. In der Mitte der Zeile stand ein kompliziertes Zeichen in der Form eines Kruges mit einem Hals, aus dem drei Pfeile mit dreieckigen Spitzen ragten. Der Pfeil nahm in der Schrift des Indus-Tals eine bedeutende Rolle ein.

Die Reihe der eingemeißelten Zeichen lief bis an die Bruchstelle der Platte, deren anderer Teil fehlte. Neben dem nur teilweise erhaltenen Sonnenrad waren einige andere seltsame, nur schwer einzuordnende Symbole eingemeißelt.

Wichtige Teile fehlten. Sie lagen nicht unter den Steinen hinter der Tür.

Als wir den Stein den Museumswärtern zeigten, zuckten sie nur die Schultern. Das sei nichts Besonderes, lediglich irgend etwas Altes, das man irgendwo auf den Malediven gefunden hatte. Das war alles, was sie wußten. Und noch, daß das Stück erst vor kurzem hierhergebracht worden war.

Wo war der übrige Teil der Platte, die zerbrochenen Stücke, die fehlten?

Niemand wußte es. Aber die Bruchstellen waren noch frisch, und es war daher sehr wahrscheinlich, daß die restlichen Teile der Platte noch da liegen mußten, wo diese Stücke gefunden worden waren. Irgendwo auf einem der zahllosen Atolle lagen die Bruchstücke, die diese beschriftete Tafel vervollständigten.

»Wir müssen eine Expedition starten«, hörte ich mich sagen, als wir uns von dort erhoben, wo wir neben diesem kostbaren Bruchstück gekauert hatten.

»Nichts zu machen!« lachte Björn.

Wir standen noch ganz unter dem Eindruck dessen, was wir in der letzten Woche gesehen hatten, und hatten unsere Entdeckung hinter der Museumstür noch gar nicht richtig verdaut, als die Kunde auch schon den Präsidenten erreicht hatte.

Und so kam es, daß die Steine, die wir in schmutzigen Kartoffelsäkken vom Gaaf-Atoll in dieses Museum gebracht hatten, erstmals auf dem roten Teppich im Präsidentenpalast ausgepackt wurden.

Und so kam es auch, daß der Präsident, der von unserem Fund ebenso begeistert war wie wir, mich bat, mit Ausgrabungen zu beginnen.

Wollten die Menschen hier überhaupt etwas über ihre unter der Erde liegende früheste Geschichte erfahren oder nicht?

Mir war noch nicht aufgegangen, daß wir in ein Wespennest gestochen hatten. Ich hatte noch nicht richtig erfaßt, daß die maledivische Gesellschaft, die eine so alte Kultur besaß und über acht Jahrhunderte von konservativen Sultanen schließlich zu einer strengen moslemischen Gemeinschaft geformt worden war, seit gerade zehn Jahren von Fremden des Düsenzeitalters überrannt wurde. Die verschlossenen Türen waren der Welt draußen beinahe über Nacht geöffnet worden, und die junge demokratische Republik befand sich jetzt in einem Schmelztiegel für alt und neu. Es gab jene, die die Einstellung des früheren Sultans teilten, daß man schlafende Hunde besser nicht weckt, aber es gab auch die progressive Gruppe der jungen Führer, die die eigenen Wurzeln kennenlernen, eine eigene kulturelle Identität begründen und die Wahrheit über ihre geheimnisumwitterte, ungeschriebene Geschichte wissen wollten.

Am nächsten Morgen wollten wir die Malediven wieder verlassen. Unser Rückflug war bestätigt worden. Aber der Präsident bat uns, den Abflug um einen Tag zu verschieben, damit ich in Malé einen öffentlichen Vortrag über unsere Entdeckungen halten könnte. Der nationale Fernsehsender wurde aus diesem Anlaß abgeschaltet, damit wir in Malé ein volles Haus hatten. Die Fragen der Zuhörer spiegelten den wachsenden nationalen Wunsch einer noch sehr jungen Republik wider zu wissen, was sich in ihrem Archipel vor der Zeit der Sultane ereignet hatte, über die sie sehr gut informiert waren.

Die *Hawittas,* die Schöpfer der steinernen Skulpturen, die Redin, all das waren Dinge, von denen sie wußten, die sie aber nie öffentlich erwähnten. Man hatte mich eingeladen, damit ich mir eine Statue ansähe, bevor sie zerstört wurde. Jetzt lud man mich erneut ein wiederzukommen und nach der Wahrheit vor Ort zu forschen. Es war eine Herausforderung, die ich annehmen mußte.

Und ich nahm sie an.

Am nächsten Tag verließen Björn und ich die Malediven. Es war Ende November 1982. Ende Januar wollte ich wieder auf den Malediven sein und ein Archäologenteam mitbringen, damit wir noch vor Beginn der Regenzeit mit den Ausgrabungen beginnen konnten. Der Regen setzt auf den Malediven im Frühjahr ein, wenn der Monsun seine Richtung von Nordost auf Südwest änderte. Die Sonne und die Monsunwinde hatten die Seefahrer auf ihren ersten Erkundungsfahrten in diesen offenen Teil des Indischen Ozeans gebracht. Auch den heutigen Archäologen schien die Sonne noch immer die besten Plätze zu verraten und der Monsun die beste Zeit zu kommen.

Kapitel 5
Archäologen auf den Malediven
Sollte man schlafende Hunde wecken?

Eine Kette aus Atollen im Indischen Ozean, tausend Inseln, die niemand zählen konnte. Hier tauchten sie wieder auf aus dem endlosen Blau der Horizonte und glitten unter dem Flugzeug in unser Blickfeld. Unverändert, genauso wie ich sie hatte auftauchen sehen, als ich vor drei Monaten zum erstenmal hierhergekommen war. Eine kleine Welt für sich. Ein Teich mit Seerosenblättern mitten im Meer treibend.

Doch diesmal betrachtete ich sie mit dem Fernrohr des Geistes und der Erinnerung. Dort unten hatte ich noch unentdeckte *Hawittas,* verborgene Standbilder und Steintafeln mit seltsamen Zeichen gesehen. Flughunde, die mit dem Kopf nach unten in den Bäumen des Dschungels hingen. Moscheen und kultische Bäder. Ganze Dörfer mit Menschen, deren Erzählungen über Redin und Feretas noch niemand festgehalten hatte. Ich konnte es kaum erwarten, das Flugzeug zu verlassen und zurückzukehren zu den herrlichen Inseln unten am Äquatorkanal.

Björn hatte sich mir auf Sri Lanka wieder mit zwei singhalesischen Filmstudenten angeschlossen. Und auch ein alter Freund aus Norwegen, der als erster nach Fridtjof Nansen Grönland auf Skiern durchquert hatte, war mit von der Partie. Begierig auf verlockende Abenteuer in wärmeren Breiten als gewohnt, hatte sich Martin Mehren bereit erklärt, sich um die schwierigen Expeditionsberichte zu kümmern. Ich finanzierte meine Reisen immer über Bücher und Filme. Diesmal übernahm das schwedische Staatsfernsehen im voraus die Kosten und erhielt dafür die Fernsehweltrechte und die Erlaubnis, zwei Kameramänner mitzuschicken. Sie sollten am nächsten Tag mit dem Flugzeug eintreffen.

Die beiden norwegischen Archäologen, die die Ausgrabungen leiten sollten, würden erst in drei Tagen ankommen. Ich hatte das Gefühl, diese zusätzliche Zeit gut gebrauchen zu können, um die Abreise unseres Teams von Malé vorzubereiten. Telefonische Nachrichten und Telegramme schienen nie diejenigen zu erreichen, für die sie bestimmt waren, und anders als bei der persönlichen Einladung des Präsidenten und meiner endgültigen Zusage vor meiner Abreise war die Kommunikation diesmal ziemlich einseitig gewesen – ich hatte die Personen genannt, die kommen würden, und die genauen Termine unserer Ankunft auf Malé.

Schon vor diesem Flug, bei der Zwischenlandung auf Sri Lanka, hatte ich erstmals das Gefühl gehabt, daß sich irgendwelche Schwierigkeiten anbahnten. Björn begrüßte mich mit der Nachricht, daß Hassan Maniku, unser Kontaktmann auf den Malediven, gerade auf Sri Lanka angekommen war und genau in der Zeit nicht auf den Malediven sein würde, in der wir dort waren. Über ihn waren alle unsere Nachrichten und Anfragen gelaufen. Er war es auch gewesen, der mich zuerst ersucht hatte, auf die Malediven zu kommen. Er war derjenige, der über die frühe Geschichte seines Volkes Bescheid wußte, und den es anscheinend gereizt hatte, sich uns bei diesem archäologischen Unternehmen anzuschließen.

»Hassan Maniku, warum sind Sie hier, wenn wir in Ihr Land kommen, um nach archäologischen Funden zu suchen?« fragte ich, als es uns gelungen war, ihn in einem Privathaus in Colombo ausfindig zu machen.

Man bot uns Tee an, und wir tauschten die üblichen arabischen Höflichkeitsfloskeln aus, bevor er in der Stimmung zu sein schien zu antworten.

Er war der Politik überdrüssig. Er hatte zu lange auf seinem verantwortungsvollen Posten ausgeharrt. Wahrscheinlich würde er sein Amt des maledivischen Ministers für Information und Fernsehen aufgeben. Auf jeden Fall war er jetzt erst einmal mit seiner Familie nach Sri Lanka gekommen, um Ferien zu machen. Er bedauerte sehr, daß er uns bei unserer Fahrt über seine geliebten Inseln nicht begleiten konnte, aber er wußte, daß wir bei denen, die ihn vertraten, in guten Händen sein würden. So hatte es der Präsident angeordnet.

Als wir nach Malé flogen, blieb somit der Mann, den wir dort zu treffen erwartet hatten, auf Sri Lanka zurück. Auf dem Flugplatz von Malé wurden wir von einem zierlichen Mädchen aus einem der Regierungsbüros abgeholt. Sie war reizend und hilfsbereit, wußte aber nur, daß man ihr aufgetragen hatte, uns mit einem motorisierten *Dhoni* zur Insel Malé zu bringen. Aber sie befürchtete, es könnte schwer werden, noch Zimmer in einem Hotel zu bekommen.

Am Pier von Malé schienen wir Glück zu haben. Anscheinend rein zufällig lief uns der persönliche Berater des Präsidenten und seine rechte Hand, Abbas Ibrahim, über den Weg. Dieser bescheidene, kleine, breitgebaute Mann mit seinem gewinnenden Lächeln war einer der liebenswertesten Menschen, denen ich bisher begegnet war. Ich kannte ihn nicht nur vom Präsidialamt, sondern auch als Mitglied und Vertreter Malediviens in der Worldview International Foundation. Björn als Direktor der WIF kannte ihn gut und sagte mir, daß er einer der fähigsten und einflußreichsten Männer auf den Malediven sei.

Abbas Ibrahim war auch zugegen gewesen, als wir im Palast die Steine ausgepackt hatten, und er wußte selbstverständlich von der Einladung des Präsidenten. Wir hatten nur das Pech, wie sich herausstellte, daß der Präsident gerade nach Ägypten geflogen war.

Uns blieb keine Zeit, ein Hotel zu suchen. Das Mädchen mußte auf unser Gepäck aufpassen, und Abbas brachte uns zu einem wichtigen Mann, der jetzt in Hassan Manikus Büro saß.

Hinter den uns schon bekannten Glaswänden im Ministerium für Information wurden wir diesmal vom Staatsminister für Angelegenheiten des Präsidenten empfangen, Seiner Exzellenz Abdulla Jameel. Nach einer freundlichen Begrüßung erklärte er uns, daß das provisorische moslemische Komitee, das uns die Suche nach dem steinernen Standbild auf Fua Mulaku untersagt hatte, inzwischen offiziell durch eine Gruppe von fünfzehn Personen ersetzt worden sei, den jetzigen Nationalrat zur Erforschung der Sprache und Geschichte. Minister Jameel bedauerte die Tatsache, daß dieser neugegründete Nationalrat nicht über das im Bilde sei, was wir vorhätten. Es seien noch nie richtige Archäologen in dieser Republik gewesen, und da der Präsident leider abwesend sei, dürfe niemand irgendwelche Entscheidungen treffen.

Die Glaswände um uns müssen vibriert haben, so sehr war ich in diesem Augenblick von widerstreitenden Gefühlen erfüllt. Der offizielle Vertreter der maledivischen Regierung auf der anderen Seite des Schreibtisches war ein äußerst zuvorkommender und höflicher Mann, der jetzt im Namen eines Komitees sprach, das alle Rechte hatte, sich gegen einen Fremden zu stellen, der daherkam, um ein von Allah verbotenes Standbild und was sich sonst noch auf ihrem Boden befand auszugraben. Andererseits wäre dieser Fremde nie gekommen, um etwas auszugraben, wenn er nicht vom Chef derselben Regierung ausdrücklich darum gebeten worden wäre.

Die beiden freundlichen Maledivier brachten mit großer Anteilnahme zum Ausdruck, daß ihnen klar sei, daß dieses Problem irgendwie zur Zufriedenheit beider Seiten gelöst werden müsse. Sie ließen sofort Zimmer für uns im Hotel Alia reservieren, und wir kamen überein, uns dort am Abend, wenn es kühler wäre, zu weiteren Gesprächen zu treffen.

Im Hotel waren wir keinen Augenblick allein. Maledivische Besucher riefen an, um uns zu versichern, daß wir nicht abgeschoben seien und daß sich mit etwas Zeit und Geduld alles regeln werde. Abdul war da, unser lebhafter junger Dolmetscher vom letztenmal, und der gesetztere, mittelalte Mohamed Waheed, den uns die Inselverwaltung damals mitgegeben hatte.

Sehr beeindruckt waren wir von einer neuen Bekanntschaft, Mohamed Loutfi, einem hohen Beamten aus dem Erziehungsministerium und eines der fünfzehn Mitglieder des neuen Nationalrats zur Erforschung der Sprache und Geschichte. Mohamed Loutfi war ein großer, breitschultriger Mann mittleren Alters mit einem freundlichen Gesicht und einer Statur und dunklen Haut, die widerspiegelten, was er uns später erzählte. Seine Vorfahren waren vor zwölf Generationen aus Hadramaut im Südjemen als Sklaven hierhergebracht worden, wo sie als ausgesuchte Leibwache für den Sultan auf Malé zu dienen hatten. Sie hatten sich später erhoben und waren freie Menschen geworden, die in maledivische Familien eingeheiratet hatten. Der stattliche und gutmütige Mohamed Loutfi konnte heute auf königliches Blut in seinen Adern verweisen, und das von beiden Elternteilen. Loutfi überraschte uns mit seiner eindrucksvollen Kenntnis der maledivischen Geschichte und der Herkunft der verschiedenartigsten frühgeschichtlichen Überreste am Ort. Er überraschte uns noch mehr, als er uns anvertraute, daß man ihn zu unserem Führer bestimmt habe, wenn wir mit unserer archäologischen Erkundung der Inseln beginnen würden. Offensichtlich bestand also doch etwas Hoffnung, trotz der Abwesenheit des Präsidenten.

Dunkle Wolken brauten sich jedoch am Abend wieder über dem Hotel Alia zusammen. Als unser stets lächelnder Freund Abbas und der Vorsitzende Jameel eintrafen, erklärte letzterer uns, sobald wir im Garten Platz genommen hatten, daß keiner von beiden die Entscheidungsbefugnis habe, uns irgendwo graben zu lassen. In Abwesenheit des Staatsoberhaupts mußte das Gremium der fünfzehn entscheiden. Er werde sie zu einer Sitzung zusammenrufen, sobald sie sich alle in Malé versammeln könnten.

In dem Augenblick sah ich das Ende unseres Vorhabens, noch bevor wir überhaupt begonnen hatten. Ich erklärte ruhig, aber unmißverständlich, daß ich nicht bereit sei, mich mit fünfzehn Männern zusammenzusetzen und zu diskutieren, die niemals ihre Zustimmung zu irgend etwas geben würden. Die Zeit drängte. Ich mußte mich auf das Wort des Präsidenten verlassen können, das Abbas bezeugen konnte. In drei Tagen würden die Archäologen, die sich für kurze Zeit von der Universität beziehungsweise dem Museum in Norwegen hatten beurlauben lassen, in Malé eintreffen, und jeder durch Verzögerungen in

Malé verlorene Tag würde von der für die Feldarbeit verfügbaren Zeit abgehen.

Abbas beeilte sich, mir zu versichern, daß die Wünsche des Präsidenten allen oberstes Gebot seien. Das letzte, was er Abbas vor seiner Abreise gesagt habe, sei gewesen, daß alles getan werden solle, uns jede Hilfe zukommen zu lassen, wenn wir kämen. Man habe sogar das Lazarettschiff der Regierung gebucht, das uns einen ganzen Monat zur Verfügung stehen sollte, und Mohamed Loutfi würde uns alles zeigen, was wir zu sehen wünschten. Das einzige Problem sei, daß wir nicht graben dürften.

Ich gab meiner Anerkennung für diese außergewöhnliche Gelegenheit Ausdruck, auf diese Weise befördert zu werden, was sicher allen sehr gefallen werde. Aber ich fügte hinzu, daß die Archäologen sicher etwas verärgert wären, wenn sie zu einem kurzen Aufenthalt aus dem fernen Norwegen hierherkämen und nicht graben dürften. Ich erklärte, daß ich befürchtete, das werde in einem Skandal für alle Betroffenen enden. Noch sei Zeit, ein Telegramm zu schicken und abzusagen.

Der freundliche Abbas war verzweifelt, und der hilfreiche Jameel schien sich äußerst unwohl zu fühlen. Immer neue kühle Getränke wurden bestellt, und Abbas bat um Nachsicht, da noch nie Archäologen hier gearbeitet hätten und man nicht wisse, worin diese Arbeit bestehe. Das nationale Zentrum wisse nicht genau, was wir vorhätten.

Ich merkte, daß die Situation ungewöhnlich war. Da Maniku offensichtlich nicht im Büro gewesen war, war der Wust an Papieren, den wir geschickt hatten, irgendwo untergegangen oder hatte zu nichts als einem schriftlichen Dialog geführt, wenngleich unsere Gastgeber nicht einen Augenblick abstritten, uns erwartet und den Wunsch gehabt zu haben, daß wir kämen.

Der Abend schritt fort. Als Abbas und Jameel sagten, es wäre gegen den Wunsch des Präsidenten, wenn ich die Archäologen wieder auslüde, sah ich nur noch einen Ausweg. Ich konnte im Lauf der Nacht handschriftlich einen Vertrag ausarbeiten, in dem alles genau aufgeführt war, was die Archäologen machen wollten, was wir von der hiesigen Regierung erwarteten und welche Rechte und Pflichten beide Seiten haten. Dieser Vorschlag wurde angenommen.

Noch bevor in den Büros am nächsten Morgen wieder die Arbeit anlief, war mein Entwurf fertig, und Abbas holte ihn, um ihn in seinem Büro schreiben zu lassen, damit das nationale Zentrum ihn anschließend erörtern konnte.

Kurze Zeit darauf landete ein Flugzeug mit einem der beiden Kameramänner, die sich uns anschließen sollten. Der andere hatte auf dem Flughafen von Sri Lanka bleiben müssen, weil man ihm den Paß gestohlen hatte. Mit derselben Maschine kamen auch die ersten Journalisten, die irgendwoher gehört hatten, daß eine Forschungsreise geplant sei.

Björn und ich schlichen uns durch den Hintereingang davon. Obwohl die Zeit immer knapper wurde, konnten wir doch nichts unternehmen, bevor wir nicht grünes Licht vom jetzt zuständigen moslemischen Ausschuß bekamen. So hatten wir also Zeit, uns etwas umzusehen. Was wir sehen wollten, wußten wir. Wir durchstreiften das kleine Malé, die Hauptstadt des Landes mit etwa 30000 Einwohnern, die die Koralleninsel von Küste zu Küste bedeckte, denn die Insel war nur etwa eineinhalb Kilometer lang und nicht einmal einen Kilometer breit. Die Straßen der Stadt, alle ohne Gehweg und Belag, durch den das Regenwasser hätte zu den Quellen sickern können, waren ein einziges Labyrinth, in dem wir uns immer wieder nach der Sonne orientieren mußten. Wir wollten zum äußersten Ostzipfel, wo in vormoslemischer Zeit das Ungeheuer bei Vollmond aus dem Meer gekommen war und nach maledivischen Jungfrauen verlangt hatte.

Die maledivischen Jungfrauen von heute schlängelten sich friedlich mit dem Fahrrad zwischen den Pfützen hindurch, um nicht ihre sauberen Schuluniformen zu bespritzen. Sie mußten lediglich aufpassen, nicht mit einem der wenigen Taxis von Malé zusammenzustoßen, die wie sie ebenfalls den gleichen Pfützen auswichen. Die Männer machten den gleichen friedlichen und sanften Eindruck wie die Frauen. Kein Geschrei, keine Streitereien, keine blasierten Gesichter. »Friede sei mit euch« war der Wunsch, der von den vielen kleinen Moscheen in die moslemische Gemeinschaft getragen wurde, und er schien zu wirken.

Und doch war Malé sicher nicht mehr jener ruhige Ort, der er noch vor nur zehn Jahren gewesen sein muß, als sich dieses Land der Welt draußen noch nicht geöffnet hatte. Der lange Kai an der Lagune und der innerstädtische Einkaufsbereich waren so belebt, als gäbe es sie schon seit hundert Jahren, wenngleich die Uferseite noch völlig von den selbstgebauten *Dhonis,* und die Straßen von den importierten Fahrrädern beherrscht wurden. Doch der motorisierte Verkehr breitete sich mit Macht aus.

Bis jetzt hatten die meisten Häuser in Malé noch erst ein Geschoß. In den Einkaufsstraßen waren viele Häuser schon zweigeschossig, und im Zentrum schwenkten Baukräne die Eisenträger für die ersten drei- und viergeschossigen Regierungsgebäude, darunter eine neue, wirklich kolossale Moschee, zu der andere arabische Länder Zuschüsse gegeben hatten, und die eine goldene Kuppel bekommen sollte, die in der tropischen Sonne weit über das umliegende Meer leuchten würde.

In diesem quirligen Teil der Stadt schossen kleine Touristenläden mit Schnitzereien aus Schildkrötenpanzern, schwarzen Korallenketten, Muscheln, Haifischzähnen und Modelldhonis wie Pilze aus dem Boden und dazwischen Kramläden, die die einheimischen Besucher von anderen Inseln mit allem unter einem Dach lockten, vom Ölfaß über Wellblech, Nylonseile, alkoholfreie Getränke, Kaugummi und Konserven bis zur Kunststoffflasche. In einer Werkstatt wurden frische Tomaten von den Kanarischen Inseln und Gurken aus Holland verkauft. In einem anderen Laden sahen wir ein Regal, das mit Duftspraydosen vollgestellt war.

Tagsüber konnte man sofort die wenigen Touristen ausmachen, die mit verschwitzten, roten Gesichtern von ihren Ferieninseln gekommen waren und Andenken hinterherjagten, oder vergebens nach einer Bar oder einem schattigen Plätzchen zum Ausruhen Ausschau hielten.

Der Großteil der Stadt bestand noch aus bescheidenen Dorfstraßen, die gesäumt wurden von niedrigen Hütten aus zerstoßenen Korallen und Mörtel. Viele waren allerdings in blassen Farben getüncht, hellblau, hellgrün, rosa und gelb. Die Mauern und Dächer einiger Hütten waren noch aus den geflochtenen Blättern der Kokospalme. Aber sie fungierten heute meistens nur noch als Küchenanbau. Bei der Sonnenglut schienen Fenster nicht so notwendig zu sein wie Türen. Durch die geöffneten Türen sahen wir Menschen auf ihren Betten oder in hölzernen Hängematten sitzen, und oft standen an das Bett gelehnt ein paar Fahrräder da. Vielleicht, weil Freitag war, der moslemische Feiertag, plärrte aus den auf volle Lautstärke gestellten Transistorradios in fast jedem Haus Musik oder Stimmen. Diese neuerworbene Segnung machte einen solchen Lärm, daß ein Passant ihn noch hinter sich hörte, wenn aus dem Haus vor ihm bereits das nächste Programm scholl.

Die kleinen Häuser an den Straßen waren normalerweise durch eine hohe Korallenmauer miteinander verbunden, die einen üppig wuchernden tropischen Garten einschloß. Hohe Kokospalmen, mächtige Bananenblätter, die krummen Zweige der immergrünen Brotbäume und Magnolien überragten allenthalben die bescheidenen Häuschen und vermittelten den Eindruck, als liefe man durch einen großen Park oder botanischen Garten. Dem dumpfen Geräusch eines leeren Eimers, der in einen Brunnen geworfen wurde, folgte Geplätscher, denn man konnte sehen, wie der Eimer höher als die Gartenmauer gehoben wurde und das kühle Naß sich über jemanden ergoß, der Erfrischung suchte.

Es waren saubere Menschen. Wieder fielen uns die vielen Frauen in den langen Gewändern auf, die gebückt die schmutzigen Straßen mit ihren kurzen Kehrbesen fegten. Wenn sie sich aufrichteten und weggingen, sah es so aus, als glitten sie auf Rollschuhen dahin, wobei ihr Körper so gerade und unbewegt blieb, wie es typisch für Frauen war, die von klein auf gewohnt waren, Tabletts und Wasserkrüge auf dem Kopf zu tragen.

Irgendwie erinnerte mich die ganze Atmosphäre an Polynesien. An das Polynesien der Zeit Gauguins, wo barfüßige Frauen mit brauner Haut, langem, schwarzem Haar und viktorianischen Kleidern, die bis zu den Knöcheln reichten, einen fraulichen Charme ausstrahlten, der die über das Meer kommenden Besucher verzauberte. Die Palmen und Bananenstauden trugen ohne Frage mit zu diesem Eindruck bei. Aber auch, wenn die Malediverinnen sich wie die Frauen Zentralpolynesiens in den leuchtendsten und betörendsten Farben kleideten und Schwarz mieden, waren erstere im Gegensatz zu ihren polynesischen Schwestern für ihre Keuschheit bekannt, zumindest einem Nichtmoslem gegenüber.

Auch die meisten Männer in Malé waren nach polynesischer Art gekleidet, mit einem um die Taille geschlungenen Lendentuch. Dieses im Vergleich zu den Frauen nicht so farbenfreudige Lendentuch reichte ebenfalls meistens bis zu den Knöcheln, nur in seltenen Fällen bis zu den Knien. Ein junger Mann half uns auf die Sprünge, als er mit seinem Motorroller an uns vorbeipreschte, unbeeindruckt vom eigenen Lärm, denn er hatte einen Walkman und hörte nichts als seine Musik. Die jungen Männer unterschieden sich nicht von denen in anderen Ländern. Ihre Eltern sahen es sicher am liebsten, wenn die Kinder von der Schule direkt überwechselten in eines der Büros des Staates.

Niemand grüßte uns auf der Straße. Die Malediver grüßen sich nicht. Ihre Sprache hat kein Wort für einen Gruß, wenngleich die arabische Art der Begrüßung allmählich an Boden gewinnt.

Wir näherten uns dem östlichen Zipfel der Insel. Wo die Straßen aufhörten, sahen wir das blaue Meer aufleuchten. Da unten lag der wahrhaft pulsierende Teil der maledivischen Hauptstadt. Dort im Hafen begann täglich vor Sonnenaufgang das geschäftige Treiben mit dem Lärmen von Bootsmotoren und Motorrollern, in das sich das Poltern von Tonnen und Ketten auf Decks und Piers, laute Radiomusik und das Rufen der Menschen am Ufer und an Bord mischten, die versuchten, sich in dem Inferno von tausend Stimmen Gehör zu verschaffen.

Auf dem blauen Wasser vor der Hafenmauer fuhren *Dhonis* aller Größen ein und aus, schnell oder gemächlich, einige wenige noch mit Segeln, die meisten aber mit einem tuckernden Motor. Mit wilden Sprüngen schoß ein einzelnes Motorboot über die Wellen, als ginge es um Leben und Tod. Als wäre es auf der Flucht vor dem Ungeheuer draußen auf dem Meer. Die Luft erzitterte unter dem Getöse all dieser schnellen, noch schnelleren und ganz schnellen Boote, die dem Rezept der Welt draußen folgten, wo unsere so fortschrittliche Generation offenbar ganz versessen darauf ist, das, was die Welt an Brennstoffen noch zu bieten hat, zu verjubeln, solange es noch etwas zu verbrennen gibt.

Wir erreichten das Wasser, wo der Hafen und alle Hektik endeten. Vor uns lag das offene Meer.

Hier am Ostzipfel folgte die Straße dem Meer, das blanke Riff auf der einen Seite und eine sehr hohe Mauer auf der anderen. Hier lag das Geschichtsbuch der Malediven aufgeschlagen. Zum Teil eingebettet in das Korallenriff, zum Teil weggespült, lag eine alte Kanone neben der anderen, als hätte sie jemand fortgeworfen, dem der Alteisenwert egal war. Es waren wohl mehr als ein Dutzend. Abgesehen vom Schrottwert wäre jedes dieser Geschütze ein Stück von unschätzbarem Wert in jeder Sammlung eines Waffenliebhabers oder einem Geschichtsmuseum gewesen. Es waren portugiesische Kanonen, die den Beginn der europäischen Geschichte in den hiesigen Gewässern markierten. Sie waren vor über vierhundert Jahren hinunter auf das Riff geworfen worden. Genau gesagt im Jahr 1573, als die portugiesischen Eindringlinge nach fünfzehnjähriger Besetzung von den Maledivern vertrieben worden waren. Dies war die einzige Zeit in der langen Geschichte der Malediven, in der der Archipel unter fremder Herrschaft gewesen war.

Die hohe Mauer auf der anderen Straßenseite war neu, doch sie bestand aus Bruchstücken einer sehr viel älteren Epoche der örtlichen Geschichte, auch wenn einem Passanten normalerweise nur das große Schild am Tor auffallen würde – »Maledivisches Maschinenservice-Zentrum«. Die Mauer war so hoch, daß wir die Oberkante nicht erreichen konnten, und wie üblich aus groben, aus dem Korallenriff gebrochenen Brocken erbaut, die man mit Mörtel gebunden hatte. Aber einige Steine, die wahllos irgendwo eingemauert waren, kamen uns sehr bekannt vor. Sie waren quadratisch zugehauen und wiesen Spuren von Verzierungen auf. Wiederverwendete Tempelsteine. Auch hier wieder Bruchstücke der maledivischen Frühgeschichte, die zweckentfremdet worden waren.

Wir hatten keinerlei Zweifel über den Ursprung dieser künstlerisch gestalteten Steinquader. Dies war der östlichste Punkt, den man auf dieser Insel erreichen konnte. Hierher hatte man in der vormoslemischen Zeit die Jungfrauen gebracht. Da draußen auf dem unendlich weiten Meer waren bei Vollmond die vielen Lichter aufgetaucht, die das monatliche Erscheinen des Dschinns aus dem Meer begleitet hatten, jenes bösen Geistes, der die Menschen auf Malé seinerzeit in Angst und Schrecken versetzt hatte und in der Erinnerung der Älteren noch immer lebendig war.

Wir traten durch das große Tor, das halb offen stand. Keine Menschenseele. Einige Boote und Motorteile lagen herum. Ein kleines Boot lag aufgebockt auf ein paar Steinen. Einer davon war ein alter Stein aus einem Tempel. Ein anderer der gleichen Art lag achtlos in einem Schutt- und Abfallhaufen.

Aus einem Schuppen kam ein junger Mann.

Kein Ärger mit einem Motor? Warum waren wir dann hier? Er war überrascht. Ob dies der Ort der Standbilder und Jungfrauen sei.

Der junge Malediver sah uns mißtrauisch an, wischte die ölverschmierten Hände an seinen Jeans ab und brachte uns mit höflichen, aber fahrigen Gesten zurück zum Tor, das langsam hinter uns verriegelt wurde.

Wir hatten den Ort gefunden. Wir hatten Steine aus dem Tempel des Dschinns gesehen. Die Spuren des bösen Geistes fanden sich in der Mauer. Doch Allahs jüngste Generation hatte die Götzenbilder durch Motoren ersetzt.

Wir beschlossen, am Meer entlang um die Insel herum zurückzugehen, und kamen bald zu dem Gebiet, das aufgefüllt wurde. Riesige, kaum vom Wasser überspülte Korallenflächen dehnten sich vor der Küste, und an einigen Stellen, die man dem Wasser bereits mit ungeheuren Schuttmengen abgetrotzt hatte, wuchs kurzes Schilfgras. Gerade schob jemand eine Karre und kippte sie aus. Zwei Männer verbrannten, was sonst weggespült worden wäre, und verteilten die Asche auf dem Gelände. Der Großteil der Fläche schien aus Schutt von abgebrochenen Häusern und normalem Müll zu bestehen.

Der neue Strand war eine Ansammlung aus Kunststoff, Dosen, Glas, Lumpen und Abfall. Es stank wie nach verfaulten Eiern. Spraydosen, Coca-Cola-Flaschen, kaputte Töpfe, Autoreifen, Sandalen und Plastik, Plastik, Plastik.

Eine hübsche Frau hatte sich hingekniet und wusch sich die Arme. Andere kamen aus ihren Häusern, um die Töpfe zu säubern. Sie suchten sich die saubersten Stellen aus, denn zum Teil war die Lagune schon ebenso schwarz wie der Boden der Kochtöpfe. Es stand außer Frage – der Mensch mit all seinen neuzeitlichen Mitteln konnte es mit Allah nicht aufnehmen, wenn es darum ging, eine schöne Koralleninsel zu schaffen.

Aber was sollten diese armen Menschen machen? Wie überall auf der Welt versuchen die Menschen auch hier, von den abgelegenen Orten in die Hauptstadt zu ziehen. Die Hauptstadt der Malediven ist zufällig eine kleine Insel, wie tausend andere auch, aber dort gibt es Geschäfte, Fernsehen und Arbeit im Büro. Auf Malé gibt es kein Acker- oder bergiges Land, wohin man ausweichen könnte, sondern nur das, was man dem endlosen Indischen Ozean abgewinnen kann.

Weit draußen auf dem Meer konnten wir die Konturen einiger anderer palmenbewachsener Inseln erkennen. Es waren die Touristeninseln, die dafür sorgten, daß Geld auf die Malediven kam. Landeinwärts sahen wir einen hohen, gelben Baukran, der wie ein vorgeschichtlicher Dinosaurier hinter den Häusern hin und her rollte.

Als wir wieder im Hotel waren, fiel uns bei der dringend nötigen Dusche auf, daß das Wasser eigenartig roch. Es roch nach verfaulten Eiern. Wir fragten den Besitzer. Er versicherte uns höflich, daß dieser schlechte Geruch mit der Zeit verschwände. Sein Brunnen sei noch neu, und das Hotel sei auf Land gebaut worden, das man erst vor kurzem dem Meer abgewonnen hätte.

Vergeblich warteten wir den Rest des Tages darauf, unseren Vertrag zurückzubekommen, mit der Unterschrift des moslemischen Komitees. Aber nichts geschah.

Auch am nächsten Tag, an dem die Archäologen in Norwegen aufbrechen wollten, rührte sich nichts. In meiner Not rief ich den liebenswerten Abbas an und erklärte ihm, daß ich mit dem Präsidenten telefonieren wolle, egal, wo er sich befände. Aber niemand hatte seine Nummer in Ägypten. Und im übrigen sei es gar nicht nötig anzurufen, denn der Präsident habe ja die Anweisung gegeben, uns jede nur mögliche Unterstützung zu gewähren. Das Schiff, mit dem wir fahren sollten, warte bereits im Hafen und sei bereit auszulaufen, sobald wir die Erlaubnis zum Graben hätten. Leider, so fügte Abbas hinzu, sprächen sich immer mehr der fünfzehn Mitglieder des moslemischen Komitees grundsätzlich gegen archäologische Ausgrabungen aus. Um mir das Ausmaß ihres guten Willens zu zeigen, ging Abbas mit mir zum Kai und wies auf ein schönes Schiff, das draußen vor der Hafenmauer vor Anker lag, ganz in Weiß und unter der Wasserlinie grün. Quer über das breite Heck war der Name gemalt, »*Golden Ray,* Malé«.

Ich erfuhr, daß dies das Lazarettschiff der Regierung war, das den Malediven von den britischen Streitkräften geschenkt worden war, als diese Ende des Zweiten Weltkriegs Addu-Gan mit dem neuerbauten Flugplatz verließen.

Großbritannien hatte die Malediven nie besetzt. Die Briten waren mit dem vollen Einverständnis der maledivischen Regierung auf Gan gewesen. Abbas erklärte, daß die *Golden Ray* 24 Meter lang sei und elf Mann maledivische Besatzung habe. Dieses schöne Schiff wartete nur darauf, uns dorthin zu bringen, wohin wir wollten.

Das machte mir die Lage keineswegs einfacher, als ich abends zu Bett ging, denn ich wußte, daß die Archäologen am nächsten Tag mittags gegen ein Uhr in Malé ankommen sollten.

Der nächste Tag war ein Sonntag, aber die Geschäfte hatten geöffnet. In meiner Verzweiflung bestimmte ich Björn zum Generalquartiermeister, und mit Listen, die seit langem fertig waren, machten wir uns an den Einkauf für eine Expedition von mindestens zweiundzwanzig Mann, die dreißig Tage kreuzen würden, ohne Proviant nachzufassen. Wir hatten schon eineinhalb Stunden eingekauft, als ein Bote vom Informationsministerium auftauchte und mir erklärte, daß man mich dringend für eine Besprechung bei seinem Chef brauche.

Ich stürmte zum Informationsministerium, nur, um zu erfahren, daß die Besprechung nicht dort stattfinde, sondern daß man bereits an einem anderen Ort in Malé konferiere. Ich eilte zu der angegebenen Adresse, um zu erfahren, daß die Besprechung abgesagt worden war, da sie nicht notwendig sei.

Wieder im Ministerium, fand ich jetzt eine handgeschriebene Nachricht vor, daß »Dr. Hydral« um halb eins zum Amini-Gebäude kommen solle. Das war genau die Zeit, zu der ich auf der Nachbarinsel am Flugplatz sein sollte, um die Archäologen abzuholen.

So wurde Björn abkommandiert, die beiden Archäologen mit einem Boot abzuholen, während ich mich auf den Weg zum Amini-Gebäude machte, um an der Besprechung teilzunehmen. Da ich es abgelehnt hatte, mich mit einem fünfzehnköpfigen Ausschuß zusammenzusetzen und zu erörtern, was ich auf Bitten ihres Präsidenten machen sollte, hatte mich Abbas geduldig gefragt, ob ich nicht wenigstens bereit wäre, mit zwei Mitgliedern dieses Gremiums zu sprechen, und ich hatte eingewilligt. Aus Gründen der Parität ging ich jetzt in Begleitung Arne Fjörtofts zu der Besprechung, des norwegischen Präsidenten der Worldview International Foundation, der mit den Journalisten von Sri Lanka gekommen war, um uns eventuell vor der Abreise zu helfen. Seine persönliche Freundschaft zu Abbas hatte ihn zu einem wichtigen Verbündeten bei dem seltsamen Gerangel gemacht, das offenbar jetzt einsetzte.

Ich war sehr erfreut, als wir im Amini-Gebäude von zwei außergewöhnlich netten Regierungsbeamten begrüßt wurden, die beide das neugebildete Nationale Zentrum zur Erforschung der Sprache und Geschichte vertraten, das frühere moslemische Komitee. Der eine war Mohamed Loutfi, der gutinformierte, dunkelhäutige Riese, der gesagt hatte, er werde mit uns kommen, der andere Mohamed Waheed, ein massiger, kräftig gebauter Mann mit äußerst freundlichen Augen und einem mächtigen, schwarzen Backenbart.

Zwischen uns stand ein langer Konferenztisch, und ich wollte mich schon setzen, als die beiden anderen mich zurückhielten. Eine zierliche Sekretärin lief hin und her und stellte immer wieder die Stühle am Kopfende des Tisches um, wo die beiden Malediver auf der einen, mein Freund und ich auf der anderen Seite sitzen sollten. Die beiden sich gegenüberstehenden Stuhlpaare schienen die geschäftige Sekretärin nicht zufriedenzustellen, denn sie stellte noch einen Stuhl an das Kopfende des Tisches, den sie dann aber wieder wegräumte, bis sie schließlich noch einmal kam und zwei Stühle nebeneinander an das schmale Kopfende stellte.

Mir war inzwischen aufgegangen, daß die beiden Männer, die uns empfangen hatten, gar nicht die waren, auf die es ankam, denn sie nahmen plötzlich Haltung an, als zwei andere Männer eintraten. Sie kamen schweigend näher, wie bei einer Zweierprozession, und jedem wurde sofort klar, daß sie eine hohe Stellung in der Gemeinschaft bekleideten. Gleichrangige Stellungen, und deswegen hatte man der Sekretärin auch geraten, sie beide an das schmale Kopfende des Tisches zu setzen.

Der eine wurde uns als der ehrenwerte Moosa Fathhi vorgestellt, Vorsitzender des Obersten Gerichtshofs der Malediven, und folglich ein Moslem mit großer Machtfülle, da das maledivische Recht ausschließlich auf den Worten des Korans beruht.

Der andere wurde uns als der ehrenwerte Mohamed Jameel vorgestellt, und obwohl er so tat, als hätten wir uns noch nie gesehen, erkannte ich in ihm den Präsidenten des nationalen Zentrums, der darüber zu bestimmen hatte, was wir unternehmen konnten, sobald die *Golden Ray* mit uns auslief.

Diese beiden Männer verkörperten die höchste religiöse Autorität im Lande und besaßen damit eine Macht, die vielleicht derjenigen des demokratisch gewählten Präsidenten gleichkam.

Als die Besprechung begann, blieben die beiden Männer am Kopfende des Tisches ernst und schweigsam und überließen Mohamed Waheed die einführenden Worte. Er gab sich besondere Mühe, im Namen seiner Vorgesetzten höflich und wohlwollend zu sein, die offenbar kein Englisch verstanden. Er entschuldigte sich für die auf den Inseln vorherrschende Haltung, da man sehr besorgt sei, wie er sagte. Viele seien der Meinung, man habe die *Hawittas* jahrhundertelang in Ruhe gelassen, warum wolle man jetzt das Wagnis eingehen, warum nicht alles beim alten belassen?

Ich erklärte, daß wir nicht gekommen seien, um die *Hawittas* zu plündern. Wenn man es nicht wolle, würden wir keine einzige anrühren. Wir seien ebenso interessiert, nach anderen Überresten zu suchen, etwa nach frühen Siedlungsstätten, nach Abfällen aus früherer Zeit, die uns Auskunft geben konnten über ihre Vorfahren. Das war der Wunsch des Präsidenten gewesen.

Eine dunkle Wolke schien abzuziehen. Wir könnten in der Republik graben, wo wir wollten, solange wir die *Hawittas* in Ruhe ließen. Nach einigen weiteren Erörterungen zwischen ihnen in Divehi, die für uns unverständlich waren, wandte sich der freundliche Sprecher wieder an uns und überraschte uns mit dem jetzt wieder in Englisch vorgetragenen Angebot, daß wir sogar *Hawittas* ausgraben könnten. Aber wenn wir mehr als drei ausgraben wollten, müßten wir erneut anfragen.

Nun wurden verschiedene Zusätze in den Vertrag aufgenommen, den ich ausgearbeitet hatte, die jedoch alle ohne Bedeutung waren, und so verließ ich die Besprechung sehr erleichtert, um zum Hotel zu eilen und die Archäologen zu begrüßen, die mit Björn vom Flugplatz gekommen waren. Um vier Uhr nachmittags sollte der mit den Zusätzen versehene Vertrag in meinen Händen sein, neu geschrieben und von der verantwortlichen Behörde unterzeichnet.

Ich wartete den ganzen Tag, aber der Vertrag kam nicht. Er kam überhaupt nicht, ich sah ihn nie wieder, genausowenig wie irgendein anderes Papier, das vom Nationalen Zentrum oder irgendeiner anderen Regierungsstelle unterzeichnet gewesen wäre. Aber Mohamed Loutfi kam über das ganze Gesicht strahlend und versicherte uns, daß wir jetzt ruhig schlafen könnten, denn jetzt werde es keine Schwierigkeiten mehr geben. Man hatte ihm überlassen zu entscheiden, wo wir graben konnten, und ich könnte ihm vertrauen; ich bräuchte also nichts Geschriebenes.

Noch am selben Abend durfte ich nach Einbruch der Dunkelheit zu einer ersten Inspektion an Bord der *Golden Ray* gehen, die bereit war, am nächsten Morgen um sieben Uhr auszulaufen. Es war ein gutes Schiff mit einem großen Raum unter Deck, der bestens geeignet war, die archäologischen Geräte und unsere Vorräte aufzunehmen. In diesem ehemaligen Lazarettraum standen auch die Feldbetten. Es gab sogar drei Einzelkojen an Deck und dann noch eine Koje hinter dem Steuerrad, die für den maledivischen Kapitän reserviert war.

Aber als ich das einzige kleine, hölzerne Rettungsboot untersuchte, entdeckte ich im Boden ein Loch, das groß genug war, den Kopf hindurchzustecken. Es war zweifellos auf ein Riff geprallt. Ich weigerte mich, ohne irgendein Beiboot in See zu stechen. Es war schon später Abend, und man bedeutete mir, daß ich mir keine Sorgen zu machen bräuchte, weil man ein Funksprechgerät an Bord habe und sich jeweils mit dem Oberhaupt des Atolls in Verbindung setzen könne, wenn wir eine Insel erreichten, und er könnte dann ein *Dhoni* schicken, das uns an Land brachte.

Jetzt sagte ich rundweg nein. Wir konnten uns nicht abhängig machen von irgendeinem Oberhaupt an Land, jedesmal wenn wir eine Insel anliefen, vor allem, wo die große Mehrzahl der maledivischen Inseln unbewohnt war. Außerdem gab es in der Welt kaum ein anderes Schiffahrtsgebiet, das mit seinem Labyrinth von Gezeitenströmungen, unter dem Wasser befindlichen Riffen und Sandbänken so gefährlich war. Das Argument, das schließlich den Ausschlag gab, war, daß ich aufgrund meiner auf dem Meer gesammelten Erfahrungen mit Nachdruck darauf hinweisen konnte, daß es ein Bruch internationalen Rechts sei, mit zweiundzwanzig Personen an Bord das Meer mit einem Schiff zu befahren, das nicht einmal über ein Rettungsfloß verfügte.

Die ganze Nacht hindurch gingen die Telefone und radelten Boten kreuz und quer durch Malé, und als die Sonne aufging, wurde ein großes, flaches Beiboot aus Metall, das für unsere Zwecke wie geschaffen war, hinausgeschleppt und mit einem starken Tau am hohen Heck der *Golden Ray* festgemacht.

Wir kamen kaum aus den Betten vor lauter Säcken, Kisten und Körben, zwischen denen Schaufeln, Kanister, Kochtöpfe, Macheten, Seilrollen und Kerosinlampen lagen, unsere gesamten Anschaffungen, die gestern ausgeliefert worden waren und sich jetzt zwischen unseren Betten türmten. Wir hatten alle größeren Werkzeuge hier, die die Archäologen nicht aus Norwegen mitgebracht hatten, Geräte für die Feldarbeit, Vorräte und Medikamente. Als die Expeditionsmitglieder und unsere maledivischen Helfer die Sachen nach draußen auf große Handkarren trugen, hakte ich mit einem Rotstift alle Posten ab, die ich auf den verschiedenen Listen in meinem Notizbuch bereits in Blau durchgestrichen hatte. Nichts, was wir brauchten, fehlte. Eifrig halfen wir den Besitzern der Karren, die schwankenden Ladungen durch die Stadt und hinunter zu den Docks zu transportieren.

Es brauchte einige Zeit, alles an Bord zu rudern, und es war schon halb neun, nicht sieben Uhr, wie abgemacht, als die Ankerketten der *Golden Ray* rasselnd eingeholt wurden und Mohamed Loutfi besorgt auf seine Uhr blickte.

»Wir haben eineinhalb Stunden Verspätung«, sagte er. »Wir werden vor Sonnenuntergang nicht so weit kommen wie geplant. Und der Kapitän möchte in einer Lagune ankern, bevor es dunkel wird. Es ist zu riskant, im Dunkeln zwischen den vielen Riffen zu manövrieren.«

Der Kapitän der *Golden Ray* war ein kleiner drahtiger Malediver mittleren Alters und hieß Mohamed Maniku, aber er ließ sich gern Pakar nennen, da es auf den Malediven von Mohameds und Manikus wimmelte. Pakar war ein Seemann, der wenig Worte machte, und von denen kaum einmal eins in Englisch. Aber ich erfuhr zu meiner Überraschung, daß unser erfahrener Reisebegleiter Mohamed Loutfi selbst ein versierter Seefahrer war. Er besaß das Kapitänspatent, und da er eine Art Kontrolleur aller maledivischen Schulen war, kannte er, wie wir mit der Zeit merkten, den gesamten Archipel besser als jeder andere auf den Malediven. Loutfi vertrat die Regierung, und Kapitän Pakar mußte hinsichtlich der Fahrtroute seinen Anweisungen folgen.

Außer Loutfi war noch Kela Ali Ibrahim Maniku an Bord gekommen, ein äthiopisch aussehender Mann mit einem schöngestutzten, schwarzen Bart und Brille, der sich als Projektleiter der Atolle-Verwaltung vorstellte. Sein Ministerium hatte ihn zu unserem englischsprechenden Verbindungsmann für den Umgang mit den Oberhäuptern auf den Inseln bestimmt.

Jetzt, erst jetzt, als das Schiff sich in Bewegung setzte, konnten wir erleichtert aufatmen und uns sagen, daß wir tatsächlich unterwegs waren zu unseren Ausgrabungen. Als die lange Reihe der *Dhoni*-Masten hinter der Mole und die am Wasser stehenden Häuser von Malé langsam zurückglitten, hatte ich zum erstenmal richtig Gelegenheit, die beiden Archäologen vernünftig zu begrüßen und willkommen zu heißen. Wir standen an der Reling und betrachteten die verstreute Flotte der kleinen, palmenbestandenen Inseln, die am Kranzriff von Malé vor Anker gegangen waren, während nur wir uns aus der stillen Lagune hinausbewegten.

Hinter uns lag ein Ring aus reinen Touristeninseln um die maledivische Hauptstadt. In unserem Jahrzehnt, in dem sich die Weltraummentalität anschickte, sich über das Fernsehen von Malé zu verbreiten, wirkte dieser sich um die Hauptstadt schmiegende Ring aus Touristeninseln wie von Besuchern aus dem All besetzte Satelliten. Hier und nur hier waren die einzigen nichtmoslemischen Wesen im gesamten Archipel.

Wir empfanden eine ungeheure Erleichterung, als die *Golden Ray* hinausglitt in das sanfte Rollen der Wellen, hinaus auf das offene Meer. Doch auf beiden Seiten hinter dem Horizont waren Land und Riffe. Wir fuhren nach Südwesten, quer über das weite, offene Gewässer, das die beiden versunkenen Ränder der Malediven-Atolle und die Untiefen trennte, die etwa 950 Kilometer oder 600 Seemeilen von Norden nach Süden nebeneinander herliefen.

Klappstühle wurden gebracht, und während Pakar am Steuerrad stand und alle Männer der Besatzung auf ihren Plätzen waren, machten wir es uns im Freien auf dem Achterdeck bequem, um über unsere Vorhaben zu sprechen. Loutfi war mit Björn und mir einer Meinung, daß es am besten wäre, Kurs auf den Äquatorkanal zu nehmen, wo, wie wir wußten, soviel zu finden war. Loutfi schätzte, daß wir bei dieser durch das im Schlepptau befindliche Beiboot auf 5,5 Knoten verringerten Geschwindigkeit und weil der Kapitän sich weigerte, nachts zu fahren, drei Tage brauchen würden, um dorthin zu kommen.

Der junge Abdul, der wieder als Dolmetscher dabei war, und Saliya und Palitha, die beiden Studenten von Sri Lanka, verbargen ihre Freude nicht, unter Umständen wieder nach Fua Mulaku zu kommen. Von ihren Erinnerungen an die hübschen Mädchen und die wohlschmeckenden Früchte wußte bald auch die gesamte Mannschaft von der Brücke bis zum Maschinenraum.

Das eigentliche Herzstück dieses Unternehmens bildeten die beiden Archäologen. Arne, oder formeller Professor Dr. Arne Skjölsvold, ein Freund seit vielen Jahren, sollte die Ausgrabungen leiten. Er war bei meiner ersten Fahrt zu den Galapagosinseln und später ein ganzes Jahr auf der Osterinsel und anderen polynesischen Inseln dabeigewesen. Wenn man ihn mit seinem langen Bart und der auf der Nasenspitze sitzenden Brille sah, war es leichter zu verstehen, daß er ein zerstreuter Universitätsprofessor und Direktor der archäologischen Abteilung der Universität von Oslo war, als zu ahnen, daß er auch zu den härtesten Expeditionsteilnehmern und größten Spaßmachern auf jeder Party zählte. Er war gerade von weiteren Ausgrabungen auf der Osterinsel zurückgekommen, und ich war froh, daß die Universität ihm noch einen guten Monat für die Malediven eingeräumt hatte.

Arne hatte sich seinen Assistenten, den ich nicht kannte, selbst mitgebracht, einen Archäologen der zweiten Generation namens Öystein Johansen. Hätte ich nicht gewußt, daß dieser strahlende junge Mann bereits ein angesehener Feldarchäologe und Direktor eines kleinen Museums in Norwegen war, hätte man ihn für einen superblonden, nordischen Filmschauspieler halten können, so wie er am Bug für die Kameras posierte. Dahin hatten ihn die beiden Kameramänner geholt, damit er mit der Hand deutete, während sie die sich tummelnden Delphine filmten, die in einer geschlossenen Formation vor unserem Bug herschwammen, wie Schlittenhunde vor einem Schlitten.

Mit diesen beiden Kameramännern, die direkt aus den tiefsten Wäldern Mittelschwedens kamen, war unsere bunt zusammengewürfelte Truppe komplett. Bengt Jonson war ein ehemaliger Holzfäller, Åke Karlson ein Kellner aus einer Dorfgasttätte. Sie hatten sich kennengelernt, als Åke Bengt gebeten hatte, vor seinem Haus einen Baum zu fällen. Der Baum steht heute noch, denn die beiden hatten angefangen, sich über Filme zu unterhalten, und seither zogen sie durch die Welt und drehten und produzierten ihre eigenen Dokumentarfilme. Bengt war nach wie vor der große, gutmütige Holzfäller, der das Mikrofon wie eine Axt in seinen Pranken hielt, und Åke war noch immer der elegante Kellner, der seine Kameras um jedes Hindernis jonglierte, als balancierte er mit einem vollen Tablett durch einen Tanzsaal.

Die Luft war salzig, und sanft rollten die Wellen, und unser Appetit erreichte mit der Sonne seinen Höhepunkt. Der magere maledivische Schiffskoch sah so aus, als verabscheute er das Essen, doch jetzt ließen unsere Nasen uns ahnen, daß sein Geschmackssinn weit ausgeprägter war als seine Eßlust. Der hochgewachsene maledivische Messejunge war ein Komiker. Er sah aus wie ein schmächtiger Italiener, hatte auf einer der Touristeninseln für Italiener gearbeitet und ein einziges italienisches Wort gelernt, »mangiare«, essen. Mit einem Kochtopf und einem großen Löffel kam er wie ein Soldat mit einer Trommel anmarschiert und verkündete unter lautem Gongen, »mangiare, mangiare, mangiare«, und fügte die drei einzigen englischen Worte hinzu, die er kannte: »Food is ready!« Bevor ich mich versah, marschierten Martin und die beiden Schweden hinter ihm, und bald liefen wir alle im Gänsemarsch zur Messe, klatschten rhythmisch in die Hände und wiederholten mit großem Appetit die magischen Worte. Altersmäßig reichte die Skala von Martins guten siebzig bis zu Abduls zweiundzwanzig Jahren, aber ganz sicher würde das niemandem auf dieser Reise etwas ausmachen.

Am frühen Nachmittag tauchte steuerbord eine lange Kette flacher Palmeninseln vor uns auf. Es war das Ari-Atoll. Die Sonne stand noch hoch, als wir dicht an der herrlichen, unbewohnten Insel Digura vorbeifuhren. Dann glitten wir durch ein Riff in die Ari-Lagune, dessen zerborstene Korallenblöcke wie schwimmende Tiere aus dem Wasser ragten. Wir folgten dem Kranzriff auf der Innenseite und passierten weitere unglaublich malerische Palmeninseln, auf denen kein Lebenszeichen zu erkennen war, bis Loutfi und Kapitän Pakar der Meinung waren, daß wir vor Anker gehen müßten, solange wir uns noch im Schutz der Lagune befänden. Wir hatten uns heute morgen eineinhalb Stunden verspätet und würden vor Sonnenuntergang nicht mehr den offenen Kanal überqueren und einen sicheren Ankerplatz finden können.

Der Anker ging rasselnd nieder, und Loutfi erklärte, daß noch Zeit sei, an Land zu gehen. Mit unserem Beiboot, das einen Außenbordmotor hatte, waren zwei Inseln leicht zu erreichen. Er sagte, wir könnten wählen zwischen der Insel Maamigili, die bewohnt war und wo wir für frische Kokosnüsse bezahlen müßten, und Ariyaddu, das unbewohnt war und wo wir uns die Nüsse selbst von den Bäumen holen müßten. Martin war sofort dafür, zur unbewohnten Insel zu fahren, wo wir in der klaren Lagune hätten baden können. Als Loutfi erwähnte, daß das unbewohnte Ariyaddu einst die Heimat der Redin gewesen sei, gab es kein Zögern mehr. Die Landgänger kletterten in das Beiboot und steuerten diese, die näher gelegene der beiden Inseln an.

Ich war überrascht, als Loutfi die Redin erwähnte. Was wußte er über die Redin auf dieser Insel? Nichts, außer daß sie der maledivischen Überlieferung zufolge früher dort gelebt hatten. Andere Stämme hatten nach den Redin dort gelebt, aber selbst das war schon lange her. Die Regierung besaß Unterlagen, die mehr als zweihundert Jahre zurückreichten, über alle unbewohnten Inseln, und Ariyaddu war schon damals unbewohnt gewesen.

Als wir uns dem Land näherten, bemerkten wir ein großes *Dhoni,* das hinter einer Sandbank hervorkam und so vollgestopft mit Menschen war, daß sie stehen mußten, weil kein Platz zum Sitzen war. Dann sahen wir ein paar Soldaten in Uniform, die am Strand zurückgeblieben waren, als das *Dhoni* abgelegt hatte. Als unser Beiboot den sandigen Grund berührte und wir an Land wateten, fragte Loutfi die Soldaten in der Landessprache, was hier vor sich gehe, und wir erfuhren, daß diese Insel dem Verteidigungsminister gehörte. Er hatte angeordnet, das dichte Unterholz zu lichten, da er versuchten wollte, Pflanzen, Geflügel und Ziegen zu züchten.

Wir durften uns ungehindert bewegen und stellten fest, daß die Rodungen schon weit fortgeschritten waren. Überall lagen die mächtigen Stämme der Schraubenpalmen und große Haufen zerkleinertes Brennholz. An anderen Stellen hatte man große Flächen abgebrannt, und es kam der erstaunlich steinige Boden zum Vorschein. Nur die Kokospalmen blieben stehen. Das verschaffte uns die ausgezeichnete Gelegenheit, den Blick frei zwischen den Palmen schweifen zu lassen, und wir hatten den Sandstrand kaum hinter uns, als wir auch schon die ersten Zeichen früherer Besiedlung erkannten. Je weiter wir landeinwärts kamen, desto größer wurden die unförmigen Haufen aus Kalksteinblökken und Korallentrümmern. An manchen Stellen waren die Haufen so massig und ausgedehnt, daß es offenkundig war, daß dort einst Bauwerke von beachtlicher Größe niedergerissen und die Baumaterialien in der Umgebung verstreut worden waren.

An einer Stelle entdeckten wir das verfallene Fundament einer kleinen Moschee, das genau auf Mekka ausgerichtet war, aber die Steine zum Bauen hatte man ohne Frage aus älteren und künstlerisch eindrucksvolleren Bauwerken geholt, die niedergerissen worden waren.

Zum erstenmal fielen mir auf den Malediven quadratische Blöcke mit flachen, von schwalbenschwanzförmigen Zapfen stammenden Einbuchtungen an beiden Enden auf, Hinweise auf die ehemals angebrachten Metallklammern, die die Steine fest zusammenhalten sollten. Die Klammern waren nicht nur entfernt worden oder herausgefallen, man hatte die Steine auch, als sie für die Moschee wiederverwendet wurden, so aneinandergesetzt, daß der Zapfen eines Steins nicht mehr mit dem des benachbarten übereinstimmte.

Ganz in der Nähe lag ein riesiger, abgeplatteter Schutthügel, die zerstörten Überbleibsel einer vor langer Zeit verwüsteten *Hawitta,* wie Loutfi bestätigte. Daneben befand sich eine tiefe Senke im Boden, in die die Soldaten Äste und Sträucher geworfen hatten, die sie verbrennen oder loswerden wollten. Ganz erregt stellten wir fest, daß es ein großes, kreisförmiges Kultbad war. Ein sehr schöner Mauerabschnitt ragte noch hervor, sobald wir das Geäst und Blattwerk beiseite räumten, aber der Hauptteil des Bades war vollkommen begraben. Die Mauern bestanden aus akkurat zugehauenen rechteckigen Blöcken, deren Zapfenlöcher noch die ursprüngliche Lage hatten und wie Schmetterlinge aussahen, wo die einzelnen Steinquader sich berührten.

Ich wußte nur von einem einzigen anderen Ort, wo ich diese besondere Art der Steinverbindung schon einmal gesehen hatte, und zwar am frühgeschichtlichen phönizischen Hafen von Byblos im Libanon. Die Steinblöcke des früheren Hafens, der vor dem jetzigen Hafen von Byblos knapp unter dem Wasser liegt, waren genau auf die gleiche Art miteinander verbunden, nur daß die bronzenen »Schmetterlingsverbindungen« dort noch in ihren ursprünglichen Halterungen steckten. Wer immer die Redin gewesen waren, die diese vernichtete *Hawitta* und das noch erhaltene Bad gebaut hatten, sie waren so zivilisiert gewesen, daß sie mit Kupfer oder Bronze umgehen konnten. Und sie mußten auf dem Seeweg Verbindung mit dem Festland gehabt haben, denn auf diesem Archipel aus Korallenatollen hat es zu keiner Zeit irgendeine Art von Erzen gegeben. Von den Phöniziern war nicht bekannt, daß sie über das Mittelmeer und den Atlantischen Ozean hinaus gesegelt wären, mit der einen Ausnahme der überlieferten gemeinsamen Umrundung Afrikas durch die ägyptisch-phönizische Flotte des Pharao Necho um etwa 600 v. Chr. Aber diese so charakteristische frühgeschichtliche »Schmetterlingsverbindung« war etwas so Besonderes, daß die maledivischen Redin sie woanders von kulturell hochstehenden Gruppen hatten lernen müssen, die direkt oder indirekt Kontakt zu den Phöniziern Kleinasiens hatten.

Loutfi hatte gehört, daß man auf dieser Insel einen steinernen Phallus jener Art gefunden hatte, die die Hindus *Lingam* nannten. Man hatte ihn, bevor man ihn zerstörte, vermessen; er soll 38 Zentimeter lang gewesen sein und an der Wurzel einen Durchmesser von 30 Zentimetern gehabt haben. Er fragte die Soldaten, ob sie von dieser Skulptur gehört hätten, und einer von ihnen erbot sich, uns die Stelle zu zeigen, wo sie gefunden worden war. Wir liefen quer über die Insel zu einer Stelle, wo noch heute eine große und hohe *Hawitta* lag, die eindeutig irgendwann in der Vergangenheit geplündert worden war, denn in der Mitte befand sich ein tiefer Krater. Am Fuß lag ein schön bearbeiteter, abgestufter Sockelstein mit einer quadratischen Vertiefung auf der Oberseite. Soweit der Soldat wußte, war das der Sockel des Steins gewesen, von dem Loutfi gehört hatte, die Grundplatte des *Lingams.*

Wir erlebten einen aufregend schönen Sonnenuntergang hinter den Palmen, bevor wir die Insel der Redin wieder verließen. Am nächsten Morgen, als die Sonne aufging, fuhren wir aus der Lagune wieder hinaus aufs offene Meer.

Kapitel 6

Die Ausgrabungen beginnen

Der verschüttete »Phallus-Tempel« auf Nilandu

Am Frühstückstisch lachten alle sehr über die nicht einer gewissen Ironie entbehrende Tatsache, daß wir diese hochinteressante Insel Ariyaddu ohne die Verspätung am Morgen überhaupt nie angelaufen hätten. Und hätte Loutfi nicht zufällig die Redin erwähnt, hätten wir uns vielleicht zum Besuch der bewohnten Insel entschlossen.

»Wer waren Ihrer Meinung nach die Redin?« fragte ich Loutfi, der vor Stolz strahlte, als er sah, wie begeistert wir über die Entdeckungen waren.

»Ich weiß es nicht«, antwortete er und lachte über das ganze Gesicht.

»Glauben Sie, daß es richtige Menschen waren?«

»Allerdings. Unsere Vorfahren behaupten, sie seien richtige Menschen gewesen«, erklärte Loutfi ernst.

Als wir das Frühstück beendet hatten, gingen die beiden Archäologen, Loutfi und ich nach oben zu Kapitän Pakar in das Ruderhaus. Die Navigationskarte lag ausgebreitet vor uns und der blaue Ozean ebenfalls. Wir befanden uns auf der Meeresseite der westlichen Reihe der Malediven.

»Wo möchten Sie das nächste Mal halten?« fragte Loutfi und spreizte den Stechzirkel auf der Karte bis hinunter zum Äquator.

»Kommen wir noch an anderen Inseln vorbei, wo die Redin gelebt haben sollen?« erkundigte ich mich.

»Natürlich«, erwiderte Loutfi und beugte sich über die Karte, bevor er es mir zeigte. »Hier«, sagte er, »bei Nilandu.«

Ich sah die beiden Archäologen an. Sie lasen meine Gedanken.

»Warum nicht?« meinte Arne Skjölsvold. »Machen wir auf Nilandu halt.«

Ich holte Hassan Manikus Auflistung der Malediven-Inseln. »Nilandhoo«, las ich vor. »Im Faaf-Atoll. Bewohnt. Östlich vom Inselmittelpunkt liegt eine Ruine mit einem Umfang von 44,5 Metern und einer Höhe von 1,2 Metern.« Die Insel barg auch noch andere frühgeschichtliche Ruinen und eine Moschee, die der erste Sultan der Malediven in den Jahren 1153 bis 1166 hatte erbauen lassen. Die Eintragung endete mit dem Satz: »Bei Grabungen wurden hier eine steinerne ›Kiste‹ mit einem leuchtendroten Pulver und eine goldene Statue gefunden.«

»Es war ein goldener Hahn«, ergänzte Loutfi. »Er wurde nach Malé gebracht, ist aber verlorengegangen.«

Um zehn Uhr vormittags warf die *Golden Ray* im offenen Meer vor dem Riff von Nilandu Anker. Wir wollten zumindest die Geschichte vom goldenen Hahn aus dem Munde der Einheimischen hören. Die Insel hatte ein Dorf, das nach Loutfis Angaben siebenhundertsechzig Einwohner hatte. Sie hatten uns bereits vom Strand aus entdeckt, und Loutfi informierte das Oberhaupt mittels des Funksprechgeräts von unserer Absicht, an Land zu kommen.

Ein *Dhoni* kam uns entgegen, um unser Beiboot durch das Riff und einen langen, seichten Kanal zu lotsen, aus dem man die in die Fahrrinne ragenden Korallen entfernt hatte. Das Wasser war kristallklar. Es wirkte klarer als die Luft, und die phantastischen Formen auf dem Grund zeigten sich uns wie unter einem Vergrößerungsglas. Wir bewunderten die Schönheit ringsum, während wir durch die Untiefen steuerten, die wie ein flaschengrüner Kranz dalagen und den goldgelben Strand der Palmeninsel vor dem Ansturm des himmelblauen Meeres hinter uns schützten, wo unser kleines Schiff vor Anker lag.

An der Spitze der Pier wurden wir mit herzlichem Händeschütteln vom Inseloberhaupt, seinem Stellvertreter und allen wichtigen Männern der kleinen Gemeinschaft begrüßt. Zuerst der übliche Austausch von Fragen nach dem Befinden und guten Wünschen nach Art der Araber. Dann gingen wir die Pier entlang zum Dorf. Loutfi gab jetzt die Fragen, die wir ihm bereits gestellt hatten, an einige ältere Männer weiter, die offenbar das Vorrecht hatten zu antworten.

O ja, es war jemand aus Malé gekommen, und man hatte drei steinerne Behälter mit Steindeckel ausgegraben. Sie waren zwischen 30 × 30 Zentimeter und 45 × 45 Zentimeter groß gewesen. Zwei hatte man ungeöffnet weggebracht. Aber ein Behälter wurde beim Öffnen beschädigt; er enthielt einen goldenen Hahn. Auch eine Metalltafel mit einer Inschrift wurde gefunden. Niemand konnte die Schrift lesen. Alles wurde nach Malé gebracht.

Loutfi war sichtlich verlegen, als er zugeben mußte, daß nichts von alldem in Malé war. Aber das Oberhaupt beschwor, daß niemand auf der Insel irgend etwas an sich genommen habe. Die offiziellen Unterlagen bewiesen nach seinen Worten, daß der goldene Hahn und die Metalltafel mit der Inschrift nach Malé gekommen waren. Er war bereit, uns die Stelle zu zeigen, wo diese steinernen Behälter ausgegraben worden waren.

Wir gingen vom Strandbereich zwischen Palmen hindurch und waren im Nu auf den breiten und bewundernswert sauberen Straßen des kleinen Dorfs. Hier an den Straßenrändern standen aufgereiht die Frauen und Kinder oder spähten hinter den Türen der kleinen Häuser vor. Als wollte er diese Neugier entschuldigen, erklärte das Oberhaupt Loutfi, daß seit sieben Jahren keine Fremden mehr auf der Insel gewesen seien.

Mir fiel bei alldem auf, daß wir die Beobachter am Straßenrand mindestens ebenso neugierig anstarrten wie sie uns. Einige Frauen und Kinder waren bemerkenswert schön. Nicht nur die jungen Männer unserer Gruppe waren hingerissen und bemerkten, daß einige dieser Frauen die schönsten seien, die sie je gesehen hätten. Da waren vor allem eine junge Frau, die auf einer Bank saß und seelenruhig ihre Wasserpfeife rauchte, und eine zweite, große mit langen, offenen Haaren, die mit einem Baby dastand, das sich an ihren Hals klammerte. Beide hätten an jedem Schönheitswettbewerb in jedem Land der Welt mit besten Siegesaussichten teilnehmen können. Keine zuckte auch nur mit der Wimper, als sich sämtliche Kameras auf sie richteten.

Selbstverständlich sahen nicht alle Menschen hier gleich gut aus, denn sie zeigten eine bemerkenswerte Vielfalt an körperlichen Merkmalen. Grundsätzlich muß man die Malediver nach internationalen Normen als gutaussehend bezeichnen. Aber die meisten von ihnen sind so ungewöhnlich klein, daß sie einem durchschnittlich großen Europäer nur bis zur Brust gehen und uns wie Zwerge vorkommen würden, wenn sie nicht stets sehr wohlproportioniert wären und daher auf uns wie Jugendliche wirken, bis sie älter werden.

Die meisten Bewohner sahen, wie in Malé, wie Singhalesen oder Inder aus. Unter den größeren gab es diejenigen, die für einen Araber, Juden, Äthiopier oder einen Angehörigen eines anderen Volksstammes aus Kleinasien oder Ostafrika hätten durchgehen können. Die wirklich schönen Frauen waren im allgemeinen groß und erinnerten eher an den hellhäutigen, europäischen Typ der Polynesierin als an den der benachbarten Regionen Südasiens. Anders als in Polynesien machten diese Frauen jedoch keinen Versuch, den Besucher mit ihrem weiblichen Charme zu bezaubern. Ihr moslemischer Glaube war stärker als jede Versuchung, und einem Fremden wäre nie erlaubt gewesen, ein maledivisches Mädchen zu umarmen, zumindest nicht, solange er nicht zum Islam übergetreten war. Abdul lachte angesichts dieser Tatsache und zog Saliya und Palitha, die Buddhisten, und Öystein Johansen, den Christen, auf, daß er hier der einzige wäre, der eine Chance bei den Frauen hätte.

Die Männer aus dem Ort, die uns begleiteten, beeilten sich, uns zu versichern, daß es hier auf der Insel keinerlei Skulpturen oder sonstige alte Gegenstände mehr gebe, doch ein unschuldig dreinblickender kleiner Junge, der neben uns herlief, bestritt dies und erzählte uns, daß er ein Stück von einer »Statue« habe, wie Abdul dolmetschte. Zum Schrecken der Erwachsenen rannte er fort und kam mit einem Stück zurück, das wie ein Fragment der Hals- und Schulterpartie einer Skulptur aussah. Der Junge zeichnete etwas in den Sand, das einer Büste ähnelte, und erzählte uns, daß so diese Figur ausgesehen habe, bevor er sie zerschlagen hatte.

Als wir ihm ein paar maledivische Münzen für seinen Mut gaben, uns sein Stück gezeigt zu haben, rannten auch andere Kinder los und kamen mit bearbeiteten Steinfragmenten wieder, die aber so bruchstückhaft waren, daß nur die Feststellung möglich war, daß sie nicht von der Natur so geformt worden waren und höchstwahrscheinlich auch von keinem Moslem. Da aber ungeachtet dessen alle Kinder ihre Belohnung bekamen, wurde das für die Erwachsenen zuviel, und ein Mann erschien mit einem großen Brocken, einem glatten, gewölbten Kalksteinfragment. Öystein Johansen bekam große Augen.

»Ein Phallusfragment!« rief er. »Ich habe meine Diplomarbeit über die frühgeschichtliche Verbreitung des Phallus geschrieben, und da kenne ich mich aus!«

Arne Skjölsvold war derselben Meinung, und Loutfi räumte ein, daß so etwa die Form und Größe des Lingams gewesen seien, das man auf Ariyaddu gefunden hatte, das aber verlorengegangen war. Die Skulptur war der Länge nach zerbrochen, und die eine Hälfte fehlte. Als wir den Inselbewohnern mit den Händen andeuteten, wo das fehlende Stück abgebrochen war, verschwanden zwei junge Männer in einem nahen Gebüsch, buddelten mit den Händen und kamen kurz darauf mit einem anderen großen Phallusfragment mit ähnlichen Ausmaßen zurück. Die beiden Stücke paßten nicht zueinander. Offenbar lagen hier noch mehrere Fragmente dieser Art herum.

Die Archäologen waren ganz aus dem Häuschen und wollten unbedingt in diesem Bereich graben. Diese zerbrochenen Skulpturen waren bestimmt Überreste irgendeines vormoslemischen Kults. Hier hatten wir einen konkreten Hinweis, der den Bericht Loutfis stützte, daß auf der letzten Insel, die wir besucht hatten, tatsächlich ein Lingam-Stein gefunden worden war, auch wenn er seither verschollen war, so daß man uns nur den bearbeiteten Sockel hatte zeigen können, der die weiblichen Teile darstellte. Falls dies die Bruchstücke von Lingam-Skulpturen waren, dann waren sie von gläubigen Hindus geschaffen worden, denn der Phallus-Kult, der bei den Moslems unbekannt war, hat nie in Verbindung mit dem Buddhismus gestanden. Da wir in der

Museumskammer sowohl Hindu-Skulpturen als auch Buddha-Figuren entdeckt hatten, waren wir alle überzeugt, daß unsere neuen Entdeckungen hinduistische Phallus-Skulpturen darstellten.

Loutfi war mit der Anregung der Archäologen einverstanden, gleich hier mit der Arbeit zu beginnen. Er empfahl, ein oder zwei Tage auf dieser Insel zu bleiben, um das Gebiet zu erkunden. Es sprach nichts dagegen, und so beschlossen wir, gleich zu beginnen.

Nur ein paar Schritte entfernt befand sich ein Erdhügel, der wahrscheinlich kaum jemandem aufgefallen wäre, da er dicht bewachsen war, wenn uns die Inselbewohner nicht berichtet hätten, daß dort die Steinbehälter mit dem goldenen Hahn gefunden worden waren. Wir baten das Inseloberhaupt, uns ein paar Männer zur Verfügung zu stellen, die uns halfen, den flachen Hügel von allem Unterholz zu befreien. Er erklärte, daß er morgen so viele Männer zusammenrufen würde, wie wir brauchten, daß er uns aber jetzt gleich zwanzig Frauen stellen könnte, um die Sträucher zu entfernen. Im nächsten Augenblick stürmte eine Schar barfüßiger Frauen in ihren langen, bunten Gewändern mit Macheten in das Dickicht, hieben nach links und rechts und zogen die langen, belaubten Zweige heraus.

Schon bald lag die ganze Fläche bis auf die großen Bäume und Palmen frei vor uns, in der Mitte der Hügel, wo man den goldenen Hahn gefunden hatte. Das Ganze schien nichts als ein Haufen aus hellem Sand zu sein. Am Fuß erkannten wir das frischgegrabene Loch im Boden, wo die beiden Männer das phallusartige Fragment ausgebuddelt hatten. Wir hielten sie davor zurück, noch irgend etwas anzurühren, da allein die Archäologen die Ausgrabungen durchführen sollten.

Von den Inselbewohnern bekamen wir einige Spulen feine Kokosschnur. Dann steckten die Archäologen den Bereich ab, in dem sie graben wollten, und grenzten ihn mit einer strammgespannten Schnur ein. Und kaum hatten sie angefangen, mit ihren Kellen den lockeren Sand wegzuräumen, schon stießen sie auf bildhauerisch bearbeitete Steine, die sie sauberfegten und als Fragmente weiterer phallusartiger Darstellungen bestimmten. Eins, das man aus dem Boden

---

Unterwegs zu neuen Abenteuern auf noch unerforschten Inseln am Äquator – der Autor (links) und Åke Karlson als Passagiere auf einem maledivischen Dhoni. *Hinter Åke erkennt man das abmontierte Bugteil des Schiffes, das die Mannschaft abgebaut hat, da es keinen praktischen Nutzen hat. Seit undenklichen Zeiten war es eine traditionelle Zierde in der maledivischen Schiffsbaukunst, die Schiffsbauexperten sehr an den papyrusförmigen Bug der ägyptischen und phönizischen Holzschiffe erinnerte.*

holte, paßte, wie sich herausstellte, genau zu jenem Bruchstück, das uns die Insulaner als erstes gebracht hatten. Als wir die beiden Stücke aneinanderhielten, war die Skulptur vollständig, nicht ein einziger Splitter fehlte. Es war ein perfekt geformter, geglätteter Phallus. Eine falsche Deutung war ausgeschlossen, denn die Skulptur hatte an der Spitze ein kleines Loch und einen Ring am Schaft, was auf die Beschneidung hinwies.

Die Grabung förderte noch weitere Phallusfragmente zutage, zwischen denen auch einige seltsame Kalksteinskulpturen lagen, die die Gestalt der eigenartig unterteilten Türme hatten, wie sie typisch für die Spitzen der buddhistischen Stupas wie auch der Hindu-Tempel waren. Sie sahen wie Schirme oder Pilze aus, die aufeinanderstehen und nach oben immer kleiner werden. Wir beschlossen, diese Skulpturen »Schirmtürme« zu nennen, als wir merkten, daß sie in diesem Graben fast ebenso oft vorkamen wie die Phallus-Symbole.

Kleine Türme dieser Art wurden im alten Asien oft als Weihgeschenke vergraben. Aber das war hier nicht der Fall gewesen. Im Gegenteil. Wie die Phalli waren sie zerbrochen und als unerwünschte Gegenstände weggeworfen worden. Das ging daraus hervor, daß diese Bruchstücke so völlig durcheinanderlagen; man hatte sie einfach weggeworfen, um sie später mit Sand zuzuschütten.

Als die Arbeit dieses Tages beendet war, hatten wir aus dem einen Graben fünf Phallus-Skulpturen geborgen, von denen zwei vollständig waren und auf einem kurzen zylindrischen Fundament standen. Aber wir wußten, daß wir noch mehr finden würden, wenn es morgen mit der Arbeit weiterginge.

Bevor wir jedoch die Grube verließen, erfuhren wir von den Einheimischen noch, daß der flache Hügel, wo der goldene Hahn gefunden

---

Oben: *Die flachen Atolle der Malediven bergen viele archäologische Überreste von hohem Alter, von denen viele von See aus schon aus großer Entfernung auszumachen sind. Doch die Archäologen haben die Inseln nicht beachtet, weil allgemein die Meinung vorherrschte, die Schiffahrt auf dem offenen Meer habe erst mit Kolumbus begonnen, so daß also in frühgeschichtlicher Zeit niemand die Malediven hätte erreichen können.*

Unten: *Als wir den Dschungel rodeten und am Fuß eines großen Hügels gruben, entdeckten wir, daß er von Menschenhand stammte. Unter der Erdoberfläche stießen wir auf astronomisch ausgerichtete Mauern, die einmal zu einem pyramidenartigen Bauwerk gehört hatten, das mit verzierten Kalksteinblöcken verkleidet und mit Korallentrümmern gefüllt war. Die Archäologen untersuchen die ausgegrabene Erde, und Mikkelsen holt Topfscherben aus dem Sieb.*

worden war, *Fua Mathi* genannt wurde, was soviel wie »Hodenhöhe« hieß.

Während wir alle die phallusartigen Steine zuerst ohne zu zögern als Lingam-Skulpturen angesehen und die »Hodenhöhe« für die Überreste irgendeines Fruchtbarkeitstempels gehalten hatten, zeigte sich Arne Skjölsvold sehr beeindruckt von den vielen kleinen »Schirmtürmen«, die wir bei den phallusartigen Steinen gefunden hatten, und mahnte zur Vorsicht. Steine wie diese hatten die Archäologen auch auf Sri Lanka gefunden, und dort stellte der phallusförmige Stein mit dem »Schirmturm« darauf eine Kleinstupa dar.

Die »Hodenhöhe« war aus sehr schön zugehauenen Steinen erbaut worden, aber als der erste Sultan von Malé den Islam einführte, waren diese heidnischen Bauwerke ausgeschlachtet worden. Die bearbeiteten Steine wurden für den Bau der nahen Moschee verwendet, die die zweitälteste auf den Malediven war. Die älteste war diejenige, die derselbe Sultan auf Malé hatte errichten lassen.

Während die Archäologen die Grabungsfunde des heutigen Tages katalogisierten, machte ich mit Loutfi noch einen kurzen Abstecher zu dieser Moschee. Sie war groß und in jeder Beziehung ziemlich pompös für eine so kleine Gemeinde von nur siebenhundertsechzig Seelen. Im Innern war die Moschee mit schön geschnitzten Hartholzarabesken verziert, die noch aus der ersten Bauphase von vor gut achthundert Jahren stammten. Sicher hätten die Einheimischen heute nicht mehr ein solches Gotteshaus erbaut. Die Mauern waren zum Teil wunderschön und aus genau zugehauenen Steinblöcken erheblicher Größe zusammengesetzt. Einige Abschnitte waren genauso wiederaufgebaut worden wie im ausgeschlachteten Tempel, und das Ergebnis war erneut jene einzigartige Mauerbautechnik, die uns auf Fua Mulaku die ersten Fingerzeige gegeben hatte. Die erste Moschee war, wahrscheinlich in Rekordzeit, auf sehr bequeme Art gebaut worden, indem man die fertigen Blöcke aus einem nichtmoslemischen Tempel holte.

Die Archäologen waren überwältigt von den Funden des ersten Tages. In Norwegen gruben sie manchmal eine ganze Saison und waren am Ende froh, wenn sie soviel fanden. Hier, auf einem Atoll im Indischen Ozean, waren sie bei einer Testgrabung sofort auf all diese phallusartigen Skulpturen oder Stupas und »Schirmtürme« gestoßen, die jetzt aufgereiht neben dem Graben lagen.

Öystein Johansen, der aus purem Zufall ein Phallus-Experte war und wußte, wie selten solche Objekte in Europa waren, strahlte buchstäblich. Und Loutfi war nicht weniger befriedigt und erstaunt. Erst ein einziges solches Lingam war bisher auf den Malediven entdeckt worden, und das war verlorengegangen. Hier lagen fünf vor uns, die bereits numeriert und für das Museum in Malé reserviert waren.

Angesichts dessen, daß diese so lange verborgenen seltsamen Gegenstände nicht nur geduldet wurden, sondern uns alle in Begeisterung versetzten, fingen selbst die Bewohner von Nilandu an, sich mit uns zu freuen. Das mußte gefeiert werden, und zwar nicht nur mit Kokosmilch, sondern auch mit etwas, das Auge und Ohr erfreute. Auf der Hauptstraße des Dorfes standen die hübschen kleinen Mädchen der Insel aufgereiht zum Tanz. Das lange, schwarze Haar fiel ihnen über die makellos weißen Schulkleider mit den blauen Halstüchern. Ein Mann und ein Mädchen hockten mit geschnitzten Trommeln aus Kokosholz, die mit Rochenhaut bespannt waren, vor ihnen. Als wir kamen, begannen sie mit einem rhythmischen Trommeln, zu dem die Mädchen ein lebhaftes Lied sangen und tanzten. Es herrschte eine richtige Südseeatmosphäre, die die Zuschauer aus dem Dorf ebenso genossen wie wir. So endete ein erfolgreicher Tag, der erste Tag archäologischer Ausgrabungen auf den Malediven.

Bevor wir zurück an Bord gingen, liefen Björn und ich voraus, um uns kurz in dem kristallklaren Wasser zwischen Strand und Riff zu erfrischen. Aber Björn war mit einem Schrei ebenso schnell wieder draußen, wie er hineingesprungen war. Irgend etwas hatte ihn so schwer verletzt, daß er mehrere Tage Schmerzen und eine langwierige Wunde am Arm hatte. Er erspähte das Tier und entdeckte ein zweites, das an den Strand gespült worden war. Es sah aus wie eine Kristallvase, die mit dem Boden nach oben im Wasser trieb und deren Rand zu scharfen Zähnen von brauner Färbung ausgebrochen war, als hätte man sie in Farbe getaucht. Es tat offenbar entsetzlich weh, und der Medizinmann des Dorfes kam mit einem Gebräu aus Kräutern, das die Schmerzen lindern sollte. *Tatun Fulhi,* erklärten die Einheimischen, was Abdul mit »scharfkantige Flasche« übersetzte. Das war der hiesige Name für dieses eigenartige bleiche Hohltier, das eine teuflische Verwandte der Seenessel zu sein schien und einem Verletzungen mit dem giftigen, gezackten Rand beibrachte.

Am nächsten Morgen waren wir früh an Land, um die Ausgrabungsstätte mit einem Kokosseil einzuzäunen. Während der eine Archäologe weiter an der begonnenen Kampagne arbeitete, wo noch mehr Phallus-Fragmente und »Schirmtürme« zum Vorschein kamen, steckte der andere einen zwei Meter breiten Graben quer über den flachen, runden Hügel aus weißem Sand ab. Diese Erhebung sah nicht nach einer *Hawitta* aus, und die Inselbewohner bezeichneten sie auch nicht so. Für sie war es *Fua Mathi,* die Hodenhöhe.

Arne Skjölsvold hatte erst knapp zwei Stunden vorsichtig gegraben und gekratzt, ohne etwas anderes als reinen, weißen Sand entdeckt zu haben, als er plötzlich rief, er sei auf einen bearbeiteten Stein gestoßen.

Eine Seite war verziert und kanneliert. Aber viel interessanter war, daß daneben ein weiterer Stein der gleichen Art erschien, und dann noch einer und noch einer.

Öystein Johansen ging zu ihm, und beide kratzten und fegten und hatten bald den oberen Teil einer geraden Steinmauer freigelegt. Sie gruben weiter und entdeckten unter der ersten Steinlage eine zweite und dann eine dritte. Und noch eine. Öystein Johansen holte seinen Kompaß heraus und verkündete mit aufgeregter Stimme, daß diese Mauer astronomisch ausgerichtet sei und genau von Osten nach Westen verlaufe.

Die Archäologen gruben die Mauer entlang in beiden Richtungen weiter, bis sie an beiden Enden auf Ecksteine stießen. Von dort lief jeweils eine Anschlußmauer nach Süden. Wir vermuteten, daß das Bauwerk quadratisch war, und da die nördliche Mauer, die wir freigelegt hatten, 10,5 Meter lang war, gruben wir 10,5 Meter südlich der Nordwestecke eine Grube und stießen ganz genau auf die Stelle, wo die westliche Mauer endete und die südliche anfing. Wir hatten ein quadratisches, nach der Sonne ausgerichtetes Bauwerk entdeckt.

Überrascht stellten wir jedoch fest, daß diese Mauer nicht gebaut worden war, einen Innenraum zu umschließen; sie war nicht der Teil eines Hauses. Die Außenseite der Mauer war sehr schön herausgearbeitet, die Innenseite dagegen war rauh, unregelmäßig und nicht bearbeitet. Offensichtlich war nie beabsichtigt gewesen, daß irgend jemand das Innere dieses Bauwerks sehe. Es war schon immer mit Sand gefüllt gewesen, massiv wie eine mesopotamische Pyramide. Das ergab sich auch aus der Tatsache, daß innerhalb der Mauer nichts als Sand gefunden wurde, wohingegen wir außerhalb die verschiedensten bearbeiteten Steine fanden, die heruntergefallen waren, als das Bauwerk noch höher gewesen war.

Aufgrund unserer Erfahrungen mit einem ähnlichen Hügel auf Gaaf-Gan war ich so überzeugt, daß wir auf ein weiteres, nach der Sonne ausgerichtetes Bauwerk im Stil einer Zikkurat gestoßen waren, daß ich bereit war, meinen Hut zu verspeisen, wenn wir nicht genau in der Mitte einer der Außenwände irgendeine Rampe fänden. Wir hatten schon damit begonnen, die westliche Mauer von der Nordwestecke her freizulegen, und stießen dort auf eine sehr schöne zweite Mauer aus großen, quadratisch zugehauenen Steinen, die rechtwinklig außen von der Hauptmauer abging. Aber diese Mauer war nur vier Meter von der Ecke entfernt, lag also nicht genau in der Mitte, wie ich unterstellt hatte, denn die Hauptmauer war ja 10,5 Meter lang, wie wir festgestellt hatten. Außerdem war sie für eine Rampe zu schmal; sie konnte aber sehr wohl die Mauer eines benachbarten Bauwerks sein.

Ich war so stolz auf meinen herrlichen blauen Filzhut aus Nepal, den

Björn mir geschenkt hatte, und hatte keine Lust, ihn zu verspeisen. Ich vermutete, daß wir womöglich eine der beiden Stützmauern einer breiten Kultrampe gefunden hatten, die wie das Bauwerk selbst mit Sand aufgefüllt gewesen war. Da diese Mauer genau vier Meter von der nordwestlichen Ecke entfernt war, markierte ich mit einem Stock die gleiche Entfernung von der Südwestecke aus. Hier, dessen war ich sicher, würden wir auf die andere Seite einer genau in der Mitte liegenden Rampe stoßen. Zwanzig Minuten später konnte ich vermelden, daß ich meinen Hut nicht verzehren mußte. Mit fortschreitender Arbeit kam die zweite Mauer der Rampe zutage, genau dort, wo ich es angegeben hatte.

Etwa zur gleichen Zeit fand Öystein Johansen ein äußerst bemerkenswertes Kalksteinfragment, bei dessen Anblick er einen Freudensprung machte. Es lag zwischen den anderen, die irgendwann von weiter oben heruntergefallen waren, an der Außenseite der Mauer.

»Das ist klassische Architektur«, rief er. »Dieser Stein ist mit, wie die Griechen es nannten, *Triglyphen* und *Metopen* verziert!«

Wir bestaunten das große Fragment. Es war tatsächlich mit einem bekannten klassischen Muster verziert, das die Griechen aus dem Nahen Osten des Altertums übernommen hatten. Unter einem vorstehenden Wulst war es hochreliefartig mit einem zinnenartigen Ornament mit sich abwechselnden rechteckigen Knäufen und Kerben versehen.

»Auf diesem massiven Hügel oder dieser Pyramide muß ein Tempel gestanden haben«, erklärte Öystein Johansen. »*Triglyphen* und *Metopen* finden sich nur am oberen Rand oder dem Gebälk von Bauwerken.«

Loutfi und unser äthiopisch aussehender Verbindungsmann Kela Maniku waren sichtlich beeindruckt von dem kunstvollen Entwurf des Mauerprofils, das wir in der Erde entdeckt hatten und das selbst für die Inselbewohner eine große Überraschung war.

Die Vorderseite der Mauer bestand aus neun Reihen bearbeiteter Steine in einer komplizierten Anordnung aus Stufen und Vorsprüngen. Die drei untersten Reihen sprangen stufenförmig vor und bildeten die Plinthe oder den Sockel des gesamten Bauwerks, auf dem sich dann senkrecht die Mauer erhob. Aber die vier obersten Reihen waren kunstvoll kanneliert und unterschiedlich abgerundet, wobei die oberste Reihe die darunter liegende simsartig überragte, wie der Bug eines Bootes. Die obere Fläche dieser vorspringenden höchsten Reihe war geglättet und stellte sicher den Boden einer ersten Terrasse oder Plattform dar. Insgesamt machte das Bauwerk einen äußerst stilvollen und nachhaltigen Eindruck.

Als wir Loutfi und einige Inselbewohner fragten, welche Gestalt der nicht mehr vorhandene obere Teil dieses Bauwerks ihrer Meinung nach gehabt habe, zeichnete Loutfi den Längsschnitt und die Draufsicht einer Stufenpyramide mit einem kleinen Kuppeltempel darauf. Diese Annahme beruhte ohne Frage auf den gestuften Überresten einiger derartiger Ruinen, die diese Insulaner irgendwo auf den Malediven gesehen oder von denen sie gehört hatten.

Das einzige, was die Archäologen allerdings aufgrund der noch bestehenden Zeugnisse bestätigen konnten, war, daß das, was wir freigelegt hatten, die nach der Sonne ausgerichteten Überreste eines quadratischen, stufenförmigen, mit Steinen eingefaßten und Sand gefüllten Bauwerks waren, zu dem an der westlichen Mauer eine zentral gelegene Rampe führte. Die geglätte Oberfläche der obersten Steinreihe markierte das Ende der ersten Terrasse, aber den Steinen und dem Sand nach zu urteilen, die auf allen Seiten heruntergefallen waren, mußte das Bauwerk noch einen sandgefüllten Aufbau gehabt haben. Die Menge des Sandes deutete darauf hin, daß noch mindestens eine oder mehrere massive Terrassen auf der noch verbliebenen standen, und der mit den *Triglyphen* und *Metopen* verzierte Stein ließ darauf schließen, daß oben auf dem Bauwerk ein überdachter Tempel gestanden hatte, wie Loutfi es aufgezeichnet hatte.

Am vierten Tag unserer Ausgrabungen wurde unsere Arbeit für Loutfi und Kela Maniku allmählich eintönig, so daß sie mehr Zeit bei den Männern im Dorf als bei uns verbrachten. Kurz vor Mittag dieses Tages tauchten sie plötzlich wieder auf und gingen direkt zur freigelegten Steinmauer. Sie sahen sich die Profile noch einmal genau an und kamen dann zu mir. Mit einem geheimnisvollen Lächeln vertraute Loutfi mir an, daß sie seit gestern sehr viel nachgedacht hätten. Sie hatten die letzte Nacht im Dorf verbracht. Alle Alten im Dorf hatten ihnen erzählt, sie hätten von ihren Vorfahren gehört, die es wiederum von den ihren erfahren hätten, daß es auf dieser Insel früher sieben heidnische Tempel gegeben habe. Und diese sieben Tempel seien von sieben Mauern mit sieben Toren umgeben gewesen. Der größte dieser Tempel war höchstwahrscheinlich der, den Mohammed Ibn Abdullah, der erste Sultan, in die erste Moschee umgewandelt hatte. Sie regten daher an, noch einmal einen Blick auf diese älteste Moschee der Insel zu werfen.

Völlig richtig. Wir hatten zu Anfang gesehen, daß diese erste Moschee mit wiederverwendeten Steinen erbaut worden war. Loutfi und Kela Maniku wiesen uns jetzt darauf hin, daß die Fundamentmauern dieser Moschee genau die gleichen Profile hätten wie die Mauern des Tempels, den wir jetzt freigelegt hatten.

Die Moschee war auf einer alten Grundmauer erbaut worden, die zwölf Meter lang war und damit größer als das Fundament, das wir unter dem *Fua-Mathi*-Hügel ausgegraben hatten und das 10,5 Meter gemessen hatte. Unsere beiden maledivischen Freunde jubelten. Der erste Sultan hatte tatsächlich die Grundmauern des größten der sieben Tempel für das Fundament seiner Moschee gewählt, und irgendwo hier im Wald lagen offenbar die Stätten der fünf anderen vormoslemischen Tempel.

Wir hatten unseren aufgeweckten Freunden Anerkennung zu zollen für ihre genauen Beobachtungen. Als wir die Moschee jetzt näher untersuchten, fanden wir sogar den eindeutigen Beweis für das ehemalige Vorhandensein einer Rampe. Sie war in die Grundmauer eingelassen, später aber wieder entfernt worden, als der Tempel in eine Moschee mit Stufen umgewandelt wurde, die an der Schmalseite zu einer Eingangstür hinaufführten.

Eine Mauer war ganz aus einfachen Steinen neu gebaut worden, da der ursprüngliche Tempel offenbar quadratisch und zu groß für die Zwecke des Sultans gewesen war.

Wir überprüften das Fundament der Moschee mit unserem Kompaß. Es war astronomisch richtig ausgerichtet, von Nord nach Süd und Ost nach West; von einer Ausrichtung nach Mekka keine Spur. Zur Stunde des Gebets nahmen wir uns die Freiheit heraus, zu den Gläubigen hineinzuspähen, die in die Moschee strömten. Es war ein komisches Bild. Sie knieten schräg zur hinteren Mauer, mit dem Gesicht Richtung Mekka, wie es ein Moslem machen sollte. Sie mußten sich über die Tatsache hinwegsetzen, daß die Moschee nicht nach Mekka zeigte, wie es jede Moschee sollte.

Nach dieser eigenartigen Beobachtung fragte ich Loutfi, wie es bei der ersten Moschee auf den Malediven sei, die derselbe Sultan auf Malé hatte erbauen lassen. Knieten sich die Gläubigen in jener Moschee auch schräg zur hinteren Mauer auf den Boden?

Loutfi brauchte nur eine Sekunde nachzudenken und fing dann an zu lachen. Ja, auf Malé war es tatsächlich genau die gleiche Situation. In einigen sehr alten Moscheen auf den Malediven hatte man sogar diagonale Linien auf den Boden gemalt, die den Gläubigen zeigten, in welche Richtung sie sich dem Koran gemäß zu knien hatten.

Als ich ihn fragte, warum niemand das vorher komisch gefunden habe, gestand Loutfi, daß er selbst auch verwirrt gewesen war, aber man hatte ihm gesagt, die Menschen hätten in früheren Zeiten nicht soviel von Erdkunde verstanden und nicht immer genau gewußt, in welcher Richtung Mekka lag. Offensichtlich kannten sie sich aber in Geographie doch genug aus, um genau angeben zu können, wo Ost und West lagen. Anscheinend hatten sich die Erbauer dieser ersten Grundmauern mehr für die Sonne als für Mekka interessiert.

Östlich der Moschee hatte man durch den unbewohnten Wald eine breite Schneise hinunter zum etwa 300 Meter entfernten Strand der Lagune geschlagen. Sie war so breit wie eine Prachtstraße, mit dem weißen Sand vom Strand bedeckt und wurde von jeglichem Unkraut freigehalten. Den Zweck dieser breiten Schneise hat uns nie jemand erklärt. Sie schien für feierliche Prozessionen von der Moschee zur Lagune gedacht zu sein, falls so etwas jemals stattfand. Direkt vor der Moschee, wo diese breite Straße mündete, stand ein kleiner Pavillon, der diese Straße zu blockieren schien, bis wir ihn näher in Augenschein nahmen und feststellten, daß er an beiden Seiten offen war. Es war eine Art Prachttor aus gewaltigen Steinplatten, die so glatt wie eine Tischplatte waren. Auf beiden Seiten befanden sich Steinbänke, und das Dach wurde von Säulen aus Hartholz getragen, dem gleichen knochenharten Holz, aus dem die Schnitzereien im Innern der Moschee waren, wenngleich einige von ihnen deutliche Brandspuren zeigten.

Die Dorfältesten hatten Loutfi erklärt, daß dies als einziges von den sieben Toren aus vormoslemischer Zeit übriggeblieben sei. Wie auf Nilandu üblich, hatte man die anderen Tore nicht nur verbrannt, sondern dem Erdboden vollkommen gleichgemacht. Dieses Tor war als einziges stehen geblieben.

Die Dorfältesten zeigten daraufhin, wo zumindest einige der sieben Mauern gestanden hatten, und Loutfi fragte, ob die Archäologen die Inselbewohner anleiten könnten, versuchsweise ein paar Gruben zu graben, um zu sehen, ob noch irgend etwas da war. Als die Gräben im lockeren Sand ausgehoben wurden, entdeckten wir in allen Fällen die Überreste von Steinmauern dort, wo sie den Angaben nach gestanden haben sollten, und alle verliefen ausnahmslos von Ost nach West oder Süd nach Nord. Einige waren offenbar sehr schön mit dekorativen Simsen verziert gewesen.

Wir fanden Hunderte gleichgeformter Steine, die kleiner als eine Faust und auf beiden Seiten abgeplattet waren, deren Vorderseite aber stark über einen vorstehenden Rand gewölbt war. Die Rückseite war unbearbeitet, und wahrscheinlich hatten sich diese schmückenden Bossen im Abstand ihrer eigenen Größe auf einem durchgehenden, mit Zinnen versehenen Fries befunden, der um die Mauern lief. Was die Dinge jedoch komplizierte, war, daß einige dieser begrabenen Mauern Blockbruchstücke mit Formen aus früheren Tempeln enthielten, die man niedergerissen hatte, einige sogar skulptiert mit *Triglyphen* und *Metopen,* wie diejenigen, die vom Tempel auf der »Hodenhöhe« gefallen waren. Die Erbauer der sieben vormoslemischen Mauern hatten demnach schon Tempel bauende Vorläufer mit einer vermutlich anderen Religion gehabt. Wieder hatten wir hier den Beweis, daß die

Malediven eine komplizierte Vergangenheit hatten, die lange vor der Einführung des Islam begann.

Wo dieses große Tempelgebiet endete, fiel das Gelände böschungsartig ein, zwei Meter ab, genau dort, wo die ersten Häuser des Dorfes standen. Die Einheimischen nannten das Gebiet *Faru Mathi,* was Loutfi mit »Oberteil der Mauer« übersetzte.

Ein ständiger Beobachter unserer Arbeit war Ahmed Moossa Domaniku, ein hochgewachsener, schmächtiger Mann mit kantigem Gesicht und einer schmalen Hakennase. Domaniku war das ehemalige Inseloberhaupt von Nilandu und selbst der Sohn eines Oberhaupts. Er wollte, daß wir an einer bestimmten Stelle der breiten Sandschneise grüben, direkt vor der Moschee. Sein Vater hatte einmal dort gegraben,um Wasser von der Moschee wegzuleiten, und war dabei auf einen steinernen Behälter mit einem Deckel gestoßen. Er enthielt Ockerfarbe und ein glänzendes Weißmetall. Auch ein, wie er es nannte, Stück Blei mit einer Inschrift habe daringelegen. Damals, so erklärte Domaniku, glaubte man noch, daß schwarze Magie wichtig für die Insel sei, und so hatte sein Vater den Behälter samt Inhalt wieder an derselben Stelle vergraben. Leider konnte Domaniku sich nur noch ungefähr an den Ort erinnern, so daß eine Grabung nichts erbrachte.

Da Loutfi Domaniku für einen der bestinformierten Männer auf Nilandu hielt, fragte ich Domaniku, ob er etwas von anderen Inselbewohnern wüßte, die in vormoslemischer Zeit hier gelebt hätten. Domaniku bejahte. Er hatte von den Redin und Holin gehört. Von den Redin wußte er nur, daß sie große Baumeister gewesen und als erste hier waren. Die Holin hatten später hier gelebt. Sie waren sogar mit Schiffen zurückgekehrt und hatten versucht, die Malediver zu überwältigen und ihre eigene Religion wiedereinzusetzen, nachdem Nilandu zum Islam bekehrt worden war. Aber die Holin wurden abgewehrt und mußten sich in ihr eigenes Land zurückziehen.

Ich fragte, wo die Holin lebten, und bekam zur Antwort, daß sie als Holin wahrscheinlich im Land der Holin lebten. Domaniku wußte nur noch, daß sie Standbilder verehrten und keine Moslems waren.

Nach Domanikus Worten waren die Holin Buddhisten gewesen, doch hier schaltete sich Loutfi ein und erklärte, daß man hier alle Nichtmoslems Buddhisten nenne. Von Menschenfressern hatte Domaniku nie etwas gehört, aber er wußte, daß es irgendwelche »Verbindungen« zwischen den Maledivern und den Bewohnern von Azékara gebe. Einige Malediver heirateten sogar nach Azékara. Die Leute von Azékara kamen mit Textilien, Töpferwaren, Geschirr und »Eßwaren« nach Nilandu, die sie gegen Kauri-Schnecken, getrockneten Fisch und Kokosseile eintauschten.

Während einige Männer von der Insel Testgräben anlegten und nach den Überresten der sieben Mauern und den Schätzen von Domanikus Vater suchten, schleppte ein anderer Insulaner die obere Hälfte eines seltsamen Grabsteins an, den er uns zeigen wollte. Die moslemischen Grabsteine sind flach, haben bei den Frauen ein rundes Oberteil und bei den Männern in der Mitte eine Spitze. Der Grabstein, den dieser Mann brachte, hatte jedoch drei Spitzen nebeneinander. Er war sehr alt und von der Erosion stark mitgenommen. Unsere Freunde aus Malé hatten noch nie moslemische Grabsteine dieser Art gesehen. Selbst die Inselbewohner erklärten, daß dies kein moslemischer Grabstein sei.

Der Mann, der uns den Stein gebracht hatte, war bereit, uns zu zeigen, wo er ihn gefunden hatte. Er führte uns sehr lange über einen breiten Weg mitten durch einen außergewöhnlich schönen Wald aus Kokos- und Areka-Palmen, zwischen denen Brot- und andere große Dschungelbäume standen. Wir mußten schon an der anderen Seite von Nilandu sein, als er uns durch ein Dickicht aus *Ahi*-Sträuchern kriechen ließ. Loutfi erklärte uns, daß *Ahi* gern zum Herstellen von rotem Farbstoff genommen werde.

In diesem Dickicht kamen wir an eine Stelle, wo gerade noch die oberen Enden von Grabsteinen aus dem Boden ragten. Einige hatten das bei den Moslems übliche Aussehen, aber viele hatten oben drei, manche sogar fünf Spitzen, fast wie bei einer Krone. Niemand hatte eine Erklärung. In Ermangelung besserer Vorschläge warf ich ein, daß die mehrspitzigen Grabsteine vielleicht zu Gräbern von Toten gehörten, die mit einer anderen Religion aufgewachsen waren, aber vor ihrem Tod zum Islam bekehrt wurden. Das war zwar reine Spekulation, aber der Friedhof war sehr alt und konnte durchaus aus der Zeit stammen, als der Islam eingeführt wurde.

Wir waren gerade zu unserer Grube bei der »Hodenhöhe« zurückgekehrt, wo immer neue phallusartige Steine zum Vorschein kamen, als aus dem Dorf die Kunde zu uns drang, daß das *Dhoni* des Atoll-Oberhaupts soeben von der Insel Magudu kommend eingetroffen sei. Das Atoll-Oberhaupt war im maledivischen Gemeinwesen ein sehr bedeutender Mann, da er von der Regierung in Malé bestimmt wurde. Offensichtlich hatte das Oberhaupt von Nilandu das Atoll-Oberhaupt mit seinem kleinen Funkgerät von unseren Funden unterrichtet.

Kurz darauf erschien, begleitet vom Oberhaupt der Insel und anderen Männern aus dem Dorf, ein breitschultriger Mann mit jovialem Gesicht und einer Melone. Seine Augen blinzelten fröhlich, und mit seiner runden, geröteten Nase hätte man ihn für einen Jünger des Bacchus halten können, wenn er nicht Moslem gewesen wäre und in seinem Leben wahrscheinlich noch nicht einmal ein Glas Bier getrunken hatte. Er begrüßte uns mit einem freundlichen Tippen seines Fingers an seine Melone.

Arne Skjölsvold hatte gerade einen großen, vollständig erhaltenen phallusförmigen Stein ausgegraben, den er hochhob und an den Rand der Grube setzte, wo er ihn mit seiner kleinen Bürste von der Erde befreite.

»Gefällt er Ihnen?« fragte er höflich und blickte dabei zum Atoll-Oberhaupt hoch.

Der rieb sich einen Augenblick die Nase und antwortete dann über den Dolmetscher:

»Nein. Aber vielleicht würde er meiner Frau gefallen.«

Aufgrund der spontanen Reaktion der Umstehenden gab es keinen Zweifel, daß diese Leute wußten, was die Skulptur darstellte.

Von seiner eigenen Insel konnte das Atoll-Oberhaupt mit seinem stärkeren Funkgerät Verbindung mit Malé aufnehmen. Nachdem er uns verlassen hatte, erreichte uns aus dem Dorf die Nachricht, daß inzwischen ein schnelles Regierungsboot mit dem Minister der Atoll-Verwaltung an Bord aus Malé eingetroffen war. Er war der Bruder des Präsidenten und eines der fünfzehn Mitglieder des Nationalrats zur Erforschung von Sprache und Geschichte. Seine Exzellenz Abdullah Hameed kam, um unsere Funde zu begutachten, und er war verblüfft, als er sah, was wir aus der Erde geholt hatten. Bis jetzt hatten wir die Fragmente von dreiundzwanzig phallusartigen Skulpturen freigelegt, außerdem eine Vielzahl von »Schirmtürmen«, Steinscheiben mit Sokkel, skulptierten Steinen und Platten mit verschiedenen, sehr geschmackvollen Mustern.

Als der Minister uns wieder verließ, war er sichtlich zufrieden mit dem, was er gesehen hatte. Nichts war geplündert oder zerstört worden; ganz im Gegenteil war den *Hawittas,* um die sie so besorgt gewesen waren, wie ihm schien, offensichtlich eine neue hinzugefügt worden. Bevor der Minister zu seinem Schiff zurückkehrte, erklärte er Loutfi, daß dieser uns erlauben könne zu graben, wo immer wir wollten.

Wir waren alle so erfüllt von den unerwarteten Entdeckungen im Tempelkomplex von Nilandu, daß wir fast vergessen hatten, daß wir ja zum Äquatorkanal wollten. Fünf Tage hatten wir bereits auf einer Insel verbracht, wo wir überhaupt nicht hatten graben wollen, und einen Monat konnten wir insgesamt nur mit den beiden Archäologen und der *Golden Ray* rechnen. In diesem bedeutenden frühgeschichtlichen Kultzentrum hätten fünf Archäologenteams fünf Jahre graben können und immer noch neue Entdeckungen gemacht. Die Ausmaße dieses Komplexes schienen vollkommen überproportional zur Größe der Insel zu sein, die nicht größer als Hunderte anderer Inseln in diesem langgestreckten Meeresarchipel war.

Was war so besonders an Nilandu? Warum hatte der erste Sultan Nilandu für so wichtig gehalten?

Dem ersten maledivischen Sultan war Nilandu so wichtig gewesen, daß er, wie schriftliche Zeugnisse belegen, auf direktem Weg hierherkam, um die große Moschee zu bauen, nachdem er die in der eigenen Hauptstadt Malé hatte errichten lassen.

Und warum hatte dieselbe Insel die nichtmoslemischen Holin so angezogen, daß sie gerade hierher zurückkamen, nachdem der Sultan die Insel wieder verlassen hatte, und versuchten, ihrem Glauben wieder Geltung zu verschaffen?

Wieder an Bord der *Golden Ray,* sah ich mir erneut die Seefahrtskarte an und glaubte, die Antwort gefunden zu haben. Nilandu lag genau in der Mitte des ausgedehnten Archipels, ebenso weit von der nördlichsten Insel wie vom Addu-Atoll im äußersten Süden entfernt. Seit die Malediven ein einheitlicher Staat waren, mußte dies ein logisches Zentrum für die kultischen und administrativen Belange des Landes sein. Seit die Sonne ihre Bedeutung verloren hatte und die Bilder der menschlichen Götter in den Tempeln aufgestellt worden waren, mußte Nilandu und nicht mehr der Äquatorkanal der natürliche Brennpunkt der heimischen Hierarchie sein.

Als der Islam eingeführt und der König Sultan wurde, hätte er niemals erfolgreich, nicht einmal mit Gewalt, den neuen Glauben durchsetzen können, wenn er nicht als erstes nach Nilandu gegangen wäre, um die wichtigsten vormoslemischen Tempel dem Erdboden gleichzumachen. Sobald das geschehen war, mußte er eine Moschee zu Ehren Allahs bauen, wo der Haupttempel der vormoslemischen Zeit gestanden hatte, teils, um den Zauber der bösen Geister zu bannen, aber auch, um denen den Anreiz zu nehmen, die gewohnt waren, an diesen Ort zu kommen und fremde Götter zu verehren.

Unten im Bauch der *Golden Ray* lagen jetzt, eingewickelt in Baumwolle und verpackt in Säcken und Kisten, die schweren Skulpturen, die den Bewohnern von Nilandu bis zur Ankunft des Sultans heilig gewesen waren. Wer sie geschaffen hatte, war uns noch immer ein Rätsel, auch wenn es nach Meinung der Einheimischen die Holin gewesen waren. Eins war allerdings sicher. Die Skulpturen waren Mitte des zwölften Jahrhunderts von den frommen Dienern des Sultans Mohammed Ibn Abdullah zerstört und vergraben worden.

Die Steine, die wir diesmal für das Museum in Malé sichergestellt hatten, waren so groß und zahlreich, daß viele Männer in langer Reihe bis zur Brust ins Wasser waten mußten, um sie zu einem *Dhoni* zu bringen, das vor dem Strand wartete.

Als die Expeditionsmitglieder an Bord des *Dhonis* kletterten, war das ganze Dorf, groß und klein, am Strand versammelt und winkte. Es war ein exotisches Schauspiel – die braunen Gesichter und farbenfrohen Kleider der Frauen, die im Licht der untergehenden Sonne warm leuchteten.

Wir winkten im Boot, und sie winkten am Strand, bis die gleißende Sonne senkrecht im Meer verschwand und wir mit all unseren Schätzen gerade rechtzeitig an Bord der *Golden Ray* kletterten, um die Lampen anzuzünden. Niemand freute sich, daß wir diese Insel verließen, auch wenn wir neuen Abenteuern auf den noch vor uns liegenden Inseln entgegenfieberten. Wir wollten an Bord schlafen und bei Sonnenaufgang morgens um sechs Uhr die Anker lichten.

Kapitel 7

Auf der Spur der Redin

Redin aus dem Norden. Buddhisten aus dem Osten

»*Mangiare, mangiare, mangiare. Food is ready!*« Durch das runde Bullauge in der Kabinenwand sah ich das strahlende braune Gesicht unseres Messejungen, das auf und ab hüpfte, als er vorbeilief, gefolgt von der üblichen Schlange frühstückshungriger Männer, die fröhlich und im Takt mit Klatschen und Stampfen seine Rufe begleiteten.

Ich faltete die Karte zusammen, die ich auf den Knien gehabt hatte, und erhob mich von meiner Schlafkoje, um zu den anderen an den Frühstückstisch zu gehen. Ich hatte den warmen Duft der frischgebakkenen *Chapatis* nach Malediven-Art gerochen, seit ich von einer plötzlichen Veränderung in der Bewegung des Schiffes aufgewacht war und durch dasselbe Bullauge die rote Sonne hatte aufgehen sehen. Kein Wecker ist so wirksam wie das veränderte Rollen oder Stampfen eines Schiffes, wenn es losfährt, selbst wenn es vor einer ungeschützten Küste geankert und ständig gerollt hat. Ein kurzer Blick nach links und rechts zeigte, daß wir wieder auf dem offenen Meer waren. Nilandu und seine benachbarten Inseln im Faaf-Atoll verschwanden im Kielwasser hinter uns.

Wir saßen noch am Frühstückstisch, als wir schon in die nächste Lagune mit herrlichen kleinen Palmeninseln und gischtenden Riffen fuhren. Einige Inseln waren bewohnt. Loutfi deutete auf eine von ihnen und erzählte uns, sich fröhlich erinnernd, daß er dort eineinhalb Jahre als Gefangener verbracht habe. Eine Gefängnisstrafe wurde auf den Malediven selten hinter Schloß und Riegel in Malé abgesessen. Der Delinquent wurde einfach von seiner Heimatinsel verwiesen und zum Aufenthalt von bestimmter Dauer auf einer anderen Insel verurteilt. Loutfi war bestraft worden, weil er mit einem ausscheidenden Präsidenten befreundet gewesen war. Das bescherte ihm den schönsten Urlaub, den er je hatte. Als man ihn als einen Fremden an Land abgesetzt hatte, hatten ihm die freundlichen Einheimischen eine hübsche Hütte gebaut, und schöne Frauen hatten ihm abwechselnd den Morgentee und das Essen gebracht. Die Fischer hatten ihm frischen Fisch gebracht, manchmal sogar Zigarren, wie er erzählte, und lachend paffte er an einer, die Öystein Johansen ihm anbot. Doch ein Regierungsvertreter hatte eine Inspektion gemacht und all diese Dienstleistungen verboten. Von da an hatte man ihm das Essen heimlich in die Hütte gestellt, wenn er zur morgendlichen Waschung in der Moschee war.

Wir kamen an einer Trauminsel vorbei, durch deren Wald aus Kokospalmen die frühe Morgensonne tiefe Strahlen sandte und das rote Kleid einer Frau aufleuchten ließ, die uns regungslos aus dem grünen Blätterwerk heraus beobachtete. Ein lebendig gewordenes Meisterwerk von Gauguin. Öystein Johansen versicherte Loutfi mit Nachdruck, daß er, wenn er Malediver wäre, alles daransetzen würde, hierher ins Gefängnis geschickt zu werden.

Weiter entfernt konnten wir kaum einige Palmenwipfel über dem weiten Horizont auf Steuerbord erkennen.

»Hätten wir genug Zeit gehabt, hätten wir dort ankern sollen«, meinte Loutfi. »Das ist Maadeli, auch als Salazar oder die Tempelinsel bekannt. Es ist übersät mit Ruinen.«

Aber wir hatten nicht genug Zeit. Wir mußten weiter nach Süden. Es war ein Jammer, denn nach Loutfis Worten war dies die nächste Redin-Insel an unserer Route. Heute morgen hatte ich mir noch einmal Loutfis Anmerkungen auf meiner Karte angesehen. Nach unseren unerwarteten Beobachtungen auf der ersten Redin-Insel, die wir durch Zufall betreten hatten, hatte Loutfi mit grüner Tinte die Namen all der Inseln in meine Karte eingetragen, wo, wie er wußte, der örtlichen Überlieferung zufolge Redin gelebt hatten. Aber noch interessanter war, daß er mit grünen Pfeilen den legendären Wanderungsweg der Redin eingezeichnet hatte. Er erinnerte sich mit Bestimmtheit, daß die Redin zuerst auf den Inseln im äußersten Norden der langen Malediven-Kette gelebt hatten.

Wie wir später noch von alten Maledivern erfahren sollten, hatten die Redin erstmals bei der Insel Ihavandu Land gesichtet, einem winzigen Flecken, der die äußerste Nordwestspitze der gesamten Malediven war. Von Norden zeigten die Pfeile Loutfis direkt nach Süden zum Ari-Atoll, wo wir an Bord der *Golden Ray* auf die Marschroute der Redin nach Süden zur Insel Ariyaddu gestoßen waren. Von dort waren wir ihr nach Nilandu gefolgt. Auch wenn wir jetzt Maadeli ausließen, würden wir doch auf Kuda Huvadu wieder den Weg der Redin kreuzen, das wir auf jeden Fall passieren mußten. Es lag am südlichen Ausgang dieser Lagune, in die wir gerade von Norden eingefahren waren. Von dort waren die Redin von Atoll zu Atoll nach Süden gezogen, bis sie zum Äquatorkanal gekommen waren. Dort hatten sie als letztes das

Addu-Atoll besiedelt, ihren südlichsten Punkt, bevor sie schließlich die Malediven verließen. Sofern es die Zeit erlaubte, würden wir versuchen, uns kurz auf allen Redin-Inseln umzusehen, die noch an unserer Route lagen.

Ich hatte die Karte zusammengefaltet auf den Knien liegen und döste in der Sonne auf dem Vordeck vor mich hin, als ich die mächtige, runde Rückenflosse eines Wal-Hais mit ihren weißen Punkten entdeckte. Dann rief Björn und machte mich auf einen seltsamen Fisch aufmerksam, den ich noch nie gesehen hatte, obwohl er im Gebiet der Malediven häufig zu sehen ist. Er schoß aus dem ruhigen Wasser der Lagune hervor wie ein fliegender Fisch, der sich in die Luft erheben will. Aber das tat er nicht. Der schlangenähnliche Fisch blieb mit dem fächerartigen Schwanz im Wasser, während der Körper senkrecht hochstand und der mit einem Schnabel versehene Kopf nach vorn wies, wie der Hals und Kopf einer Ente, der jedoch der Körper fehlte. Wie das Periskop eines U-Boots, nur daß in diesem Fall lediglich die kleine, nach hinten gebogene Schwanzflosse noch unter dem Wasser war, flog er buchstäblich über das Wasser, bis er sich entschloß, wieder unterzutauchen und wie ein normaler Fisch weiterzuschwimmen.

Ein gutes Stück entfernt auf der Backbordseite lagen faul zwei große Schildkröten in der Sonne.

Als wir die Südspitze der sonnigen Lagune des Dhall-Atolls erreichten, gingen wir bei Kuda Huvadu vor Anker, um dieser Insel einen kurzen Besuch abzustatten. Wie es hieß, sei nicht sehr viel dort zu sehen, obgleich die Redin hier gelebt hätten. Während die anderen sich mit Loutfi im Dorf aufhielten, gingen die Archäologen und ich mit dem Oberhaupt und einigen der Dorfältesten in den Wald, um einen von Menschenhand stammenden Erdhügel zu untersuchen, der allerdings nicht als *Hawitta* galt.

Man führte uns zu einem gewaltigen, flachen, runden Hügel, der aus nichts als weißem Sand bestand, den man vom Strand hierhergebracht hatte. Er wurde *Us Gandu* genannt, was einfach »der Hügel«

Oben: *Vom Dschungel befreit, sieht der pyramidenförmige Hügel von Gaaf-Gan wie ein überdimensionaler Ameisenhügel aus, bevölkert nur von den Arbeitern und mit einem einsamen, mächtigen Baum auf der Spitze. Vor acht Jahrhunderten hatte man die verzierten Platten, mit denen er verkleidet gewesen war, geplündert, so daß nur die Füllung aus Korallentrümmern übrigblieb.*
Unten: *Auf der Insel Nilandu kamen die verborgenen Mauern eines unbekannten Tempels zum Vorschein, als Skjölsvold und Johansen mit Kelle und Pinsel ans Werk gingen.*

hieß. Er hatte einen Durchmesser von 22 Metern, aber man sah keinen einzigen bearbeiteten Stein. Ich wurde hellhörig, als ich erfuhr, daß die älteste Moschee der Insel ganz in der Nähe stehe, und wir gingen dorthin. Was wir sahen, verschlug uns die Sprache. Die Rückwand der Moschee war in der uns schon vertrauten speziellen Art so meisterlich gebaut, wie ich es noch nie gesehen hatte. Als Gipfel der Kunst des Mauerbaus gilt weltweit die berühmte Inka-Mauer in Cuzco in Peru, deren größte Touristenattraktion ein Stein mit zwölf Ecken ist. Hier, bei einer vollkommen unbedeutenden Moschee auf einer kleinen Insel in den Malediven, war ein zweiter derartiger Stein. In die glatte Mauer eingesetzt war ein etwa ein Quadratmeter großer Block, dessen Vorderseite so plan war, als wäre er maschinell zugeschnitten und geschliffen worden. Aber der Rand war in zwölf Kanten mit zwölf Ecken geschnitten, die alle so exakt in das Muster der umliegenden Steine eingepaßt waren, daß man die Rillen auf einem Foto kaum erkennen konnte. Es war kaum zu glauben, daß man auf dieser unbedeutenden Insel ein solches Meisterwerk an Steinmetzkunst finden konnte. In aller Welt kennt man die Inkas und Cuczo in Peru, aber wer hat jemals etwas von den Redin oder Kuda Huvadu auf den Malediven gehört?

Neben dieser außergewöhnlichen Mauer standen die beiden Grabsteine des Baumeisters, dem diese Arbeit zugeschrieben wurde. Die eine der großen, skulptierten Steinplatten stand an seinem Kopf, die andere zu seinen Füßen, wie das bei bedeutenden Moslems üblich war. Der Stein am Fußende war sehr schön mit Bändern und Voluten verziert, die als Flachreliefs um den Entwurf eines stilvollen Krugs liefen. Der Stein am Kopfende hatte eine ebenso kunstvolle Verzierung, die

---

Oben: *Die erhaltenen Überreste des Tempels von Nilandu, die geschützt in der Erde gefunden wurden, ließen erkennen, daß er einmal ein elegantes Bauwerk gewesen war. Ein massiver Kern aus Sand war ursprünglich durch eine steinerne Verkleidung mit klassischen Profilen zusammengehalten und zu einer Art Pyramide gestaltet worden, die auf die Sonne ausgerichtet war und an einer Seite eine von Mauern eingefaßte Rampe aufwies. Karbondatierungen der Füllung sowie einer von Erde bedeckten Mauer, die den gesamten Tempelbereich einschloß, ergaben, daß dieser religiöse Komplex um 550 n. Chr. neu aufgebaut worden war, denn die Füllung bestand zum Teil aus kunstvoll behauenen Steinen eines älteren Bauwerks.*

Unten: *Vollkommen von Sand begraben entdeckten wir die Kulttreppe, die in ein großes, kreisförmiges Bad mit Mauern aus exakt zusammengefügten Steinen führte. Aus dem versandeten Boden drang Süßwasser bis an die Steinbank, die innen an den Mauern rund um das Bad lief.*

um einen Rahmen mit Inschriften in zwei verschiedenen Schriftarten angeordnet war. Beide Schriftzüge waren reliefartig hervorgehoben. Der eine bestand aus krummlinigen arabischen Buchstaben, der andere aus geradlinigen Zeichen, die weder unsere maledivischen Begleiter noch wir kannten. Beide Steine waren oben mit fünf Spitzen oder Helmen besetzt, nicht mit nur je einem. Ich fragte, warum das so sei. Niemand wußte es. Zögernd meinte das Oberhaupt, daß mehrere Spitzen vielleicht bedeuteten, daß es sich bei dem Toten um einen besonders tüchtigen Steinmetz gehandelt habe. Wenn man an die Begräbnisstätte auf Nilandu dachte, überzeugte diese Theorie nicht, und da ausdrücklich erklärt worden war, daß dies die erste auf der Insel erbaute Moschee war, mußte der Baumeister, der sie errichtet hatte, mit der früheren Religion auf die Welt gekommen sein. Ich blieb daher bei meiner Vermutung, daß diese ausgefallenen Grabsteine vielleicht auf den Gräbern standen, deren Tote zwar nicht als Moslems geboren, aber später bekehrt wurden.

Falls dieser bekehrte Baumeister tatsächlich den zwölfeckigen Stein zugehauen und nicht nur die ganze Mauer von einem alten Tempel versetzt hatte, mußten wir als Forscher uns etwas Wichtiges vor Augen halten: Im Jahr 1153, als der Islam eingeführt wurde, änderte sich zwar die Religion auf den Malediven, aber die Menschen und ihre Techniken blieben die gleichen. Das würde auch erklären, warum die Malediver bis in das jetzige Jahrhundert in der arabischen Welt berühmt dafür waren, die schönsten moslemischen Grabsteine herzustellen, die es überhaupt gab.

Vor dieser kleinen Moschee befand sich ein freistehendes Tor wie das auf Nilandu. Ein kunstvolles, aus eleganten Vasen bestehendes Muster lief als Relief in einer Reihe um die Steinbänke, die diesen feierlichen Durchgang flankierten. Auf der Außenwand des Tores war ganz deutlich ein »Davidstern« zu erkennen, und ich fragte mich, ob es hier früher vielleicht auch Juden gegeben hatte. Doch dann erinnerte ich mich daran, daß David sowohl bei den Juden als auch den Arabern als Ahne galt. Als das Oberhaupt bemerkte, daß ich dieses alte Symbol näher betrachtete, erklärte er mir, das sei *Suleiman modi,* das Siegel auf dem Ring König Salomos, und wenn ein Malediver Beschwörungsformeln schreibe, benutze er am Anfang und am Ende dieses Zeichen.

Inzwischen war auch Loutfi zu uns gestoßen und fragte, ob man jemals irgendein *Buddu* auf dieser Insel gefunden habe.

Das hatte man. In der Nähe der alten Moschee hatten die Inselbewohner den steinernen Kopf eines Mannes gefunden, der so groß gewesen sei, daß man ihn kaum hatte umfassen können. Man hatte ihn wieder bei der Moschee vergraben. Es begann eine eifrige Suche nach diesem Ort, doch das Unterholz war so dicht, daß niemand die Stelle mehr genau bezeichnen konnte. Aber man erinnerte sich, ein kleines Steintier gefunden zu haben. Wie sich zu unserer Überraschung herausstellte, war es nach Malé geschickt worden.

»Wann?« wollte Loutfi wissen. Unsere Begleiter rechneten nach; es müsse 1942 gewesen sein. Loutfi bedauerte das sehr. Zu der Zeit hatte es das Museum noch nicht gegeben, und niemand würde je etwas über das Schicksal dieser Tierskulptur erfahren.

Die beste Beschreibung des großen Kopfes bekamen wir vom Atoll-Oberhaupt Mohammed Kaleyfan, der hierhergekommen war, um ihn selbst in Augenschein zu nehmen, bevor der Kopf wieder vergraben wurde. Das Gesicht habe, wie er sagte, dem eines Menschen geähnelt, nicht dem eines Dämonen. Die Lippen seien geschlossen gewesen, und man habe weder die Zähne noch die Zunge sehen können. An den Seiten wiesen Anzeichen auf sehr lange Ohren hin. Als wir ihm Fotos vom großen Buddha-Kopf und den Köpfen der diabolischen Dämonen aus dem Museum von Malé zeigten, wies er sofort auf den Buddha. Genauso habe der Kopf ausgesehen, sagte er, allerdings sei er stärker beschädigt gewesen.

Ob Kaleyfan wisse, wie die Redin ausgesehen hätten? Die Bewohner dieses Atolls und von Nilandu behaupteten, die Redin hätten rote Haare gehabt, erklärte er, aber über die Hautfarbe hätten sie nichts gesagt. Die Skulpturen, die die Redin hinterließen, hätten allerdings erkennen lassen, daß sie manchmal wie Menschen und manchmal wie ein Pudding ausgesehen hätten.

»Wie ein Pudding?« fragten wir.

»Ja«, wiederholte der Dolmetscher. »Er sagt *Badibai,* und das ist eine Art Pudding, die er in Malé gesehen hat.«

Wir baten darum, einen solchen Pudding in den Sand zu zeichnen und auch die Größe anzugeben. Wir bekamen die Darstellung eines gewölbten Standbilds zu sehen, das tatsächlich einem »Pudding« ähnelte, aber doch noch eher die Form und Größe der Phallus-Skulpturen hatte, die wir in so großer Zahl auf Nilandu ausgegraben hatten. Offenbar hatte das Atoll-Oberhaupt einige dieser Skulpturen in den zerstörten heidnischen Ruinen gesehen und sie, ebenso wie die Menschenstatuen, für Selbstdarstellungen der geheimnisvollen Redin aus der im dunkeln liegenden Vergangenheit der Malediven gehalten.

Wir erfuhren nur noch, daß die Moslems schon vor langer Zeit all diese Skupturen zerstört und zum Bau ihrer eigenen Häuser verwendet hatten.

Als Bengt und Åke den zwölfeckigen Stein gefilmt hatten, mußten wir schnellstens zurück ins Dorf und zum Schiff. Kapitän Pakar wurde bereits unruhig. Wir hatten heute noch eine weite Strecke bis zum nächsten sicheren Ankerplatz vor uns. Kuda Huvadu war die südlichste Insel dieses Atolls. Jetzt lag ein Stück offenes Meer vor uns, und dann kamen wir zum Kulumadulu-Atoll, wo wir in die Lagune fahren und dann eine Unmenge nicht eingezeichneter Riffe und Untiefen umschiffen mußten, bevor wir vor der Insel Vilufushi vor Anker gehen konnten.

Am Nachmittag fuhren wir an den schönsten Palmeninseln vorüber, die ich je gesehen habe. Die auf Steuerbord tief stehende Sonne warf ein glühendes Seitenlicht auf die winzigen Inseln, die wie Blumenkörbe auf der anderen Seite des Schiffes vorbeizugleiten schienen. Um die Mittagszeit, wenn die Sonne im Zenith stand, sahen die Inseln vom Meer her betrachtet nicht so malerisch aus. Das dichte Dach der Palmenkronen bildete dann einen riesigen Sonnenschirm und verbarg alles in seinem Schatten; und da der weiße Strand davor so blendete, konnte das Auge keine Einzelheiten zwischen den Palmenstämmen unterscheiden. Doch dieses am späten Nachmittag schräg einfallende Licht beleuchtete das Innere der Inseln mit ihren Hütten und farbenfroh gekleideten Menschen im üppigen Grün, das wie ein Park wirkte und eher einem Bühnenbild als der wirklichen Welt am Ende des zwanzigsten Jahrhunderts ähnelte. Überwältigt von diesem Bild eines irdischen Paradieses schrieb ich in mein kleines Notizbuch, daß die Malediven noch schöner seien als die Korallenatolle Polynesiens.

Kurz vor Sonnenuntergang warfen wir Anker im Schutz der Insel Vilufushi. Einige von uns gingen mit Loutfi an Land, der von seinem Ministerium gebeten worden war, mit dem Inseloberhaupt wegen eines neuen Schulgebäudes zu sprechen. Den Angaben zufolge hatte Vilufushi 1315 Einwohner. Die ganze Insel war eine einzige große Stadt. Kein Wald, keine Grabungen. Ein taiwanesisches Fischereischiff hatte neben uns festgemacht und kaufte Fisch, aber niemand ging an Land. Das Oberhaupt erzählte uns, daß der letzte Fremde vor acht Jahren seinen Fuß auf die Insel gesetzt habe, und das waren dazu noch Asiaten gewesen. Nachdem wir Malé mit seinen Touristeninseln verlassen hatten, bewegten wir uns tatsächlich in einer ganz eigenen Welt.

Als die Sonne aufging, waren wir schon wieder auf dem Weg Richtung Süden. Loutfi empfahl, den kürzesten Weg von Vilufushi zu nehmen und Kimbidu, die nächste Redin-Insel im äußersten Südwesten deselben Atolls, im Moment auszulassen. Nach Loutfis Worten hatte diese Insel zwar eine bedeutende, etwa zehn Meter hohe *Hawitta,* die aber geplündert worden war.

Kimbidu und die anderen Inseln des Kulumadulu-Atolls versanken hinter uns im Meer, und nicht lange danach wuchsen aus dem Meer vor uns die ersten Palmenkronen des Haddummati-Atolls, das auch Laamu-Atoll genannt wurde. Im äußersten Nordwesten dieses Atolls lag Muna Fushi, die nächste Redin-Insel. Doch diese einst so bedeutende Insel war in den letzten Jahrzehnten von der Meeresbrandung hinweggespült worden. Die mächtigen, schönen Tempelruinen, die Loutfi, wie er sich erinnerte, dort gesehen hatte, waren ins Meer gestürzt und verloren mitsamt der Insel, auf der sie gestanden hatten. Wir sahen nichts mehr als ein paar gezackte Korallenfelsen, die aus der wildbewegten Brandung ragten. Es war gegen halb elf vormittags, als wir den Kurs ändern und nach Osten das Riff entlang steuern mußten, um die Ostspitze dieses Atolls zu umrunden.

Wir waren so auf den von Loutfi angegebenen Wanderungsweg der Redin fixiert, der unmißverständlich eine Ankunft aus dem Norden vermuten ließ, daß uns das, was Loutfi uns jetzt berichtete, ziemlich überraschte. Er zeigte nach vorn auf die Insel, die den Ostzipfel dieses Atolls bildete und sogar die östlichste Insel des gesamten Malediven-Archipels war.

»Diese Insel dort hat die größte *Hawitta,* die es heute noch auf den Malediven gibt«, sagte er. »Die Insel heißt Isdu, was ›die erste gesichtete Insel‹ heißt.«

»Wieso kann diese Insel ›die erste gesichtete Insel‹ heißen, wenn die maledivische Überlieferung behauptet, die erste von den Redin gesichtete Insel habe im äußersten Norden der Malediven gelegen?« wollte ich wissen.

Loutfi hatte keine Erklärung dafür. Er konnte nur sagen, daß die *Hawitta* auf jener Insel so groß sei, daß Seefahrer sie bereits weit draußen auf dem Meer erkennen könnten. Und tatsächlich gewahrten wir, während er noch nach vorne wies, allmählich eine große, dunkle Beule, die so hoch wie die Palmenkronen war, die vor uns aus dem Meer wuchsen.

»Was immer der Grund für diesen Namen ist«, meinte Loutfi, »die Insel Isdu hat in der Geschichte der Malediven eine äußerst wichtige Rolle gespielt. Von dieser Insel kam die königliche Familie, die nach Malé ging, um von dort zu herrschen. Man hat Buddha-Statuen auf Isdu gefunden.«

Das erklärte vielleicht den Namen. Wir wußten, daß die Buddhisten hier gewesen waren, und wenn wir der hiesigen Überlieferung Glauben schenken konnten, waren sie nach den Redin gekommen. Es wäre das Normale, wenn die Buddhisten aus dem Osten gekommen wären und damit diese östlichste Insel mit ihrer hohen *Hawitta* zuerst gesichtet hätten, denn höchstwahrscheinlich wären sie von Sri Lanka gekommen, das im Osten liegt. Sri Lanka war das bedeutendste buddhistische Zentrum in diesm Teil der Welt zu jener Zeit, als die Araber auftauchten und den Malediven ihren moslemischen Glauben brachten. Dafür, daß die Redin von Sri Lanka oder sonstwo aus dem Osten gekommen sein sollten, gab es keinen Grund. Sie konnten durchaus aus dem Norden gekommen sein wie die Araber, die als letzte Ankömmlinge auf den Plan traten und den Buddhismus auf den Malediven ausmerzten. Schließlich waren die Araber nicht die ersten, die den Indischen Ozean nördlich der Malediven befuhren. Urteilt man nach den archäologischen Beweisen aus dem Indus-Tal, vom Persischen Golf und dem Roten Meer, waren Handel treibende Seefahrer auf diesem Teil des Meeres wahrscheinlich früher unterwegs als irgendwo sonst in der Welt.

Als wir uns Isdu näherten und immer deutlicher die Brandung bemerkten, die von Osten direkt am Fuß dieses kolossalen, von Menschenhand errichteten Bauwerks gegen die Insel anrannte, staunten wir über seine Ausmaße. Wie ein riesiger, dunkler Dom erhob es sich über den umliegenden Palmenwald. Jetzt beschäftigte uns eine weitere, ganz andere Frage. Wie war es möglich, daß noch kein heutiger Archäologe diese strategisch so günstig liegenden Inseln erforscht hatte, wo sie doch frühgeschichtliche Ruinen wie diesen von Menschen geschaffenen Hügel auf Isdu bargen, der schon von weit draußen auf dem Meer auszumachen war, ohne daß man einen Fuß auf die Insel setzen mußte? Es gab nur eine Antwort. Wer in neuerer Zeit von einem vorbeifahrenden Schiff diesen Riesenhügel gesehen hätte, hätte ihn für irgendein Bauwerk oder Depot jüngeren Datums gehalten, aber nie für ein frühgeschichtliches Zeugnis.

Wir umfuhren die östlichste Landzunge des Haddummati-Atolls, wo das Riff wie ein langer Finger nach Osten wies, und an dessen äußerster Spitze Isdu lag. Und auf Isdu selbst stand die große *Hawitta* mit dem Fuß fast im Meer auf dem östlichen Vorgebirge der Insel. Wir konnten dieses alte Bauwerk also von drei Seiten bewundern, als wir die Landzunge umrundeten und auf der anderen Seite des Riffs weiterfuhren, ohne einen Fuß an Land zu setzen. Abgesehen von den beeindruckenden Ausmaßen und dem Standort, der dort gewählt zu sein schien, wo es sich angeboten hätte, einen Leuchtturm zu bauen, war offenbar nichts mehr vorhanden, was hätte interessieren können. Die früheren Blendsteine waren entfernt worden, und es war nichts zu sehen, was einen Besuch vielleicht gelohnt hätte, es sei denn, man hätte genügend Zeit für längere, fachmännisch durchgeführte Ausgrabungen gehabt.

Kurz darauf passierten wir die nächste kleine Insel am selben Riff. Es war Dhambidu, wo nach den Worten Loutfis sechzig Jahre nach der Bekehrung der Malediven zum Islam ein Versuch gemacht worden war, den Buddhismus wiedereinzuführen. Ich nahm mit Interesse das Wort »wiedereinführen« zur Kenntnis. Es war das erstemal, daß ich einen maledivischen höheren Beamten offen von einer buddhistischen

Epoche reden hörte, die der eigenen moslemischen Geschichte vorausgegangen war. Diese Menschen wußten offenbar mehr über ihre Vergangenheit, als sie normalerweise in der Öffentlichkeit zuzugeben bereit waren.

Nach den beiden buddhistischen Inseln am östlichen Ende des Atolls tat sich im Korallenriff ein schmaler Einlaß auf, bei dem Loutfi und Pakar übereinkamen, einen hellgrünen Gürtel aus Untiefen über dem Atollkranz zu queren und in die geschützte Lagune einzulaufen. Dort begrüßte uns das Atoll-Oberhaupt, das von einem großen *Dhoni* zu uns an Bord kam, wonach wir demselben Riff innerhalb der Laamu-Lagune weiter nach Süden folgten und vor der Insel Gan festmachten. Dies war die Insel Gan im Laamu-Atoll, die wie die Insel Isdu im selben Atoll von Loutfi als eine Redin-Insel bezeichnet wurde. Und dann gab es noch zwei Redin-Inseln gleichen Namens, die Björn und ich bei unserem letzten Besuch erkundet hatten. Die Inseln Gan im Addu-Atoll und Gan im Gaaf-Atoll, die durch den Äquatorkanal voneinander getrennt waren; und die Insel Gan im Laamu-Atoll war vom Gaaf-Atoll nur durch den Anderthalb-Grad-Kanal getrennt. So flankierten also drei Redin-Inseln, die alle Gan hießen, die beiden einzigen schiffbaren Kanäle, die eine sichere Fahrt durch den Malediven-Archipel erlaubten.

Von jetzt an sahen wir so viele frühgeschichtliche Hügel, daß ich sie ohne die kleinen Notizblocks kaum hätte auseinanderhalten können, in die ich jeden Tag meine Eintragungen machte. Hier auf Gan im Laamu-Atoll besichtigten wir einige der *Hawittas,* die Bell mit Hacke und Schaufel besonders sorgfältig erforscht hatte und die ihn in der Überzeugung bestärkt hatten, daß alle *Hawittas* buddhistische Stupas seien, egal, in welchem Zustand er sie vorfand. Die größte auf dieser Insel war nach Bells Messungen 10,5 Meter hoch, wenngleich sie schon zu seiner Zeit schrecklich verwüstet und mit großen Bäumen bewachsen war. Heute gab es keine Bäume mehr, und die *Hawitta* sah jetzt wie ein riesiger Haufen großer Kohlenklumpen mit einer gewaltigen Narbe aus, die von Bell stammte und wie ein Taleinschnitt an einer Seite nach unten lief. Da alle Blendsteine seit langem entfernt waren, konnte man sich gar nicht mehr vorstellen, daß dieser unförmige Hügel einmal ein eleganter Tempel mit einem Spitzturm und sieben übereinanderliegenden Ebenen gewesen war, wie Bells Informant berichtet hat. Bell hebt hervor, daß das Bauwerk »von den Inselbewohnern rücksichtslos ausgeschlachtet« wurde, doch hatte er genug gesehen, um feststellen zu können, daß die Mauern dieses Bauwerks früher aus außen verzierten Riffkorallenplatten bestanden, die einen Kern aus Trümmern des gleichen Materials umschlossen. Er entdeckte, daß der gesamte Oberbau bereits verschwunden war und mit ihm praktisch alle Spuren des Grundgerüsts. »Nichts außer ein paar Metern Ansatz- und konvexer Verschalung der Kuppel auf der Südwestseite hat das Wüten des Menschen und die zersetzenden Kräfte der Natur überstanden.«[17]

Man nannte uns für diese *Hawitta* denselben Namen, wie ihn auch Bell überliefert hat, *Hat-teli.* Wir erfuhren allerdings, daß dieser Hügel manchmal auch *Hai-tele* bezeichnet wurde. *Teli* war das Wort für »Kochtopf«, *Hate* bedeutete »sieben«, und *Hai* war der Ausdruck für einen königlichen Schirm. Es hatte den Anschien, als bezögen sich beide Namen auf den früheren Spitzturm, der sieben umgedrehten und aufeinanderstehenden Kochtöpfen oder auch königlichen Schirmen glich.

Als Bell mit Hilfe von vierzig moslemischen Inselbewohnern in dem grub, was deren Vorfahren von diesem einst so prächtigen maledivischen Tempel übriggelassen hatten, machte er, wie er es nannte, »eine erstaunliche und ungeheure Entdeckung«. Unmittelbar unterhalb des Gipfels wurde in dem Hügel das riesige, zerbrochene Gesicht eines hünenhaften Buddhas ausgegraben, das in Korallenkalkstein gehauen war. Obwohl man den Rest dieser Statue nicht fand, hielt Bell das Fragment für den Teil eines stehenden Buddhas, dessen Größe von Kopf bis Fuß er auf 4,5 Meter schätzte.[18] Unter dem zerbrochenen Gesicht dieses Riesen lag die verstümmelte, kopflose Skulptur eines kleinen sitzenden Buddhas. Obwohl Bell diese beiden Stücke der Dunkelheit des Trümmerhaufens entriß, war ihr zukünftiges Schicksal in noch größeres Dunkel gehüllt. In Malé erwähnte man uns gegenüber nie etwas von diesen Funden, und selbst, als wir fragten, konnte uns niemand sagen, wie und wo sie verschwunden waren. Niemand war mehr aufzutreiben, der bei diesen frühen Ausgrabungen Bells dabeigewesen war.

Es bedurfte keiner großen Vorstellungskraft, sich auszumalen, wie sehr die Buddhisten auf dieser Insel Fuß gefaßt hatten, bevor der Islam sich durchsetzte. Es muß für Seefahrer ein überwältigender Anblick gewesen sein, auf der Spitze dieses gewaltigen, von Menschen geschaffenen Hügels einen 4,5 Meter großen, schneeweißen Buddha in der Tropensonne stehen zu sehen, der aus verziertem und skulptiertem Korallenkalkstein bestand.

Vielleicht waren die Bewohner von Gan ahnungslos, vielleicht verschwiegen sie aber auch bewußt einiges, als sie uns erklärten, daß auf dieser Insel niemals ein Standbild gefunden worden sei. Uns fiel Bells Feststellung anläßlich seines frühen Besuchs hier ein, daß die Bewohner von Gan fraglos Auskünfte über buddhistische Ruinen zurückhielten, damit sie sich nicht der Bestrafung durch die übereifrigen moslemischen Untertanen Seiner Hoheit des Sultans aussetzten.[19]

Wie der große Hügel, den wir vom Schiff auf Isdu gesehen hatten, lag auch dieser auf Gan sehr dicht am Meer. So dicht, daß seltsam aussehende Krabben, die sich in den über das Riff hereinstürzenden Wellen tummelten, aus dem Wasser direkt bis an den Fuß der *Hawitta* liefen. Das die Ruinen unmittelbar umgebende Dickicht auf der Inselseite war vor kurzem erst beseitigt worden, und das Atoll-Oberhaupt, das uns begleitete, erklärte uns, daß dies auf seine Weisung hin geschehen sei. Der Rundfunk von Malé hatte gemeldet, daß wir unterwegs seien, um uns solche Objekte anzusehen. So hatten wir einen freien Blick auf eine kleine *Hawitta* unmittelbar südwestlich der großen. Sie war nicht mit Bells Schaufeln in Berührung gekommen, und es lagen noch einige sehr schön verzierte Steinblöcke obenauf. Ganz in der Nähe entdeckten wir auch den obersten Ring eines großen, runden Bades, von dem nur einige der oberen Mauerreihen aus der Erde ragten. Man erzählte uns, daß es noch bis vor vierzig Jahren ganz normal zum Baden benutzt worden war. Bis dahin war kühles Süßwasser durch runde Löcher in den Bodenplatten gedrungen.

Ein breiter Weg mit Überresten von Steinmauern zu beiden Seiten lief von diesem Tempelbezirk durch ein einst großes, jetzt aber völlig zerstörtes Kulttor nach Westen.

In den Mauern am Weg sahen wir noch hier und da Steine mit Profilen, aber wahrscheinlich hatte man sie an anderer Stelle entfernt und wiederverwendet.

Arne Skjölsvold kroch aus dem Dickicht und berichtete, er habe in diesem Gebiet sechs von Menschen geschaffene Hügel gezählt. Als wir uns durch die Büsche schlugen, um sie uns anzusehen, stießen wir auf zwei Männer, die damit beschäftigt waren, mit Vorschlaghämmern schön verzierte Blendsteine in Stücke zu schlagen, die sie dann aufhäuften, damit sie mit einem großen Floß auf eine Nachbarinsel gebracht werden konnten. Loutfi schätzte, daß die Blendsteine einer *Hawitta,* die sie zerschlagen hatten, für den Bau von vier Häusern reichten. Das Atoll-Oberhaupt ließ die beiden Männer in Gewahrsam nehmen. Auf unser Anraten hatte der Präsident bereits ein neues Gesetz erlassen, das die weitere Zerstörung aller alten Bauwerke verbot. Die beiden Männer führten zu ihrer Verteidigung an, daß die Menschen sich Häuser bauen müßten und es jetzt verboten sei, Palmblätter zu schneiden. Die seien reserviert für den Bau der Touristenhäuser auf den Inseln um Malé. Korallen aus dem Riff zu schneiden war weit mühsamer als die alten heidnischen Ruinen einzureißen. Außerdem war es kein Geheimnis mehr, daß der Abbruch des Barriereriffs anfing, an der Küste Schäden zu verursachen und die Laichgründe der dort lebenden Fische zu vernichten. Bei ihrer Festnahme zeigten die beiden Männer weder Reue noch Verärgerung, und Loutfi bemerkte lächelnd, daß jetzt die Reihe an ihnen sei, von der vorübergehenden Verbannung auf eine andere Insel zu profitieren.

Die Gegend um die große *Hawitta,* wo die beiden Kalksteinsucher fündig geworden waren, hieß bei den Inselbewohnern *Ihu Ma-Miskit,* was Loutfi mit »Alte große Moschee« übersetzte. Dieser Name schien mir etwas irreführend für etwas, das offensichtlich ein buddhistischer Tempelkomplex war. Aber als ich mir noch einmal Bells Aufzeichnungen vornahm, wurde der Grund dafür klar. Damals hatte er hier die Ruinen der ersten Moschee der Insel gesehen, *Ihu Miskit,* was er mit »die ehemalige Moschee« übersetzte. Sie hatte auf dem sehr schönen Fundament einer Anlage gestanden, die Bell als die Priorei der buddhistischen Mönche bezeichnete; das Fundament befand sich noch in hervorragendem Zustand. Als wir die Insel besuchten, waren diese Ruinen entweder von Kalksteinräubern geplündert oder völlig von Gesträuch überwuchert worden. Nach Bell war diese erste Moschee auf Gan jedoch eindeutig auf Fundamenten erbaut worden, die bereits von einem früheren Sakralbau vorhanden waren. Genau wie im Fall der ersten Moschee auf Nilandu.

Es gab noch einen Grund zu der Annahme, daß die Buddhisten es bei ihrer Ankunft ebenso gemacht, nämlich auf die Bausubstanz noch älterer Baumeister zurückgegriffen hatten. Tatsächlich bestand eine starke Parallele zur großen *Hawitta* auf Fua Mulaku, von der die Insulaner sagen, sie sei von den Redin geschaffen und dann von den buddhistischen Singhalesen gebaut worden. Bell hatte festgestellt, daß diese *Hawitta* auf Gan eine buddhistische Kuppel und buddhistische Statuen besessen hatte, doch er hielt fest: »Hinsichtlich dieses Hügels gibt es keine Tradition, mit der einen Ausnahme, daß seine Errichtung sogenannten ›Redin‹ zugeschrieben wird . . .«[20]

Die Redin waren keine Buddhisten. Niemand auf den Malediven brachte sie mit den buddhistischen Singhalesen durcheinander. Ich mußte mich ganz oben auf dieses gewaltige Bauwerk setzen und versuchen, mir noch einmal das klarzumachen, was sich in der maledivischen Frühgeschichte zu widersprechen schien. Redin aus dem Norden oder Buddhisten aus dem Osten? Oder vielleicht beides? Wir wußten dank der dämonischen Skulpturen und der Schiwa darstellenden Bronzefigur, die wir gesehen hatten, daß die Buddhisten nicht die einzigen gewesen waren, die vor den Moslems die Malediven erreicht hatten.

Von der Spitze dieser ehemaligen Stupa konnte ich weit über das Meer blicken. Der Weg zu diesen Inseln war von allen Seiten offen. Die Redin hätten durchaus von Norden kommen und diesen mächtigen Hügel als eine mit Steinen verkleidete *Hawitta* bauen können. Danach hätten die Buddhisten von Osten kommen, die Inseln erobern und auf der *Hawitta* der Redin eine Stupa-Kuppel errichten können. Als letzte kamen dann die Araber. Sie kamen im Kielwasser der Redin von Norden. Sie schlachteten die Stupa aus, um ihre Moschee auf dem Fundament des buddhistischen Klosters zu bauen, und hinterließen von der Redin-*Hawitta* nichts als die Füllung aus Trümmern in Gestalt eines unförmigen, von Menschen stammenden Berges, auf dem ich im Moment saß.

Ich rutschte den steilen Geröllhang wieder hinunter zu den anderen, die noch immer die Umgebung erkundeten. Wir kehrten in das Dorf Mukuri Magu zurück und folgten in unserem Beiboot der Küste von Gan etwa eine Seemeile nach Südwesten. Dann liefen wir ungefähr zehn Minuten zwischen Kokospalmen und hohem Unterholz über einen Pfad zum Bezirk Kuruhinna. Dort kamen wir zu einem kleinen Tempelhügel, den unsere Führer *Bombaro* nannten. *Bombaro* heißt »rund«, und es stand noch genug von diesem Bauwerk, um Teile eines kreisrunden Fundaments zu sehen, das die Überreste einer Mauer aus Steinen mit kunstvollem Profil trug, die uns immer noch überragte.

Das ganze Bauwerk war massiv und mit Korallensteinen gefüllt gewesen. Das war leicht herauszufinden, denn Bell war vor uns hier gewesen und hatte das alte Bauwerk bis in sein kompaktes Zentrum genau zerlegt. Auf der Nordwestseite, gegenüber der Seite, an der Bell gegraben hatte, führte eine guterhaltene Rampe die Mauer hoch. Es war ein ganz eigenartiges Bauwerk und das bei weitem besterhaltene, das wir bisher gesehen hatten. Bell nannte es *Mumbaru Sthupa.*

Wir schlugen soviel von den verschlungenen Zweigen und dem dichten Gestrüpp nieder, daß wir möglichst viel von den Überresten sehen konnten. Ich staunte, ein so kunstvolles Stück Architektur im maledivischen Dschungel zu finden, und erkannte einige der schönen Steinmetzarbeiten wieder, die wir bei unserem Sandhügel auf Nilandu ausgegraben hatten.

Es gab sogar einige Exemplare mit dem gediegenen *Triglyphen-* und *Metopen*-Motiv. Keiner von uns war so vertraut mit den verschiedenen Aspekten der buddhistischen Architektur, daß er diese guterhaltenen Ruinen allein aufgrund dessen hätte bestimmen können, was wir sahen. Doch das war Bells Domäne gewesen. Er war als Experte für buddhistische Baukunst von Sri Lanka hierhergekommen, um zu sehen, ob er hier etwas Bekanntes entdecken würde. Die große *Hawitta* auf Gan hatte er so schlimm verwüstet vorgefunden, daß es nichts weiter zu bestimmen gab als einige Spuren ihrer früheren Kuppel. Das bewog ihn, diesen Hügel als eine ehemalige Stupa zu bestimmen, und zwar als die älteste auf Sri Lanka bekannte Form der Stupa. Er nannte einen Zeitraum, der um etwa 500 n. Chr. endete.

Nach Bell hatte auch das kleine Bauwerk, das wir jetzt bewunderten,

Überreste einer Kuppel, die dem Vorbild von Sri Lanka entsprach, was jedoch nicht für die darunter befindlichen, guterhaltenen Mauern galt. Dieser Unterbau war in Bells Augen eine ganz außergewöhnliche Konstruktion. Es war überhaupt nicht die Art Tempel, mit der Bell gerechnet hatte. »... die kompakte, kleine Stupa in Kuruhinna«, so hielt er fest, »gehört als Gesamtbauwerk architektonisch zu einem Typ, der anscheinend einmalig war und weder auf Ceylon noch in Indien vorkam.«[21]

Wenn die Buddhisten weder auf Sri Lanka noch in Indien Bauwerke wie dieses errichtet hatten, wer hatte dann die Pläne für diesen Bau entworfen? War es denkbar, daß die große Stupa auf dieser Insel mit einem ähnlich unorthodoxen Unterbau gebaut worden war, bevor sie in ihrer jetzigen Unförmigkeit versunken war? Wenn nicht, dann war dies ein Zeichen für das Vorhandensein zweier unterschiedlicher Bautypen für Tempel, die die Malediven in vormoslemischen Zeiten erreicht hatten.

Die Versuchung lag nahe zu fragen: War dieser schöne kleine Tempel ein buddhistischer Kuppelbau, der auf einer vorbuddhistischen Konstruktion errichtet worden war?

Wohlversehen mit neuem Gedankenfutter kehrten wir zu unserem Beiboot zurück. Auf unserer Fahrt zur *Golden Ray* kamen wir an drei Jungen vorbei, die ein bemerkenswert schönes Balkenfloß durch die Lagune stakten. Die Balken waren am Bug leicht nach oben gebogen, wobei der längste sich in der Mitte befand, wie die gekrümmten Finger einer Hand. Es war genau die Art wie auf der frühesten Zeichnung eines Balsa-Floßes von der Küste Perus. Das Floß war mit viel Sachverstand gebaut, hatte Holme und eine sinnreiche Lasching, und es war klar, daß es kein zufälliger Eigenbau der Kinder war. Sie legten mit ihrem Boot an und schoben es neben einem Boot des gleichen Typs ans Ufer, das einem Fischer gehörte und größer war. Wir erfuhren, daß derartige Boote auf den Malediven bis in die jüngste Zeit sehr häufig waren. Sie wurden noch immer einem *Dhoni* vorgezogen, wenn man mit schwerer Ladung über ein Riff oder eine Untiefe fahren wollte. Diese maledivischen Flöße wurden aus sehr leichtem Holz gebaut und hießen *Kando Fati,* wobei *Kando* einfach »Balken« oder »Stamm« hieß und *Fati* »nebeneinanderliegend«.

Als wir am nächsten Morgen aufbrachen, sahen wir zum ersten Mal wieder eine so guterhaltene *Hawitta* wie diejenige, die wir auf Gaaf-Gan erforschen wollten.

Von der Ansammlung ehemaliger buddhistischer Zentren auf dem Laamu-Atoll, deren erste Station Isdu im äußersten Osten gewesen war, fuhren wir mit der *Golden Ray* innerhalb derselben Lagune weiter nach Süden. Weitere kleine Inseln folgten dicht hintereinander auf demselben Riff. Zuerst machten wir auf Fundadu halt, wo Loutfi mit etwa acht- bis neunhundert Bewohnern über ein neues Schulprojekt sprechen mußte. Man sagte uns, daß es auf dieser Insel nichts für uns zu sehen gäbe, und so schlenderten wir während der Wartezeit durch die sauberen, schön gefegten Dorfstraßen. An der Mauer des winzigen Hauses eines Holzschnitzers befand sich ein Schild in *Divehi*, das Abdul uns übersetzte:

»Es ist keine schöne Geste, vor diesem Haus auszuspucken, daher sage ich es dir. Abdu Rahiim Ali Finihiage.«

Weiter unten an der Straße lag die Moschee des Dorfes. Sie war nicht alt, um 1500 erbaut, zur Zeit des Kolumbus. Aber im Innern der Moschee befand sich ein Gang, der um eine kleinere und ältere Moschee lief, die wie ein Heiligtum in der großen Moschee geborgen war. Und sie war ein echtes Kleinod. Die Mauern waren spiegelglatt, als wären sie aus großen Platten aus poliertem, weißem Marmor, und perfekt zugeschnitten und eingepaßt. Als wären die Verzapfungen der großen und kleineren Blöcke an Kanten und Ecken noch nicht genug Herausforderung für den Steinmetz gewesen, hatte er an einigen Stellen ein postkartengroßes, quadratisches Loch in die Mitte des Blocks geschnitten, nur um es dann mit einem kleinen Stein auszufüllen, der so geformt war, daß er mit beispielloser Präzision paßte.

Hatte diese Mauern ein Moslem gebaut, der diese Fertigkeit von seinen Vorgängern auf der Insel gelernt hatte? Oder war dieser Teil eines buddhistischen oder Redin-Bauwerks umgewandelt worden in einen Kultbau, der die erste Moschee auf der Insel Funadu geworden war? Wir wußten die Antwort nicht. Wir entdeckten in Gartenmauern auf dieser Insel mehrere verzierte Tempelsteine aus vormoslemischer Zeit. Aber da wir wußten, daß diese Steine geplündert und von einer Insel zur anderen geflößt wurden, konnten wir nicht sagen, ob sie von alten Bauwerken dieser Insel stammten oder nicht.

Am südlichsten Zipfel des Laamu-Atolls erreichten wir den Ausgang, wo die Lagune sich zum Anderthalb-Grad-Kanal öffnete. Zwei Inseln flankierten diesen Ausgang, Hitadu im Westen, eine Redin-Insel, und Gaadu im Osten. Wir liefen zuerst Gaadu an. Das Atoll-Oberhaupt war noch immer bei uns und vertraute uns an, daß hier zwei bronzene *Buddus* von jemandem gefunden worden seien, der das Fundament für ein Haus ausgehoben hatte.

Im Haus des Inseloberhaupts bekamen wir Tee und Schildkröteneiergebäck und wurden dann in den Wald geführt. Man zeigte uns auf dieser Insel nicht weniger als drei *Hawittas,* die all ihrer Blendsteine beraubt und alle drei in einem erbarmungswürdigen Zustand waren. Bearbeitete Steine lagen herum, von denen einer ein sehr schönes Lotosmotiv hatte. Ein anderer war innen und außen mit waagerechten und senkrechten Kurven verziert, wie der Block eines Iglus; er mußte Teil einer ehemaligen Kuppel oder eines bienenstockähnlichen Bauwerks gewesen sein.

Auf einer geräumigen, sauberen Dorfstraße kam ein Junge aus einem Haus, das aus Kokosblättern geflochten war, auf uns zu und zeigte uns einen ganzen Korbvoll Kauri-Muscheln von der Größe kleiner Vogeleier. Dies war das erstemal, daß wir in größerer Menge das einst wichtigste Handelsgut der Malediven sahen. Der Junge fuhr mit den Händen in den Inhalt seines Korbes und ließ die leeren Weichtiergehäuse klirrend durch seine Finger gleiten, als wären es Silbermünzen. Das waren sie auf den Malediven auch seit undenklichen Zeiten gewesen.

Auch wenn der Junge seinen Korb mit den *Boli,* wie er sie nannte, durchaus wie einen Schatz hütete, konnte weder er noch seine Familie sich vorstellen, wie wichtig diese kleine Schnecke für unsere detektivischen Anstrengungen war, um aufzuspüren, welche nautischen Fähigkeiten die frühen maledivischen Seefahrer hatten und wie weit sie herumgekommen waren.

Wir sahen keine Kauri-Schnecken mehr auf den Malediven bis auf die paar Handvoll, die andere Kinder an den Stränden als Rarität für uns sammelten. Aber zu Bells Zeit waren sie noch in Umlauf auf der Inselgruppe, und er erwähnt, daß an der Wende zu unserem Jahrhundert jeder Mann auf Isdu 18000 Kauri-Schnecken als Steuern an den Sultan für sich und eine Frau zu zahlen hatte.[22]

Bell wie auch Maloney hoben die große Bedeutung hervor, die die Kauri-Muschel im früheren Wirtschaftsleben dieser Inselbewohner gespielt hat. Die Kauris brachten die Malediven auf die geschichtliche Weltkarte, noch bevor die geschriebene Geschichte dieses Archipels begann. Die Tatsache, daß diese Inselgruppe als eine Art Bank oder Geldlieferant für die umliegenden Länder auf dem Festland fungierte, machte großen Eindruck auf die geschäftstüchtigen Araber, noch bevor sie den Islam dorthin brachten.

Die Araber hatten gerade begonnen, die alten Handelswege vor der Küste Indiens zu beherrschen, als Suleiman der Kaufmann zwischen 850 und 900 n. Chr. die Nachricht festhielt, die ihm Reisende brachten, die die Malediven besucht und dort die Bedeutung der Kauri-Muscheln kennengelernt hatten. Er stellte zunächst fest, daß sich auf beiden Seiten Indiens ein Meer befand und daß zwischen diesen beiden Meeren viele Inseln lagen. »Es heißt, ihre Zahl betrage 1900. Diese Inseln trennen zwei Meere. Sie werden von einer Frau regiert. ... Auf diesen Inseln, wo eine Frau herrscht, werden Kokosnüsse angebaut. Diese Inseln sind durch eine Entfernung von zwei, drei oder vier Parasangen voneinander getrennt. [Etwa 9,5 bis 22,5 Kilometer.] Alle sind bewohnt, und man baut auf allen Kokospalmen an. Der Reichtum der Menschen besteht aus Kauris, von denen ihre Königin unermeßliche Mengen in der königlichen Schatzkammer anhäuft. Es heißt, es gebe kein fleißigeres Volk als diese Insulaner, . . .«[23]

Als nächster stellte Al-Biruni um 1030 n. Chr. fest, daß die Malediven ein Monopol in Kauri-Muscheln besäßen, und er sprach von diesen Inseln als den »Kauri-Inseln«. Im zwölften nachchristlichen Jahrhundert bemerkte Al-Idrisi, ein anderer arabischer Reisender, daß der König der Malediven die Kauri-Muscheln in seiner Schatzkammer aufbewahre und den größten Teil davon besitze.[24] Als der bedeutende arabische Forschungsreisende Ibn Battuta 1343 längere Zeit auf den Malediven verbrachte, schrieb er:

»Das Geld der Inselbewohner besteht aus ›Wada‹. So heißt eine Schnecke, die im Meer gesammelt und in am Strand ausgehobene Gruben gebracht wird. Das Fleisch verwest, und nur das weiße Gehäuse bleibt übrig. 100 Schnecken werden *Siya* genannt, 700 *Fal*; 12000 heißen *Kotta* und 100000 *Bostu*. Geschäfte werden mittels dieser Schnekken abgewickelt, wobei vier *Bostu* einem Golddinar entsprechen. Oft sind sie weniger wert, so daß zwölf *Bostu* einen Dinar ergeben. Die Inselbewohner verkaufen sie für Reis an die Bengalen, bei denen sie ebenfalls als Geld verwendet werden. In gleicher Weise werden sie an die Menschen im Jemen verkauft, die sie anstelle von Sand als Ballast für ihre Schiffe gebrauchen. Diese Schnecken dienen auch in den Heimatländern der Neger als Tauschmittel. Ich habe sie in Mali und Jùjù gesehen, wo 1150 für einen Dinar angeboten wurden.«[25]

Ma Huan, ein chinesischer Moslem, der 1433 bei der Forschungsreise Cheng Hos auf dem Indischen Ozean dabei war, schrieb bei seiner Rückkehr nach China ein Buch. Er segelte in zehn Tagen direkt von Sumatra zu den Malediven und von dort nach Mogadischu. Seine Karte weist für Malé nur einen Fehler von acht Sekunden auf, aber bemerkenswert ist seine Feststellung, daß maledivische Kauris in Mengen sowohl nach Bengalen als auch nach Thailand verkauft wurden.[26]

An der Wende zum sechzehnten Jahrhundert, zur gleichen Zeit also, als Amerika entdeckt wurde, befuhren Vasco da Gama und die ersten Europäer erstmals den Indischen Ozean, wo die Malediven noch immer die Rolle einer Bank für Kauri-Muscheln spielten. Jetzt versuchten die Portugiesen, den Arabern das Handelsmonopol für diesen Bereich zu entreißen, die es damals schon seit einem halben Jahrtausend besaßen. Während seines Dienstes im Osten von 1501 bis 1517 schrieb der portugiesische Soldat Duarte Barbosa über die Malediven:

»Auf diesen Inseln gibt es sehr viel getrockneten Fisch, der ausgeführt wird, wie auch einige kleine Muscheln, mit denen ein großer

Handel mit Kambay und Bengalen betrieben wird, wo sie als Kleingeld verwendet werden und man sie für geeigneter als Kupfer hält.«[27] Rund fünfzig Jahre später hob auch J. de Barros, der Historiker aus Portugiesisch-Indien, in einem 1563 veröffentlichten Buch die große Bedeutung der Kauri-Muscheln von den Malediven für den Seehandel auf dem Indischen Ozean hervor:

»Beladen mit diesen Schnecken als Ballast, sind viele Schiffe nach Bengalen und Siam unterwegs, wo sie als Geld verwendet werden, so wie wir kleine Kupfermünzen haben, um Dinge von geringem Wert zu kaufen. Und selbst in dieses Königreich Portugal werden in Gestalt von Ballast in manchen Jahren bis zu zwei- oder dreitausend Quintal [100–150 Tonnen] gebracht; sie werden dann nach Guinea und in die Königreiche Benin und Kongo ausgeführt, wo sie als Geld verwendet werden, und die Einheimischen aus dem Landesinneren dieser Gebiete horten sie zu einem Schatz. Und auf diese Art sammeln die Inselbewohner die Schnecken: Sie machen große Büschel aus Palmblättern, die zusammengebunden sind, damit sie nicht brechen, und die sie in das Meer werfen. An diese klammern sich die Schalentiere bei ihrer Suche nach Nahrung; und wenn die Büschel voll von ihnen sind, werden sie ans Ufer geschleudert, wo die Tiere gesammelt werden.«[28]

Noch 1611 schrieb François Pyrard, daß er erlebt habe, wie dreißig bis vierzig Schiffe pro Jahr die Malediven mit Kauri-Muscheln für Bengalen verließen.[29] Während frühe europäische Reisende all die Schiffe sahen, die die Malediven in Richtung Bengalen im äußersten Nordosten des indischen Subkontinents verließen, berichteten andere, daß die Muscheln auch an der fernen Nordwestküste gefragt waren. So hielt eine frühe britische Gruppe 1683 fest, sie habe auf den Malediven 60 Tonnen Kauri-Muscheln gekauft. Nur dank der Macht ihrer Gewehre hätten sie die »Erlaubnis« erhalten, die Muscheln zu laden und mit den eigenen Schiffen zu dem alten maledivischen Handelsplatz Surat im Golf von Kambay zu bringen.[30] Von dieser Zeit an verloren die Kauri-Muscheln allmählich ihre Bedeutung als Tauschmittel im Bereich des Indischen Ozeans.

Die kleinen, hellen Muscheln, die der kleine Junge uns zeigte, hatten demnach die ersten Reisenden durchaus beeindruckt. Und das nicht wegen ihrer mäßigen Schönheit. Die größeren Kauri-Muscheln, etwa die Leopardenmuschel und zahllose andere Schalentiere dieses Ozeans, sind weit schöner. Es war das Monopol der Malediven als Zahlungsmittellieferant, das diesen Inseln ihren Platz in den frühen Aufzeichnungen sicherte.

»Das ist maledivische Geschichte«, sagte Loutfi, als er sich neben den Jungen kauerte und mit beiden Händen in die Muscheln griff, die er dann zurück in den Korb rieseln ließ. »Das war der Reichtum unseres Landes seit den Tagen, als unsere Kultur begann.«

»Seit den Tagen der Kultur im Indus-Tal«, hätte ich hinzufügen können, wenn ich damals schon gewußt hätte, was ich ein Jahr später erfahren sollte. Erst da besuchte ich nämlich wieder den Golf von Kambay, wo ich aus den frühen Aufzeichnungen erfahren hatte, daß Kauri-Muscheln auf dem Seeweg von den Malediven kamen. Erst da kam ich wieder zum frühgeschichtlichen Hafen Lothal zurück, der Hafenstadt von Mohenjo-Daro, der Hauptstadt der Kultur im Indus-Tal. Lothal war von etwa 2500 v. Chr. bis 1500 v. Chr. der belebteste Hafen im Golf von Kambay und wahrscheinlich im ganzen asiatischen Raum, bis um 1500 v. Chr. die Kultur im Indus-Tal erlosch. Danach geriet der Hafen in Vergessenheit und versank in Sand und Schlamm, bis Archäologen ihn in unseren Tagen wiederentdeckten und ausgruben.

Als ich in diese alte Hafenstadt zurückkam und das kleine, dort erbaute Museum besuchte, fiel mir etwas in einer Glasvitrine auf, das ich vorher übersehen hatte. Dort, zwischen den Schätzen, die an den Kais von Lothal ausgegraben worden waren, lag ein Berg kleiner, weißer Kauri-Muscheln, *Cypraea moneta,* genau die Art, die der maledivische Junge mir in seinem Korb gezeigt hatte. Da Lothal seit 1500 v. Chr. eine tote Stadt war, besagte diese Ansammlung von Muscheln doch zumindest, daß die Tradition in bezug auf Kauri-Muscheln am Indischen Ozean mehr als dreitausend Jahre Bestand gehabt hatte.

Hatten die ersten Besiedler der Malediven vielleicht irgendeine besondere Wertschätzung für Kauri-Muscheln aus ihrer früheren Heimat mitgebracht?

War die Einfuhr von Kauri-Muscheln in das Gebiet des Golfs von Kambay in den Jahrhunderten nach dem Zusammenbruch der Indus-Kultur fortgesetzt worden?

Diese Fragen waren leichter gestellt als beantwortet. Fest stand, daß die maledivischen Schiffbauer die Kunst beherrschten, hochseetüchtige Schiffe zu bauen, bevor sie diese Inseln besiedelten. Und es gab keinen Grund zu der Annahme, daß die Schiffe, die sie als fertige Meisterarchitekten und Tempelbauer dorthin brachten, weniger seetüchtig als diejenigen gewesen wären, die sie zu der Zeit in den Golf von Kambay brachten, als die ersten Araber und Portugiesen kamen. Direkt oder indirekt, die Kauri-Muscheln von Lothal hingen mit dem Geheimnis der frühen Geschichte der Malediven zusammen.

Ich fragte den Jungen, was er mit den vielen Kauri-Muscheln anfangen wolle. Wir erfuhren, daß sein Vater sie in Malé verkaufen wollte. »Von dort werden sie an Kaufleute in Indien exportiert«, erklärte Loutfi.

»Wozu?« wollte ich wissen, aber niemand konnte mir eine Antwort geben.

Am Nachmittag fuhren wir weiter, um vor Hitadu Anker zu werfen, der Redin-Insel auf der anderen Seite des schmalen Lagunenausgangs. Von Deck konnten wir jetzt mindestens ein Dutzend Inseln sehen, die auf dem Riff an uns vorbeizogen, bis sie am Horizont verschwanden, während der Anderthalb-Grad-Kanal sich draußen vor der Lagune erstreckte.

Loutfi und das Atoll-Oberhaupt bestätigten, was die Inselbewohner uns erzählten, nämlich daß es nichts archäologisch Interessantes auf dieser Insel zu sehen gäbe, obwohl es eine Redin-Insel war. Daher verbrachten wir den Nachmittag im Dorf, während Martin auf dem Schiff ein kleines Nickerchen machte. Als er aufwachte, beschloß er, sich uns anzuschließen, und wurde mit dem Beiboot an Land gebracht, wo er aber nur einen Bewohner seines Alters fand. Martin wollte uns ausfindig machen, und da er annahm, wir würden irgendwelche Ruinen aufsuchen, sagte er dem Einheimischen das einzige maledivische Wort, das er bis jetzt gelernt hatte: *»Hawitta.«* Der Maledive nahm ihn bei der Hand, und ohne daß noch ein weiteres Wort gesprochen wurde, marschierten die beiden durch das Dorf und weit in den Wald hinein, wo Martin eine *Hawitta* zu Gesicht bekam, aber niemanden von uns. Er kehrte ins Dorf zurück, wo er uns bald fand und fragte, warum wir die Ruinen so schnell wieder verlassen hätten. Ruinen? Auf dieser Insel gibt es keine Ruinen. Martin hatte seinen Triumph. Er hatte die Ruinen gefunden, und wir alle folgten ihm als unserem Führer.

Wir kamen zu einer alten Begräbnisstätte, die von einem hohen steinernen Zaun umgeben war, den viele kleine, weiße Fähnchen schmückten, die im Wind flatterten. Irgendein alter, sehr bedeutender Moslem war hier beerdigt worden. Von dieser hohen, getünchten Mauer führte ein gerodeter offener Weg direkt nach unten zur Lagune, und vor dem Tor lagen zwei Reihen mit einigen der am schönsten bearbeiteten Steine, die wir je sehen sollten. Einige waren Sockel großer, runder Säulen und so herrlich verziert, daß man hätte denken können, sie stammten von einer alten Kathedrale, wenn wir nicht gewußt hätten, daß es auf den Malediven nie ein solches Bauwerk gegeben hatte. Andere Steine waren mächtige Eckstücke kunstvoller Eingänge, und alles ließ auf die frühere Existenz eines sehr aufwendigen Bauwerks schließen, von dem aber keine Fundamente zu sehen waren.

Aber ungefähr hundert Meter entfernt, versteckt unter dichtem Buschwerk, stieg der ebene Boden zu einem sandigen Hügel an. Die ausgeschlachteten Überreste einer alten *Hawitta.* Eine Einbuchtung an der Spitze deutete darauf hin, daß das Bauwerk geplündert worden war. Da uns niemand sagen konnte, wie der Hügel hieß, tauften wir ihn *»Martins Hawitta«*.

Am Abend gab es an Bord ein rauschendes Fest zu Ehren des beherzten Entdeckers. Diejenigen, die dazu neigten, das Meer zu spüren, gingen früh schlafen. Wir mußten noch in der Nacht den breiten, offenen Anderthalb-Grad-Kanal überqueren, damit wir die Riffe auf der anderen Seite noch bei Tageslicht erreichten.

Kapitel 8

Rückkehr zum Äquatorkanal

Die verlorenen Inschriften

Blau oben und Blau unten. Intensives Licht. Die feine Linie, wo das Blau oben das Blau unten traf, stieg auf der einen Seite langsam über Deckhöhe, um wieder zu sinken und ebenso langsam auf der anderen aufzutauchen. Diejenigen, denen das friedliche Rollen etwas ausmachte, tasteten nach irgend etwas, woran sie sich festhalten konnten, und stakten nach unten. Die anderen genossen den frischen Seewind im Schatten eines Segeltuchs und entspannten sich. Das Wiegenlied der tropischen See hielt die Uhr und den Kalender an. Wie eine Wiege oder ein Schaukelstuhl bringt ein friedlich rollendes Schiff den Geist zur Ruhe.

Wir brauchten diesen Urlaub vom Land, weg von all den Steinen. Wir waren überwältigt von alldem, was man uns gezeigt hatte oder worüber wir gestolpert waren in den wenigen Tagen auf einer Insel nach der anderen. Unentbehrliche Hinweise auf das Rätsel der Malediven durchliefen den Computer in unserem Kopf und erforderten Zeit zur Verarbeitung. Zeit, um tief Luft zu holen, bevor wir hinuntertauchten zu weiteren Enthüllungen. Denn wir vergeudeten keine Zeit. Die *Golden Ray* hatte das Laamu-Atoll in der Dunkelheit verlassen, um den Anderthalb-Grad-Kanal bei Nacht zu überqueren und so die Riffe und Inseln am Äquatorkanal im vollen Tageslicht zu erreichen.

Das Schiff rollte jetzt im wirklichen Reich des Sonnengottes. Außerhalb des Schattens, den das Segeltuch spendete, war es unerträglich heiß. Die Sonne würde am höchsten stehen, wenn wir auf der nächsten, vor uns liegenden Insel landeten. Vor uns, noch unterhalb des Horizonts, lag das große Suvadiva-Atoll, auch bekannt unter dem Namen Huvadu oder Gaaf. Hier war die Sonne zu Hause. Hierher in den Äquatorkanal hatte sie die ersten Sonnenverehrer gelockt. Hier hatten noch unbekannte Baumeister der Vergangenheit Kalksteinblöcke abgebaut, um den mächtigen Sonnentempel auf Gaaf-Gan zu errichten.

Wir waren noch immer genau auf der Spur der Redin. Wir würden noch zwei weitere Redin-Inseln auf der Nord- bzw. Ostseite des riesigen Kranzriffs von Gaaf aufsuchen, bevor wir zur Insel Gan im äußersten Süden kamen. Das Kranzriff von Gaaf erstreckte sich vom Anderthalb-Grad-Kanal bis hinunter zum Äquatorkanal. Gaaf-Gan war unbewohnt, aber die beiden anderen Redin-Inseln, an denen wir vorbeikamen, waren bewohnt. Auf der ersten gäbe es keine Spuren einer frühen Besiedlung, aber auf der zweiten, sagte Loutfi.

Die erste Insel hieß Viringili, gelegentlich auch Viligili. Wir fuhren durch das Nordriff in die Lagune von Gaaf und ankerten vor dieser Insel, gerade als »Mangiare« den Tisch deckte. Diese ehemalige Redin-Insel war der jetzige Sitz der Atoll-Verwaltung und hatte 1200 Einwohner. Früher habe es auf dieser Insel eine große *Hawitta* gegeben, erklärte Loutfi. Und im Dorf heiße noch heute eine Straße Hawitta magu, was Hawitta-Straße bedeutete. Sie endete an der Küste, wo die alte *Hawitta* ein Raub des Meeres geworden war.

Mit leichten Zweifeln vernahmen wir Loutfis Versicherung, daß es auf dieser Insel nichts Interessantes für uns zu sehen gäbe, und blieben an Bord, als er und Wahid mit drei Mann der Besatzung an Land gebracht wurden, damit sie Regenwasser, frisches Obst und getrockneten Fisch besorgten.

Wegen der vielen Korallenriffe verließen wir die Lagune von Gaaf wieder, um am späten Nachmittag durch einen anderen Zugang in der Nähe von Kondai, der nächsten Redin-Insel, wieder hineinzufahren. Wir zählten 22 flache Palmeninseln um uns am Horizont, als wir vor Kondai festmachten. Nichts hielt uns mehr an Bord, als das Inseloberhaupt in seinem *Dhoni* zu uns herauskam und uns von einem seltsamen Vogel erzählte, den sie gerade im Wald gefunden hätten.

»Einen Vogel?«

»Einen Vogel.«

»Mit Federn?«

»Mit Federn. Aber aus Stein.«

Voller Neugier und Erwartung sprangen wir in das *Dhoni* und landeten zusammen mit dem Oberhaupt auf Kondai.

Am Ufer lag ein Dorf von etwa zweihundertfünfzig Seelen. Viele hatten den steinernen Vogel gesehen. Aber niemand wußte, wo er jetzt war. Er war verschwunden. Der Mann, der ihn im Wald gefunden hatte, hatte ihn schon im Dorf verloren. Der steinerne Vogel war einfach nicht mehr da.

Aber die Redin? Hatte irgend jemand uns vielleicht etwas über die Redin zu erzählen?

Redin? Den Namen hatten sie noch nie gehört. Auf dieser Insel war nichts gewesen, bevor die Moschee erbaut worden war.

»Geduld«, sagte Loutfi mit gedämpfter Stimme. Und in aller Ruhe forderte er uns zu einem Gang in den Wald auf, solange es noch hell war. Später, wenn wir zurückgekommen waren, konnten wir den Vogel suchen.

Unter der Führung von Loutfi liefen wir über eine Bananenplantage und strebten dem ungerodeten Dschungel zu. Die Sonne stand schon tief, als wir die letzte Hütte passierten und schätzungsweise zwanzig Minuten durch den dichten Tropenwald gingen, bevor wir dorthin kamen, was Loutfi uns zeigen wollte. Zwei Dorfbewohner mit langen Macheten folgten uns schweigend, wahrscheinlich mehr aus Neugier als dem Wunsch, uns den Weg zu bahnen. Dicke, moosbewachsene Baumäste ragten über unsere Köpfe, beladen mit schmarotzenden Farnen und Orchideen, daß sogar Loutfi in Versuchung kam, einige Exemplare für seinen Garten in Malé abzuschneiden. Der Pfad gabelte sich und gabelte sich noch einmal, bis wir in wegloses Dickicht drangen und scheinbar zufällig auf einen völlig verwüsteten Tempelhügel stießen. Er war nicht mehr als mannshoch und hatte einen Durchmesser von ungefähr zehn Metern. Ein Krater auf dem Hügel deutete darauf hin, daß hier einmal gegraben worden war.

Die beiden Einheimischen hatten nichts zu sagen. Sie taten so, als wären sie noch nie in ihrem Leben hier gewesen. Aber auf die Frage, ob dieser Ort einen Namen habe, murmelte einer von ihnen:

»Hawitta.«

Vielleicht hundert Meter weiter lag ein weiterer Hügel von etwas größerem Ausmaß, der ebenfalls völlig überwuchert war. Zwischen den Korallentrümmern konnte man einige bearbeitete Steine erkennen, von denen ein paar sogar Gipsornamente aufwiesen, die schwarz und weich vor Alter waren.

Und der Name dieses Ortes?

Auch einfach nur »Hawitta«.

Wir konnten gerade noch einen flüchtigen Blick auf einen dritten Hügel werfen, als wir uns auch schon wieder schnellstens einen Weg aus dem Dickicht suchen mußten. Es wurde zu dunkel. Jetzt konnten sich die Macheten bewähren. Loutfi erklärte uns, daß es für die Dorfbewohner kaum einen Grund gäbe, in diese Wildnis vorzudringen. Und daher wußte offenbar kaum einer von ihnen etwas von diesen Hügeln, als er, Loutfi, vor zwölf Jahren auf sie gestoßen war. Die Besiedlung von Kondai hatte sich auf der anderen Seite der Insel abgespielt, seit die Menschen hier den islamischen Glauben angenommen hatten. Aus einem Grund, den wir nie erfuhren, war die gesamte Insel vor ein paar Jahrzehnten entvölkert worden. Die jetzigen Bewohner waren erst 1975 zurückgekehrt und hatten ihre aufgegebenen Häuser wieder bezogen.

Die Sonne war untergegangen, und Dunkelheit umfing uns. So schlugen wir uns einen Weg zum nächstgelegenen Strand frei und liefen die Küste entlang über die freien Sandflächen zurück zum Dorf.

Außer Sternen und den Silhouetten der Dächer sahen wir kaum etwas, als wir unseren Weg in die unbeleuchteten Straßen des Dorfs ertasteten, wo wir zwischen dunklen Mauern haltmachten und Loutfi eine letzte Chance gaben, den steinernen Vogel ausfindig zu machen. Schweigend kamen immer mehr Menschen aus den Hütten und beäugten uns, soweit das spärliche Licht der Sterne das zuließ. Sie schienen nachts so gut sehen zu können wie Eulen, da kein helleres Licht als das der kleinen Flammen ihrer Öllampen ihre Augen verwöhnte. Selbst Loutfi hatte offenbar keine Mühe, sich zurechtzufinden, als er uns in der Menschentraube stehenließ und im Dunkel der Nacht verschwand.

Irgend jemand war mit einer kleinen Öllampe nach draußen gekommen, deren Flamme im Wind flackerte. Im schwachen Schein der Lampe konnte ich das triumphierende Leuchten auf Loutfis Gesicht erkennen, als er nach einiger Zeit zurückkam und meinen Arm ergriff. Er flüsterte mir zu, daß er den Vogel gefunden habe. Aber vielleicht sei es gar kein Vogel. Vielleicht war es der Kopf eines Elefanten. Das mußte ich sehen.

Gemeinsam stahlen wir uns davon. Wie Loutfi vermutet hatte, hatte er die Skulptur in der Hütte des Gebetsrufers der Moschee gefunden. Dorthin gingen wir. Dieser religiöse Mann gab zu, die steinerne Figur versteckt zu haben, um sie vor der Zerstörung durch die Dorfbewohner zu bewahren, die erklärten, der Prophet verbiete Abbilder jeder Art.

Bevor ich mich versah, hielt ich eine Kalksteinskulptur in der Hand, die so groß wie ein Hahn und schwarz vor Alter war. Es war der Kopf von irgend etwas. Ich erkannte ein mandelförmiges Auge, das mich mit einem teuflischen Ausdruck anstarrte. Wie ein Vogel sah die Figur nicht aus. Die dunkle Skulptur im Dunkel der Hütte schien beherrscht zu sein von einer aufgerollten Schnauze, die eher wie der Rüssel eines Elefanten, nicht wie der gebogene Schnabel eines Raubvogels aussah. Auch der listige Ausdruck der Augen entsprach dem eines Elefanten, doch auf dem Kopf und ringsum waren eindeutig Federn zu sehen. Aber unter der aufgerollten Schnauze ragten auch zwei große Stoßzähne hervor. Ein dämonisches Monstrum. Der Kopf eines grotesken Ungeheuers, der am Hals abgebrochen war.

Mir war so, als hätte ich so etwas schon einmal gesehen. Vielleicht in einem Museum. Loutfi war auf den Malediven etwas Ähnliches noch nie untergekommen. Der Gebetsrufer der Moschee sagte nichts. Er war froh, als wir das heidnische Abbild mitnahmen.

Kurz darauf stand Björn Bye mit Streichhölzern neben uns.

»Ich habe schon viele solche Köpfe gesehen!« rief er. »In Nepal!«

Nepal war ein Bergkönigreich im Himalaja, am Fuß des Mount Everest, so weit von und so hoch über einem Meeres-Atoll, wie es nur möglich war. In Nepal gab es weder Moslems noch Buddhisten. Es war das einzige Land der Welt, dessen Staatsreligion ein reiner, unvermischter Hinduismus war.

»Hinduistisch!« Die anderen waren inzwischen zu uns gestoßen. »Das ist ein hinduistischer Makara-Kopf«, erklärte Arne Skjölsvold.

Dank vereinter geistiger Bemühungen wurde uns allmählich klar, was der Gebetsrufer der Moschee mir da in die Hand gedrückt hatte. Es war der Kopf des bedeutenden hinduistischen Wassergottes Makara, ein Dämon, der den Eingang jedes Hindu-Tempels schmückte und als vorspringender Wasserspeier bei heiligen Hindu-Brunnen in Stein gehauen war. Ein paar Tage hatten uns die buddhistischen Visionen Bells und der Stupa-Komplex auf dem letzten Atoll so in ihren Bann gezogen, daß wir völlig vergaßen, daß die Frühgeschichte der Malediven auch noch Platz für andere Religionen hatte. Da der Buddhismus vom Islam vor über achthundert Jahren verdrängt worden war, konnte diese Hindu-Skulptur durchaus tausend Jahre alt sein. Ich hielt sie so vorsichtig wie eine Bombe, die hochgegangen wäre, wenn ich sie hätte fallen lassen, und gab sie erst aus der Hand, als die Archäologen sie in Baumwolle wickelten und sicher in einer Kiste im Rumpf der *Golden Ray* verstauten, um sie ins Museum von Malé zu bringen.

Die Besatzungsmitglieder an Bord nickten zustimmend, als wir ihnen erzählten, daß der steinerne Kopf Makara sei. »Ja, *makara«,* bekräftigten sie. Und doch stellte sich heraus, daß keiner von ihnen jemals etwas Ähnliches gesehen oder davon gehört hatte. Aber in ihrer Landessprache hatte sich das Wort »makara« als Ausdruck für »schlecht« oder »böse« gehalten. Selbst der Kopf eines Buddhas oder Engels war für sie »makara«, da Mohammed das Abbilden aller Lebewesen verboten hatte.

Der Mann, der diesen Kopf so bereitwillig ins Dorf gebracht hatte, führte uns zu der Stelle, wo er ihn gefunden hatte. Nicht weit von den Anpflanzungen des Dorfes. Diesmal drangen wir, gut ausgerüstet mit Taschenlampen und einer Kerosinlampe, in den Dschungel ein. Er brachte uns zu einer Stelle, wo das Unterholz weggeschlagen war und wir uns in Lianen, umgestürzten Bäumen und Ästen verfingen. Der tiefschwarze Waldboden war frisch umgegraben und gründlich durchsucht worden. Ich hob eine sehr schöne kleine Steinplatte auf, die wahrscheinlich einmal für Räucherwerk oder Opfergaben bestimmt gewesen war. Auf der ganzen Fläche verstreut lagen skulptierte Kalksteinfragmente und harte Mörtelreste mit den parallelen Abdrücken von Schilfrohrwänden oder -dächern. Alle großen Steinblöcke waren ausgegraben und abtransportiert worden, wahrscheinlich geplündert für den Bau von Häusern.

Nichts wies auf das Vorhandensein eines früheren Hügels hin. Aber welchen Schaden der Plünderer dieser Stätte angerichtet hatte, konnten wir nur ahnen. Unser Führer versicherte, nichts von dem vor kurzem erlassenen Gesetz zum Schutz der Ruinen aus vormoslemischer Zeit zu wissen. Wir hätten ihn anzeigen und ihm damit zu einer Gefängnisstrafe nach maledivischer Art verhelfen sollen. Statt dessen verwarnten wir ihn scharf – und gaben ihm eine Belohnung dafür, daß er den Makara-Kopf gerettet hatte.

Als die Sonne aufging, waren wir unterwegs nach Gan genau im Süden. Wir verließen die geschützte Lagune von Gaaf nicht mehr und strebten dem südlichen Ende des Kranzriffs zu, immer auf Korallenriffe und die sich verlagernden Sandbänke achtend. Bald kamen die beiden Inseln vor uns in Sicht, die eine kurz, die andere langgestreckt. Gadu und Gan. Gadu vollgepackt mit Häusern. Gan bedeckt mit Dschungel und Kokospalmen.

Durch das Fernglas konnten wir erkennen, daß die Nachricht von unserer Ankunft uns vorausgeeilt war. Überrascht bemerkten wir auf Gan eine Menschentraube, die regungslos gerade dort wartete, wo wir vorhatten zu landen. Sie waren von Gadu über den schmalen Kanal gekommen und machten, als wir nah genug waren, Zeichen, um uns zum besten Ankerplatz zu dirigieren. Direkt vor dem sandigen Engpaß, wo sie standen, gab es Schutz und tiefes Wasser. Vom mit weißen Kappen besetzten Äquatorkanal draußen rollten die Meereswellen herein und zerfielen kaskadenförmig, als sie über dem seichten, die beiden Inseln trennenden Korallenriff in die Lagune liefen.

Als wir aus unserem flachen Beiboot an Land sprangen, trat aus der wartenden Menge ein hochgewachsener Mann mit einem uns vertrauten Gesicht vor und begrüßte jeden von uns mit beiden Händen. Unser alter Freund, der »Besitzer« der Insel, der denselben Namen wie unser gelehrter Freund in Malé hatte, Hassan Maniku. Wir waren wieder auf bekanntem Boden.

Keine Frage. Radio Malé hatte unsere geplante Rückkehr nach Gaaf-Gan angekündigt. Der »Besitzer«, der das gehört hatte, hatte daraufhin die Dinge selbst in die Hand genommen. Vor nunmehr drei Tagen hatte er zwanzig Männer von Gadu auf die Insel gebracht, die die Wege frei gemacht und den Dschungel um die große *Hawitta* gelichtet hatten.

Mit einem etwas unguten Gefühl angesichts dieser unvorhergesehenen Vorbereitung machten wir uns auf den einstündigen Weg, um sofort festzustellen, ob nichts zerstört worden war. Der schmale Pfad war beträchtlich verbreitert worden, aber Björn und mir war alles noch so vertraut, daß es uns fast so vorkam, als könnten wir die großen Flughunde begrüßen, die aus den Palmen aufflogen.

Die zwanzig Männer des »Besitzers« hatten Macheten, langstielige Äxte und Spaten bei sich. Einer von ihnen trug ein schweres Brecheisen. Diese Beobachtung beunruhigte die Archäologen. Archäologie ist Feinarbeit mit Spachteln und Pinseln, nicht mit der Brechstange. Als ich unseren maledivischen Freunden klarzumachen versuchte, daß wir bei archäologischen Grabungen keine so schweren Geräte bräuchten, erklärte man mir freundlich, daß das Brecheisen nicht für den Einsatz bei der *Hawitta* gedacht sei. Man führte es nur mit, um für private Zwecke ein Loch damit in den Boden zu bohren. Es war eine tragbare Toilette für die Arbeiter.

Wir erreichten den baumlosen Ort mit der steinverkleideten Quelle, wo sich der Wald lichtete und den Blick auf den Äquatorkanal freigab. Unser Pfad gabelte sich und bog ins Inselinnere ab, und wir bemerkten den Geruch von verbranntem Holz. Als wir zu der Stelle kamen, wo der Dschungel den Sonnentempel überwucherte, knisterte Feuer und erhob sich Rauch über das Dach des Waldes. Eine kleine Lichtung erwartete uns. Ein paar Arbeiter waren uns vorausgeeilt. Sie warfen Stämme und Zweige in ein Lagerfeuer, um die Moskitos zu vertreiben. Hinter ihnen ragte der steile Hügel in den Himmel. Ich hatte kaum Zeit, mich dem Eindruck hinzugeben, daß offenbar nichts zerstört worden war, als ich hinter mir erregtes Rufen von Öystein Johansen hörte:

»Ui-ui-ui!«

Die beiden Kameramänner waren sofort in Aktion. Bengt hielt den Archäologen das Mikrofon unter die Nase, um ihre ersten Äußerungen aufzunehmen, während Åke mit der Kamera von den staunenden Gesichtern zum Gipfel des künstlichen Hügels schwenkte.

Björn und ich waren einen Augenblick sprachlos. Natürlich hatten wir unseren Begleitern nicht die Größe dieses Hügels vermitteln können. So hatten wir ihn ja selbst noch nie gesehen. Der Dschungel war auf der Ostseite des Bauwerks gerodet worden, und von dieser kleinen Lichtung hatte man eine breite Schneise vom Fuß bis zur Spitze den steilen Hang hinauf geschlagen. Es war umwerfend.

Als Arne Skjölsvold und Öystein Johansen die Ausmaße des Hügels erkannten, ging ihnen langsam auf, welch gewaltige archäologische Aufgabe vor ihnen lag. Dieses von Menschenhand geschaffene Bauwerk hatte Ausmaße, die mit denen der größten Königsgräber der Wikinger vergleichbar waren. Man würde Jahre brauchen, wollte man diese Aufgabe fachmännisch bis zum Ende durchführen, nicht ein paar Tage.

»Wir müssen nicht unbedingt diesmal graben, Arne«, sagte ich, als ich Arne Skjölsvolds Gedanken erriet. »Wir müssen wiederkommen.«

»Ja, aber wir haben Zeit, die Gestalt des Fundaments zu untersuchen«, antwortete er erleichtert. Schließlich war er für die Ausgrabung verantwortlich. »Vielleicht finden wir sogar einige organische Stoffe, die uns eine Karbondatierung ermöglichen.«

»Ganz bestimmt«, meinte Öystein Johansen zuversichtlich. »Alles, was wir finden, werden die ersten archäologischen Daten der Malediven sein.«

Ein kurzer Marsch um den Hügel gab uns die Gewißheit, daß die Arbeiter keinen Schaden angerichtet hatten. Sie hatten lediglich Bäume gefällt und das Unterholz gelichtet. Als wir das letztemal hier gewesen waren, hatten wir gerade ein paar dunkle Korallenbänke erspäht, die sich zwischen dem Blattwerk über unseren Köpfen verloren hatten. Jetzt sahen wir die Seite, auf der wir bis zu dem riesigen *Kandù*-Baum hinaufgeklettert waren, der noch unangetastet auf der Spitze stand. Auf den Abhängen standen noch weitere, etwas kleinere Exemplare, sogar in der gerodeten Schneise, die die Arbeiter hatten stehenlassen, da es für sie mit ihren selbstgmachten Äxten zu beschwerlich gewesen wäre, diese Bäume zu fällen. Sicher beschädigten die kräftigen Wurzeln das Bauwerk. Wir hatten aus diesem Grund eine große Bandsäge mitgebracht. Aber der Riese oben auf der Spitze war zu prächtig. Wir gaben Anweisung, ihn stehenzulassen. Er war so groß, daß er ohnehin nicht mehr würde wachsen können, so daß die in den Korallenschutt eingedrungenen Wurzeln wahrscheinlich über den schon angerichteten Schaden hinaus nichts mehr würden beeinträchtigen können. Aber bestimmt ließen die gewaltigen Ausmaße dieses Baums den Hügel kleiner erscheinen.

Die Rodungsarbeiten rundum wurden fortgesetzt, und die Umrisse des Hügels wurden auf allen Seiten sichtbar. Selbst die Männer von Gadu waren sichtlich beeindruckt. Ihre eigene Moschee war winzig, verglichen mit diesem Bau. Sie versuchten erst gar nicht, die Ehre dieser Arbeit für ihre eigenen Vorfahren zu reklamieren. Dies war das Werk der Redin, und die Redin waren für sie ein alter Volksstamm mit mehr als den normalen menschlichen Fähigkeiten. Normale Menschen, so wie sie heute auf diesen Atollen lebten, hatten nach ihren Worten genug damit zu tun, sich mit Fischen und Kokosnüssen mühsam ihren Lebensunterhalt zu verdienen. Keiner von ihnen hätte die Zeit gehabt, bei einem solchen Unternehmen mitzumachen.

Wir pflichteten ihnen bei. Und die erste Schlußfolgerung, zu der die Archäologen kamen, noch bevor der erste Spatenstich getan war, lautete, daß die Erbauer dieser *Hawitta* Zugang zu etwas gehabt haben mußten, was der Bevölkerung heute fehlte. Sie mußten enge Kontakte zur Außenwelt gehabt haben. Hilfe von irgendwo jenseits des Meers. Wer immer die eingewanderten Redin gewesen waren, sie mußten wirtschaftlich gut dagestanden haben, daß sie sich den Luxus leisten konnten, Kultbauten dieser Größe zu errichten. Auch wenn der kompakte Bau all seiner früheren Blendsteine und kunstvollen Verzierungen entkleidet und des Tempels oder der Turmspitze auf dem Gipfel beraubt war, erhob er sich doch nach wie vor so hoch wie jeder Grabhügel, der an die bedeutendsten frühgeschichtlichen Könige Europas erinnerte. So massig wie eine normale Maya-Pyramide oder eine mesopotamische Zikkurat. Doch das Land, auf dem er stand, war winzig. Es überragte kaum den Meeresspiegel. Sand und Riffe, die keinerlei Reichtümer bargen. Weder Erze noch kostbare Steine. Kein fruchtbares Feld. Kauri-Muscheln, ja, und die allmächtige Sonne. Die Mittagssonne stand im Zenith, und der natürliche Kanal, der den Osten mit dem Westen verband, verlief vor der Küste.

Als der Hügel nackt vor uns lag, deutete immer noch nichts darauf hin, daß Buddhisten oder Hindus ihn genutzt hatten, obwohl sie hier gewesen sein mußten, wie auf so vielen der Nachbarinseln. Die Moslems waren ohne Frage hier gewesen und hatten sämtliche schönen Blendsteine fortgeschleppt, die oberhalb des Erdbodens sichtbar gewesen waren. Wir gingen in den Korallentrümmern, aus denen der Steilhang des Hügels bestand, jeder Spur von bearbeiteten Steinen nach und fanden tatsächlich noch einige Quader mit Sonnenreliefs. Hochreliefs von Sonnen, manchmal mit und manchmal ohne Flügel. Sicher hatte die Sonne bei den Erbauern dieses Hügels im Mittelpunkt des Interesses gestanden. Sonnensymbole hatten wir weder in der *Hawitta* entdeckt, in der wir auf Nilandu gegraben hatten, noch in den verwüsteten buddhistischen Stupas, die wir auf den verschiedenen Inseln auf unserem Weg zum Äquatorkanal gesehen hatten. Nur hier am Äquator. Hier, wohin wir zuerst gekommen waren auf der Suche nach möglichen Spuren von Vertretern des Sonnenkults.

Wir dehnten unser Sichten und Suchen auf den ganzen Hügel aus und stellten dabei fest, daß die mit Sonnen verzierten Steinblöcke an allen Hängen vorkamen, nur nicht am nördlichen. Auf der nach Norden gehenden Seite fehlten sie überraschenderweise völlig. Öystein Johansen schrieb diese Beobachtung der Tatsache zu, daß Menschen von der nördlichen Halbkugel die Sonne nur mit den Himmelsrichtungen Ost, Süd und West verbanden. Nie mit einer anderen, obwohl die Sonne hier am Äquator saisonweise sogar von Norden schien.

Eine interessante Beobachtung. Folgte man der Überlegung Öystein

Johansens, schloß das eine Herkunft dieser Sonnenverehrer aus irgendeinem Teil Südasiens, aus jedem Teil des Tropengürtels aus, der sich bis zu 23° 28′ nördlicher Breite erstreckte. Aber das Indus-Tal und Mesopotamien lagen jenseits dieses tropischen Bereichs, und alle Sonnenverehrer in diesen nördlichen Zentren sahen die Sonne nie im Norden.

Wir wußten, daß die geraden Mauern am Fuß des Hügels unter den heruntergestürzten Trümmern erhalten geblieben waren. Die Archäologen begannen ihre Arbeit daher damit, daß sie alle losen Blöcke, die von oben herabgerutscht waren und den Unterbau bedeckten, vorsichtig entfernten. Jeder Stein wurde genau auf Spuren einer Bearbeitung untersucht, bevor man ihn fortbrachte und wegwarf. Wir hatten bei unserer letzten Entdeckungstour einen Abschnitt einer geraden Mauer gesehen. Und jetzt kamen weitere zum Vorschein. Wie vermutet, hatte der Abbau der Stützmauern durch die Moslems dazu geführt, daß die Füllung abgerutscht und ein runder Hügel entstanden war. Aber als die Moslems kamen, war der untere Teil des Tempels bereits unter einer wachsenden Schicht aus Walderde und vom Wind herangetriebenem Sand begraben.

Wir stellten fest, daß die verschütteten Grundmauern in voller Länge erhalten waren, nachdem wir den abgerutschten Schutt entfernt hatten, und fingen an, die Seiten des Bauwerks freizulegen. Aber zu unserer Verwunderung schienen die Mauern in unerwartete Richtungen zu laufen. An der untersten Ecke, die wir freilegten, lief die Mauer nach links, und an der nächsten erwarteten wir, daß sie wieder nach links gehen würde, so daß ein Quadrat entstand, doch sie wandte sich nach rechts. Wir vermuteten einen unregelmäßigen oder sternförmigen Grundriß, aber am Ende des ersten Tages war allen klar, daß der Hauptbau quadratisch und nach der Sonne ausgerichtet war. Was zunächst wie eine Unregelmäßigkeit ausgesehen hatte, waren die Anschlußmauern der zentral gelegenen Rampen an allen vier Seiten, wie man es so oft bei den mexikanischen Pyramiden sieht.

Als die Arbeit am zweiten Tag begann, war der Grundriß des pyramidenartigen Bauwerks mit seinen vier feierlichen Rampenaufgängen klar. Und beim Sichten der abgerutschten Trümmer hatten wir bereits eine stattliche Sammlung zugehauener und verzierter Steine aussortiert. Das Sonnensymbol als Hochrelief dominierte. Aber inzwischen hatten wir auch so klein gearbeitete Sonnen entdeckt, daß zwei auf einem Stein Platz hatten. Auf einem Eckstein waren vier solche Sonnen, jeweils zwei auf den beiden Seiten übereinander. Besonders kunstvoll waren ein paar Steine verziert, auf denen Sonnenpaare durch einen Dreierstab in Form eines durchgehenden Musters unterbrochen wurden.

Ein kleines Fragment eines Ecksteins war mit einem so komplizierten Muster aus winzigen Sonnen, Einkerbungen und kleinen Säulenreihen bedeckt, daß nur ein sehr versierter Künstler es hatte entwerfen und nur ein hervorragender Steinmetz es hatte ausarbeiten können. Die Verzierungen waren sehr tief in den Stein gemeißelt und die Details so exakt, daß es sich um den Teil eines besonders kunstvollen Frieses handeln mußte oder vielleicht um ein Eckstück, das von einem kleinen Schrein abgeschlagen worden war. Es gab auch unterschiedlich gemusterte Gesimssteine. Einige wiesen das inzwischen vertraute Band aus Lotosblättern auf. Andere hatten tiefe Einkerbungen, die an die klassischen griechischen *Triglyphen* und *Metopen* erinnerten.

Äußerst bemerkenswert war ein sehr aufwendiger Block, den wir in größeren Mengen an der Südwestecke der Pyramide fanden. Beim ersten Exemplar dieser Art, das wir entdeckten, waren die Einkerbungen so mit Erde und weißem Gips zugesetzt, daß es uns wie ein ziemlich quadratischer Quader vorkam, bis wir es mit Kelle und Pinsel gesäubert hatten. Erst da erkannten wir plötzlich den stilisierten Schädel, dessen totenkopfgleiche Augenhöhlen uns anzustarren schienen. Der starre Ausdruck wurde durch Wülste hervorgerufen, die wie ein Brillengestell um die Augenhöhlen liefen. Eine elegante Brille mit einem geraden oberen Steg, die unheimlich wirkte. Die Schädeldarstellung war von oben zusammengedrückt. Sie hatte eine kleine Grube anstelle der Nasenöffnung, aber keinen Unterkiefer. Aber wenn man diese Ecksteine übereinanderstellte, wurde die dichte Reihe quadratischer Erhebungen, die wie eine Krone auf dem Schädel saßen, zu den Zähnen des darüber befindlichen Schädels.

Ein kurzer Strich lief unter den Augenhöhlen nach unten, wie ein Tränenstrom. Wie das klassische Tränenzeichen, das in der alten mexikanischen und peruanischen Kunst den Regen vom Sonnengott symbolisierte. In den Maya-Ruinen von Chichen Itza hatte ich stilisierte Totenschädel gesehen, die als Bausteine für die nach der Sonne ausgerichteten Tempelplattformen dienten. Pyramiden, Rampen, steinerne Schädel mit Tränenzeichen in nach der Sonne ausgerichteten Tempelmauern. Vielleicht war das genug, daß meine Phantasie mit mir durchging. Vielleicht symbolisierten diese Darstellungen gar keine Totenschädel. Aber so wie wir die Steine hielten, konnten sie nichts anderes darstellen. Und unsere Arbeiter, die noch nie zuvor so etwas gesehen hatten, zeigten auf ihr Gesicht, schlossen die Augen und machten die Bewegung des Kopfabschneidens. Aber als ich später einem Archäologen und Orientspezialisten ein Foto eines solchen Steins zeigte, drehte er es auf den Kopf und erklärte, daß die bebrillten Einbuchtungen überhaupt keine Augenhöhlen darstellten, sondern Höhlen mit gewölbtem Dach und ebenem Boden. Ähnliche Motive kannte man aus der religiösen Kunst des alten Südasiens, die von einheimischen Wissenschaftlern als symbolische Darstellungen der Höhlen gedeutet wurden, in denen die ersten Mönche Zuflucht gesucht hatten.

Aber wenn es tatsächlich Höhlen waren, warum waren sie dann immer paarweise dargestellt? Und die Tränenzeichen? Verkörperten sie, auf den Kopf gestellt, eine Säule auf einer Höhle? Keiner von uns hatte eine Erklärung dafür. Wie immer der Fall liegen mochte, beim Rekonstruieren der vergessenen Vergangenheit besteht immer die Gefahr, sich durch Begeisterung und vorgefaßte Meinungen in die Irre führen zu lassen. Sicher war, daß diese und die vielen anderen bearbeiteten Steine, die wir den Trümmern entrissen hatten, nach phantastischen Entwürfen gearbeitet waren, und als sie alle einmal in den weißen Kalksteinmauern dieses Kolossalbaus vereint waren und in der Sonne leuchteten, müssen sie einen Anblick für Götter geboten haben.

Jetzt, wo sie als Trümmerhaufen aufgetürmt vor uns lagen, wirkten sie wie ein Denkmal der ewigen Egozentrik des Menschen. Zu allen Zeiten haben Menschen aller Glaubensrichtungen diejenigen bekämpft, die anderen Glaubens waren. Wir haben stets geglaubt, und tun es noch immer, daß *wir,* unser verlängertes Ich, im richtigen Lager stehen. *Wir* sind im Besitz der alleinigen Wahrheit. Was *wir* glauben, sollten auch die anderen glauben. Wenn nicht, will unser Gott, daß wir töten und zerstören.

Diejenigen, die Allah verehrten, zerstörten, was diejenigen mit viel Mühe aufgebaut hatten, die die Sonne verehrten. Aber ganz sicher mußten diejenigen, die Schiwa oder Buddha verehrten, dazwischen hier gewesen sein. Wir drehten jeden Stein hin und her und versuchten, die ganze Geschichte zu lesen. Unsere maledivischen Freunde waren ebenso gebannt wie wir von begrabenen Mauern und jedem bearbeiteten Stein, der aus der Erde ans Tageslicht kam. Jedesmal, wenn wir einen Block mit einem neuen Ornament bargen, waren sie außer sich vor Freude und spornten sich mit aufmunternden maledivischen Liedern zu noch schnellerem Arbeiten an. Als eine kleine Kristallkugel aus dem schwarzen Erdreich auftauchte, steigerte sich ihre Freude zu wildem Jubel. Alle kamen an der Ecke zwischen der Rampe und der Hauptmauer an der Ostseite zusammen, wo das glitzernde kleine Ding ans Tageslicht kam. Als es wie ein gläsernes Ei aus der Erde gehoben wurde, fingen sie an, mit dem Oberkörper hin und her zu pendeln, sangen und klatschten in die Hände und ahmten einen alten runzligen Komiker mit nur noch einem Zahn und einem riesigen Hut nach, der allein den Abhang hinauftanzte. Es war eine Freude, mit dieser Mannschaft zu arbeiten, die gut aufgelegt, intelligent und tüchtig war. Sie begriffen sofort, daß Kristall nicht zu den natürlichen Vorkommen auf den Korallen-Atollen der Malediven gehörte, und daher war diese Kugel ein Beweis für den Kontakt zur Welt draußen.

»Es ist ein Phallus«, rief Öystein Johansen und wies auf die realistische Form mit einem tiefen Loch im abgeflachten unteren Ende, das darauf schließen ließ, daß das penisartige Objekt auf einem Stab gesteckt hatte.

Arne Skjölsvold war der gleichen Meinung, machte aber später darauf aufmerksam, daß im alten Sri Lanka und auf dem Festland Miniatur-Stupas mehr oder weniger dieses Aussehen hatten und als Weihegaben verwendet wurden. Wir konnten alle bestätigen, daß die Stupa erstaunliche Ähnlichkeit mit einem Phallus hatte. Die Stupa symbolisiert die Wiedergeburt und verkörperte daher vielleicht eher das männliche Glied als den Leib einer schwangeren Frau, wie immer wieder behauptet worden ist.

Als wir das ursprüngliche Bodenniveau erreicht hatten, auf dem die *Hawitta* errichtet worden war, kletterte Arne Skjölsvold hinauf, um die Gesamthöhe zu messen. Von der Spitze des Hügels nahm er Sichtkontakt mit Öystein Johansen auf, der bis zur gleichen Höhe einen nahen Dschungelbaum erklettert hatte und dann ein Bandmaß bis zum Boden ausrollen ließ. Im jetzigen, schon teilweise abgetragenen Zustand erhob sich das Bauwerk immer noch 8,5 Meter über den Boden. Die inzwischen völlig freigelegten Mauern maßen 23 × 23 Meter, was eine Grundfläche von 529 Quadratmetern für die Pyramide ergab.

Während unserer Arbeit hatten wir eine weitere interessante Entdekkung gemacht. Die Tempelmauern waren früher mit einem hellen Verputz bedeckt gewesen. Auf den besonders geschützten Mauerstellen klebte noch eine dicke Schicht sehr harter Kalkputz. Wo die Erde sehr feucht gewesen war, war dieser Belag aufgeweicht und hatte sich gelöst. Völlig erhalten war ein Eckteil, wo die Ostseite der Rampe auf die südliche Mauer traf. Hier war die Putzschicht so dick und fest, daß man nichts von den Konturen der Steine darunter sah. Jetzt verstanden wir auch, warum wir zerbröckelnde Putzreste gefunden hatten, die die tiefen Einbuchtungen in den »Schädel«-Steinen ausgefüllt hatten. Wir entdeckten auch Sonnensteine, bei denen nur ein Teil der Sonnenscheibe

---

Eine Löwenskulptur, die auf einer Insel gefunden wurde. Aus den Korallentrümmern, mit denen das pyramidenförmige Bauwerk auf Gaaf-Gan gefüllt war, holten wir drei kleine steinerne Löwen. Nur der vordere Teil mit dem Kopf und den angezogenen Vorderbeinen war ausgearbeitet, während der hintere Teil lediglich aus einem rechteckigen Block bestand, was zeigte, daß diese Raubkatzen einst wie schmückende Wasserspeier in die Außenmauer eingesetzt waren.

sichtbar war, weil eine Putzschicht noch den Rest bedeckte. Viele Steinblöcke sahen tatsächlich so aus, als wären sie nicht verziert, bis wir den dicken Verputz lösten, der die Ornamente den Blicken entzog.

Warum hatten die alten Steinmetze sich die Mühe gemacht, zuerst all diese kunstvollen Motive zu hauen, um sie dann unter einer Schicht aus Putz zu verbergen, die so dick war, daß man nichts mehr sah?

Die Antwort schien auf der Hand zu liegen. Nicht die ursprünglichen Schöpfer hatten ihre eigenen verzierten Mauern mit Putz zugeschmiert. Das hatten andere gemacht, die nicht denselben Glauben hatten, später auf die Inseln gekommen waren und die Pyramide für ihre Zwecke umgebaut hatten. Wieder stießen wir auf diesen Beweis für die zwei Zeitabschnitte, die sich so deutlich in der sakralen Architektur widerspiegelten und vor der Ankunft der Moslems lagen, die der Benutzung der *Hawitta* ein Ende bereiteten. Das ursprünglich für die Verehrung der Sonne erbaute pyramidenförmige Bauwerk wurde in seiner letzten Phase von Menschen mit einem abgewandelten oder anderen Glauben übernommen. Von Menschen, die der Sonnenscheibe keine göttlichen Ehren mehr erwiesen und die bestehenden religiösen Symbole daher verputzten, um einen völlig weißen, schmucklosen Bau zu bekommen. Genau das taten die Buddhisten, als sie ihre großen Stupas auf Sri Lanka außen völlig mit hellem Verputz überzogen und glätteten.

Wichtige Erkenntnisse waren allein dadurch gewonnen, daß die *Hawitta* von Gan vom Dickicht befreit worden war. Aber jetzt, da die alten Mauern freilagen, erwarteten Loutfi und unsere maledivischen Helfer, daß wir im Hügel graben würden, wo wir doch nun die Erlaubnis dazu hatten. Sie nahmen als selbstverständlich an, daß wir nur wegen der in der *Hawitta* verborgenen Schätze gekommen waren. Doch Archäologie ist mehr, als begrabene Mauern freilegen und nach Schätzen suchen. Zu ihrer Überraschung wurden die Arbeiter gebeten, ein paar kurze, angespitzte Pflöcke anzufertigen, die Arne Skjölsvold und Öystein Johansen außerhalb der *Hawitta* in den Boden schlugen. Die Pflöcke waren als Markierungspunkte für sehr genaue, 1 × 1 Meter große

---

Die Malediver sind bis heute nicht auf fremde Hilfe angewiesen; die Hauptnahrungsmittel sind Fisch und Kokosnüsse, und überall stößt man auf Süßwasser, wenn man in dem Kalksteinboden einen Brunnen niederbringt. Die Dorfhütten wurden aus Palmblättern gefertigt, aber inzwischen werden immer mehr Häuser aus Korallentrümmern und Kalk gebaut. Die Malediven umfassen schätzungsweise 1200 Inseln, von denen allerdings nur 202 bewohnt sind.

Quadrate gedacht und wurden mit einer Schnur verbunden. Exakt innerhalb dieser Schnur, nirgendwo sonst, sollte das Graben beginnen, wie die Archäologen den ungläubigen Arbeitern erklärten. Es ging ihnen offenbar nicht in den Kopf, warum sie auf einer Seite der Schnur graben sollten, nicht auch auf der anderen. Oder warum nicht überhaupt gleich in der *Hawitta.*

Als sie mit ihren Hacken und Schaufeln anrückten, um mit dem Graben innerhalb der Schnüre zu beginnen, erlebten sie die nächste Überraschung. Man sagte ihnen, sie sollten ihre guten Werkzeuge weglegen, und drückte ihnen statt dessen ein paar winzige Maurerkellen in die Hand, die nicht größer als Löffel waren. Und dann durften sie noch nicht einmal das spitze Ende in den Boden bohren, sondern nur mit der Kante unter strengster Aufsicht ganz feine Sandschichten wegkratzen. Ihnen muß das alles sehr töricht vorgekommen sein.

Diese Leute hatten Arne Skjölsvold als einen liebenswerten Mann mit einem freundlichen Lächeln hinter den Brillengläsern und einem mächtigen Bart kennengelernt und den jüngeren Öystein Johansen als einen Spaßmacher, der immer zu einem Scherz aufgelegt war. Aber wenn jetzt jemand mit der Kelle ein Loch in den Boden machte, anstatt die Erde gleichmäßig abzukratzen, schrie Arne Skjölsvold die Männer an, und Öystein Johansen raufte sich verzweifelt die Haare. Und wenn jemand zu nahe an die Schnur trat, so daß der Rand einbrach und Erde in die Grube fiel, gerieten diese zwei verrückten Fremden so außer sich, als wäre ihnen der Sand in die Suppe gefallen. Es gab weder ein Lächeln noch ein Lob, bevor die Wände der Grube nicht so glatt und eben wie der Boden waren.

Wenn der Zollstock anzeigte, daß eine Schicht von fünf Zentimetern abgehoben war, geboten die Archäologen Halt. Und es gab jedesmal viel Aufregung, bevor die fassungslosen Arbeiter weiterkratzen durften. Jeweils immer nur fünf Zentimeter. Nicht mehr und nicht weniger, obwohl man am Ende ja doch bis zum festen Felsgestein der Insel kommen mußte.

Die Männer machten große Augen, als Arne Skjölsvold sich vor ihnen hinkniete, nur um ein winziges Stück Holzkohle aufzuheben, das er in ein beschriftetes Plastiktütchen steckte. Dann nahm Öystein Johansen ein paar uralte Fischgräten und eine kleine Scherbe eines zerbrochenen Topfes auf und bewahrte sie ebenfalls auf. Die Arbeiter lachten jetzt ganz offen, wurden aber still und schienen sich ernsthaft Sorgen um uns zu machen, als sie sahen, daß wir aus Angst, etwas von diesem Abfall zu verpassen, die Erde, die sie weggekratzt hatten, auch noch mit einem feinmaschigen Drahtnetz durchsiebten.

Aus Angst, die Inselbewohner würden jegliche Achtung vor uns verlieren und am Ende meinen, wir hätten den Verstand verloren, bat ich unseren Dolmetscher Abdul, den Männern zu erklären, was wir hier machten. Die Arbeiter hörten erstaunt und interessiert zu, und als sie begriffen hatten, worum es ging, waren sie sichtlich beeindruckt.

In unserer Heimat, so erklärten wir ihnen, gäbe es Maschinen, die uns das Alter eines Stücks von einem Knochen, einer Muschel oder einer Holzkohle nennen könnten, wenn wir diese Materialien in ein solches Gerät legten und verbrannten. Es registriere eine Art unsichtbare Strahlung, die von jedem Gegenstand ausgehe, der einmal lebend gewesen sei, Pflanze oder Tier. Wir nannten dieses Verfahren C-14-Methode oder Karbondatierung, und die Antwort, die wir erhielten, war ein Näherungswert, der oft bis auf weniger als fünfzig Jahre an das richtige Alter herankam. Ein winziges Stück verkohltes Holz oder der Splitter eines Hühnerknochens konnte uns in etwa verraten, wann das Feuer gebrannt hatte oder das Huhn verzehrt worden war.

Von nun an waren unsere maledivischen Arbeiter Profis, und kein Stückchen organisches Material, das größer als ein Reiskorn war, entging mehr ihrer Aufmerksamkeit.

Aber warum die Bruchstücke alter Töpfe?

Das Alter von Topfscherben läßt sich nicht mit Hilfe eines Geräts bestimmen, aber sehr oft von einem Fachmann. Die Art der Tonwaren und die Form und Farbe der Gefäße sind in einzelnen Teilen der Welt unterschiedlich. Selbst innerhalb eines Gebiets ändert sich die Art der Tonwaren oft von einem Jahrhundert zum nächsten. Menschenknochen und Teile von Tieren und Pflanzen können verrotten und sind damit verloren, aber Topfscherben halten ewig. Sie können lediglich in kleinere Stücke zerbrechen. In vielen Fällen kann eine kleine Scherbe eines zerbrochenen Gefäßes uns sagen, wo und wann das Gefäß entstanden ist. Ich hätte weiter ausführen können, daß Tonwaren für einen Archäologen das sind, was Briefmarken für einen Philatelisten, hinsichtlich Ort und Zeit bestimmbar. Aber mir wurde klar, daß meine aufmerksamen Zuhörer noch nie eine Briefmarke gesehen hatten. Aber sie alle verwendeten aus Indien importierte Töpferwaren und kannten Topfscherben so gut, daß ihnen auch nicht mehr das kleinste Stück entging.

Sie versuchten uns klarzumachen, daß sie die in der Erde liegenden Scherben und Knochen viel schneller fänden, wenn sie mit ihren eigenen großen Geräten graben könnten. Wie auf ihren Taro-Feldern. Warum das Gekratze mit diesen kleinen Löffeln, und immer nur jeweils fünf Zentimeter?

Nicht nur, weil man mit Hacke und Schaufel zerbrechliche Gegenstände zerstören konnte, bevor man sie entdeckte, sondern auch, weil es wichtig war festzuhalten, wie tief in der Erde man die einzelnen Dinge gefunden hatte. Etwas, das in 20 Zentimeter Tiefe lag, war älter als das, was nur fünf Zentimeter unter der Erdoberfläche gefunden wurde, und am ältesten war das, was man direkt auf dem felsigen Boden entdeckte. Je tiefer man in die Erde vordrang, desto weiter zurück in die Geschichte. Wie jeder wußte, lagen der frischeste Humus und die jüngsten Abfälle des Menschen immer ganz oben.

Die Seitenwände mußten deshalb gerade und glatt sein, damit sich die Schichten im Profil gut abzeichneten. Das zeigte uns, ob die Erde von jemandem aufgewühlt worden war, der in der Vergangenheit dort gegraben hatte; ein Loch beispielsweise würde mit Erde oder Sand gefüllt sein, der sich farblich von seiner Umgebung abhob. Wie auf einem Wandgemälde treten die verschiedenen Arten von Erde, Asche oder Sand in übereinanderliegenden Schichten zutage. Sie erzählen ihre eigene Geschichte – von Klimaveränderungen, Waldbränden, Sandstürmen, Überschwemmungen und den verschiedenen Formen menschlichen Handelns. Wenn die Männer mit ihren Werkzeugen gruben, würden die Wände der Grube unregelmäßig und rauh werden, und man würde keine dieser natürlichen Linien ungeschriebener Geschichte erkennen.

Nach diesen Erläuterungen teilten wir unsere maledivischen Helfer in Vierergruppen ein, von denen jeweils zwei Mann die Erde abhoben und zwei siebten. Und kein Archäologe hätte sich eifrigere, aufmerksamere und peniblere Feldarbeiter wünschen können.

Die drei Tage, die wir für Gaaf-Gan eingeplant hatten, reichten lediglich, den Appetit zu wecken. Wir mußten weiter. Aber ebenso sicher war, daß wir wiederkommen mußten, wenn wir mehr Zeit hätten.

Als wir wieder und wieder den Hügel erstiegen, wußten wir noch nicht, daß unter unseren Füßen Skulpturen von Löwen und Ochsen im Schutt vergraben lagen. Aber uns wurde doch bewußt, daß wir eines der Denkmäler über dem großen maledivischen Geheimnis bestiegen. Diese kleine Insel bot Reisenden nicht die wirtschaftliche Grundlage, die einen so aufwendigen und eindrucksvollen Tempel ermöglicht hätte. Welche politischen und religiösen Bande hatten die frühgeschichtlichen Malediver gehabt, die zu einer kulturell so außergewöhnlichen Tat hatten führen können?

Als wir oben auf dem Hügel saßen und über das Dach des Dschungels und die weiter entfernten Kronen der Kokospalmen blickten, sprachen Arne Skjölsvold und Öystein Johansen mit Nachdruck den Gedanken aus, den ich seit langem hegte. Die geographische Lage der Malediven hatte, vielleicht begünstigt durch die Kauri-Muschel, die Inseln zu einem bedeutenden Anlauf- oder Durchgangshafen für höher entwickelte Kulturen gemacht, die den Indischen Ozean in vormoslemischer Zeit befahren haben.

Vadu war eine der Inseln westlich von Gaaf-Gan und auf demselben Kranzriff gelegen. Wie Gadu und Gan lag es direkt am Äquatorkanal. Loutfi erklärte, die Insel sei bewohnt. Es war die letzte Redin-Insel dieses Atolls und außerdem die Insel, auf der die Tafel mit der fremdartigen Inschrift gefunden worden war.

Natürlich mußten wir Vadu einen Besuch abstatten, bevor wir in den offenen Äquatorkanal fuhren.

Bei Sonnenaufgang lichteten wir den Anker, machten vorsichtig einen großen Bogen innerhalb der Lagune und erreichten in nicht einmal zwei Stunden Vadu. Wir hatten so viele schwere Steine auf das Vorderdeck geladen, daß wir die Überfahrt dazu nutzen mußten, sie umzupacken, um das Schiff gleichmäßig zu belasten. Im Museum von Malé würden sie sicher sein. Nicht aber freigelegt auf Gan jetzt, wo die potentiellen Häuserbauer von Gadu davon wußten.

In Vadu war kaum der Anker niedergerasselt, als auch schon ein *Dhoni* mit dem Inseloberhaupt an Bord vom Ufer ablegte. Dieser dunkelhäutige, breitschultrige Mann hatte einen stärkeren afrikanischen Einschlag als alle Bewohner, die wir bisher auf diesen Inseln gesehen hatten. Später erfuhren wir, daß er ein entfernter Verwandter von Loutfi war. Doch Loutfi begrüßte ihn nüchtern und stellte uns nicht einmal vor, was zum erstenmal passierte, obwohl wir zusammen mit dem Oberhaupt an Land gebracht wurden. Während das schwergewichtige Oberhaupt stumm und mit ebenso finsterer Miene wie Hautfarbe mit uns dem Dorf zustrebte, erklärte Loutfi uns unverblümt auf englisch, daß er den Mann nicht möge. Er war derjenige gewesen, der die Anweisung erhalten hatte, die Tafel mit der Inschrift unversehrt nach Malé zu schicken. Sie war noch unversehrt gewesen, als Loutfi sie gesehen hatte, wo sie ausgegraben worden war, aber zerbrochen und nicht mehr vollständig, als ein *Dhoni* sie nach Malé gebracht hatte. Loutfi meinte, man hätte das unbotmäßige Oberhaupt melden und bestrafen sollen. Aber, so fügte er mit einem Augenzwinkern hinzu, er verdiene gar keine Zwangsversetzung auf eine andere Insel.

Seite an Seite führten Loutfi und das dunkle, stumme Oberhaupt uns durch die Hauptstraße des Dorfs, die sauberste und am ordentlichsten gefegte Dorfstraße, die wir je gesehen hatten, was auf den Malediven viel heißen will. Gepflegte Frauen saßen beschäftigt vor den Reihen malerischer kleiner Häuser, die zum Teil aus weißem Kalkstein bestanden, zum Teil aus braunen, geflochtenen Palmblättern. Martin Mehren bemerkte, daß wir seit unserer Abreise von Malé noch keinen einzigen Fremden gesehen hatten. Kein Strand an der Riviera war so sauber und akkurat gerecht, wie der weiße Sand zwischen diesen langen, geraden Häuserreihen, vor denen die Frauen hockten oder auf kleinen Stühlen saßen, irgendwelche Handarbeiten versahen und uns kaum oder gar nicht zur Kenntnis nahmen. Niemand grüßte uns. Hier, wie auch in Malé gab es kein Wort für die Begrüßung. Da ich mich nicht auskannte, konnte ich nur sehen, daß die Frauen eine Vielzahl bunter Fäden verschnürten oder irgendwie flochten oder verknüpften, an deren Enden Gewichte hingen, und alles lag über einer satinbezogenen Kugel in ihrem Schoß. Das Ergebnis war ein breites, gebogenes Band, das mehr Farben als ein Regenbogen enthielt, und das sie als eine Art Kragenstück vorn an ihren knöchellangen, viktorianisch anmutenden Kleidern anbrachten. Das sei der traditionelle Aufzug der Frauen auf den Malediven, erklärte Loutfi. Früher hätten alle Frauen diesen Brautschmuck getragen. Man wurde sofort an die altägyptische Kleidung erinnert. Nofretete. Und hin und wieder sahen wir eine Malediverin, deren stolze Haltung und feine Gesichtszüge denen jener pharaonischen Schönheit gleichkamen.

Wo die breite Dorfstraße endete, schloß sich rechts eine ebenso breite und gutgefegte Straße zwischen den niedrigen Mauern eines moslemischen Friedhofs an. Halb von Unkraut verdeckt sahen wir alte, mit Spiralen und kunstvollen Verzierungen geschmückte moslemische Grabsteine. Viele waren zerbrochen, die Gräber aufgegeben. Loutfi erklärte, die Grabinschriften seien in *Dhives akuru* geschrieben, der zweiten der drei bekannten maledivischen Schriftarten. Wie *Tana akuru,* die heute gebräuchliche Schrift, wurde sie von rechts nach links geschrieben. Die älteste bekannte Schrift war *Evella akuru,* die von links nach rechts geschrieben worden war.

Am Ende der kurzen Straße lagen eine Moschee und das große Grab eines bedeutenden moslemischen Heiligen. Getünchte Steinplatten, die wie eine Hütte mit Giebel aufgerichtet und mit weißen Fahnen geschmückt waren. Hier war Vadu Dhanna Kaleyfanu beerdigt, der auch unter dem moslemischen Namen Mohammed Jamalu Ddeen bekannt war, der womöglich als erster auf dieser Insel den islamischen Glauben angenommen hatte. Wir erinnerten uns, daß dies die Insel war, auf der die Khanzi-Leute Zuflucht gefunden hatten, nachdem sie von Gaaf-Gan geflohen waren, wie der alte Mann uns auf Gadu erzählt hatte. Aber der gleichen Geschichte zufolge waren die singhalesischen Katzenmenschen, die sie vertrieben hatten, später auch hierhergekommen und hatten sie alle getötet. Falls es Singhalesen waren, wären es Buddhisten gewesen. Und wenn die Überlieferung auf Tatsachen beruhte, dann konnte der Heilige unter diesen Fähnchen ein Buddhist gewesen sein, der zum Islam übertrat und sich am Ende als der Sieger erwies.

Die Moschee war zwar nicht groß, aber gut gebaut und hatte schöne Holzschnitzereien, die wie die Grabsteine viele Arabesken aufwiesen. Die hohen, offenen Fenster blickten über die niedrige Steinmauer, die den geheiligten Bereich umschloß, auf etwas, das wie ein großer, aber flacher Haufen aus Sand und zerbrochenen Steinplatten aussah. Loutfi stieg über die niedrige Mauer auf die Trümmer. Wir folgten ihm. Hier hatte man die Tafel mit der Inschrift gefunden, berichtete er. Hier hatte er sie mit eigenen Augen gesehen, unversehrt.

Die Archäologen kratzten sich am Kopf, als wir kreuz und quer über die Kalksteintrümmer liefen. Enttäuscht erklärten sie, daß hier für sie nichts mehr zu machen sei. Es war zu spät. Hier war vor kurzem alles aufgewühlt worden. Eine Stratifizierung war nicht mehr möglich. Es hatte keinen Sinn mehr, fünf Zentimeter starke Schichten abzuheben, wo Altes und Neues jetzt völlig chaotisch durcheinanderlag.

Loutfi bedauerte das. Die Inselbewohner hatten hier vor einiger Zeit gegraben und nach Steinquadern gesucht, die sie für neue Häuser wiederverwenden konnten. Dabei waren sie auf die Tafel gestoßen. Loutfi hatte sie genau hier gesehen. Der Bursche da drüben, sagte er und zeigte auf das Oberhaupt, das finster blickend und schuldbewußt auf der Mauer saß. Und jetzt konnte er nicht einmal mehr sagen, wo sich die fehlenden Stücke befanden. Seine Leute hatten überall gesucht, aber nichts gefunden.

»Vielleicht ist noch einiges da, wenn wir in diesem Haufen hier suchen«, meinte ich.

»Es wäre keine Archäologie mehr«, erwiderte Arne Skjölsvold. »Aber es könnten Stücke dabeisein, die zu retten sich lohnen würde.«

Die Männer von Vadu wurden von ihrem Oberhaupt fortgeschickt, Schaufeln zu holen. Ohne große Begeisterung fingen sie an, am einen Ende des länglichen Haufens Steine wegzuräumen und Sand zu schaufeln. Sie wußten, hier war nichts Interessantes mehr zu finden. Sie hatten selbst schon alles auf den Kopf gestellt. Doch die Arbeit begann. Wir untersuchten jedes Trümmerstück, bevor es weggeschafft wurde, während das Oberhaupt mürrisch und unbeweglich auf der Mauer hockte.

Wir hatten kaum begonnen, als Öystein Johansen auch schon rief. Der mit Zapfenlöchern versehene Sockel einer runden Säule tauchte aus dem Sand auf und wurde mit einem Pinsel gesäubert. Aufgrund früherer Erfahrungen meinte Loutfi, es sei der Sockel einer Säule, die aus mehreren Stücken bestanden habe, die verzapft gewesen seien. Nach und nach fanden wir noch vier weitere Quader. Wir hatten gerade einen Teil einer sehr schönen, mit einem Band aus Lotosmotiven verzierten Platte aus dem losen Sand gezogen, als alle Arbeiter ihre Schaufeln weglegten und sogar die Archäologen das Interesse an den Ausgrabungen verloren. Auf der anderen Seite der Mauer kamen in langer Reihe rot, grün und in anderen kräftigen Farben gekleidete Frauen, von denen einige ausgesprochen schön waren. Viele trugen als

Kragen und Aufschlag das ägyptisch anmutende regenbogenfarbige Band. Sie brachten Gläser und Krüge mit süßem, rosafarbenem Rosenwasser für uns und die Arbeiter. Das griesgrämige Oberhaupt saß zwar weiter unbehelligt auf der Mauer und lehnte es ab zu trinken, doch auf seinem Gesicht lag ein Hauch von Befriedigung, als er bemerkte, wie wir uns alle erhoben und den Besuch mit den Erfrischungen freudig begrüßten. Er hatte das Ganze nämlich organisiert, um sein Fehlverhalten wiedergutzumachen.

Die Frauen, die zu uns kamen, waren weder schüchtern noch aufdringlich, sondern so freundlich und lieblich, daß ihre Anwesenheit mit dem Rosenwasser einer heiteren Cocktailparty auf einer Müllkippe glich. Wie verschieden doch diese Frauen von ihren scheuen und verschlossenen Schwestern in anderen moslemischen Ländern waren. Hier wie auch an anderer Stelle der Malediven war ein eindeutiges Überbleibsel einer vorarabischen Gesellschaftsform festzustellen, in der die Frauen nicht nur die gleichen Rechte wie die Männer hatten, sondern von der auch alle fremden Besucher in ihren Berichten festhalten, daß diese Kauri-Inseln normalerweise von einer Königin regiert wurden. Selbst die legendäre Khanzi-Herrscherin von Gaaf-Gan war eine Königin gewesen.

Nach diesem angenehmen Besuch ging die Arbeit schon mit etwas mehr Begeisterung vonstatten. Aber das reumütige Oberhaupt war mit seinen Plänen noch nicht am Ende. Die Äquatorsonne brannte, und das Rosenwasser, das wir zu uns genommen hatten, war längst wieder ausgeschwitzt, als eine neue Prozession nahte, diesmal mit anderen Frauen, aber dem gleichen kühlen Getränk.

Trotz oder vielleicht gerade wegen dieser erfreulichen Unterbrechungen ging die Arbeit nun flott mit Gesang und Späßen voran. Steine, die von denen, die vorher hier gegraben hatten, entweder übersehen oder verworfen worden waren, wurden aus dem Sand gezogen und unter dem nächsten Baum in den Schatten gelegt. Wir pinselten sie sauber und konnten sie unbehelligt von den Moskitoschwärmen untersuchen, die im Dschungel von Gaaf-Gan noch über uns hergefallen waren.

Arne Skjölsvold säuberte gerade das Bruchstück eines bearbeiteten Steins, in den ein eigenartiges Symbol gehauen war. Es sah aus wie ein birnenförmiger Hammerkopf, der auf dem Stiel stand. Der übrige Teil war abgebrochen. Ich untersuchte einen Stein, aus dem ein Fußabdruck herausgearbeitet worden war, als wäre jemand mit einer Sandale in flüssige Lava getreten. Dann brach Björn Bye in triumphierendes Rufen aus. Er hatte einen langen Stein gefunden, der mit Kalkmörtel bedeckt war, genau wie auf Gaaf-Gan. Er hatte einen Teil des Mörtels entfernt und entdeckt, was ich insgeheim erhofft, aber nie zu erwarten gewagt hatte: eine Reihe mit Sonnensymbolen. Hier befanden wir uns, wie auf Gaaf-Gan auch, direkt am Äquatorkanal. Und hier stießen wir wieder auf das Sonnenornament, das wir auf keiner der anderen Inseln mit Ausnahme von Gaaf-Gan gefunden hatten.

Vorsichtig lösten wir die dicke Kalkschicht von dem Stein. Die gesamte freigelegte Vorderfläche wies ein äußerst dekoratives Muster aus kleinen Sonnen auf. Die Oberflächen der dicken Steintafel waren in hochkant stehende Rahmen unterteilt, die abwechselnd Gruppen mit drei kleinen oder zwei großen Sonnenreliefs einschlossen, die übereinanderstanden und verschieden ausgeführt waren.

Wir fanden mehrere dieser außergewöhnlich schönen, mit Mörtel bedeckten Sonnensteine, bevor wir auf einigen der verborgenen Oberflächen eindeutige Spuren von roter Farbe bemerkten. Die mit Sonnen verzierten Blöcke aus weißem Kalkstein waren ursprünglich rot gefärbt gewesen.

Welch hervorragenden Geschmack und welches Können die Steinmetze hatten, ging uns auf, als wir mehrere Fragmente fanden, auf denen die konzentrischen Kreise der Sonnenscheibe so kunstvoll von Blütenblättern eingerahmt waren, daß aus den Kronblättern der Blüte die Sonnenstrahlen wurden. Alles rot angemalt. Ein solches naturgetreu gehauenes Hochrelief einer Sonnen-Blume hatte etwa die Größe einer Ringelblume. Nur religiöse Fanatiker konnten so ein Kunstwerk mit Mörtel zugeschmiert haben. Wer immer sich die Mühe gemacht hatte, diese Sonnenmotive zu verbergen, war selbst von anderen ausgebootet worden, die seinen Geschmack und Glauben ebenso kompromißlos ablehnten. Die Moslems hatten diese mit Mörtel bedeckten Tempelsteine zerschlagen und zum Abfall geworfen.

Die Inselbewohner waren sich durchaus der Dinge bewußt, die ihre Vorfahren geschaffen hatten, als sie zum Islam übertraten. Der *Mudimmu*, der Gebetsrufer der Moschee, erzählte uns, ohne zu zögern, daß der Trümmerhaufen, in dem wir gruben, aus Sand und Steinen des heidnischen Tempels bestehe, der sich einst dort befand, wo jetzt die Moschee war, auf der anderen Seite des steinernen Zauns.

Ein Besuch bei der Moschee bewies uns, daß die Erinnerung die Einheimischen nicht trog. Die Moschee stand auf den schön bearbeiteten Grundmauern eines alten Tempels. Jetzt war das Fundament mit Mörtel bedeckt, wie die mit Sonnen verzierten Steine, aber wo sich der Mörtel gelöst hatte, entdeckten wir die gleichen klassischen Profile, wie wir sie gesehen hatten, als wir den begrabenen Tempel auf Nilandu erforschten. Die Einheimischen erzählten uns, daß sich auch auf der anderen Seite der Moschee Reste eines flachen Hügels befänden. Auch dort hätte ein Mann verzierte Tafeln gefunden, aber niemand wußte etwas über den Verbleib dieser Tafeln.

Ich hatte vergebens die mit Unterholz bedeckte Umgebung nach weiteren Ruinen abgesucht und fand Arne Skjölsvold und Öystein Johansen bei meiner Rückkehr ganz aufgeregt. Sie hatten das Fragment einer Tafel mit eingravierten, schwer einzuordnenden Symbolen entdeckt und einen mächtigen Block mit einem abgebrochenen Sonnenrad und einem eingravierten Zeichen, das dem buddhistischen Symbol für den kleinen Buddha ähnelte. Wir bestaunten noch diese Entdekkungen, als wir schon wieder Platz für Öystein Johansen machen mußten, der mit einem großen, schweren Block ankam. Eine große Sonnen-Blume mit acht strahlengleichen Blütenblättern war aus einer etwas größeren, verzierten Scheibe herausgearbeitet, die sich ihrerseits von einer würfelförmigen Basis abhob. Diese außergewöhnliche Sonne mußte sich oben auf einer quadratischen Säule befunden oder aus der Tempelmauer geragt haben. In die Mitte und den Rand des Ornaments waren ein beziehungsweise vier Löcher gebohrt, wie für Stifte bestimmt.

Gerade als der *Mudimmu* zum Gebet in die Moschee rief und die Arbeiter ihre Werkzeuge weglegten, bückte sich Waheed und hob eine Perle auf. Eine ockerfarbene Perle aus Achat und perforiert, als hätte sie zu einer Halskette gehört. Achat kommt natürlich nicht auf Koralleninseln vor. Diese Perle hatte eine lange Seereise hinter sich.

Als einer der Arbeiter sah, wie entzückt wir von der Perle waren, erzählte er uns, er habe beim Graben hier zweihundert davon gefunden. Sie waren zur Atolle-Verwaltung gebracht worden und verlorengegangen. Zwei hatte der *Mudimmu* gerettet, die er uns nach dem Gebete bereitwillig übergab. Eine war aus Achat, aber etwas größer und leuchtender als die, die wir gefunden hatten. Die andere bestand aus Muschelschale und war nicht rund, sondern länglich und schlank mit einer leichten Verdickung in der Mitte und der Länge nach durchbohrt. Kurz darauf fand einer der Arbeiter beim Graben eine Perle der gleichen Art. Ich war mir sicher, Ketten aus diesen beiden Perlenarten schon in Indien gesehen zu haben, ausgegraben in Lothal, der frühgeschichtlichen Hafenstadt der untergegangenen Kultur des Indus-Tals. Ohne Frage mußte ich noch einmal dorthin, um zu vergleichen.

Einige Klumpen und große Scherben aus einem äußerst harten, grauen Material bereiteten uns einiges Kopfzerbrechen, da wir sie für Betonstücke hielten. In keinem der Dörfer hatten wir je Beton gesehen. Wieso also dieses Zeugnis moderner Bauweise in einer alten Schutthalde? Loutfi lachte. Dies war kein moderner Beton. Zement war erstmals nach dem Ersten Weltkrieg auf den Malediven aufgetaucht. Dies war etwas, dessen Herstellung die Malediver seit ewigen Zeiten kannten. Er zeigte uns, daß der »Beton« voller schwarzer Punkte war, die von zerstoßener Holzkohle herrührten. Seit jeher vermischten die Malediver Asche und Holzkohlenstaub mit Kalk und gaben dann »Honig« aus der Spitze der Kokospalme dazu. Sie entzogen der Palme den Saft und kochten ihn ein, so daß etwas entstand, was die Inder Jagre-Zukker nannten. Diese geniale Mischung ergab einen »Beton«, der so hart wie Feuerstein war.

Da der Trümmerhaufen völlig durchwühlt worden war, ließ sich nicht sagen, in welcher Zeit diese Erfindung gemacht oder übernommen worden war. Wir baten die Arbeiter, einen halben Meter tiefer als das vermeintliche Bodenniveau des Schutthaufens zu graben. Es kamen mehrere mit Kalk überzogene Sonnen-Blumen und einige kleinere Bruchstücke von zerbrochenen Platten oder Tafeln zum Vorschein. Aber nirgendwo ein Stück, das zu den Inschriften-Fragmenten paßte, die nach Malé geschickt worden waren.

Wir hatten fast den gesamten Trümmerhaufen durchsucht und waren drauf und dran, alle Hoffnung aufzugeben. Es blieb allen ein Rätsel, wie derart große, mit Inschriften versehene Tafeln spurlos hatten verschwinden können. Aber obwohl wir nichts gefunden hatten, wonach wir suchten, hatten wir doch weiteres Material entdeckt, das in dieselbe Richtung wies wie unsere Funde auf Gaaf-Gan. Als der Islam in diesem Gebiet eingeführt worden war, hatten moslemische Fanatiker einen an Steinmetzarbeiten reichen Tempel ausgeschlachtet und zerstört, der mit weißem Mörtel verputzt gewesen war. Vielleicht war dieser Tempel ein massives, mit Sand gefülltes Bauwerk gewesen, wie dasjenige, das wir auf Nilandu entdeckt hatten. Sicher hatte es wie jener Tempel auf Nilandu auf einer Gründungsplattform gestanden.

Als die ersten Moslems diesen mit Mörtel überzogenen Tempel zerstörten, zertrümmerten sie wahrscheinlich auch die Tafeln mit den Bilderschriftzeichen, bis auf die letzte, die bis vor wenigen Monaten noch unversehrt geblieben war und erst da zu Schaden kam. Das war der Gleichgültigkeit des Oberhaupts zuzuschreiben, das jetzt auf der Mauer saß und sich die Bescherung ansah. Die vollkomen mit Mörtel bedeckten wunderschönen Sonnenscheiben und Sonnen-Blumen waren wahrscheinlich nie auch nur einem einzigen Moslem zu Gesicht gekommen, bis wir sie von der dicken, alten Mörtelschicht befreiten.

Ein von Arne Skjölsvold angeführter Erkundungstrupp war von einem Auftrag zum östlichen Teil der Insel zurückgekehrt, wo man ihnen eine große *Hawitta* gezeigt hatte. Der übliche Kern aus Korallentrümmern, die sich zu einem kleinen Berg auftürmten, war inzwischen ein bekannter Anblick, und da die Männer keine bearbeiteten Blendsteine auf dem Boden gefunden hatten, waren sie zurückgekommen und wollten das Material aufnehmen, das wir aus den Trümmern gerettet hatten.

Da schlenderte Loutfi gemächlich und über das ganze Gesicht strahlend von der Moschee heran.

»Ich habe sie gefunden«, sagte er.

»Was gefunden?«

»Die fehlenden Stücke!« lachte Loutfi triumphierend.

Eilig folgten wir ihm über die niedrige Mauer zur Quelle vor der Moschee. Hier hatten wir einige Männer mit nacktem Oberkörper gesehen, die ein Duschbad genommen hatten. Sie tauchten ein an einem langen Stab befestigtes Gefäß in die heilige Quelle und gossen sich das Wasser über Kopf und Körper, wobei sie nach Moslemart besonders die Arme und Füße bedachten. Sie hatten auf einigen flachen, glatten Platten gestanden, die wie eine Pflasterung um die Quelle gelegt worden waren, damit niemand in den Morast treten mußte.

Loutfi wies leise lachend und stolz auf diese Platten. Sie waren noch naß vom letzten Duschbad, schön glatt, aber ohne Muster. Wir alle waren schon viele Male an ihnen vorbeigelaufen. Was meinte Loutfi?

»Sehen Sie mal, was ich entdeckt habe!« Loutfi bückte sich und drehte drei Platten um.

Da lagen sie, die fehlenden Inschriften, die verlorenen Stücke! Sie waren einfach umgedreht worden, damit die Badenden darauf stehen konnten. Es war aberwitzig. Da waren die piktographischen Symbole in einer Reihe, eingerahmt von Hakenkreuzen, dem großen Sonnenrad und anderen seltsamen Zeichen. Den gleichen Zeichen wie auf den Tafelfragmenten, die wir hinter der Tür der Museumskammer entdeckt hatten. Aber mindestens eines der drei Stücke gehörte zu einer anderen Tafel. Ein neuer Fund.

»Ein Hoch auf Loutfi!«

Wir schüttelten ihm die Hand. Er hatte Grund zur Freude. Den ganzen Tag hatten wir nur wenige Meter entfernt in der Hitze gegraben. Wir lachten und freuten uns mit ihm. Sogar das stämmige Oberhaupt kam von der Mauer herunter und zeigte die großen, weißen Zähne in einem unsicheren Lächeln. Am wenigsten erfreut war der *Mudimmu,* als er aus der Moschee trat und den Morast um die Quelle erblickte, nachdem wir die Inschriftentafeln weggetragen hatten.

Es gab noch eine Insel, die die Archäologen sehen mußten, solange wir noch am Äquator waren. Wir konnten diesen astronomisch so wichtigen Breitengrad nicht verlassen, ohne ihnen Fua Mulaku gezeigt zu haben, die Insel, die ganz allein mitten im Äquatorkanal lag.

Am zweiten Tag auf Vadu legten wir gegen Mittag ab und nahmen Kurs nach Süden in den offenen Kanal hinaus. Da wir wußten, worauf wir zu achten hatten, als wir achtern auf dem rollenden Schiff saßen und die Insel hinter uns verschwinden sahen, konnten wir die große

Hawitta auf Vadu als Hügel erkennen, der höher als der Wald war. Früher, als sie sich weiß und intakt auf jener flachen Insel erhoben hatte, mußte sie ein ideales Seezeichen für Seefahrer gewesen sein. Segelschiffe, die den halbgetauchten Malediven-Archipel auf dem Äquator erreichten, hätten entweder die *Hawittas* von Vadu und Gaaf-Gan an der Nordseite des Kanals oder die auf Fua Mulaku in der Mitte gesehen, wenn nicht vielleicht sogar den inzwischen verschwundenen »Turm« von Addu, der die südliche Flanke markiert hatte.

Vier Stunden nachdem wir die Lagune von Gaaf verlassen hatten, glitten wir in den Schutz von Fua Mulaku. Wir hatten Ende Februar; der Monsun hatte also seit unserem letzten Besuch im November auf Nordost gedreht. So machten wir diesmal das Schiff an dem dicken Tau auf der anderen Seite der Insel fest. Dort, wo die drei Kameramänner beim letztenmal von der Brandung überrascht worden waren.

Wir ritten auf der Brandung ohne Schwierigkeiten ans Ufer und sprangen auf den steilen Findlingsstrand, während eine Gruppe kleiner Männer und Jungen unser Beiboot an Land zog. Wie ein Riese wirkte Ibrahim Didi zwischen ihnen, unser Gastgeber vom letztenmal. Sein Haus lag direkt hinter der breiten Sanddüne und war bereit, uns aufzunehmen. Da die *Golden Ray* jenseits der donnernden Brandung vertäut lag, mußten wir von einem Stützpunkt an Land aus vorgehen. Lebensmittel und Geräte wurden mit uns an Land gebracht. Nachdem wir uns eingerichtet hatten, machten wir uns auf den Weg ins Dorf, um Fahrräder zu besorgen.

In einer hohen, mit Palmenblättern gedeckten Hütte in der Nähe des anderen Ufers bemerkten wir ein im Bau befindliches, hochseetüchtiges Schiff, eine Riesenwanne. Es war breit und hoch wie eine spanische Galeone und genauso entworfen, wie ein Kind die Arche Noah malen würde. Die handgesägten Planken aus dem Holz der Kokospalme wurden von Holzdübeln zusammengehalten und mit Breitbeil und Stemmeisen so exakt bearbeitet, daß es eine Freude war zuzusehen. Dieser hohe Schiffstyp unterschied sich völlig von den langen und schlanken offenen *Dhonis* mit den eleganten ägyptisch-phönizischen Rundungen und dem Bug. Loutfi war nicht so beeindruckt wie wir. Er erzählte uns, daß die Dreimaster, die seine Familie noch vor wenigen Jahrzehnten auf dem Addu-Atoll gebaut und gefahren hatte, sehr viel größer gewesen seien. Dieser Typ wurde *Vedi* genannt. Vielleicht ein Hinweis auf die Herkunft, denn *Vedi* hieß in einigen nordindischen Sprachen »Boot«.[31] So hervorragende Bootsbauer hatten natürlich auf dem Seeweg Verbindung zu Volksgruppen in jedem Teil des Indischen Ozeans aufnehmen können.

Aber diese seefahrenden Insulaner waren nicht nur gute Zimmerleute. Ihre Taue waren unerreicht. Früher waren die Planken ihrer

Schiffe nicht von Dübeln, sondern von wasserfesten Seilen aus der Schale der Kokosnuß zusammengehalten worden. Wir erfuhren, daß das zehn Zentimeter starke und 150 Meter lange Tau, mit dem die *Golden Ray* jetzt festgemacht war, von den Bewohnern Fua Mulakus aus der gedrehten Rinde des Hanfeibischs hergestellt worden war.

Als erstes suchten wir die Kedere-Moschee auf, um das schöne, halbbegrabene Bad freizulegen. Unterstützt von fünf Inselbewohnern, nahm ich mich dieser Aufgabe an, während die anderen zur großen *Hawitta* radelten. Arne Skjölsvold wollte nach den Spuren der ursprünglichen Mauern suchen.

An den bautechnisch so interessanten Mauern des Kultbades weiter nach unten zu graben hatte den Sinn zu prüfen, ob an den Seiten Bänke entlangliefen, wie im aus Ziegeln erbauten Bad in Mohenjo-Daro und dem mit Platten ausgelegten Bad auf Bahrain. Gegenwärtig verschwanden die senkrechten Mauern und die breiten Treppen in Sand und Korallentrümmern. Aber die mit Steinen eingefaßte Quelle in der Mitte führte etwas tiefer noch Wasser. Die Einheimischen erzählten uns, die Quelle in der Mitte sei erst in jüngerer Zeit von den Moslems eingerichtet worden, als man das Bad selbst auf Anordnung der Regierung in Malé mit Sand und Korallenbrocken vom Strand aufgefüllt habe.

Mit Schaufeln und bloßen Händen räumten die fünf Arbeiter den Sand und Schutt beiseite und wuchteten schwere Stücke zerbrochener moslemischer Grabsteine und lotosverzierte Tempelsteine aus vormoslemischer Zeit hoch. Alles war hineingeworfen worden, um das einst heilige Tempelwasser zuzuschütten. Da wir vor dem Seewind geschützt waren und die Äquatorsonne direkt über unseren Köpfen stand, war es drückend heiß dort unten. Was mich betraf, so wurde ich reichlich belohnt, als breite, guterhaltene Steinbänke zum Vorschein kamen, die wir mit unseren Händen sorgfältig sauberwischten. Obwohl ich darauf gehofft und es halb erwartet hatte, kam es mir doch wie eine Überraschung vor. Eine direkte Wiederholung der berühmten Bäder von Mohenjo-Daro und der Insel Bahrain, dem sumerischen Dilmun.

Zehn bis 15 Zentimeter tiefer bekamen auch meine barfüßigen Helfer ihren Lohn. Kühles Wasser sickerte langsam zwischen ihren Zehen nach oben. Süßwasser, und so erfrischend wie in der Quelle. Bald standen sie bis zu den Knöcheln im Wasser und mußten das Arbeiten mit den Schaufeln einstellen, da der Sand vom Wasser immer wieder weggespült wurde. Mit beiden Händen gruben sie, immer tiefer, immer schneller, denn es wurde für sie um so angenehmer, je tiefer sie in das Wasser tauchen konnten.

Alle saßen bis zum Hals im Wasser und warfen Kies und Steine nach oben, als ein leibhaftiger Methusalem mit einem Stab daherkam und über den Rand äugte. Als er die Männer im Bad erblickte, bekam er einen solchen Schock, daß ihm die Knie anfingen zu zittern. Ich lief zu ihm und konnte ihn gerade noch in den Schatten einer Moschee ziehen, wo er ohnmächtig wurde. Er kam wieder zu sich, nachdem einer der Männer auf eine Palme geklettert war und ihm frische Kokosmilch eingeflößt hatte.

Da erschien glücklicherweise Loutfi auf einem Fahrrad und erklärte uns, der alte Mann mit dem Bart und der Moslemkappe sei der *Mudimmu* dieser kleinen Moschee. Er hieß Hussainu und war den Angaben zufolge einhundertvier Jahre alt. Als wir ihn nach dem Bad fragten, wurde er gesprächig. Er erinnerte sich noch an die Zeit, bevor das Bad zugeschüttet worden war. Ganz klares Wasser damals. So klar wie das in der Quelle jetzt. Männer und Frauen badeten zusammen. Die Steinplatten auf dem Boden waren genauso glatt und akkurat wie die Mauern. Jetzt war das Wasser lediglich trüb, weil wir den Grund aufgewühlt hatten. Im Boden hatten sich damals verschließbare Löcher als Abfluß befunden. Nur Süßwasser konnte durch diese Löcher ein- und auslaufen wie jetzt in der Quelle. Es war Trinkwasser, und doch stieg und fiel es mit den Gezeiten im Meer. Bei Flut ging dem *Mudimmu* das Wasser bis zur Brust, bei Ebbe bis zum Nabel.

Wir prüften den Wasserstand. Wie in dem runden Bad, das wir auf Nilandu entdeckt hatten, schwankte er um etwa 20 Zentimeter entsprechend den Gezeiten. Er blieb immer etwas unterhalb der Bänke an den Mauern, so daß die Badenden auf den trockenen Steinen hatten sitzen können. Wir zählten die Stufen, die hinunter zur steinernen Bank führten. Es waren sieben. Ich lag auf der Bank, einen Arm bis zur Schulter im Wasser, und konnte die glatten Mauerblöcke abtasten, die ebenso perfekt zusammengefügt waren wie die sichtbaren Mauern. Aber bis zum Grund des Bades zu graben wäre ohne Pumpe eine mühselige Arbeit gewesen. Und da wir hörten, daß das maledivische Gesetz verlange, daß wir die Steine und den Sand wieder zurückschütteten, bevor wir die Insel verließen, gruben wir nur so tief, wie die Männer im Sitzen und den Kopf noch über Wasser greifen konnten.

Wenn die Regierung eine Ausnahme zuließ, würde dieses frühgeschichtliche Bauwerk mit seiner außergewöhnlichen Mauertechnik, der Ausrichtung auf die Sonne und dem großen, mit kristallklarem Wasser gefüllten Becken ein einmaliges Nationaldenkmal darstellen. Für die Wissenschaft wäre es ein vollkommen erhaltenes Exemplar einer Architektur, die auf dem Malediven-Archipel einmal von Bedeutung war.

Wir stemmten noch immer Steine aus dem Bad, als Martin Mehren mit seinem Rad vorbeikam und sehen wollte, ob wir die Steinbänke gefunden hätten. Er stand auf einem Haufen aus Findlingen in der Nähe einer der Mauern, als er von etwas gestochen wurde, das so klein und schnell war, daß es zwischen den Steinen verschwunden war, bevor er es erkennen konnte. Kein Schmerz und kein Wort zu uns, wir merkten nichts. Er fuhr mit seinem Rad wieder davon, ohne sich Gedanken über einen unscheinbaren Zwischenfall zu machen, der seinem Leben beinahe ein Ende bereitet hätte.

Ich ließ die Arbeiter allein, die nach getaner Arbeit im Bad herumplanschten, und fuhr mit dem Rad zur *Hawitta,* um zu sehen, was sich dort tat. Auf dem steilen Hügel hatte man inzwischen die dicht wachsenden Schraubenpalmen und andere Bäume entfernt. Wie beim Bad hatte sich auch hier eine große Zuschauermenge eingefunden, die die Arbeiten verfolgte. Ich schrieb in mein kleines Notizbuch:

»Die Männer arbeiten zügig und gut. Sie lernen schnell und beweisen Intelligenz. Männer wie Frauen haben sehr viel Sinn für Humor. Eine Geschlechterdiskriminierung scheint es nicht zu geben. Die Frauen sind absolut unerschrocken und selbstbewußt. Wahid behauptet, auf dieser Insel hätten die Frauen mehr zu sagen als die Männer. Die Jungen und Mädchen sind äußerst aufgeweckt und sehen sehr gut aus. Einige der Mädchen auf dieser Insel gehören zu den schönsten, die ich je gesehen habe; sie stechen die Polynesierinnen aus und ähneln ihnen doch bis zu einem gewissen Grad.«

Dank der Hilfe vieler Männer und Frauen hatten die Archäologen die meernahe Seite des Hügels von Gras und Erde befreit, so daß einige guterhaltene Mauerabschnitte mit großen, dicken Blöcken freilagen. Das war ohne Frage eine buddhistische Dagoba gewesen, nicht quadratisch, sondern rund, deren Mauersteine keinerlei Verzierungen, aber eindeutig Spuren einer früheren Beschichtung mit weißem Mörtel

---

Eine bescheidene, moderne Moschee aus Palmblättern neben einem eindrucksvollen, frühgeschichtlichen Kultbad. Die ersten Moslems haben alles zerstört, was in ihren Augen als heidnischer Tempel galt, und die bearbeiteten Steintafeln als Grabsteine weiterverwendet. Aber das frühgeschichtliche Bad zerstörten sie nicht, sondern füllten es auf und legten in der Mitte eine runde Quelle an, die der Moschee diente. Über der Quelle steigen eine megalithische Treppe und Mauern aus glatten, schön zusammengefügten Platten aus vorislamischer Zeit empor, und als unsere Ausgrabungen begannen, kamen rundum an den Mauern weiße Steinbänke zum Vorschein. Süßwasser stieg bis zu den Bänken, auf denen die Badenden einst gesessen hatten. Die Arbeiter waren hocherfreut über das erfrischende Bad unter der sengenden Sonne des Äquators, während die Arbeit, das Forträumen des losen Schuttes, in dem alten kultischen Becken weiterging.

aufwiesen. Eine holperige Treppe aus unbearbeiteten Strandfindlingen schlängelte sich seitlich den Hang hinauf. Vielleicht ein nebensächliches Merkmal, da die Blöcke in der Mauer genau quadratisch waren, wenn auch nicht flach und so glatt wie die Blendsteine, die wir hier und auf anderen Inseln gesehen hatten.

Arne Skjölsvold wies auf Spuren von vier terrassenförmig übereinanderstehenden Mauern hin, die jeweils im Verhältnis zur Mauer darunter nach innen versetzt gewesen waren. Ein alter Mann behauptete, noch sechs derartige Ebenen gesehen zu haben, als die *Hawitta* sich noch in einem besseren Zustand befunden hatte.

Aufgrund der Untersuchung der Außenseite war unmöglich festzustellen, ob diese buddhistische Dagoba um den bereits bestehenden Kern eines älteren Bauwerks errichtet worden war. Als die Moslems kamen, mußte sie wie eine kegelförmige Terrassenpyramide ausgesehen haben, die weiß verputzt war und die Insel und das Meer ringsum beherrschte.

Loutfi war bei den Arbeiten nicht dabei. Er hatte seit ein paar Tagen gehumpelt, weil er sich am Bein verletzt und sich eine Infektion zugezogen hatte. Jetzt erfuhr ich zu meinem Kummer, daß er sich nicht gut fühlte und zum »Arzt« gegangen war. Alle in unserem Team hatten bandagierte Beine, weil sie sich an kleinen Schnittwunden und Kratzern infiziert hatten. Alle außer mir. Dafür hatte ich den Kopf verbunden, weil ich im Dschungel gegen einen abgebrochenen Ast gelaufen war und mich verletzt hatte. Doch diese Dschungelbakterien konnten anscheinend nicht höher hinauf als bis zu den Knien, denn sie infizierten nur Schürf- und Schnittwunden, die darunter lagen.

Der »Doktor« entpuppte sich als der einzige Medizinmann der Insel, ein netter, neunzehnjähriger Einheimischer, der zwei Wochen im Krankenhaus von Malé ausgebildet worden war. Wir fanden ihn bei seinen Patienten auf einer Art Veranda beim Eingang der Atoll-Ver-

---

Ein ganzer Korb voller Geld. Der junge Malediver zeigt die heimische Abart der Kaurimuscheln, die früher auf Palmenblättern in den Lagunen gezüchtet und schiffsladungsweise ausgeführt wurden; sie dienten in vielen, weit auseinanderliegenden Ländern Afrikas und Asiens als Zahlungsmittel und Schmuck. Man hat die maledivischen »Geldmuscheln« in der Hafenstadt Lothal im Industal gefunden, wo sie ab 1500 v. Chr. bei Begräbnissen angesammelt wurden. Einige Exemplare haben über arabische und finnisch-ugrische Mittelsmänner sogar die Atlantikküste des arktischen Norwegens erreicht – um 600 n. Chr., noch vor den Fahrten der Wikinger.

waltung. Loutfi lag, bis zur Nasenspitze in eine Unmenge schwerer Decken eingewickelt, in einer hölzernen Hängematte und zitterte vor Kälte. Auf einem Feldbett neben ihm lag sehr zu meiner Überraschung ein älterer Herr. Martin! Ein Bein war so dick geschwollen wie eine Melone und hatte zwei winzige, nebeneinanderliegende Einstiche. Der junge Mann rieb es mit einem Stück grauer Baumwolle ab. Martin fühlte sich überhaupt nicht wohl. Er hatte sein eigenes Schlangenserum genommen, hatte sich übergeben und klagte jetzt über Schmerzen im Bein und im Magen. Als ich sein Bein sah, mußte ich an sechs Arbeiter auf Gaaf-Gan denken, sechs von sechzig, die in einem oder beiden Beinen Elephantiasis hatten. Irgendwelche tropischen Mücken übertrugen den mikroskopisch kleinen Wurm, der diese Krankheit hervorruft, doch das Anschwellen geht immer sehr langsam vonstatten. Die Punkte auf Martins Bein sahen verdächtig nach dem Biß einer Schlange aus. Aber alle schworen Stein und Bein, daß es auf den Malediven keine Schlangen gäbe, so daß es vielleicht einer der großen Tausendfüßler gewesen war, die ich zwischen den Findlingen gesehen hatte. Ihre scharfen Zangen sind genauso giftig wie der Schwanzstachel eines kleinen Skorpions, und vielleicht hatten Bazillen auf dem schmutziggrauen Baumwolltuch mit dazu beigetragen, daß es zu den Komplikationen kam, die sich noch einstellten. Martin wurde schwer krank.

Sowohl unserem Heilkundigen als auch Björn, unserem eigenen ausgezeichneten Erste-Hilfe-Spezialisten, gingen das Verbandszeug und die Medikamente aus. Daher tat Waheed vier Inselbewohner auf, die bereit waren, ihn durch die Brandung zu rudern, damit er unsere Hausapotheke von Bord der *Golden Ray* holen konnte.

Es war schon dunkel, als sie losruderten, und fast Mitternacht, als sie zurückkamen, alle fünf mit blauen Flecken, gebeutelt und naß bis auf die Haut. Aber Wahid umklammerte voller Stolz unsere Hausapotheke. Als wir sie öffneten, lief Salzwasser heraus wie aus einem Eimer. Auf der Rückfahrt vom Schiff war das kleine *Dhoni* in der Brandung gekentert, und alle fünf Insassen waren über Bord gegangen. Aber das war nahe am Ufer passiert, und wie durch ein Wunder war es allen gelungen, sich mit dem kieloben treibenden *Dhoni* an Land zu retten.

»Ich habe die Kiste nicht losgelassen«, sagte Wahid mit leichtem Stolz und bat um Nachsicht wegen des Gebräus aus Medikamenten und Wasser, das jetzt herauslief.

Und nun hörten wir auch zum erstenmal von einem Team japanischer Kameraleute, die im vergangenen Monat mit einem *Dhoni* von der Flugplatz-Insel Addu-Gan hierhergekommen waren. Sie hatten einen Pressebericht über unsere Beobachtungen auf Fua Mulaku im letzten Jahr gelesen und hatten einen eintägigen Abstecher hierher gemacht, um die *Hawitta* und das Leben auf der Insel zu filmen. Auf der Rückfahrt war ihr *Dhoni* an derselben Stelle gekentert. Alle Insassen wurden gerettet, aber den Berichten der Inselbewohner zufolge verloren die geknickten Japaner zwei Filmkameras und sämtliche einhundertsechzig Rollen belichteten und unbelichteten Film, mit denen sie auf die Malediven gekommen waren. Das sollte jedoch nicht ihr letzter Versuch bleiben, auf unseren Spuren zu filmen.

Am nächsten Morgen mußten wir unser Boot an derselben Stelle zu Wasser lassen. Martin war ernsthaft erkrankt, und wir mußten ihn zum Flugplatz nach Addu-Gan bringen, bevor wir uns mit der *Golden Ray* auf den langen Weg nach Norden machten.

Nicht nur Åke mit seinen teuren Kameras sah diesem Augenblick einer schlaflosen Nacht mit Bangen entgegen. Als der rote Sonnenball aus dem Meer auftauchte, versammelten wir uns am Strand, bereit zum Ablegen. Wir beobachteten die tosende Brandung, startklar, im richtigen Augenblick in das *Dhoni* zu springen. Jeweils vier turmhohe Wellen rollten nacheinander heran und stürzten über das Riff zum Strand. Ihnen folgten als Zwischenspiel mehrere kleinere Brecher, und genau dann mußten wir aufs offene Meer gelangen, so schnell die Paddel unserer vier sachkundigen Begleiter von der Insel flogen. Auf ein Zeichen vom Rudergänger, der als erster an Bord sprang, stießen die Ruderer ab, während sich der große Loutfi, durch Erfahrung gewitzt, trockenen Fußes in das *Dhoni* tragen ließ. Martin, der seinen Stolz hatte, watete ins Wasser und wurde in das kleine Boot gezogen, das mit einem Sprung die erste Brandungswelle nahm und dann Sprung auf Sprung hinausglitt auf die offene, rollende See, wo sie in Sicherheit waren. Erleichtert sahen wir, wie sie und unsere gesamte Ausrüstung gut über die Leiter an Bord der *Golden Ray* gelangten. Noch zwei Touren, und wir waren alle wieder auf dem feinen kleinen Lazarettschiff und nahmen Kurs auf das südlich gelegene Addu-Atoll mit dem Flugplatz.

Martin war noch auf den Beinen, als wir uns von ihm und Waheed auf Addu-Gan verabschiedeten. Am nächsten Morgen sollte die kleine Maschine zurück nach Malé fliegen, während wir unsere Fahrt mit demselben Ziel auf See fortsetzten. Später erfuhren wir, daß unser unglückseliger Freund Malé in einem kritischen Zustand erreichte. Seine Rettung verdankte er einer zu Besuch weilenden indischen Ärztin, die ihm in einem ausgebuchten Flugzeug nach Deutschland einen Notsitz besorgte, wo er sofort in die Tropenabteilung eines Frankfurter Krankenhauses kam, und von dort wegen einer unbestimmten Krankheit in Quarantäne nach Oslo. Die Ursache seiner Erkrankung wurde nie geklärt, und obwohl er sich wieder erholte, wurde sein Bein nie mehr ganz beschwerdefrei. Der alte Arktisforscher hätte sich sicher nie träumen lassen, daß er sein Leben aufs Spiel setzte, als er die breite Treppe zu einem Schwimmbecken hinunterstieg.

Unsere Fahrt nach Norden verlief, bis auf ein unvorhergesehenes Ereignis, reibungslos. Wir durchfuhren den Äquatorkanal und den Großteil der Lagune am ersten Tag und erreichten nach einer Nacht vor Anker bei Kondai am nächsten Morgen die Insel Viringili in derselben Lagune. Wir machten erneut fest, weil der Kapitän befürchtete, erst in der Dunkelheit die andere Seite des Anderthalb-Grad-Kanals mit ihren Untiefen und Riffen zu erreichen.

Nicht weit von unserem Schiff entfernt lag ein seltsames Wasserfahrzeug, das von spielenden und tauchenden Kindern bevölkert war. Es schien ein riesiges Floß mit einer Hütte zu sein. Kein Balkenfloß, wie wir es auf den Malediven benutzen, erklärte Loutfi. Er rief zwei Männern, die mit ihrem *Dhoni* vorbeifuhren, eine Frage zu, und wir erfuhren, daß man das mysteriöse Fahrzeug gestern am äußeren Riff vor der Küste von Viringili gefunden hatte. Ein paar Fischer hatten es entdeckt, und vielleicht aus Aberglaube und weil sie niemanden an Bord gesehen hatten, hatten sie es in Brand gesteckt. Dann hatten sie es in die Lagune geschleppt. Niemand hatte es gewollt, bis die Kinder es auseinandergenommen hatten. Die Einzelteile sollten morgen bei einer Auktion im Dorf versteigert werden.

Wir setzten unser Beiboot aus und fuhren sofort hinüber, bevor das seltsame Fahrzeug völlig demoliert war. Kinder waren damit beschäftigt, Teile der Kabinenwand abzureißen, sprangen aber über Bord und schwammen an Land, als wir uns näherten.

Es war tatsächlich ein Floß, sehr groß und aus riesigen Bambusstämmen gebaut. Ich hatte noch nie so dicken Bambus gesehen. Wie Telegraphenmasten, so stark, und in drei Lagen unter acht hölzernen Querbalken zusammengebunden, und mit einer weiteren starken Bambuslage als Deck deutlich über dem Wasserspiegel.

Wir kletterten an Bord des robusten Schiffes, das nach wie vor absolut stabil war.

»Das ist nicht von den Malediven«, sagte Loutfi. »Wir haben keinen Bambus.«

»Auch auf Sri Lanka gibt es keinen so starken Bambus«, bemerkte Björn. »Es muß aus irgendeinem Dschungelland auf dem Festland gekommen sein.«

»Vielleicht aus Bangladesch oder Birma«, meinte Bengt. Er war sich sicher, schon ähnliche Flöße aus so großem Bambus im Ganges-Delta gesehen zu haben.

Mit zwölf Metern Länge, drei Metern Breite und einem Freibord von 40 Zentimetern erinnerte die gesamte Bauweise an das Balsa-Floß *Kon-Tiki,* das groß genug gewesen war, mich und fünf Begleiter über den Pazifik zu tragen. Die Bambuskabine war vom Feuer angesengt und von den Jungen zum Teil zerstört worden. Aber sie war doch noch so gut erhalten, daß sie Erinnerungen an die etwa gleich große und gemütliche Bambushütte auf der *Kon-Tiki* wachrief. Der Kabinenboden lag noch einmal 20 Zentimeter über dem Hauptdeck; in einer Ecke befand sich eine erhöhte Kochstelle auf einer Unterlage aus gebranntem Ton, die noch voller Asche war. Über der Feuerstelle war ein Gestell aus gespaltenem Bambus zum Räuchern von Fischen angebracht. Das Giebeldach mit einer Abdeckung aus wasserdichtem Kokosstroh hatte eine bequeme Flachterrasse, genau wie wir sie auf dem Schilfboot *Tigris* gehabt hatten. Und wie wir auf der *Kon-Tiki,* hatten auch die Erbauer dieses Schiffes einen Stauraum unter dem Kabinenboden eingeplant.

Wir durchsuchten das Floß und fanden ein paar winzige, knochentrockene Fische, die aber wahrscheinlich selbst an Bord gesprungen waren. Im Stauraum lagen zwei kleine Zettel. Etiketten, die von irgendeiner Konservendose oder ähnlichem abgefallen und mit den Kringeln irgendeiner exotischen Schrift bedeckt waren.

»Nicht unsere Schriftzeichen«, sagte Loutfi.

»Nicht einmal singhalesische«, erklärte Björn. »Auf Sri Lanka wird nicht so geschrieben.«

»Das sieht wie Birmanisch aus«, meinte Bengt selbstsicher. Er und Åke waren vor kurzem erst aus Birma gekommen, wo sie die märchenhafte Ansammlung von achttausend buddhistischen Tempeln gefilmt hatten, die in Pagan standen.

»Moment mal«, sagte er und holte seine Brieftasche hervor, in der er einen Stapel Visitenkarten von seiner letzten Reise hatte. »Seht euch das hier an!«

Wir taten es. Auf der Karte standen zahlreiche Kringel, die genauso aussahen wie die auf den beiden Etiketten.

Erst als wir aufs Festland zurückkehrten, erhielten wir die notwendige Hilfe, diese Aufkleber zu lesen. Die erste Zeile lautete:

»Buddham Dhammam Sangham«

Das hieß: »Für Buddha, für die Lehre, für die Mönche.« Die zweite Zeile hieß: »Wohlschmeckend und voll gutem Aroma.« Darunter stand der Markenname eines birmanischen Süßwarenherstellers!

Dieses Floß war vom fernen Birma über das Meer gekommen und hatte auf seiner 3000 Kilometer langen Fahrt bis zur Insel Viringili in den Malediven Bangladesch, Indien und Sri Lanka passiert. Es war völlig mit Entenmuscheln bedeckt, und aufgrund der Erfahrungen von vier großen Reisen auf einem Floß konnte ich anhand ihrer Größe erkennen, daß dieses Boot weniger als zwei Monate auf dem Meer unterwegs gewesen war.

Selbst wenn Buddha persönlich in der Hütte auf Deck gesessen hätte, er hätte uns auch kaum mehr über die Route sagen können als diese beiden Etiketten, auf denen etwas zu seinen Ehren geschrieben stand. Die Lehre Buddhas wurde durch die Mönche sehr schnell von ihrem Ursprung in Nepal den Ganges hinunter bis zum Golf von Bengalen und nach Birma getragen. Nirgendwo auf der Welt ist Buddha mit mehr goldenen Statuen und kostbareren Pagoden und Stupas geehrt worden als in Birma, das trotz einer derzeit sozialistischen Regierung ein buddhistisches Land geblieben ist. Der einfachste und logischste Weg, auf dem sich der Buddhismus bis zur Insel Sri Lanka und den dahinterliegenden Malediven ausbreiten konnte, war die Route, die dieses Floß genommen hatte – mit dem Nordostmonsun quer über den offenen Golf von Bengalen. Ob das Floß bemannt war oder unbemannt abtrieb, als es die Küste von Birma verließ, es hatte auf jeden Fall gezeigt, daß seefahrende Buddhisten durchaus Sri Lanka hätten passieren und direkt vom Festland dahinter zu diesen verborgenen Atollen im Indischen Ozean hätten gelangen können.

Wir verließen die Malediven nach diesem zweiten Besuch mit dem klaren Bewußtsein, daß das Rätsel, das zu lösen wir gehofft hatten, um so schwieriger wurde, je mehr wir erfuhren. Es war hinreichend klar, daß Buddhisten aus Sri Lanka oder dem jenseitigen Festland sich auf diesem Meeresarchipel festgesetzt hatten, bevor die Moslems kamen, und auch noch andere Siedler waren vor ihnen dagewesen. Eine neue Frage, die mehr und mehr in den Vordergrund trat, war nicht einfach zu beantworten, nämlich:

Wo der Buddhismus im gesamten Malediven-Gebiet so fest verankert war und im mächtigen buddhistischen Sri Lanka mit starken Königen und Armeen einen gewichtigen Nachbarn hatte, wie konnte da eine Handvoll Moslems aus dem fernen Arabien über das Meer hierherkommen, die herrlichen Tempel niederreißen und mit solchem Erfolg die gesamte Bevölkerung zum Islam bekehren?

Kapitel 9

Die Malediven, ein Treffpunkt im Altertum

Das Zeitalter des voreuropäischen Freihandels

Die Geschichte der Malediven ist ein Anschauungsunterricht in Sachen Religion. Kaum ein anderes Land mit einem derart begrenzten Gebiet, das so gut gegen äußere Einflüsse abgeschottet ist, kann die Spuren so vieler verschiedener Religionen vorweisen. Die großen Weltreligionen, die da draußen mitten im Meer aufeinander gefolgt sind, reichen vom Sonnenkult, der ältesten Verehrungsform von Kulturvölkern, bis zum Islam, der jüngsten der großen Religionen. Trotz dieser so wechselhaften religiösen Vergangenheit gehört die Republik der Malediven heute zu den wenigen Ländern der Welt, deren Bürger nur eine Glaubensgemeinschaft kennen. Niemand, der nicht vorher zum Islam übergetreten ist, darf sich auf diesen Inseln niederlassen. Und das gilt seit über achthundert Jahren.

Das Kapitel der maledivischen Geschichte, das wir kennen, beginnt mit dem Helden, der den moslemischen Glauben gebracht hat. Sämtliche Erinnerungen an die Zeit davor wurden systematisch ausgemerzt. Und gerade sie, die verlorengegangenen Kapitel, sind von mehr als nur lokalem Interesse. Es sind Seiten, die im Buch der Weltgeschichte fehlen.

Wie wenig wissen wir doch von Zeiten aus der Vergangenheit der Menschen, über die nie geschrieben worden ist. Völlig vergessen sind all die Namenlosen, die mit zum Aufbau und der Verbreitung der Kulturen beigetragen, es aber nicht geschafft haben, sich durch Denkmäler unsterblich zu machen, weil sie weder Könige noch Gewinner großer Schlachten waren. Eine Reise wurde für die Nachwelt festgehalten, wenn Königin Hatschepsut von Ägypten sich zu einer Fahrt durch das Rote Meer nach Punt einschiffte oder wenn Alexander der Große bis zum Indus-Tal zog und seine Truppen auf dem Seeweg zurück nach Mesopotamien schickte. Aber von den vielen Abenteurern und Kaufleuten, die vor ihnen ähnliche Reisen unternommen haben, wissen wir nichts. Wir wissen nichts von dem, was sich in den frühesten Jahrtausenden lange vor den Arabern und Portugiesen auf dem Indischen Ozean ereignet hat, als die ersten seefahrenden Kulturen sich an den Küsten Asiens entwickelten, als der den ganzen Erdball umspannende Handel mit den Schiffen der Kaufleute begann, die mit Erfolg Osten und Westen verbanden.

Im allgemeinen beginnt die Geschichte eines Landes mit einem mächtigen König, der eine Dynastie gründet. Die Malediven bilden hier eine Ausnahme. Dort gab es bereits seit langem ein Herrschergeschlecht, bevor die uns bekannte Geschichte der Malediven ihren Anfang nahm. Dieses Königsgeschlecht ging unter, als die Geschichte der Malediven begann. Der letzte König wurde von einem frommen Fremden, der über das Meer kam und die einheimische Geschichte begründete, zu einem Sultan gemacht. Er sorgte dafür, daß alle Könige der Vergessenheit anheimfielen, bis auf einen – denjenigen, den er selbst bekehrt hatte. Ohne eine Waffe und ohne einen Tropfen maledivischen Blutes in den Adern führte er einen neuen Glauben und neue Gesetze ein und gründete den heutigen moslemischen Staat der Malediven.

In der großen Moschee von Malé hängt eine lange Tafel mit reliefartig schön herausgearbeiteten, verschlungenen arabischen Buchstaben. Sie wurde im Jahrhundert nach dem Ereignis geschnitzt und erinnert an die Ankunft von Abu al Barakat, den furchtlosen arabischen Seefahrer, der den Islam auf die Malediven brachte und diese Moschee baute. Die Moschee ist die älteste des Landes und eine von denen, in der die Gläubigen quer, das Gesicht einer Ecke zugewandt, knien müssen, weil das sehr viel ältere Fundament auf die Sonne ausgerichtet ist, nicht auf Mekka.

Die Tafel mit den arabischen Schriftzeichen beeindruckte fremde Besucher wahrscheinlich kaum, bis sie der berühmte arabische Reisende und Schriftsteller Ibn Battuta sah und beschrieb, der 1343 auf die Malediven kam. Zwei Jahrhunderte waren damals vergangen, seit die Malediver den Islam angenommen hatten. Ibn Battuta war einer der vielen großen arabischen Weltreisenden seiner Zeit, und doch sind seine Reisen uns nur durch seine eigene Feder bekannt. Er kam aus seiner Heimatstadt Tanger gegenüber Gibraltar an der Atlantik-Küste auf die Malediven. Lange vor Vasco da Gama hatte er ausgedehnte Fahrten über den Indischen Ozean unternommen und Kambay im Nordwesten Indiens erreicht. Es ist bemerkenswert, daß er von diesem Hafengebiet der einstigen Kultur des Indus-Tals bei seiner Fahrt um die Südspitze Indiens auf den Malediven landete. Bevor er seine Reise nach China fortsetzte, hielt er sich längere Zeit auf den Malediven auf. Diese Inseln waren ihm bekannt, schon bevor er das Festland verließ, denn er schrieb:

»Ich beschloß, eine Reise zu den Malediven zu unternehmen, von denen ich erzählen gehört hatte. ... Diese Inseln sind eines der Weltwunder.«[32]

In der großen Moschee von Malé schrieb Ibn Battuta den arabischen Text der geschnitzten Tafel ab und gab den Namen des geschichtlichen Helden, der den Islam auf diese Inseln gebracht hatte, so weiter, wie er glaubte, die Buchstaben lesen zu müssen: *Abu al Barakat Yusuf,* mit dem geographischen Zusatz *al Barbari,* was »aus dem Land der Berber« heißt.

Mit dieser Lesart identifizierte der maurische Besucher und Moslem aus Tanger den Helden der maledivischen Kultur als seinen Landsmann und errang dadurch zweifellos Popularität und Ansehen bei seinen Inselgastgebern. Historiker unserer Zeit haben diese frühe Lesart Ibn Battutas wieder und wieder zitiert, die zu dem Schluß kam, daß den Malediven der Islam durch einen Reisenden von den Ufern des Atlantiks oder Mittelmeers gebracht wurde, der über Ägypten und das Rote Meer in den Indischen Ozean segelte.

Zu meiner Überraschung erklärte Loutfi, daß Ibn Battuta sich irre. Der Islam sei nicht von einem Seefahrer mit einem so vagen Herkunftshafen wie »Land der Berber« auf die Malediven gebracht worden. Ganz Nordafrika war das Land der Berber. Und die Route des geschichtlichen Seefahrers hatte nicht durch das Rote Meer geführt, sondern durch den Persischen Golf auf der anderen Seite der arabischen Halbinsel. Der gleiche Weg, den wir mit unserem Schilfboot *Tigris* gefahren waren.

Loutfi hatte in Ägypten Arabisch studiert, und er hatte die alte Tafel in der Moschee von der Wand genommen, um die Buchstaben besser lesen zu können. Er hatte den Text sogar mit dem einer anderen alten Inschrift über dasselbe Ereignis verglichen, die auf eine Mauer derselben Moschee gemalt war. Dort hieß der Name des eingewanderten Helden unzweideutig *Abu al Rikab Yusuf,* mit dem Zusatz *al Tabrizi,* was »aus Täbris« heißt. Täbris war nach Loutfis Worten ein bedeutendes arabisches Handelszentrum in Persien. Es lag an der großen Karawanenstraße, die von den Ländern des östlichen Mittelmeers nach Bagdad und zu den Hafenstädten am Tigris führte.

Als wir auf der Rückfahrt vom Äquatorkanal wieder in Malé ankamen, zeigte Loutfi uns die alte Tafel, die man inzwischen aus der Moschee ins Museum gebracht hatte.

»Sehen Sie hier«, sagte Loutfi und zeigte auf einige Stellen, wo kleine herausstehende Punkte von den alten Reliefbuchstaben abgegangen oder entfernt worden waren.

»Im Fehlen dieser Punkte liegt der ganze Unterschied.« Er schrieb zwei fast identische arabische Buchstabenkombinationen auf ein Stück

Papier. Bei der einen waren die Punkte vorhanden, bei der anderen fehlten sie. Er reichte das Blatt einem Begleiter, der Arabisch verstand. Der Mann las den Text mit den Punkten »von Täbris« und den ohne Punkte »aus dem Land der Berber«. Das Auslassen der Punkte machte tatsächlich den ganzen Unterschied.

Wie moslemische Historiker wissen, spielte Täbris eine wichtige Rolle bei der Verbreitung des Islam auf dem asiatischen Festland und die Flußläufe Mesopotamiens entlang nach Bahrain im Persischen Golf und darüber hinaus. Auch wenn der Weltreisende Ibn Battuta aus Tanger in der entferntesten Ecke des »Landes der Berber« kam, überquerte doch auch er den Tigris, um Täbris zu besuchen, das ihn sehr beeindruckte. Dort bewunderte er »einen gewaltigen Basar, der Quazan-Basar hieß, einer der schönsten Basare, die ich auf der ganzen Welt gesehen habe«, schrieb er. Und in einer Fußnote erklärt der Übersetzer seines Reiseberichts:

»Täbris befand sich in dieser Zeit als der Umschlagplatz zwischen Europa und dem Mongolenreich auf dem Gipfel des Wohlstands.«[33]

Loutfi war mit seiner Kritik an der Interpretation der Schrifttafel durch Ibn Battuta nicht allein. Er hatte uns gerade in die Geheimnisse der fehlenden Punkte eingeweiht, als A. D. W. Forbes, ein britischer Experte für islamische Studien, einen Bericht über maledivische Moscheen veröffentlichte. Als er die Inschrift auf der Mauer der großen Moschee von Malé gelesen hatte, schrieb er:

»Die Zeilen 2 und 3 der Inschrift lauten: ›Abu'l Barakàt Yùsuf al-Tabrìzì kam in diesem Land an, und der *Sultàn* wurde durch seine Hände ein Muslim im Monat Rabì'al-Akir 548 [d. h. 1153 n. Chr.].‹« Und er kommentierte: »Der Hauptunterschied zwischen dieser Inschrift und der abgekürzten, von Ibn Battuta überlieferten Version liegt in der Deutung des *nisba* als *›Tabrizi‹* anstatt *›Barbari‹*.«[34]

Doch diese erste Seite der maledivischen Geschichte bestand nicht nur aus geschnitzten und gemalten arabischen Buchstaben in der Moschee. Die Malediver hatten ihre eigenen Geschichtsbücher, geschrieben in ihrer eigenen Sprache, dem Divehi, auf dünnen Kupferplatten und zu richtigen Büchern zusammengebunden. Diese staatlichen Chroniken hießen *Tarikh,* und durch sie sowie spätere Aufzeichnungen auf Papier kannten sie die Namen all ihrer Sultane. Die Liste begann mit einem Sultan, der 1141 als Nichtmoslem geboren und 1153 bekehrt wurde. Sie endete mit dem Sultan, der bis 1968 geherrscht hatte, als die Malediver eine Republik wurden. Bell beschäftigte sich mit diesen alten schriftlichen Unterlagen und schrieb:

»Die Bekehrung der maledivischen Inselbewohner ging laut Tárikh so vonstatten. Der Allmächtige Gott, der den Wunsch hatte, die Eingeborenen von ihrer Verworfenheit und Unwissenheit, ihrem Götzenkult und Unglauben zu befreien und sie auf den rechten Weg zu führen, erleuchtete Scheich Yúsuf Shams-ud-din von Täbris, den ergebensten Heiligen jener Zeit, ›dessen Wissen so tief wie das Meer war‹, die Malediver aufzusuchen. Dort beschwor der Scheich die Inselbewohner, Muselmänner zu werden, scheiterte jedoch, bis er sie durch das Aufzeigen wundersamer Kräfte wachrüttelte, etwa das Auftauchen eines Dschinns, ›dessen Haupt beinahe den Himmel streifte‹. Da wurden der König und alle Bewohner Mohammedaner. . . . Danach wurden Boten zu den verschiedenen Atollen geschickt, die alle Bewohner ohne Ausnahme zum moslemischen Glauben bekehrten, ob sie willens waren oder nicht.«

Wie Loutfi uns erklärte, sei die hier gebrauchte Verwendung des Namens Shams-ud-din für Yusuf nicht richtig, da Shams-ud-din ein sehr berühmter arabischer Gelehrter aus Täbris war, der weite Reisen unternahm, aber nach Täbris zurückkehrte und auch dort begraben ist. Tatsächlich wird im gesamten weiteren Text des alten *Tarikh* der kulturelle Held, der den Islam einführte, entweder als »Tabrizigefánu«, der Herr aus Täbris, bezeichnet, oder einfach als »Tabriz«:

»Dem König, der vorher den Titel ›Siri Baranáditta‹ getragen hatte, verlieh Tabriz den Namen ›Sultan Muhammad‹.« Und: »Auf den Rat von Tabriz wurden Regelungen für die Verwaltung der Inseln erlassen, religiöse Gesetze gebührend durchgesetzt und die Erkenntnisse des neuen Glaubens bereitwillig verbreitet. Alle Spuren des Götzenkults wurden beseitigt und überall Moscheen gebaut.«[35]

Die folgende *Tarikh*-Übersetzung von Bell läßt keinen Zweifel daran, von welchem Hafen dieser Held aufbrach:

»Als Gott den Wunsch verspürte, die Menschen der Malediven aus ihrem Abgrund an Unwissenheit zu erheben, sie vor der Verehrung . . . von den Götzen zu bewahren und ihnen den rechten Weg und das Licht des Islam zu zeigen, wurde der gottesfürchtigste Erste der Heiligen jener Zeit, . . . *Maulána Scheich Yúsúf Shams-ud-din von Täbris,* von Gott mit dem Verlangen erfüllt, die Malediven aufzusuchen. Daraufhin verschwand er aus seiner Heimatstadt, Täbris genannt (in Persien), und erschien auf den Malediven.«[36]

Offenbar war der ergebenste Scheich Yusuf aus Täbris nicht zufällig auf Malé angetrieben worden, sondern mit dem festen Vorsatz gekommen, den Islam den Götzendienern eines Landes zu bringen, die schon überall bekannt waren, wohin die Araber vordrangen. Der Scheich aus Täbris segelte in Mesopotamien ebenso gut unterwiesen los, wie später sein arabischer Landsmann Ibn Battuta in Kambay, der Hafenstadt des Indus-Tals. Der einfachste Seeweg für Segelschiffe der damaligen Zeit wäre der gewesen, den auch wir mit unserem Schilfboot *Tigris* auf unserer ersten Etappe von Mesopotamien zum Indus-Tal nahmen. Der nächste Schritt wäre dann einfach gewesen, den Bug nach Süden zum Äquator zu wenden, dann dem Sonnenaufgang entgegenzusegeln, und schon würden am Horizont die *Hawittas* der Malediven auftauchen.

Wenn man weiß, daß der gottergebene Scheich aus Täbris mit der Absicht auf die Malediven kam, die Bevölkerung zu bekehren, stellt sich die Frage: Wie ist ihm das gelungen? Warum nahmen der König und alle seine Untertanen den neuen Glauben so bereitwillig an und rissen ihre herrlichen *Hawittas* nieder?

Das alte in Divehi geschriebene *Tarikh* und der jüngere arabische Bericht von Ibn Battuta nennen zwei unterschiedliche Gründe, unterstellen jedoch beide, daß der Fremde infolge des Einsatzes wundersamer Kräfte zum Erfolg kam. Im *Tarikh* heißt es, daß er einen Dschinn herbeizauberte, »dessen Haupt beinahe den Himmel streifte«. Nur ein Drache konnte zu der Zeit so hoch steigen, und Drachen mit Dämonenköpfen und langen Schwänzen waren bei den frühen asiatischen Völkern eine besondere Attraktion. Doch das Aufsteigenlassen eines Drachens oder irgendwelche andere, von einem Fremden vorgeführte Tricks hätten wohl kaum ausgereicht, die Bevölkerung der gesamten Malediven zu bekehren.

Ibn Battuta dagegen hielt aufgrund eigener Erfahrung die Erinnerungen der Einheimischen an die Jungfrauen und den bösen Geist aus dem Meer für zutreffend, die Version, die sich als Legende noch immer auf den Inseln hielt. Da seine Fassung vor rund sechseinhalb Jahrhunderten niedergeschrieben wurde und auch umfassender als die war, die wir gehört hatten, erscheint es mir sinnvoll, seine Niederschrift in vollem Wortlaut wiederzugeben:

»Durch diesen Dämon wurden viele dieser Inseln, bevor sie sich zum Islam bekehrten, entvölkert. Als wir ins Land kamen, wußte ich noch nichts von diesem Umstande. Eines Nachts aber, inmitten einer meiner Beschäftigungen, hörte ich plötzlich, wie die Leute mit lauter Stimme die Gebetsformeln ausriefen: ›Es gibt keinen Gott außer Gott!‹ ›Gott ist groß!‹ Ich sah, wie die Kinder auf ihren Köpfen Korane trugen und die Frauen in kupferne Tassen und Töpfe schlugen. Ich wunderte mich über ihr Tun und fragte: ›Was treibt ihr denn?‹ – ›Siehst du denn nicht das Meer?‹ erwiderte man mir. Da blickte ich hin und sah eine Art großes Schiff, das voll von Lampen und Pechpfannen schien. ›Das ist der Dämon‹, sagte man mir. ›Er pflegt sich einmal im Monat zu zeigen. Aber wenn wir das tun, was du siehst, so geht er von uns weg und schadet uns nicht.‹«

Die Erinnerung daran, wie dieser Dämon aus dem Meer erstmals verjagt wurde, war in Malé durchaus noch gegenwärtig, als Ibn Battuta sie niederschrieb:

»Über die Ursache der Bekehrung der Bewohner dieses Archipels zum Islam . . . Vertrauenswürdige Männer unter den Bewohnern der Inseln, wie der Rechtsgelehrte ›Isa aus Yemen‹, der Rechtsgelehrte und Schulmeister ›Ali, der Richter‹, Abdallah und noch andere außer ihnen, haben mir erzählt, daß die Bewohner dieser Inseln Ungläubige waren und daß ihnen allmonatlich ein Dämon erschien, der vom Meere herkam, anzusehen wie ein Schiff voll von Lampen. Die Inselbewohner pflegten, wenn sie ihn sahen, eine Jungfrau zu nehmen, die sie schmückten und in ein Budhaneh, d. h. einen Götzentempel, führten, der am Ufer des Meeres erbaut war und einen Balkon besaß, von wo man einen Ausblick auf dieses hatte. Man ließ das junge Mädchen dort eine Nacht und kam bei Tagesanbruch wieder. Da fand man sie ihrer Jungfernschaft beraubt und tot. Allmonatlich warfen sie unter sich das Los, und wen es traf, der gab seine Tochter her. In der Folge kam zu ihnen ein Marokkaner, namens Abu-l-Barakat, der Berber, der den erhabenen Koran auswendig kannte. Er stieg in dem Haus einer alten Inderin auf der Insel Mahal ab. Eines Tages besuchte er sie; sie hatte ihre Familie zusammengerufen, und die Frauen weinten, als ob sie bei einer Leichenfeier wären. Er befragte sie über die Ursache ihres Verhaltens, aber sie teilten es ihm nicht mit. Da kam ein Dragoman, der ihm mitteilte, daß das Los auf die alte Frau gefallen sei und daß sie nur eine einzige Tochter habe, die der Dämon töten solle. Da sprach Abu-l-Barakat zu ihr: ›Ich werde mich diese Nacht statt deiner Tochter hingeben.‹ Nun war er vollkommen bartlos. Man erlaubte ihm sein Vorhaben für diese Nacht und führte ihn in den Götzentempel, nachdem er seine Waschungen verrichtet hatte. Er ging daran, den Koran zu rezitieren, dann erschien ihm der Dämon vom Balkon aus, während er seine Rezitation fortsetzte. Als ihm der Dämon nahe genug war, daß er seine Worte hören konnte, tauchte er ins Meer unter. Der Marokkaner erwartete den Morgen, wobei er den Koran in derselben Weise herzusagen fortfuhr. Die alte Frau, ihre Familie und die Inselbewohner kamen, das junge Mädchen nach ihrer Gewohnheit herauszunehmen und zu verbrennen. Nun fanden sie den Marokkaner, der den Koran hersagte, brachten ihn zu ihrem König Senuraza und teilten ihm die Neuigkeit mit. Dieser verwunderte sich darüber. Der Marokkaner erklärte ihm den Islam und machte ihn danach begierig. Senuraza sprach zu ihm: ›Bleibe bei uns bis zum nächsten Monat. Tust du dann, wie du schon getan, und entkommst du dem Dämon, so werde ich den Islam annehmen.‹ Jener blieb bei den Insulanern, und Gott öffnete das Herz des Königs für die Heilslehren des Islam, so daß er, seine Frauen und Kinder wie seine Hofleute noch vor Schluß des Monats den rechten Glauben annahmen. Bei Beginn des neuen Monats brachte man den Marokkaner in den Götzentempel, aber der Dämon erschien nicht, und

jener las im Koran bis zum Morgen. Der Sultan und das Volk erschienen bei ihm und fanden ihn mit dem Lesen beschäftigt. Da zerbrachen sie die Götzenbilder und machten den Tempel dem Boden gleich. Die Einwohner der Insel bekehrten sich und schickten Missionare in die übrigen Inseln, deren Bevölkerung gleichfalls den Islam annahm.«[37]

Bringen wir die Erinnerung der Einheimischen an dieses Ereignis, die beim Besuch Ibn Battutas noch ganz frisch war, mit unseren eigenen Beobachtungen zusammen, nimmt der »Dämon« aus dem Meer langsam menschliche Züge an. Sein Verlangen, sich die Jungfrauen in den Götzentempel bringen zu lassen, deutet darauf hin, daß der schreckliche Besucher jemand war, der religiöse Riten beging, kein gewöhnlicher Sexbesessener. Die Buddhisten begehen keine derartigen religiösen Handlungen, doch bei bestimmten frühen Formen des Hinduismus kommt so etwas vor. Und die dämonischen Fratzen, die man an der ehemaligen Tempelstätte ausgegraben hatte und die wir erst kürzlich gesehen hatten, waren hinduistischer Art. Der Schädel der jungen Frau, den man auf einem dieser Götzenbilder gefunden hatte, schien gut in die Überlieferung gerade dieser Stätte zu passen. Was wie ein Schiff voller Lampen aussah, wenn der Dämon kam, war wahrscheinlich das, wonach es aussah – ein Schiff voller Lampen. Der vom Meer kommende Unhold und die angstgequälte Bevölkerung an Land hatten wohl kaum denselben Glauben. Das würde darauf hindeuten, daß die Menschen an Land bei der Ankunft des Islam aus der arabischen Welt keine Hindus mehr waren, sondern Buddhisten.

Der heutige maledivische Staat gab nicht gern das Vorhandensein eines buddhistischen Nährbodens zu, der in den Jahrhunderten der Sultansherrschaft so systematisch trockengelegt worden war. Als Bell unerschrocken seine Beweise für einen früheren buddhistischen Einfluß vorlegte, waren seine Behauptungen zu jener Zeit, als noch die Sultane herrschten, wie Samenkörner, die auf Felsen fallen. Aber der jetzige Präsident Gayoom, Maniku, Loutfi und viele unserer maledivischen Freunde standen einer Neubewertung der Geschichte ihres Landes offen gegenüber, die mit dem ersten Sultan aus dem Nichts heraus begann. Wir hatten die bearbeiteten Steine vom Sonnentempel auf Gaaf-Gan kaum nach Malé gebracht, als Präsident Gayoom in einem Vorwort zu einem bisher unveröffentlichten bemerkenswerten Geschichtsdokument auch schon auf unsere Entdeckung einging. Es war ein dünnes Buch, das zum erstenmal den Divehi-Text und dessen englische Übersetzung eines achthundert Jahre alten Buchs aus Kupferplatten brachte, das sogenannte *Loamaafaanu.* Obwohl die Existenz dieses Bändchens seit geraumer Zeit bekannt war, wie der Präsident schrieb, wurde jetzt erstmals Licht auf seinen Inhalt geworfen, und das dank der mühsamen Arbeit maledivischer Wissenschaftler unter der

Leitung von Hassan Maniku, bei der Schriftexperten aus Sri Lanka Hilfe geleistet hatten. Das in der ältesten maledivischen Schriftart, der sogenannten *Evella akuru* (»alte Schrift«), geschriebene Buch enthält in einzigartiger Weise die Genealogie einiger maledivischer Herrscher aus vormoslemischer Zeit. Es beginnt mit dem Jahr 505 nach dem Tod des Propheten (1105 n. Chr.), als »der große König *Sri Maanaabarana* aus dem Hause *Thiimuge,* das Oberhaupt der Mond-Dynastie, König dieses Landes wurde«. Es führt dann die Namen und die Herrschaftsdauer von vier nacheinander regierenden Königen bis zu dem auf, der ab 1179 n. Chr. in den ersten Jahrzehnten des Islam herrschte:

»... der große König *Srimat Gadanaditya,* eine Zierde der Mond-Dynastie, leuchtend wie Gold, fest wie eine Säule aus *Asala* (»Stein«), Beschützer aller hunderttausend Inseln, strahlend wie Sonne, Mond und Sterne, tugendhaft in jeder Art, Herr der Liebe, Berg der Edelsteine, geschmückt mit einer Krone, die mit kostbaren Steinen besetzt ist. – Im vierten Jahr seiner Regenschaft als alleiniger Herrscher riß er, nachdem er den zuvor vom ungläubigen König von Dabuduv errichteten Schrein zerstört hatte, die Buddha-Standbilder um und brachte die ungläubigen Könige dazu, das Shadat (ein moslemisches Glaubensbekenntnis) zu lesen ...«[38]

Hier hatten wir einen deutlichen Hinweis auf Buddha-Standbilder aus dem zwölften Jahrhundert und einen Schrein auf Dabuduv. Dabuduv war Loutfi zufolge Dabidu, die Insel neben Isdu, »die erste gesichtete Insel«, auf der wir beim Vorbeifahren die gewaltige *Hawitta* gesehen hatten. Das war in dem dichten Inselring am Ostriff des Laamu-Atolls, wo wir auf den Spuren Bells gewandelt waren. Wo wir die Ruinen buddhistischer Stupas gesehen hatten, die auf Fundamenten ruhten, wie Bell sie nach eigenen Worten nie in der buddhistischen Welt angetroffen hatte. Jetzt erfahren wir aus dem bisher unbekannten Text des Kupferbuchs *Loamaafaanu,* daß sich der Buddhismus dort entweder gehalten hat oder wiedereingeführt wurde.

Kein Wunder, daß das Laamu-Atoll mit den Inseln Isdu, Dabidu und Laamu-Gan, die wie Finger nach Osten zur buddhistischen Hochburg zeigen, dem Einfluß des Buddhismus am stärksten ausgesetzt war. Obwohl die Malediven ganz eindeutig ein politisch unabhängiges Land mit eigenen, souveränen Königen waren, müssen doch bestimmte religiöse Bande zwischen der buddhistischen Priesterschaft auf diesen Inseln und den Hohenpriestern in dem Teil der Welt, aus dem die Religion gekommen war, bestanden haben. Die *Hawittas* im Laamu-Atoll, was immer sie ursprünglich gewesen sein mögen, wurden von den Buddhisten als kleinere Nachbildungen der riesigen Stupas von Sri Lanka wieder aufgebaut, derjenigen, die die so mächtigen singhalesischen Könige errichtet hatten, die Herrscher der Löwenmenschen. In der sehr genauen buddhistischen Geschichtsschreibung über Sri Lanka findet sich nirgendwo ein Hinweis auf eine Beherrschung der Malediven. Aber es wäre doch erstaunlich, wenn die mächtigen buddhistischen Herrscher dieses großen Landes keinen Versuch unternommen hätten, den eigenen Glauben wiedereinzuführen, wenn ein Fremder gekommen wäre und den Menschen auf den Malediven gesagt hätte, sie sollten ihre buddhistischen Standbilder zerschlagen und ihre Stupas niederreißen.

Wir selbst waren nie auf Dabidu, aber Maniku versicherte uns, daß im Zentrum dieser Insel ein großer, aber flacher Hügel läge, der *Bodu Budhu Koalu* genannt wurde, was »großer Bildertempel« hieß, und im Osten davon ein kleinerer, *Kuda Budhu Koalu,* »kleiner Bildertempel«.

Obwohl diese alten maledivischen Aufzeichnungen nicht den Sinn hatten, die vormoslemische Zeit zu beleuchten, geben sie uns doch einige unbeabsichtigte Hinweise. Zunächst einmal ist offensichtlich, daß der Archipel eine Nation war und schon vor der Zeit der Sultane von Malé aus regiert wurde. Als der letzte buddhistische König bekehrt wurde, schickte er seine Emissäre zu den anderen Atollen, damit auch die ihm lehenspflichtigen Könige den neuen Glauben annahmen, ob sie wollten oder nicht.

Eine andere Folgerung ist nicht weniger wichtig. Die Araber sind nie gewaltsam in die Malediven eingedrungen. Aus den verschiedenen Quellen erfahren wir, daß ein frommer arabischer Reisender ganz allein sein Haus in Täbris verließ und sich auf Malé im Haus einer alten Frau mit nur einer Tochter einquartierte. Erst nachdem er den Dämon aus dem Meer mit dem Koran vertrieben hatte, wurde er vor den König geführt. Das heißt, die Bevölkerung der Malediven war nach der Bekehrung zum Islam dieselbe wie vorher. Die Religion änderte sich, nicht aber die Nation. Nichts änderte sich bis auf die Bräuche, Gebote und Riten, die mit dem neuen Glauben durchgesetzt wurden.

»Warum, glauben Sie, haben unsere Vorfahren damals so bereitwillig den Islam angenommen?« fragte mich Hassan Maniku einmal, als wir uns in seinem Büro unterhielten, und sah mich dabei mit seinen scharfen braunen Augen genau an.

»Wahrscheinlich sagte ihnen ein unsichtbarer Schöpfergott mehr als die Kalksteinstatuen«, meinte ich, weil mir nichts Besseres einfiel.

»Nein«, sagte Maniku. »Es war Politik, nichts als Politik.«

»Wie?« Ich war überrascht. Im 20. Jahrhundert hat die Politik für viele die Religion ersetzt, aber das hier war über 600 Jahre her.

»Sie wissen, daß diese Inseln damals leicht mit dem Schiff zu erreichen waren«, erklärte Maniku. »Sri Lanka und die meisten Staaten um uns hatten zu der Zeit reguläre Flotten. Sri Lanka war äußerst mächtig und zu nah, als daß die maledivischen Könige hätten ruhig schlafen können. Wenn die Malediven zum Islam überträten, würden die Araber uns schützen, falls die Buddhisten aus Sri Lanka versuchen sollten, uns zu unterdrücken. Unsere Vorfahren erkannten sehr gut, daß die Araber zu weit weg wohnten, um sich groß in unsere Angelegenheiten zu mischen. Aber sie würden uns beschützen, wenn Sri Lanka versuchen sollte, uns seine religiöse Autorität aufzuzwingen.«

Maniku war ebenso nüchtern wie seine frühen Vorfahren. Keine Wunder, keine Magie. Ausschließlich politisches Kalkül. Das Verhalten der Menschen hat sich in den letzten Jahrtausenden nicht geändert. Es ist leichter, die Menschen der Vergangenheit zu verstehen, wenn wir sie wie unseresgleichen betrachten. Es gab keinen Grund, Manikus Meinung darüber, wie das letzte Kapitel maledivischer Geschichte begonnen hatte, anzuzweifeln.

Die bekehrten moslemischen Könige übernahmen von ihren Vorgängern ein gutorganisiertes Gemeinwesen. Das Kupferbuch *Loamaafaanu,* in dem die letzten Könige der Mond-Dynastie sowie alle neuen Gebote und Bestimmungen aufgeführt waren, hatte Padiata, ein Berufsschreiber, geschrieben, und der letzte Satz lautete: »Da der große König Gadanaditya so sprach, schrieb Padiata . . . dies nieder.« Und dann hatten zwölf der Minister des Königs, darunter der Befehlshaber der Truppen und der Schatzmeister, die beiden letzten Kupferseiten des Buchs unterschrieben.

Wenngleich mit der Einführung des Korans auch die Vertrautheit mit der arabischen Schrift wuchs, benutzten die Malediver doch weiterhin ihre alte Schrift, das Divehi. Sie waren also schon ein des Lesens und Schreibens kundiges Volk, bevor die Araber kamen. Die ersten lokalen Schriftzeichen, wie sie in den ganz alten Kupferbüchern vorkommen, ähneln denen des ältesten bekannten Schriftsystems von Sri Lanka. Doch noch näher scheinen sie den Schriftzeichen zu stehen, die in die dämonischen, hinduistisch anmutenden Standbilder gehauen sind, die beim Heidentempel auf Malé ausgegraben wurden. Wahrscheinlich wurden sie daher auf den Malediven sogar schon vor der Übernahme der Herrschaft durch die Buddhisten verwendet.

Da wir wußten, daß es auf den Malediven schon vor der Zeit der Moslems ein organisiertes Königreich mit Untertanen, die lesen und schreiben konnten, sowie einer hochstehenden Kunst und Architektur gab, gingen wir einen Schritt weiter zurück zu den verlorenen Kapiteln maledivischer Geschichte. Man kann annehmen, daß Ibn Battuta noch rechtzeitig kam, um viele der alten Gewohnheiten aus vormoslemischer Zeit zu erleben. Da er selbst Araber war, hätte er vor allem über die Dinge schreiben können, die einem moslemischen Besucher seltsam vorkamen und damit wohl kaum arabischen Ursprungs waren. So war zum Beispiel die islamische Welt eine Männerwelt, wohingegen Battuta auf den Malediven einen Unterschied bemerkte:

»Eine der Merkwürdigkeiten dieses Archipels ist es, daß ihr Herrscher eine Frau ist . . .«

Das war kein Einzelfall zur Zeit des Besuchs von Ibn Battuta, denn Abu'l Hasan Ali, ein anderer arabischer Seefahrer, schrieb bereits 916 n. Chr. über die Malediven:

»Sie sind alle sehr gut bevölkert und einer Königin untertan: Denn seit ältester Zeit haben die Bewohner eine Regel, sich niemals von einem Mann regieren zu lassen.«

Wenn wir den Erzählungen Glauben schenken wollten, die wir auf Gadu selbst gehört hatten, war auch Gaaf-Gan ursprünglich von einer Königin regiert worden, und das so früh, daß sie vertrieben wurde, als die Katzenmenschen, oder auch Singhalesen, kamen.

Ibn Battuta berichtet uns, daß die Königin, damals Sultanin, mit ihrem eigenen Justizminister verheiratet war. Täglich mußten er und die übrigen Minister sich in ihrem Audienzsaal einfinden. Dort entboten sie ihren Gruß, und wenn die Eunuchen ihn an Ihre Majestät übermittelt hatten, zogen sich die Minister wieder zurück. »Die Truppen der Sultanin, welche etwa 1000 Mann stark sind, bestehen aus Fremden; einige sind auch Landeskinder. Sie erscheinen täglich im Audienzsaale, grüßen und entfernen sich. Ihr Sold besteht aus Reis . . .«

Diese Anzahl Söldner, die nach Battutas Angaben mit aus Bengalen importiertem Reis bezahlt wurden, spiegelt die Zustände in einem Land wider, das regen Umgang mit der Außenwelt hatte. Loutfis Abstammung von frühen königlichen Leibwächtern, großgewachsenen schwarzen Sklaven, die aus dem Jemen hierhergebracht worden waren, beweist, daß diese Praxis, Krieger zum eigenen Schutz einzuführen, keine Einzelerscheinung war. Und der Grund dafür lag offenbar auf der Hand. Ibn Battuta beschreibt die Inselbewohner wie folgt:

»Die Bewohner der Malediven sind rechtschaffene, fromme, orthodoxe und geradsinnige Menschen. Ihre Nahrung entspricht den Gesetzen der Religion und ihre Gebete finden Erhörung bei Gott. . . . Ihre Körper sind schwach; sie sind des Kampfes nicht gewohnt und kriegsuntüchtig: ihre Waffen sind das Gebet. Ich befahl in diesem Lande einstmals, einem Diebe die Hand abzuschneiden, worauf mehrere Eingeborene, die im Gerichtszimmer anwesend waren, in Ohnmacht fielen. Die indischen Räuber überfallen sie nicht und jagen ihnen keine Furcht ein, denn sie haben an sich erfahren, daß jeden, der jenen etwas wegnimmt, ein plötzliches Unheil trifft. Wenn feindliche Schiffe in ihre Gegenden kommen, so greifen sie die Fremden auf, die sie treffen, aber keinem der Einheimischen fügen sie etwas Böses zu. Wenn ein Ungläubiger etwas nimmt, und wäre es nur eine Limone, so bestraft ihn der Emir der Ungläubigen und züchtigt ihn mit schmerzhaften Schlägen aus Furcht vor den Folgen, die diese Tat nach sich ziehen könnte. Wäre dem nicht so, wären sie wegen der Schwäche ihres Körperbaues für ihre Feinde ein Gegner, der sehr leicht zu bewältigen ist. ...

Die Bewohner sind reinlich und halten sich von schmutzigen Dingen fern. Die meisten waschen sich zweimal des Tages, um sich rein zu halten, mit Rücksicht auf die große Hitze auf dem Archipel und die starke Schweißabsonderung. Sie verwenden viel parfümiertes Salböl, wie Sandelessenz u. dgl., und reiben sich mit einer Art Moschusparfüm ein, das aus Makdasau importiert wird. Es ist bei ihnen üblich, daß, wenn sie das Morgengebet verrichtet haben, jede Frau zu ihrem Gatten oder ihrem Sohne mit der Kollyriumbüchse [eine Büchse mit Augensalbe], mit Rosenwasser und Moschusparfüm kommt; dieser reibt dann seine Augenbrauen mit Kollyrium ein und salbt sich mit Rosenwasser und Moschusparfüm, so daß seine Haut wie poliert erscheint und jede Entstellung des Teints von seinem Gesichte verschwindet.

Ihre Kleidung besteht aus Schürzen. Einen solchen Schurz binden sie um ihre Mitte anstatt der Beinkleider und legen um ihre Schultern ein Kleidungsstück, namens Wilyan [ein maledivischer Umhang], das fast so aussieht wie ein Ihram [ein arabisches Pilgergewand]. ... Eine ihrer Sitten ist auch, daß, wenn einer von ihnen heiratet und sich zu dem Hause seiner Gattin begibt, diese ihm zu Ehren Baumwollstoffe von der Tür ihres Hauses bis zu der des Hochzeitsgemaches ausbreitet, auf die sie zur Rechten seines Weges und zur Linken bis zur Zimmertür einige Handvoll Kauris streut, während sie selbst bei der Tür des Hochzeitsgemaches steht, wo sie ihn erwartet. ...

Ihre Gebäude sind aus Holz. Sie legen den Fußboden ihrer Häuser zum Schutz vor der Feuchtigkeit hoch über dem Boden an, da der Boden des Landes naß ist. Die Art und Weise dieser Bauführung besteht darin, daß sie Steinblöcke behauen, deren jeder zwei oder drei Ellen lang ist, diese in Reihen übereinandersetzen und darauf Balken vom Holz der Kokospalme legen. Hierauf führen sie die Wände in Holz auf. Sie haben eine merkwürdige Geschicklichkeit darin. In dem Vorraum des Hauses baut man ein Gemach, das man Malam nennt, in dem der Hausherr mit seinen Freunden sitzt. ...

Die Bewohner der Malediven gehen alle, hoch und niedrig, barfuß. Die Gassen sind sauber gefegt, Bäume beschatten sie, und der Spaziergänger darin befindet sich wie in einem Parke. Trotz alledem muß jeder, der in ein Haus eintritt, sich die Füße mit dem Wasser waschen, das sich in dem Kruge bei dem Malam genannten Gemache befindet, und sie sich mit dem groben Gewebe aus Lif [ein natürliches Gewebe aus der Palmenkrone], das sich dort befindet, abwischen; hierauf erst begibt er sich in sein Zimmer. ...

Wer von den Ankömmlingen sich verheiraten will, der kann es. Kommt nun der Moment seiner Abreise, so entläßt er seine Frau, da die Frauen ihre Heimat nicht verlassen. ...

Die Frauen des Archipels verschleiern sich nicht, nicht einmal ihre Herrscherin tut es. Sie kämmen ihr Haar und stecken es an einer Stelle zusammen. Die meisten tragen nur einen Schurz, der sie vom Nabel bis zum Boden bedeckt, während der übrige Teil ihres Körpers unverhüllt bleibt. So erscheinen sie auf den Basaren und sonst überall. Als ich das Richteramt auf den Malediven erhielt, bestrebte ich mich, dieser Gewohnheit ein Ende zu setzen, und befahl den Frauen, sich anzuziehen, vermochte es aber nicht durchzusetzen. ... Der Schmuck der Frauen besteht aus Armringen, von denen eine jede eine Anzahl um ihre beiden Vorderarme legt, so daß der Zwischenraum zwischen dem Handgelenk und dem Ellbogen ganz bedeckt ist; sie sind aus Silber. Goldringe tragen nur die Frauen des Sultans und seiner Verwandten. Sie tragen auch Fußringe, die sie Ba'il nennen, und Goldketten, die sie um ihre Brust legen und Besdered heißen.«[39]

Aufgrund dieses Berichts kann man auf einen intensiven Kontakt zur Außenwelt schließen. Aus Korallenfelsen läßt sich weder Gold noch Silber gewinnen; Ton, aus dem man die Krüge an den Türen hätte herstellen können, gab es auf den Inseln nicht; Reis wurde dort nicht angebaut; und soviel Baumwolle, daß man sie auf dem Boden ausgebreitet hätte, um darauf zu laufen, hatte man nicht. Und Ibn Battuta berichtet ja auch, daß die Einheimischen Hühner gegen Töpferwaren tauschen, die als Fracht mit Schiffen kommen, und er fügt hinzu: »Die Schiffe exportieren aus diesem Archipel den Fisch, von dem wir gesprochen haben, Kokosnüsse, Schürzen, Wilyan und Turbane, welch letztere aus Baumwolle sind, ferner Kupfergefäße, denn diese sind sehr zahlreich im Lande, Kauri-Muscheln und Kambar, das ist die faserige Hülle der Kokosnuß. ... Man macht Stricke daraus, um die Schiffsbalken zusammenzufügen, und führt sie nach China, Indien und Jemen aus.«

Selbstverständlich beruhte der Export von Baumwollturbanen und Kupfergefäßen auf der heimischen Verarbeitung importierter Rohstoffe, wenn nicht auf dem einfachen Umladen der fertigen Güter, die von der einen Seite des Indischen Ozeans kamen und für den Weiterverkauf auf der anderen Seite bestimmt waren. Tatsächlich konnten Schiffe, die diese Waren zwischen Häfen in China, Indien und Jemen beförderten, auf den Malediven fast alle Waren aus aller Herren Länder laden und entladen. Kein Wunder also, daß Ibn Battuta damals Butter auf den Malediven essen konnte, daß der Statthalter des Sultans ihm die Wahl ließ, sich auf Malé in einer Sänfte oder zu Pferd fortzubewegen, während dieser Beamte, dem Fanfarenbläser vorauseilten und der von vier Schirmen beschattet wurde, selbst auf Seidentüchern schritt, die man vor ihm ausbreitete, und »ein ägyptisches Überkleid aus feiner Ziegenwolle« trug.

Ibn Battuta beteiligte sich sogar selbst am blühenden Handel mit Kauri-Muscheln. Er schickte zwei Malediver mit seinem eigenen Vorrat Kauri-Muscheln los, die sie in Bengalen verkaufen sollten. Doch bei einem Sturm verlor das Schiff Ruder, Mast und Fracht, und die beiden Malediver landeten nach vielen Entbehrungen sechzehn Tage später auf Sri Lanka, statt in Bengalen. Battuta reiste danach selbst nach Bengalen, segelte aber vorher noch nach Sri Lanka und zur Westküste Indiens. Wir erfahren, daß er neun Tage mit dem Segelschiff von den Malediven nach Sri Lanka unterwegs war; zehn Tage brauchte er von Kalikut an der Südwestküste Indiens zurück zu den Malediven, und dreiundvierzig Tage von den Malediven nach Bengalen.

All das trug sich vor Ibn Battutas Besuch im Jahr 1344 n. Chr. zu und spiegelte die lange Handels- und Seefahrtstradition der afro-asiatischen Nationen auf dem Indischen Ozean wider, und das in einer Zeit, als man im mittelalterlichen Europa noch glaubte, am Ende der Welt befinde sich ein Abgrund, und die Azteken und Inkas in Amerika noch Herren über ihre Reiche waren.

1498, als Vasco da Gama den Indischen Ozean befuhr und Christoph Kolumbus gerade den Atlantik überquert hatte, begann für Europa ein neues Zeitalter, und ein altes ging für Asien und Amerika zu Ende. Das wirkte sich sogar auf den Malediven aus. Der Handel, der sich seit den Tagen der Indus-Kultur frei auf dem Indischen Ozean entfaltet hatte, wurde durch das Monopol der Europäer abgewürgt. Soweit die Geschichte. Doch wenn wir betrachten, was wir Europäer verändert haben, werden wir besser verstehen, welche regionalen Bedingungen zuvor geherrscht haben.

Der Historiker A. Gray, der die Berichte über frühe Besuche auf den Malediven gesichtet hat, zeigt auf, wie alle Linien des Seehandels aus China, Indonesien und Hinterindien zusammenliefen, bis die Spitze Südindiens umrundet und die Malediven passiert wurden. Dann liefen sie wieder mit unterschiedlichem Ziel auseinander. Die meisten aus dem Osten kommenden Schiffe liefen jedoch, bevor sie die Malediven passierten, zunächst den bedeutenden Hafen Kalikut im Südwesten Indiens an. Von dort fuhren sie entweder westwärts über den Indischen Ozean Richtung Jemen und Rotes Meer oder nach Norden zu den anderen blühenden Hafenstädten, nach Kambay und dem Indus-Tal, und dann weiter zur Straße von Hormus. Was nach Aden im Jemen gebracht wurde, gelangte durch das Rote Meer zu den Kaufleuten in Dschidda oder Kairo. Was in das damals bedeutende Handelszentrum von Hormus kam, wurde per Schiff weiter durch den Persischen Golf und die mesopotamischen Flüsse nach Bagdad gebracht, von wo es auf den Karawanenstraßen nach Europa transportiert wurde.

Die friedlich veranlagten Malediver zogen offensichtlich dank der günstigen Lage der Inseln und weil sie die Seefahrer mit Wasser und frischem Proviant versorgen konnten, großen Nutzen aus diesem internationalen Handel. Wir haben gesehen, daß sie sich selbst an diesem Seehandel beteiligt haben, indem sie ihre Kauri-Muscheln und geräucherten Fisch bis in die Hafenstädte von Bengalen und Jemen brachten. Gray zeigt, daß einer der wichtigsten Schiffahrtswege der maledivischen Kauffahrer für lange Strecken die Route über Kalikut zum Indus-Tal und nach Hormus war. Das hätte bedeutet, daß die unbewaffneten Malediver die Häfen einer Vielzahl von Ländern mit unterschiedlichen politischen Systemen und anderen Religionen angelaufen haben. Wie war so etwas möglich?

Gray gibt die Antwort:

»Eine erste Beobachtung vorweg ist die, daß der Freihandel vorherrschte, eine zweite die, daß offenbar alle Länder daran beteiligt waren und keine Rasse einen unverhältnismäßig hohen Anteil am Frachthandel hatte, wie das in späteren Jahrhunderten der Fall war.«

Er zitiert den arabischen Reisenden Abd-er-Razzak, der auch maledivische Kaufleute unter denen ausmachte, die den bedeutenden Hafen Kalikut und den wichtigen Handelsplatz Hormus während seines Besuchs 1442 anliefen:

»Kalikut ist ein absolut sicherer Hafen, der, wie der von Hormus, Kaufleute aus allen Städten und Ländern zusammenbringt: . . . Sicherheit und Recht sind in dieser Stadt so fest begründet, daß die wohlhabendsten Kaufleute beachtliche Ladungen aus Küstenländern dorthin bringen, die sie ausladen, ohne es in der Zwischenzeit für notwendig zu erachten, die Einnahmen zur Aufbewahrung abzugeben oder ein Auge auf die Güter zu haben. . . . In Kalikut wird jedes Schiff, woher es auch kommt oder wohin es fährt, wenn es in diesem Hafen festmacht, wie andere Schiffe behandelt und hat keine Schwierigkeiten irgendwelcher Art zu gewärtigen.«

Über Hormus schrieb derselbe Araber, daß es nicht seinesgleichen auf dem Erdball habe. Kaufleute aus aller Herren Länder fahren diesen Hafen an, wie er schreibt, und er nennt Ägypten, Syrien, Turkestan, China, Java, Pegu (Birma), Bengalen, die Malediven, Malabar, Kambay und Sansibar. »Menschen aller Religionen, sogar Götzenanbeter, trifft man in großer Zahl in dieser Stadt, und es wird keine Ungerechtigkeit geduldet, gegen wen auch immer.«[40]

1498, sechsundfünfzig Jahre später, kam Vasco da Gama und landete ebenfalls in Kalikut. Die alten asiatischen Handelswege wurden durch die portugiesische Blockade dieses Hafens und aller anderen Hafenstädte an der Küste Westindiens sofort unterbrochen. Als nächstes wurde auch Hormus mit der Einnahme dieser Hafenstadt geschlossen. Gray merkt an:

»Den ersten praktischen Anschauungsunterricht über das neue Regime erhielten die Malediver, als im Jahr 1503 vier ihrer Schiffe das Pech hatten, vom Ersten Kapitän Vicente Sodré [Vasco da Gamas Flottenführer] gesichtet zu werden, der damals vor Kalikut kreuzte. ›Als er (Sodré) sich vor Kalikut befand‹, berichtet Correa, ›sichtete er vier Segler, die er einholte und nahm. Es waren *Gundras,* Barken von den Malediven, ... *Gundras* sind aus Palmenholz gebaut und mit Holzpflöcken und ohne einen Bolzen verbunden und befestigt. Die Segel bestehen aus Matten aus den trockenen Blättern der Palme. Diese Schiffe waren mit Kauris beladen ... Diese Schiffe hatten auch einen guten Vorrat an Seiden geladen, bunte und weiße, verschiedener Art und Qualität, und viele herrliche Gewebe aus Gold, die die Inselbewohner selbst herstellen, die die Seide, das Gold und das Baumwollgarn von den vielen Schiffen erhalten, die auf ihrem Weg von der Küste Bengalens zur Straße von Mekka zwischen den Inseln hindurchfahren. Dort kaufen Schiffe diese Sachen von den Insulanern und bieten ihnen dafür die Materialien, aus denen sie hergestellt werden. So sind diese Inseln ein bedeutender Handelsplatz für alle Teile, und die Mohammedaner Indiens suchen sie auf und tauschen ihr Salz und Töpferwaren, die auf den Inseln nicht gefertigt werden, und auch Reis und Silber.‹«[41]

Auf diesen vier maledivischen Schiffen befanden sich auch etwa hundert arabische Passagiere, die mit ihren gekauften Waren auf dem Weg zurück nach Kalikut waren. Die Portugiesen entluden eins der maledivischen Schiffe, legten alle Araber an Bord, bedeckten sie mit den trockenen Palmblättern, mit denen die Fracht eingewickelt gewesen war, und verbrannten die Araber bei lebendigem Leib.

Als die Portugiesen ihre Blockade von Kalikut fortsetzten, mieden die Schiffe aus Bengalen und den Ländern jenseits davon bei ihrer Weiterfahrt von den Malediven Indien und steuerten mit ihrer Fracht direkt das Rote Meer an. Als der portugiesische Vizekönig davon erfuhr, gab er Befehl, sein Sohn »solle mit der Flotte auslaufen und erkunden, was sich auf diesen Inseln tat und ob Schiffe aufgebracht werden können«. Die Flotte ging mit dem Ziel Malediven unter Segel, landete jedoch als ein Opfer der Meeresströmung auf Sri Lanka, wo sich die Portugiesen statt dessen niederließen. Die Malediven hatten noch einige Jahre Ruhe. Doch bald überfielen portugiesische Piraten von Indien und Sri Lanka aus diese Inseln, wo sie nach einem Bericht zwei reichbeladene Schiffe aus Kambay aufbrachten. 1519 entsandten die Portugiesen eine Flotte, um auch die Malediven zu erobern. Diese Flotte erreichte Malé, wo die Portugiesen eine Festung bauten und ihr Anführer die Inselbewohner zwang, ihre Erzeugnisse abzuliefern, »wofür er nach eigenem Gutdünken bezahlte«.

Einige Malediver stahlen sich in einem Boot davon, um einen bekannten indischen Freibeuter von der Malabarküste zu holen. Mit zwölf Malabar-Schiffen kehrten sie zurück, bemächtigten sich der portugiesischen Schiffe, die unbeaufsichtigt im Hafen von Malé lagen, und drangen, unterstützt von den übrigen Inselbewohnern, von der ungeschützten Meeresseite in die Festung ein. Dank der Kampferfahrenheit der indischen Freibeuter wurden alle Portugiesen getötet, und Insulaner und Freibeuter teilten sich eine reiche Beute.

Obwohl die Portugiesen die Malediven hin und wieder überfielen, begann die eigentliche Drangperiode für die Inselbewohner erst 1550, als ihr Sultan Hassan IX. den Archipel verließ, um sich den Portugiesen in Indien anzuschließen, wo er auch zum Christentum übertrat. Das ermutigte die Portugiesen, zurückzukommen und erneut den Versuch zu wagen, die Malediven zu erobern. Zweimal scheiterten sie, doch 1558 gelang es ihnen, Malé einzunehmen. Fünfzehn Jahre waren die Malediven unter fremder Herrschaft, die einzigen dunklen Jahre ihrer Geschichte. Diese Herrschaft wurde einem verhaßten Verräter von der Insel anvertraut, einem portugiesischen Christen mit maledivischer Mutter, Andreas Andre, bei den Einheimischen unter dem Namen *Adiri Adiri* bekannt; im *Tarikh* heißt es:

»Dann unterwarfen sich die Malediver Kapitän Adiri Adiri, der sich zum ›Herrscher‹ ernannte. Er sandte Christen aus, die in allen Teilen der Malediven die Führung übernahmen, und erzwang die Unterwerfung. Die Portugiesen herrschten mehrere Jahre mit großer Grausamkeit und begingen unerträgliche Freveltaten. Das Meer färbte sich rot mit moslemischem Blut, die Menschen versanken in Verzweiflung. In diesem Augenblick rührte der allmächtige Gott das Herz des Khatib Muhammad, des Sohnes des Khatib Hussain von Utimu [der nördlichsten Gruppe], ... die Ungläubigen zu bekämpfen und dem schreienden Unrecht ein Ende zu bereiten. Er betete zu Gott, ihm Weisheit für die Eroberung zu verleihen, und beriet sich mit seinen jüngeren Brüdern ...« Das *Tarikh,* das voll ist mit Namen von denen, die sich dem Aufstand anschlossen, berichtet, wie eine kleine Gruppe eingeschworener Freiheitskämpfer im gesamten Archipel nächtliche Überfälle inszenierte, bis alle Fremden auf Malé zusammengedrängt waren. Erneut mit Hilfe Freiwilliger von der Malabar-Küste schlichen sich die Untergrundkämpfer im Schutz der Nacht in den Hafen von Malé. Der nächste Tag war von der portugiesischen Besatzung als Hinrichtungstag für alle vorgesehen, die sich der Bekehrung zum Christentum widersetzten. Doch noch vor Sonnenaufgang starb Adiri Adiri zusammen mit allen portugiesischen Besetzern.[42]

Der maledivische Historiker von heute, unser Freund Hassan Maniku, drückt es so aus:

»Alle portugiesischen Kolonisten verließen unsere Küsten durch die Pforte des Todes, um nie wiederzukehren und den Frieden unserer Unabhängigkeit zu stören.«[43]

»Später hat sich niemand mehr in unsere inneren Angelegenheiten gemischt, auch wenn wir von 1887 bis 1965 ein britisches Protektorat waren«, erklärte Maniku und zeigte mir eine eindrucksvolle Liste mit fast einhundert Namen von Sultanen und Sultaninnen, die einander in sechs Dynastien moslemischer Geschichte abgelöst hatten.

Und jetzt gruben wir, um herauszufinden, was sich davor ereignet hatte. Wir waren von einem modernen Präsidenten gebeten worden, nach allem zu suchen, was diese vielen Sultane aus der Erinnerung ihrer Untertanen hatten tilgen wollen.

Kapitel 10

Ein verlorenes Kapitel der Weltgeschichte

Die Löwen und der Stier im Sonnentempel

Das Klima ändert sich.«

Diese Bemerkung hatte ich bei meinen Reisen rund um die Welt in den letzten Jahren immer wieder gehört. Der Monsun blies aus der falschen Richtung. Es regnete in der trockenen Jahreszeit. Und jetzt, in der Regenzeit, strahlte die Sonne vom blauen Himmel, als ich zum dritten Mal auf die Malediven kam. Es war November. Wir hatten unsere Zelte im März hier abgebrochen, nachdem wir unsere ersten Testausgrabungen beendet hatten. Diesmal kam ich allein nach Malé, um eventuell einen zweiten Ausgrabungstermin zu vereinbaren.

Ich war wieder unter Freunden und merkte das auch. Maniku war immer noch nicht an seinen Arbeitsplatz zurückgekehrt, aber der Präsident hatte unseren Reisebegleiter Loutfi zum geschäftsführenden Direktor des neuen Nationalen Zentrums zur Erforschung von Sprache und Geschichte ernannt. Vorsitzender war der alte, würdevolle oberste Richter, der mich diesmal mit Handschlag und einem Lächeln am Eingang zu Loutfis neuem Büro begrüßte.

In Loutfis Büro hatte man einen eigenen Schreibtisch für mich aufgestellt, auf dem ein Stapel Bücher, Zeitungen und noch nicht veröffentlichte Manuskripte lagen, die ich lesen konnte. Eine Tür weiter befand sich die Landesbibliothek, und da ich jetzt als Mitarbeiter des früheren moslemischen Komitees galt, hatte ich freien Zugang zu sämtlichen Informationen über die Vergangenheit des Landes. Zu meiner Überraschung stellte man mir eine kluge und hübsche Maledivin zur Verfügung, die ausgezeichnet Englisch sprach und mir als Übersetzerin für die arabischen und Dihevi-Texte behilflich sein sollte. Nicht weniger erstaunt war ich, als sie mir erzählte, daß ihre Mutter zu den Mitgliedern dieses moslemischen Nationalrates gehöre. Die auf den Malediven traditionelle Achtung des anderen Geschlechts war offenbar immer noch lebendig. Ich erfuhr außerdem, daß die junge Dame mit einem Deutschen verheiratet war, der den moslemischen Glauben angenommen und gerade ein sehr schönes maledivisches Schiff gebaut hatte, das nach ihr *Shadas* hieß. Es hatte einen starken Motor, geringen Tiefgang wegen der vielen Riffe, und der Kapitän war bereit, uns innerhalb des Archipels überallhin zu fahren, falls wir die Grabungen wieder aufnähmen.

Meine nächste Erfahrung war weniger tröstlich. Glücklich über all die so erfreulichen Vorkehrungen ging ich hinüber zum Nationalmuseum, um mir die bearbeiteten Steine anzusehen, die wir mit der *Golden Ray* nach Malé gebracht hatten. Wegen Platzmangels hatten wir sie damals vorübergehend nebeneinander auf den Boden gelegt und nur einen schmalen Gang freigelassen. Sie lagen zwar noch immer im selben Raum, waren aber jetzt wahllos bis zu den Fenstern und unter der Treppe aufeinandergestapelt. Einige Steine waren zerbrochen, viele wiesen frische Risse auf, und zwischen den einzelnen Schichten lagen abgesplitterte Stücke und Sand.

Ich gab mir keine Mühe, meinen Unmut zu verbergen. Was vor mindestens tausend Jahren in Stein gehauen worden war und achthundert Jahre gezielte Zerstörung überdauert hatte, wurde jetzt im Inneren eines Museums beschädigt. Als der freundliche alte Wärter meine Verzweiflung bemerkte, erklärte er mir, man habe all diese »alten Steine« wegen eines Besuchs des Premierministers von Malaysia beiseite räumen müssen.

Zwischen den von uns gesammelten Steinen lagen ein paar schöne, große, weiße Marmorplatten, in die herrliche Reliefs gearbeitet waren. Stil, Motiv und Material wichen von allem ab, was wir gefunden hatten. Marmor. Auf den Malediven wurde kein Marmor abgebaut. Das beherrschende Motiv auf der größten Platte war der aus der alten religiösen Kunst Mesopotamiens bekannte »Lebensbaum«. Aber hier war er flankiert von hoch aufragenden Tempeln mit hohen Fensterreihen und stupaähnlichen Dächern. Sicher keine moslemische Kunst.

»Gerade erst ausgegraben«, bemerkte der alte Mann mit sichtlicher Zufriedenheit. »In Malé.«

Wie sich herausstellte, waren Arbeiter auf diese Stücke gestoßen, als sie unter der alten *Ma-á*-Moschee ein neues Fundament ausgehoben hatten. Sie hatten Loutfi benachrichtigt.

»Wir zerstören alte Sachen nicht mehr«, erklärte der Wärter ernst und öffnete die Türen zu der kleinen Kammer, in der wir erstmals die großen Köpfe gesehen hatten. Auf einem von ihnen lag jetzt ein winziger, steinerner Löwe von der Größe einer Faust. Er hatte einen Ziegenbart wie die ägyptischen Sphinxe und auf dem Rücken eine runde Einbuchtung, wie zur Aufnahme von Salben oder Puder für zeremonielle Riten.

Ein Löwe! Auf den Malediven!

Das war in der Tat aufregend.

»Ein Mann von Digura hat ihn gebracht, einer Insel im Ari-Atoll. Er hat ihn in der letzten Woche gefunden, als er einen Brunnen grub.«

Ich bat den alten Mann, gut auf den Löwen aufzupassen, der in jeder Tasche verschwinden konnte, und eilte in Loutfis Büro zurück. Dort hämmerte ich ein Schriftstück in eine geliehene Schreibmaschine, das ich Loutfi überreichte. Es enthielt meine Bedingungen, unter denen ich bereit war, die Universität Oslo und das Kon-Tiki-Museum zu bitten, die Ausgrabungen auf den Malediven fortzusetzen. Eine der Hauptbedingungen war der Bau eines neuen Museums in Malé, in dem die bisherigen und zukünftigen archäologischen Funde aus der vormoslemischen Zeit untergebracht werden sollten. Andernfalls war es sinnlos, noch weitere Stücke auszugraben.

Am nächsten Morgen bekam ich meinen Brief von Loutfi zurück. All meine Forderungen waren grün unterstrichen. Loutfi erklärte, daß er unverzüglich einen Boten mit meinem Brief zum Präsidentenpalast geschickt hatte. Der Präsident hatte zu bestimmen, und er war mit dem einverstanden, was er grün unterstrichen hatte. Das hieß, er hatte allen Punkten zugestimmt. Der Präsident hatte nur eine Frage. Abbas Ibrahim, Minister des Präsidialamtes, hatte Loutfi zurückgerufen und gesagt, der Präsident wolle wissen, was das Kon-Tiki-Museum an Hilfe beim Bau des neuen Museums von Malé beisteuern könne.

Ich sagte zu, die Sache dem Vorstand des Kon-Tiki-Museums zu unterbreiten, der zumindest mit Bauplänen und technischem Rat helfen könnte. Das genügte. Wir hatten also die Erlaubnis, wiederzukommen und die Ausgrabungen fortzusetzen, wenn die Regenzeit voraussichtlich zu Ende war. Im Januar.

»Kommen Sie Ende Februar«, meinte Loutfi. »Die Regenzeit scheint sich zu verspäten.«

Es ergab sich, daß Präsident Maumoon Abdul Gayoom gerade für eine zweite Amtsperiode wiedergewählt worden war. Und ich wurde, da ich noch in Malé weilte, zur feierlichen Amtseinführung eingeladen. Noch nie habe ich eine so vollzählige Versammlung von Diplomaten aus aller Welt erlebt. Noch nie, außer bei den Vereinten Nationen. Unter einem riesigen Zeltdach am Rande eines Sportfeldes saßen der Präsident mit seiner Regierung und die Gäste, um dem Vorbeimarsch der maledivischen Garden zu Ehren ihres wiedergewählten Führers zuzuschauen. Der amerikanische Präsident hatte neben dem Botschafter seinen persönlichen Gesandten geschickt. Auch der russische, chinesische und kubanische Botschafter waren anwesend, und Vertreter aller großen und der meisten kleineren Staaten aus Europa, Asien, Afrika und Lateinamerika, ganz zu schweigen von den Bruderstaaten der arabischen Welt. Die junge Republik hat außer Fisch und Sonnenschein kaum etwas zu bieten, ist aber wie eh und je bereit, Nutzen zu ziehen aus ihren uneingeschränkt freundschaftlichen Beziehungen zur Außenwelt. In ihrer ganzen Geschichte hat die Kultur der Malediven dank der Geschäfte mit der Außenwelt überdauert. Und für diese Außenwelt hat die Heimat der 160 000 Malediver nach wie vor eine strategisch günstige Lage. Die Malediven sind eine Art Straße von Gibraltar zwischen dem Osten und dem Westen.

Zu dieser Zusammenkunft der Vertreter so vieler fremder Staaten waren auch die Oberhäupter der Atolle des Archipels geladen worden. Das gab mir die einmalige Gelegenheit, all diejenigen kennenzulernen, die Loutfi in sein Büro einlud, weil er meinte, sie könnten etwas über die Redin oder andere noch nicht allgemein bekannte Legenden und Überlieferungen wissen. Für einige dieser Oberhäupter waren die Redin ebenso Realität wie die Schutthaufen der einstigen *Hawittas,* die versteckt in ihren Dschungeln lagen.

Loutfis Version wurde bestätigt. Die Redin seien zuerst auf Ihavandu gelandet, der nördlichsten Insel der Malediven. Ahmed Saib, das Oberhaupt des Ra-Atolls weit oben im Norden, berichtete, daß in den Menschen seines Gebietes noch unzählige Redin-Geschichten lebendig seien. Nach Ihavandu hätten die Redin als nächste Insel Lumbo Kandu in seinem Atoll besiedelt und sich von da aus bis nach Nalandu, Milandu und Landu ausgebreitet, die alle im äußersten Norden der Malediven lagen.

Die Redin waren lange vor allen anderen Maledivern gekommen. Nach ihnen und vor der jetzigen Bevölkerung waren auch noch andere Volksstämme dagewesen, aber keiner war so einflußreich gewesen wie die Redin. Sie waren zahlreich. Sie verwendeten nicht nur Segel, sondern auch Ruder und waren daher auf dem Meer sehr beweglich. Es kam vor, daß sie auf einer Insel schliefen, zu einer anderen fuhren, um dort Früchte zu holen, und sich ihr Essen auf einer dritten kochten, und das alles dank der hohen Reisegeschwindigkeiten, die sie erreichten.

Auf einigen Inseln erzählte man sich noch, wie die Redin sich zurückgezogen hätten, als die ersten Malediver mit ihren Familien kamen, weil sie nichts mit einfachen Menschen zu tun haben wollten. Aber nachts kamen sie wieder, um Limonen zu holen. Limonen *(Lumbo)* haben in der Küche der Redin offenbar eine große Rolle gespielt, und die mit Limonen zusammenhängenden Geschichten kreisen um die Besiedlung der Inseln Lumbo Kandu und Rasgetimu im äußersten Norden des Ra-Atolls. Die Legende berichtet, daß einer der frühen Vorfahren von der Insel Rasgetimu einmal als blinder Passagier unter Deck mit einigen Redin eine schnelle Fahrt nach Lumbo Kandu machte, wo sie Limonen holten. Bei der Rückkehr nach Rasgetimu kam er aus seinem Versteck, ohne daß er bestraft wurde, und die Redin gaben ihm sogar einen Teil ihrer Ausbeute. Seit jener Zeit ist es bei den Reisenden aus Rasgetimu Sitte, zwei Limonen auf dem Achterdeck ihrer *Dhonis* liegenzulassen. Vielleicht galt Rasgetimu aus so einem oder einem ähnlichen Grund als »Glücksinsel«. Maavadi Tuttu Be, ein alter Schiffbauer aus der gleichen Gegend, der schon einhundertfünfzig *Dhonis* gebaut hatte, sagte, jedes neue Boot sollte in Erinnerung an die Redin als erstes Rasgetimu anlaufen.[44]

Es gab Hinweise auf Grabsteine der Redin, die tief im Fels der Insel Alifushi lägen, und auf andere Steinplatten mit Gravuren unbekannten Ursprungs auf der Insel Baara, wo noch Bewohner lebten, die bekannt für ihre blauen Augen, roten Haare und scharfgeschnittenen Nasen waren. Aber von dieser nördlichen Ansammlung von Redin-Inseln hatten nach den Worten des Oberhaupts von Ra die Inseln Nalandu, Milandu und Landu die offenkundigsten Überreste aus der Redin-Zeit zu bieten. Nalandu besteht in Wirklichkeit aus einem Haufen unbewohnter Inseln in einer seichten Lagune, in der bergeweise Schalen liegen. Schalen wie von Austern. Im Feuer von den Redin gekocht und liegengelassen. Auf Milandu hinterließen sie einen großen Hügel aus Steinen. Ich erinnerte mich, daß Bell von diesem Hügel gehört hatte, den sein Informant *Redinge Funi,* Redin-Hügel, genannt hatte, und in dem die Inselbewohner aus einer abergläubischen Angst heraus nicht gruben. Aber auf Landu befände sich, wie ich jetzt erfuhr, der größte Redin-Hügel überhaupt, der *Maabadhigé,* die »Große Kochstelle«. Den Bewohnern der Nachbarinseln war er auch als der Große *Hachcha* oder *Haikka* bekannt.

Erst in jüngster Zeit hatten sich die Malediver auf Landu niedergelassen, zum erstenmal, seit die Redin die Insel verlassen hatten. Sonst kam kaum jemand dorthin, weil das Anlegen und Ankern sehr schwierig waren. Aber zwei junge Amerikaner waren vor fünf Jahren an Land gewesen und hatten erfahren, wie sehr die Geister der Redin die Insel noch immer beherrschten. Sie hatten zunächst eine andere Insel desselben nördlichen Atolls besucht und dort von Landu gehört, wo jeden Tag Dschinnen zum Essen erschienen und wo es einen riesigen Hügel gebe. Ein Malediver brachte sie in seinem *Dhoni* zu dieser Insel. Der eine Amerikaner war gut einsachtzig groß, und der andere, Dave Doppler, der mir die Geschichte in Loutfis Büro erzählte, war für maledivische Verhältnisse auch noch ein Riese.

Als diese beiden blonden Fremden und ihr dunkler maledivischer Begleiter auf der früheren Redin-Insel anlegten, liefen alle anderen davon. Mit ihrer Körpergröße und hellen Haut müssen die unerwarteten Besucher wie ein Abbild der legendären Redin ausgesehen haben. Als sie durch die leergefegte Dorfstraße gingen, sahen sie, wie die Bewohner durch die Türspalten spähten. Sie gingen in das nicht verschlossene Inselbüro, um dort die Nacht zu verbringen. Als sich das Oberhaupt schließlich hervorwagte, zeigten sich auch die anderen Bewohner wieder, und die Alten wiesen immer wieder mit Fingern auf die großen, blonden Männer. Man zeigte ihnen das Haus, wohin jeden Abend das Essen für die Dschinnen gebracht wurde, und sie erfuhren, daß es jeden Morgen verschwunden war.

Am nächsten Tag machten sie sich zu dem großen Redin-Hügel auf, den Dave auf etwa 15 Meter Höhe schätzte und der mitten in sumpfigem Gelände lag. In der Umgebung des Hügels gab es keinerlei Wege oder Pfade, und aus dem Dorf hatte niemand gewagt, den drei Besuchern zu folgen. Auf der Spitze wuchs ein riesiger Banyan, und andere Bäume und Sträucher bedeckten die Hänge. Im Innern befinde sich ein Tempel, hatte man Dave erzählt. Aber er hatte nichts als große, unförmige Blöcke gesehen, die herumlagen. Ich begegnete niemandem sonst, der diese »Große Kochstelle« gesehen hätte, wo die Redin sich nach allgemeiner Meinung ihr Feuer für die Küche geholt hatten.

Von diesen Atollen im Norden aus hatten die Redin die ganze Kette der Malediven-Inseln bis hinunter zum Addu-Atoll südlich des Äquatorkanals besiedelt. Einer ihrer letzten Schlupfwinkel war Addu-Gan gewesen, wo die Erbauer des Flugplatzes inzwischen die große *Hawitta* zerstört hatten. Doch als die neuen Bewohner der Malediven auch dorthin gekommen waren, hatten sich die Redin eine Weile auf die Insel Hitadu im selben Atoll, aber direkt am Äquatorkanal, zurückgezogen. Als sie auch dort durch die neuen Einwanderer gestört wurden, wichen sie schließlich auf eine kleine Insel vor Hitadu aus, die Kabo Hura hieß. Hier begingen sie weiter ihre Riten. Sie tanzten. Die Bewohner von Hitadu konnten den Klang der *Dumari,* ihrer Trompeten, hören, wenn die Redin tanzten. Normalerweise waren die Redin friedfertig, aber nicht, wenn sie tanzten. Wenn die Bewohner von Hitadu die Trompeten hörten, wurden einige vom Klang des Rituals angezogen. Sie konnten nicht widerstehen, und als sie die Tanzenden sahen, waren sie wie gebannt und nicht mehr imstande, nach Hause zurückzukehren. Sie starben auf Kabo-Hura. Man fand ihre Knochen dort, als die Redin die Insel verließen. Denn die Redin gingen fort, sie starben nicht alle auf den Malediven. Sie zogen schließlich fort, aber niemand weiß, wohin.

Der Tanz, den die Redin aufführten, hieß *Deo.* Für die Malediver bedeutete das »Dämon«, für die Hindus hingegen »Gott«, und die Alten auf Addu erzählten, daß viele ihrer Vorfahren durch den *Deo*-Tanz umgekommen seien. Die Redin waren nackt, wenn sie diesen Tanz tanzten, Männer und Frauen; es war ein Sexualtanz, bei dem sie sich

»sexuell betätigten«. Inzwischen ist der *Deo*-Tanz verboten. Vor etwa zwanzig Jahren war ein Brief von Malé an alle Inseln gegangen, in dem dieser Tanz verboten wurde, wie Alkohol und Ehebruch.

Loutfi war auf Hitadu geboren. Er erinnerte sich, als Junge noch ein kleines Steinhaus mit einem Kraggewölbe als Dach gesehen zu haben, das die Redin auf der kleinen Insel Kabo Hura zurückgelassen hatten. Die Insel und der Blick von dort waren so betörend, daß der britische Kommandeur das Redin-Haus hatte während des Zweiten Weltkriegs niederreißen und sich an der Stelle einen Bungalow bauen lassen.

Niemand wußte, wie die Menschen bei dem Tanz der Redin starben. Aber Maloney beschreibt in seinem Buch einen traditionellen maledivischen Tanz, den er für persischen oder westasiatischen Ursprung hält. Bevor die Trommeln beginnen, wird ein Gebet gesprochen und Räucherwerk angezündet. Wenn die Musik schneller wird und die Raserei sich steigert, bohrt sich der Tänzer wiederholt eine eiserne Spitze in den Schädel, bis das Blut fließt. Dieser *Tára* genannte Tanz könnte durchaus das Überbleibsel des *Deo*-Tanzes sein, den die legendären Redin mit auf diese Inseln brachten.

Blutopfer, wenn auch nicht von Menschen, waren auf den Malediven nichts Außergewöhnliches und sicher weder moslemischen noch buddhistischen Ursprungs. Viele verläßliche Informanten erklärten mit Nachdruck, daß es im gesamten Archipel gelegentlich immer noch zu Blutopfern für *Rannamaari,* den Gott des Meeres, komme. Auf den nördlichen Atollen werden noch eigenartige maskierte Tänze aufgeführt, bei denen Worte einer vergessenen Sprache verwendet werden, mit denen die Tänzer übernatürliche Wesen anrufen.[45]

Die Vermischung von Kulturen, auf der die alte maledivische

Eine Vielzahl bearbeiteter Steine, die von den einstigen Blendmauern abgefallen waren, lagen rund um den pyramidenförmigen Hügel von Gaaf-Gan über und unter der Erde. Am häufigsten war das Sonnenmotiv, das in verschiedenen Formen und Anordnungen auftauchte (a, b, d). Ein einzelner Stein (c) war wie eine Riesenmuschel skulptiert. Die religiösen Muster auf den Steinen, die wir im Schutz der Erde fanden, waren oft ganz oder teilweise mit einer dicken Gipsschicht bedeckt, wie etwa die geflügelte Sonne (b). Die einst heiligen Symbole waren in einer Folgeperiode überdeckt worden, als Fremde mit einem anderen Glauben über das Meer gekommen waren, die die alten Bauwerke umbauten und anders nutzten. Das konnte geschehen sein, als die Buddhisten kamen und bereits existierende Tempel in Stupas umwandelten, denn die Moslems, die kamen, nutzten die Hügel nicht, sondern zerstörten sie.

Nation aufbaute, wurde noch offenkundiger, als die Oberhäupter erklärten, daß sie sich auf ihren Inseln nach drei unterschiedlichen Kalendersystemen richteten. Sie kannten die moderne Einteilung des Jahres in die zwölf Monate Januar bis Dezember. Weiter verwendeten sie den islamischen Mondkalender. Aber ihr eigener alter war das Sonnenjahr mit 27 Monaten, wobei alle elf Jahre ein Monat eingeschoben wurde. Dieses Sonnenkalenderjahr wurde für die Landwirtschaft und die Fischerei angewandt. Die Astrologen, die ihre Herrscher in früheren Zeiten berieten, bedienten sich dieser Sonnenmonate, und viele dieser Monate waren nach Sternen benannt, die in dem Zeitabschnitt direkt über dem Betrachter standen.

Maloney hatte sogar von fünf maledivischen Kalendersystemen gehört, von denen drei Sonnenkalender waren. Auch er hielt den mit den 27 Monaten für den wichtigsten, von dem wir durch die Oberhäupter erfuhren. Er zeigt, daß dieses System aus dem Bereich Nordwestindiens auf die Malediven gekommen sein muß, in dem Sanskrit gesprochen wird, und wo es ursprünglich ein Tierkreissystem für die Astrologie war. Der Himmel wurde in 27 Abschnitte unterteilt, die jeweils nach einem bestimmten Stern benannt waren. Sogar die maledivischen Namen für jeden der 27 Monate ließen sich ganz klar vom jeweiligen sanskritischen Namen ableiten.[46]

»Wie ist es mit den *Dhonis*?« wollte ich von den Oberhäuptern wissen.

Eine Beobachtung, die mich und viele andere verwirrt hatte, war die einheitliche Form der maledivischen *Dhonis*. Sie sahen mit dem hohen, gewölbten und nach innen gebogenen Bug, der wie eine fächerförmige Papyrusblüte endete, ausgesprochen »ägyptisch« aus. Es war die typische Form der eleganten Schiffe aus Schilfbündeln, wie wir sie von den drei ältesten bekannten Kulturen kannten, aus Ägypten, Mesopotamien und dem Indus-Tal. Eigentlich hatte das maledivische *Dhoni* noch mehr mit den phönizischen Segelschiffen gemein, die aus Planken bestanden und nur die Papyrusform der älteren Mutterkultur beibehalten hatten. Noch bis vor wenigen Jahren hatten alle maledivischen Schiffe quadratische Segel, wie die Boote auf einigen *Dhonis* in den südlichen Atollen. Wenn sie bei Sonnenaufgang mit ihrem eleganten, papyrus-

---

Das traditionelle Dhoni wurde vor Ort für den Verkehr zwischen den Inseln gebaut. Das rechteckige Segel (oben) *war früher auf den gesamten Malediven verbreitet, weicht aber mehr und mehr dem modernen Lateinsegel, wie wir es unten sehen, wo Arbeiter archäologische Funde für den Transport zum Nationalmuseum in Male verladen.*

förmigen Bug aus der Lagune in den Morgen segelten, war es, als sähe man eine phönizische Flotte, die hinaus auf das Meer fuhr.

»Warum haben alle *Dhonis* diesen eigenartigen Bug?« fragte ich die Oberhäupter und den alten Schiffsbauer.

»Nur weil er schön ist.« »Er entspricht einer alten Tradition.« »Er hat keinen praktischen Grund. Wir nennen es *Moggadu* oder *Mulahgadu*. Er ist abnehmbar, wir können ihn also entfernen, wenn er uns bei der Arbeit stört. Er ist aufgesetzt und nicht Teil des Kiels«, lauteten die Antworten, die ich immer wieder bekam.

Das Schiff war das einzige Fahrzeug, das diese Menschen hatte auf ihre Inseln bringen können. Mir war daher von Anfang an klar, daß die einheitliche Form der *Dhonis* ein weiteres Teil des maledivischen Puzzles sein würde.

Als ich wieder im Flugzeug saß und die Malediven wie Blätter auf einem Teich davontreiben sah, wußte ich von meinen vielen Informanten, daß diese Inseln für die traditionellen maledivischen Schiffe einst nur eine Segelwoche von Indien entfernt gewesen waren. Nicht schlecht für die damalige Zeit. Heute war Indien nur noch gut eine Stunde entfernt.

Es folgten hektische Wochen. Wieder in Oslo, hatte ich kaum Zeit, die Reise einer neuen Expedition zu den Malediven in zwei Monaten zu organisieren. Es würde mein vierter Besuch in vierzehn Monaten sein.

Beim Kon-Tiki-Museum und der Universität von Oslo reagierte man sehr positiv. Knut Haugland, mein Begleiter auf der *Kon-Tiki*, der jetzt das Museum leitete, bekam vom Vorstand grünes Licht, die gesamten Flugkosten nach Malé und zurück zu übernehmen. Für die Beförderung und Arbeitskräfte im Bereich des Archipels würde die maledivische Regierung sorgen. Die Universität Oslo gewährte den Archäologen bezahlten Urlaub, und der Leiter der Abteilung, Professor Arne Skjölsvold, erklärte sich bereit, erneut mit uns zu kommen. Mit von der Partie waren auch wieder sein Kollege Öystein Johansen und diesmal noch ein dritter Archäologe, Egil Mikkelsen, der Direktor des norwegischen Nationalen Altertumsmuseums.

Mitte Februar landeten wir wieder auf Malé und folgten damit dem einheimischen Rat bezüglich der verschobenen Trockenzeit. Es goß in Strömen – in der Trockenzeit. Die sandigen Straßen Malés konnten gar nicht alles aufsaugen, was vom Himmel kam. Bei jedem Besuch wurden die Autos mehr, die jetzt langsam im Slalom um die seichten Pfützen kurvten, während wir uns an den Mauern entlangdrückten, um auf trockenem Boden gehen zu können. Die Regenwolken entluden ihre Fracht am falschen Ort. Diese Wolken, die Jahrtausende zu den Trokkenzonen Afrikas gezogen waren, hatten ihren einstigen Richtungssinn verloren und ließen die Afrikaner verdorren, während diese Insulaner ersoffen.

»Morgen scheint die Sonne«, sagte Loutfi, der uns mit strahlendem Gesicht begrüßte. Sein Minister hatte ihn angewiesen, uns auch diesmal wieder zu begleiten. »Wir können Malé verlassen, sobald Sie das Expeditionsschiff begutachtet haben, das die Regierung anbietet.«

Unten im Gedränge des Hafens wies er auf ein schönes kleines Schiff für Segel- und Motorbetrieb, das sich deutlich von den dicht an dicht liegenden *Dhonis* und den anderen heimischen Booten daneben abhob. Es war zwar aus heimischen Hölzern gebaut, und das auch nach besten maledivischen Entwürfen, aber es hatte einen Hauch von Eleganz und war so blitzblank wie eine chauffeurgepflegte Luxuskarosse. Am Heck stand der Name: *Shadas.*

»Der Eigentümer ist ein junger Deutscher«, erklärte Loutfi. »Er ist ein Moslem. Er hat dieses Boot mit Hilfe eines maledivischen Schiffsbauers gebaut und betreibt es selbst mit einem jungen Maschinisten und einem Koch.«

Die *Shadas* war wirklich ein feines Schiff. Wie geschaffen für eine Expedition in diesen Gewässern.

In Loutfis Büro lernte ich den blauäugigen moslemischen Eigentümer kennen, einen drahtigen, durchtrainierten kleinen Deutschen mit einem freundlichen, aufrichtigen Gesicht und einem Schnauzbart nach Moslemart, der so gelb wie sein Haupthaar war. Er sprach in Divehi mit Loutfi und wandte sich dann an mich.

»Ich heiße Muhamed Asim Simon«, sagte der kleine Mann. »Ich würde mich freuen, wenn Sie mich Asim nennen.«

Ich nannte ihn Asim, und wir waren uns auf der Stelle einig. Wir würden die Tagesmiete für das Schiff zahlen, wenn wir vor Anker lagen und es als unseren Stützpunkt benutzten, und die Regierung würde den vereinbarten Preis für jeden Beförderungstag bezahlen. In Rekordzeit halfen Asim mit seinem Fahrrad und sein fröhlicher maledivischer Koch Zakkaria uns, Proviant für die Reise zu besorgen, während der Matrose Hassan ein Auge auf all diese Schätze hatte, als sie an Bord gebracht wurden.

Eines Abends standen wir spät am Ufer in einer Menschentraube, in der sich ganz Malé wiederfand, und sahen der ersten Landung eines Jumbo-Jets der Singapore Airlines auf dem Flug vom Fernen Osten nach Europa zu. Alles ging gut. Ost und West waren wieder ein Stück zusammengerückt, und dazwischen zwängten sich immer wieder die Malediven. Dann suchten wir unsere persönlichen Dinge zusammen, um mit Kapitän Asim und seinen zwei Mann Besatzung an Bord der *Shadas* zu gehen.

Zwischen den Wolken begannen die ersten Sterne zu blinken. Es war unglaublich. Loutfi wiederholte seine Prophezeiung. Außer ihm, der Mannschaft und uns vier aus Norwegen hatte sich noch ein offizieller Vertreter von der Atolle-Verwaltung angeschlossen. Ein weiterer Maniku: Ibrahim Maniku Don Maniku.

Die Morgensonne lugte soeben über das Wasser, als wir in flotter Fahrt mit Kurs auf Nilandu aus der Lagune von Malé hüpften.

Am späten Nachmittag durchfuhren wir den Ariyaddu-Kanal, und Hassan fing, als wir die Riffe entlang nach Süden glitten, drei Blaufische und eine Goldmakrele. Wir umrundeten Nilandu, bis wir uns den Weg direkt in die Lagune loten konnten. Asim und Hassan ruderten mit unserem Schlauchboot voran, und Zakkaria, der an der Ruderpinne der *Shadas* stand, folgte ihren Zeichen. Die *Shadas* hatte einen Tiefgang von nur einem Meter. Asim fand einen Durchschlupf, wo das Wasser fast drei Meter tief war, und dort glitten wir quer durch das 400 Meter breite Riff. Bevor die Sonne versank, waren wir auf der Innenseite des Riffs zurück nach Nilandu gefahren und hatten nur wenige Faden vom Pier enfernt Anker geworfen. Beim letztenmal hatten wir nur mit dem flachen Beiboot hier hereinfahren können.

Wieder auf Nilandu.

Als die Dunkelheit hereinbrach, bemerkten wir, ohne daß es uns überrascht hätte, ein rhythmisch aufblinkendes Licht draußen auf dem Riff. Ein zweimaliges kurzes Aufblitzen, eine lange Pause, dann wieder zwei Lichtblitze. Eine Leuchtboje! Ein weiteres Zeichen für das rasante Tempo, mit dem die Malediven in das technologische Zeitalter eintraten. Im letzten Jahr hatten wir außer auf Malé noch nichts dergleichen gesehen. Und Nilandu lag abseits der Schiffahrtsrouten; die Boje markierte also das Riff nur für die einheimischen Fischer. Und betrieben wurde sie mit Sonnenenergie, wie wir staunend erfuhren, als wir an Land kamen. Wir hörten auch, daß nach unserem letzten Aufenthalt ein Boot mit japanischen Besuchern von Malé hierhergekommen war. Vielleicht erklärte das die Herkunft der wundersamen Leuchtboje.

An Land fielen uns weitere Veränderungen gegenüber dem letzten Jahr auf. Aus einer Reihe von Hütten dröhnte und kreischte uns die Musik aus modernen japanischen Transistorradios entgegen, ein schockierender Mißklang zum Rascheln der Palmen und der Stimmung, die das Dorf, die Sterne und die Lagune verbreiteten. Die Geschmäcker mögen verschieden sein, doch das hier war eine unglückselige Mischung. Als tränke man Milch zum Kaviar oder spielte Beethoven auf dem Fußballplatz.

Vielleicht sollten die auf volle Lautstärke gedrehten Radios uns beeindrucken und willkommen heißen. Der Lärm ließ nach, als wir unseren kleinen, mit Sand gefüllten Tempelberg zwischen den Palmen erreichten. Aber auch hier hatte sich einiges verändert. Der Hügel war zwar unangetastet, aber der sandige Boden in der Umgebung der Grube, wo wir die phallusartigen Skulpturen gefunden hatten, war wie ein Kartoffelfeld aufgewühlt worden.

»Sie haben nur einen Stein weggenommen«, erklärte das Oberhaupt, als er unsere verstörten Gesichter bemerkte.

»Sie? Wer, *sie*?«

»Die Japaner. Sie wollten das filmen, was Sie entdeckt hatten, und gruben dann, wie Sie.«

»Waren es Archäologen? Wissenschaftler?«

Niemand begriff. Loutfi mußte sich einschalten. Nein, erfuhren wir. Es waren Kameramänner. Sie hatten in Malé ein Boot gechartert, um das aufzunehmen, was wir, wie sie gehört, gesehen hatten.

Wir waren nicht gerade in bester Laune, als wir unsere »Phallus-Stätte« in einen Kartoffelacker verwandelt sahen. In der Hoffnung, uns wieder aufzumuntern, zeigte man uns die Stelle, wo die letzten Besucher all das vergraben hatten, was sie gefunden hatten. Das war ein sehr zweifelhafter Dienst für einen Archäologen und erinnerte uns an unsere Grabungen in der Schutthalde auf Vadu. Die Japaner waren neben unserem Graben auf eine tiefe, mit Steinen eingefaßte Grube gestoßen. Offenbar ein quadratischer Reliquienschrein unter den Mauern des einstigen Fruchtbarkeitstempels. Dort hinein hatten sie alles geworfen, was sie gefunden hatten. Ein paar phallusartige Skulpturen und »Schirmtürme«, die den unseren ähnelten.

»Reine Zeitvergeudung, hier noch weiterzugraben«, meinte Arne Skjölsvold und wandte sich den noch unberührten Bereichen zu. »Was wir jetzt brauchen, ist weiteres Material für die Karbondatierung.«

Wir hielten einen kleinen Kriegsrat auf dem Tempelhügel ab. Es gab keine Meinungsverschiedenheiten. Wir alle stimmten darin überein, daß wir keine phallusartigen Skulpturen und »Schirmtürme« mehr brauchten, sondern etwas, das uns das Alter der Dinge nennen konnte, die wir gefunden hatten.

Arne Skjölsvold spannte von Nord nach Süd Seile quer über den Tempelhügel, durch den er einen Graben ziehen wollte. Egil Mikkelsen und Öystein Johansen markierten einen zweiten langen Graben direkt in Bodenhöhe etwa 200 Meter weiter nördlich, wo der Sage nach die Mauer gestanden hatte, die einst die sieben früheren Tempel umgeben hatte. Als die Arbeiter ausgewählt wurden, wollte Loutfi mir eine Stelle vor der nahe gelegenen Moschee zeigen, wo zu graben sich lohnen würde. Ein alter Mann hatte ihm erzählt, daß wir ein großes Badebecken entdecken würden, wenn wir dort graben würden.

Zu sehen war nichts. Nur ein breiter Sandweg, der zum nahen Dorf führte. Doch dann bekam ich erneut einen Schreck. Wir standen vor der großen alten Moschee, wo Loutfi und Waheed das letztemal ihre große Entdeckung gemacht hatten. Sie hatten uns bewiesen, daß die Grundmauer unter der Moschee genau wie diejenige auf der frühgeschichtlichen Tempelmauer gewesen war, die wir in der Erde freigelegt hatten. Aber wo war das herrliche Mauerprofil jetzt?

Es war nicht mehr zu sehen. Die wunderbare Steinmetzarbeit war völlig mit Zement zugeschmiert worden.

Ich war wie vor den Kopf geschlagen. Loutfi geriet außer sich.

»Das waren Fanatiker«, rief er. »Sie haben es getan, weil wir entdeckt haben, daß dies Teil eines heidnischen Tempels war.«

Die alte Mauer aus vormoslemischer Zeit war auf einer Seite der Moschee für immer verloren.

Die alten Leute wußten noch, daß man vom Strand Sand herangeschafft hatte, um das heidnische Bad vor der Moschee zuzuschütten. Wir legten einen Testgraben durch den lockeren Sand und stießen auf die oberen Steinstufen einer eleganten Treppe, die im Erdreich verschwand. Weitere Arbeiter kamen mit Schaufeln. Dort, wo die Treppe begann, befanden sich ein halbmondförmiger Stein und eine schön verzierte, eingepaßte Reihe aus Blöcken, die den oberen Rand eines begrabenen Bauwerks bildete. Es war groß und rund. Beim Graben im lockeren Sand fanden wir zerbrochene Kalksteine, ein Stück eines moslemischen Grabsteins und eine phallusartige Skulptur, die alle mit dem Sand in das Bauwerk geworfen worden waren. Vom oberen Rand führten sieben breite Stufen, flankiert von senkrechten Steinmauern, nach unten zu einer 50 Zentimeter breiten steinernen Bank, die nach beiden Seiten einen großen Kreis beschrieb.

Direkt unter der Bank stießen wir auf Wasser. Süßwasser. Es fiel mit der Ebbe, während wir einen großen Abschnitt und die halbe Oberkante freilegten. Das kreisrunde Bad hatte innen einen Durchmesser von 7,20 Metern. Wo die geraden Mauern der Treppe und die runden des Bades zusammentrafen, bildeten erstere eine Schulter, damit sie dem Druck des Wassers standhalten konnten. Das große Kultbad war mit dem gleichen technischen Können und der ästhetischen Vollkommenheit gebaut worden wie das quadratische Bad auf Fua Mulaku. Aber hier waren alle Mauern und die Stufen mit einer Kalkmörtelschicht bedeckt. Höchstwahrscheinlich war das erst nachträglich geschehen, denn die Steine selbst waren gleichmäßig behauen und geschliffen. Der Kompaß zeigte, daß die Stufen genau im Süden in das Bad führten, von einem ehemaligen Weg aus, der von der östlichen Mauer der Moschee auf dem jetzt mörtelbedeckten Tempelfundament genau nach Osten zur nahen Lagune lief.

Die Rufe von Egil Mikkelsen und Öystein Johansen ließen keinen Zweifel daran, daß sie beim Graben auf die legendäre Umgrenzungsmauer der alten Tempelanlage gestoßen waren. Da lag sie vor uns, genau von Osten nach Westen laufend. Ein lustiges Zwischenspiel gab es, als einer der Arbeiter rief, er habe einen »modernen Krebs« auf der Schaufel. Ein Einsiedlerkrebs, der seinen weichhäutigen Hinterleib normalerweise in einer leeren Schneckenschale verbirgt, bemühte sich verzweifelt, aus dem Graben zu kommen, wobei er nicht ein Schneckenhaus, sondern den Verschluß einer Plastikflasche auf dem Hinterteil trug.

Kleine Kohlestücke kamen zum Vorschein. Und Scherben dicker Töpferwaren. *»Rumba moshi«*, sagten die Arbeiter. Solche Gefäße benutzten sie selbst für den Wasservorrat im Hause. Aber etwas tiefer fand Egil Mikkelsen ein Stück grüne Keramik. *»Tashi moshi«*, sagten die Arbeiter, und Loutfi übersetzte »chinesische Töpferwaren«. Und so sahen sie auch für uns aus.

»Barábaro«, sagte Öystein Johansen und ließ die grüne Scherbe in den richtigen Plastikbeutel gleiten. Das war in Divehi das Wort für »gut, fein«. Es war das erste maledivische Wort, das wir lernten, das nützlichste und dasjenige, das uns als Teil dieses Puzzles diente. Wir stellten überrascht fest, daß die Malediver dieses Wort in der gleichen Bedeutung mit dem Urdu gemein hatten, der indisch-arischen Sprache aus dem Gebiet des Indus-Tals.

Weiter unten im Graben fanden die Archäologen noch mehr von den chinesisch anmutenden Topfscherben. Sie hatten eine ganz besonders rissige, grüne Glasur und sahen wirklich wie alte Keramik aus dem Fernen Osten aus. Wir fanden sie und andere Scherben, zerbrochene Muscheln und Kohlestückchen, bis hinunter zum Fuß der alten Mauer.

In 90 Zentimeter Tiefe förderte Egil Mikkelsen eine eigenartige Perle aus rot-schwarzem Mosaik zutage, die länglich und der Länge nach durchbohrt war. Es war ein schöner Entwurf und ein einzigartiges Stück. Unsere Freunde von der Insel hatten so etwas noch nie gesehen. Wir schon. In irgendeinem Museum. Aber wo?

Die begrabene Mauer, die genau dort stand, wo die alten Inselbewohner sie vermutet hatten, umgab den ganzen sagenumwobenen Tempelbezirk. Testgrabungen verschafften uns die Gewißheit, daß sie ein Quadrat bildete, das mehr als zwei Morgen Fläche einnahm.

Die Mauer selbst war ein stummer Zeuge aus einer Zeit, die der moslemischen Tradition unbekannt war. Außen hatte sie quadratische Steine, innen war sie mit Korallentrümmern gefüllt; sie war so dick, wie ein Mensch greifen konnte. Vergraben in der Füllung lag das große Kalksteinfragment einer Gesimsverzierung eines ehemaligen

Tempels. Es wies die Knäufe und Kerben wie bei den klassischen griechischen Entwürfen auf. Auf dieser Insel war ein kunstvoller Tempel gebaut und später zerstört worden oder außer Gebrauch gekommen, bevor diese vormoslemische Mauer errichtet wurde. Wieder der gleiche Hinweis, wie wir ihn auf Gan und Gadu gefunden hatten.

»Hier sind offenbar zwei Volksgruppen als Tempelbauer aufeinander gefolgt«, meinte Öystein Johansen. »Und beide, bevor die Moschee gebaut wurde.«

Der Tempelhügel gab Arne Skjölsvold den gleichen Hinweis. Sein Team hatte einen bis auf den Grund reichenden Graben durch die innere Füllung aus Korallensand gelegt. Nichts als Sand, etwas Erde und ein seltsamer Korallenklumpen bildeten diese massive Pyramide. Keine Holzkohle. Kein Reliquienschrein. Keine Grabkammer. Aber ganz unten auf Bodenebene, genau in der Mitte des quadratischen Grundrisses, lag eine große Muschel. Eine vollständige Meeresmuschel, die die Erbauer des Bauwerks, vielleicht aus magisch-religiösen Gründen, absichtlich dorthin gelegt hatten. Neben der Muschel lagen ein paar ungewöhnliche, rötliche oder beinahe ockerfarbene Steine, die die Größe und Form heutiger Ziegelsteine hatten. Nur einer war noch ganz, und sie lagen als Fundamentfüllung zwischen dazugeworfenen Korallenblöcken. Wir hatten noch nie solche ziegelfarbenen Sandsteine auf diesen Inseln gesehen.

»Wir haben sie, aber nicht viele. Wir nennen sie *Rat-ga,* ›Rotstein‹«, erklärte Loutfi.

Dies war eine der drei Arten, die sie abbauen konnten. Am häufigsten war *Veli-ga,* der »Sandstein«, der gräulichweiße, grobgemaserte Kalkstein, der als Baustein beim Tempel und allen Mauern verwendet worden war, die wir freigelegt hatten. Er bildete das Fundament all dieser Inseln. Dann gab es noch den *Hiri-ga* oder »Weißstein«, den man aus den äußeren Riffen oder vom Grund der Lagunen holte. Das war der feinkörnige, leuchtendweiße Kalkstein, den die ursprünglichen Tempelbauer als Blendstein verwendet und den die Moslems in aller Regel entfernt und für ihre eigenen Moscheen genommen haben.

Das Vorhandensein des Rotsteins, den wir nie zuvor gesehen hatten, war also nicht so überraschend. Aber diese weggeworfenen Rotsteine waren als Teile irgendeiner verzierten Tempelmauer bearbeitet worden und nicht als Füllung gedacht, wo wir sie fanden.

»Zwei Tempelperioden«, folgerte auch Arne Skjölsvold. »Mehr können wir nicht sagen, bevor wir nicht die Karbondatierung haben.«

Nächste Station Gaaf-Gan. Zum drittenmal. Ungeduldig warteten wir darauf zu erfahren, ob die Japaner, die in unserem Kielwasser gekommen waren, den Sonnentempel beschädigt hätten.

Asim vertraute fest auf Allah und hatte keine Angst, kalkulierte Risiken einzugehen. Im Kanal zwischen Gaaf-Gan und Gadu ruderten er und Hassan mit dem Schlauchboot umher und tauchten, bis er wieder zurückkam und die *Shadas* direkt in das äußere Riff steuerte.

»Wir haben Flut«, erklärte er, »aber vor dem Riff draußen ist es trotzdem so flach, daß die Brandung sich bricht, bevor sie uns erreicht.«

Dann sprangen er und Hassan ins Wasser und tauchten und machten das kleine Schiff mit vielen Seilen an den Korallenbänken auf dem Grund fest. Und als die Flut zurückging, lagen wir so geschützt wie in einem Swimming-pool mit ruhigem, kristallklarem Wasser, wobei die Korallen um uns bis zur Wasseroberfläche reichten und unter dem Kiel nur noch so wenig Wasser war, daß die größeren der bunten Fische um das Boot herumschwimmen mußten, um vorbeizukommen. Durch den ungeschützten Kanal neben uns taumelten Seeschildkröten herein, für die in unserem Bad kein Platz mehr war.

Ein Boot mit dem »Besitzer« von Gan kam zu uns heraus, und noch bevor wir ihn fragen konnten, erzählte er uns schon, daß die Japaner dagewesen seien. Sie hatten gebeten, das zu sehen, was wir entdeckt hatten, und waren zur großen *Hawitta* geführt worden. Aber sie hatten nicht graben können, sagte unser großgewachsener Freund und lachte breit, denn die Bewohner von Gadu hatten sich geweigert, ihnen ihre Hacken und Schaufeln zu leihen.

Die Stätte mit dem Sonnentempel lag so da, wie wir sie verlassen hatten. Die große *Hawitta* war noch unberührt, und der gewaltige *Kandù*-Baum stand nach wie vor wie eine Turmspitze auf dem Gipfel. Wir hatten nicht vor, in diesem Riesenhügel zu graben und nach verborgenen Reliquienschreinen zu suchen. Das mußte einer größeren Expedition vorbehalten bleiben, die Stützwände errichten konnte, damit der Schutt nicht nachrutschte, wenn man tiefe Gräben oder Erkundungsschächte vortrieb. Wir suchten vielmehr nach altersmäßig bestimmbarem Kohlenstoff und Topfscherben und gruben daher an allen vier Außenmauern der Pyramide bis zum Grund und trieben in Abständen weitere Gräben in das umgebende Gelände vor. Wiederholt wurde die Arbeit durch tropische Regengüsse unterbrochen. Wir hängten eine große Plane zwischen die Bäume. Stundenlang hockten wir, insgesamt sechzig Leute, dichtgedrängt unter diesem schützenden Dach, wurden von Arbeitern, die Spaß liebten, unterhalten und tranken von den Sturzbächen, die sich von der Zeltplane ergossen. Und dann brannte die Sonne wieder, und wir setzten unsere Arbeit fort.

Die kleinen Stückchen Kohlenstoff, die Knochensplitter und Topfscherben, die die Archäologen so in ihren Bann zogen, reizten Loutfi nicht sonderlich. Er hielt nach Größerem Ausschau und setzte alle freien Arbeiter ein, Wege und Lichtungen zu hauen, um weitere *Hawit-*

tas zu entdecken. Und es gab sie. Im Dschungel unmittelbar um die große *Hawitta* lagen sechs weitere Hügel. Flach, aber einige von beachtlichem Ausmaß. Auf einem der Hügel lagen große, lange Blöcke, die mit grünem Moos überwachsen waren, aber ein schönes Reliefmuster aus Stäben und konzentrischen Kreisen zeigten, als wir das Moos entfernten. Überall lagen Steine mit Profil und quadratische Blöcke mit einer Vertiefung in der Mitte herum, die so aussahen, als hätten sie als Säulensockel gedient. Genau östlich der großen *Hawitta* und nur etwa 70 Meter entfernt befand sich eine deutliche Einbuchtung, in die ich fast gestolpert wäre. Als ich die Farne und das Gesträuch ausriß, erwies sie sich als ein halbbegrabenes Kultbad, rund und aus schweren, behauenen Blöcken bestehend. Neben der kleineren *Hawitta,* die wir das letztemal aufgesucht hatten, hieben die Arbeiter uns einen Weg zu einer zweiten in der genau entgegengesetzten Richtung am südlichen Ende der Insel frei, eine halbe Stunde zu Fuß entfernt. Als wir unsere Freunde fragten, wieso die eine große *Hawitta* den früheren Bewohnern dieser Insel nicht genügt habe, wiederholten sie, was wir schon vorher gehört hatten. Hier hatte mehr als ein Volksstamm gelebt, bevor der letzte von den großen Katzen vertrieben worden war.

Wir betrachteten die Gesichter und sogar den Körperbau unserer Freunde von Gadu, als wir dicht an dicht Schutz unter der Plane suchten, und hatten keinerlei Zweifel. Hier hatten wir den lebenden Beweis für ein Völkergemisch. Vom typischen Semiten bis zum Malaien, vom Europäer bis zum Neger.

Als wir wieder einmal nach einem heftigen Regenguß unter der Plane vorkamen, bemerkte ich in einem der vor kurzem ausgegrabenen Sonnensymbole etwas Blinkendes. Der Regen hatte alle Erde weggespült, und ich entdeckte ein Stück Kupfer, das mit Grünspan überzogen und mitten in die Sonnenscheibe eingesetzt war. Eine eingehende Untersuchung der übrigen Sonnensymbole aus demselben Graben bescherte uns die Überreste dünner Kupferboxen, die in den Stein getrieben waren, als hätte man die Mitte markieren wollen. Meistens waren sie so zersetzt, daß nur noch eine leere Vertiefung zu erkennen war. Zufällig war ein Stein so auseinandergebrochen, daß nur noch die halbe Sonne übrig war und man einen genauen Querschnitt durch die Mitte des Steins hatte. Wir sahen, daß ein acht Zentimeter langer und sechs Millimeter dicker spitzer Kupferstift vom Zentrum des Sonnensymbols in den Stein getrieben worden war. Es bedurfte keiner besonderen Phantasie zu vermuten, daß diese Kupferstifte in die Steine geschlagen worden waren, um etwas Wertvolles zu befestigen, das sich nicht so ohne weiteres entfernen ließ. Höchstwahrscheinlich eine Scheibe glänzendes Metall, vielleicht Gold, die das Innere der Sonnenscheibe ausfüllte.

Ein scharfsichtiger Arbeiter entdeckte beim Sieben der ausgegrabenen Erde eine winzige, rötlichbraune Perle. Sie war so klein, daß sie durch die Löcher des Siebs gefallen wäre, wenn er sie nicht vorher gesehen hätte. Es sah so aus, als ob sie aus Achat wäre. Vielleicht war sie erodiert, auf jeden Fall aber so klein, daß nichts durch das Loch gegangen wäre, was wesentlich dicker als ein Haar gewesen wäre. Die geringe Größe wie auch das Material ließen uns an die berühmten winzigen Perlen von Lothal denken. In diesem alten Hafen des Indus-Tals haben Archäologen die Überreste einer Perlenmanufaktur ausgegraben, die sich auf eben diese Art kleiner Perlen spezialisiert hatte, und Tausende davon lagen bereit für den Export über das Meer.

»Moslemische Mädchen tragen keine Perlen«, erklärte Loutfi.

Und Mädchen verlieren ihre Perlen auch kaum an Tempelmauern, ging es mir durch den Kopf. Diese winzige Perle und die größere von Nilandu mit dem schönen Mosaik hatten wahrscheinlich irgendwelche Standbilder geschmückt. Die Standbilder waren wahrscheinlich von den Moslems oder deren Vorgängern, die die alten Tempelverzierungen mit Mörtel überdeckt hatten, zerstört worden.

Bearbeitete Steine der eigenartigsten Formen waren von oben herabgefallen und am Fuß der Pyramidenmauern begraben worden. Fast alle waren zerbrochen, und die fehlenden Teile waren irgendwohin geworfen worden oder verlorengegangen. Als alle noch an ihrem ursprünglichen Platz saßen, muß dies ein wirklich äußerst kunstvoll verzierter Tempel gewesen sein. Einige Steine waren zylindrisch und stellten, wieder zusammengesetzt, Teile von Säulen dar. Andere waren flach und halbrund oder gerade und wiesen klassische Profile auf, wie Säulenplatten. Einer war sogar kugelförmig und hatte an beiden Polen einen kurzen, vorspringenden Hals. Es gab Platten mit schönen Gittermustern, andere mit quadratischen und runden Löchern und einige mit Stufen und reliefartig und auch dreidimensional gehauenen Stufenpyramiden. Und immer wieder neue Stücke, wie wir sie schon bei unseren ersten Besuchen gefunden hatten.

Dann kam eine große Überraschung. Egil Mikkelsen kam stolz mit der Büste eines kleinen Löwen an, die er in der Ecke zwischen der östlichen Mauer und ihrer Rampe ausgegraben hatte. Sie war ohne Frage skulptiert worden, um wie ein Wasserspeier als Verzierung in die Mauer gesetzt zu werden. Als er den Löwenkopf von der Erde säuberte, kam eine runde, in den Kopf gehauene Vertiefung zum Vorschein, genau wie bei einigen der steinernen Löwen, die paarweise zu Füßen des hethitischen Sonnengottes in Stein gehauen waren. Welchen Zweck diese tassenförmige Vertiefung hat, wissen wir nicht. Es ist eine der Parallelen, die ihren Weg auch zu den Pumas fand, die die olmekischen Gründer der mexikanischen Kultur skulptierten.

Gleichzeitig tauchte Öystein Johansen mit dem Fragment einer kleinen Statue aus seinem Graben auf. Es waren eindeutig die fünf Zehen eines Fußes zu erkennen, dessen Sohle jedoch nach oben wies und neben dem ein gebeugtes Knie zu sehen war. Wir drehten das Stück hin und her, bis es mir allmählich dämmerte:

»Es ist ein Stück eines sitzenden Buddhas, denn er sitzt mit verschränkten Beinen da, wobei sein rechter Fuß oben an seinem abgewinkelten linken Knie liegt. Hinduistische Götter sitzen manchmal ebenfalls mit einem untergeschlagenen Bein da, aber dann hängt das andere nach unten.«

Dann hörten wir aufgeregtes Rufen, das sich in jubelnden Gesang verwandelte. Er kam von einer Gruppe tanzender Arbeiter. Sie hatten sich abgemüht, einen mächtigen Baumstumpf herauszuziehen, der sich noch auf einer der Rampen befand. In dem tiefen Loch, in dem die Wurzeln gesessen hatten, war ein steinerner Stier aufgetaucht. Das gehörnte Tier war von vorn dargestellt, stand, wobei Kopf, Vorderpartie und zwei Beine ausgearbeitet waren, als wollte es aus dem Stein hervorkommen. Der Stil der Skulptur mutete eigenartig mesopotamisch an. Als Motiv waren der Löwe und der Stier jedoch zwei der wichtigsten Gottheitssymbole, die das alte Mesopotamien mit den großen Nachbarn in Indien gemein hatte.

Am nächsten Tag machten wir uns an die Arbeit, nachdem die ganze Nacht ein Gewitter getobt hatte. Schwer hingen die Wolken über der Insel. Ein verrücktes Wetter für die Trockenzeit. Feucht, rheumatisch. Ein paar Arbeiter fehlten, wenngleich es ihnen nichts auszumachen schien, naß zu werden. Es war fast Mittag, als Öystein Johansen etwas freikratzte, das wie ein steinerner Phallus aussah, gesäubert jedoch eher der Knospe einer großen Lotosblume ähnelte. Einen Augenblick später fing er an zu juchzen, und sein maledivisches Team hüpfte und tanzte um ihn herum.

Noch ein Löwe. Und diesmal unversehrt, die Vorderpranken ausgestreckt unter dem Kopf. Er war ungefähr 40 Zentimeter lang und 21 Zentimeter hoch und so gehauen, als würde er sich hinlegen, wobei das Hinterteil aber nur quadratisch war, so daß es in eine Mauer eingesetzt werden konnte. Wie bei dem Stier und den Sonnensteinen. Und das verblüffende war, daß auch dieser Löwe die geheimnisvolle tassenförmige Vertiefung oben im Kopf hatte.

Wenig später stieß Egil Mikkelsen im selben Bereich auf eine dritte Löwenskulptur. Aber diesmal war es nur ein Fragment, die Schnauze der Raubkatze mit Maul und Nüstern und die rechte Hälfte des Hinterteils. Wer immer in diesem herrlichen Kunstwerk gewütet hatte, er hatte ganze Arbeit geleistet. Aber es waren nicht die Moslems gewesen, denn der Stier war weggeworfen und als Baumaterial für die

Rampe verwendet worden. Die Moslems hatten das fertige Bauwerk zerstört, aber nicht die Rampe gebaut.

Eines Abends, als Zakkaria noch spät ein Essen zubereitete, setzten wir Hassan auf der unbewohnten Insel allein an Land; er wollte in der Lagune ein paar Fische fangen. Vor Dschinnen oder *Feretas* fürchtete er sich nicht. Aber nach einiger Zeit hörten wir ihn hysterisch nach Zakkaria rufen, er solle ihn mit dem Schlauchboot holen. Zakkaria brauchte einige Zeit, bis er seine Töpfe und Pfannen weggeräumt hatte, und als er schließlich losruderte, um Hassan zu holen, war dieser außer sich vor Zorn und Angst. Ein Dschinn hatte ihn von hinten mit Sand beworfen. Hassan war noch damit beschäftigt, es sich aus den Haaren zu bürsten. Vielleicht ein fliegender Reiher, meinten wir. Oder eine große Fledermaus. Aber Hassan lachte über unsere Vermutungen. Reiher und Fledermäuse werfen nicht mit Sand. Die Dschinnen schon. Am nächsten Tag, als es hell war, fuhr er mit Zakkaria zu der Stelle, um die Fußspuren zu suchen. Es war nichts zu sehen. Nur die Abdrücke von Hassans Bärentatzen. Das überzeugte ihn. Nur Dschinnen können über den Strand laufen, ohne Fußspuren zu hinterlassen.

Arne Skjölsvold und Loutfi hatten andere wichtige Aufgaben zu erledigen und mußten uns früher verlassen. Wir überquerten mit der *Shadas* den Äquatorkanal, um sie auf der Flugplatzinsel Addu-Gan an Land zu setzen.

Auf unserer Fahrt von Gaaf-Gan nach Süden liefen wir noch einmal ganz kurz Fua Mulaku an. Die Ausbeute an Topfscherben auf Nilandu und Gaaf-Gan war mager gewesen, verglichen mit dem, was wir auf dieser Insel mitten im Kanal gesehen hatten. Es ist verständlich, daß Fua Mulaku dank seiner Fruchtbarkeit und des unbegrenzten Wasservorrats ein beliebter Anlaufpunkt für alle fremden Schiffe gewesen sein muß, die diesen Kanal durchfuhren.

Diesmal ließen wir uns vom Strand ein Ruderboot zum größten der beiden Seen tragen, durch die sich Fua Mulaku von allen anderen Korallenatollen abhob, die ich gesehen oder von denen ich gehört hatte. Auf Koralleninseln bilden sich keine Seen, aber dieser hier war früher einmal ein offenes Atoll mit einer Zufahrt zu einer Lagune im Inneren gewesen. In der heimischen Überlieferung wurde, wie wir gehört hatten, immer noch von einer Zeit gesprochen, als Schiffe und Flöße direkt vom Meer hereingefahren waren und dort Schutz gefunden hatten, wo heute die sumpfigen Taro-Felder und die Seen lagen.

Die Seen versanden eindeutig, aber langsam. Sie werden nach und nach zu Sümpfen und Taro-Feldern. Bei unserem ersten Besuch hatten Björn Bye und ich versucht, in dem größeren der beiden Seen zu schwimmen, hatten aber unsere Badehosen im Nu voll braunem Morast gehabt. Diesmal ruderten Öystein Johansen und ich mit zwei Inselbewohnern hinaus und scheuchten die großen Kraniche und weißen Wasservögel auf, die in die Bäume flogen. Der See war nur 350 Meter lang, aber atemberaubend schön, ohne ein Kräuseln, und schimmerte in den verschiedensten Grünschattierungen, wo sich in ihm die Kokospalmen, Bananenstauden und die dichte Wand aus Blättern und Halmen spiegelten, die ihn an allen Seiten umstand. Aber wenn man nur die Ruder ins Wasser tauchte, wirbelte man flockige, rotbraune Morastwolken auf, die so weich waren, daß unsere Begleiter, die ins Wasser sprangen, wie in einer Schokoladensoße verschwanden. Sie tauchten in dem übelriechenden, flüssigen Humus bis zum Grund der einstigen Lagune und kamen wie schokoladeüberzogene Süßwarenmänner wieder nach oben, in den Hände herrliche, weiche Kalkmasse.

Dieser größere der beiden Seen, *Bodhu Kulhi,* war nur einen Steinwurf von der Küste entfernt und mußte für die frühen Seefahrer ein paradiesischer Platz gewesen sein, zuerst als offener Hafen, dann als Ort, wo man das lebenswichtige Süßwasser auffüllen konnte, als die Natur den Zugang verschloß und der jährliche tropische Regen das Salzwasser verdrängte. In den Jahrhunderten, in denen das Süßwasser klar bis zu den nun leblosen Korallenbänken war, muß dieser See auf jeden Seefahrer, der den langen Weg durch die beiden Hälften des Indischen Ozeans zurücklegte, eine geradezu magische Anziehungskraft ausgeübt haben.

Was Wunder also, daß Björn und ich eine so unglaubliche Vielfalt an Topfscherben gefunden hatten, als wir das erste Mal an Land kamen. Sobald die Kinder sahen, daß ich eine Scherbe aufhob, rannten sie los und fingen an zu sammeln. Und für ein paar Süßigkeiten schleppten sie uns bald so viele Scherben an, daß wir den Tauschhandel abbrachen und den mit Proben prallgefüllten Sack zubanden. Den Sack schickten wir unserem Freund Roland Silva, dem Leiter des archäologischen Programms auf Sri Lanka. Er schrieb uns damals:

»Es ist interessant festzustellen, daß das Alter der Proben die Wanderung des Menschen bis zum Übergang zur gegenwärtigen Ära widerspiegelt. Ich bin sicher, das wird Ihre Ansicht einer frühen Besiedlung dieser herrlichen Inseln am Äquator sehr stützen.«

Aus unserem Sack mit Scherben von Fua Mulaku hatten die Experten auf Sri Lanka das Fragment eines Halsstückes gewählt, zu dem es im Bericht hieß: »Die Tonware hat Ähnlichkeit mit derjenigen in Roulettetechnik und hat wahrscheinlich hellenistische Bezüge aus der Zeit etwa zwischen 200 v. Chr. und 200 n. Chr. Diese Scherbe ist bedeutsam.« Bei einigen anderen Scherben wurde eine Verwandtschaft zur Keramik von Sri Lanka aus dem dritten nachchristlichen Jahrhundert festgstellt, bei wieder anderen eine mögliche Unterform der roten polierten Keramik der Kushan aus Indien aus dem sechsten Jahrhundert. Und bei noch anderen hieß es: »Verschiedene glasierte Tonwaren, höchstwahrscheinlich islamische und chinesische Einfuhren.«[47]

Ost und West waren auf Fua Mulaku zusammengetroffen. Wir waren sicher, diesmal noch mehr zu finden, wenn wir bei der großen *Hawitta* ein paar Testgräben anlegten. Aber nichts da. Bei der alten Moschee. Fehlanzeige. Auf dem Feld in der Nähe des Dorfes. Am Rand des Taro-Feldes. Nichts, überhaupt nichts. Nicht einmal, als wir durch die obere schwarze Humusschicht und den darunterliegenden unbedeutenden Kies bis hinunter auf den *Veli-ga*-Fels gruben. An einigen Stellen gab es überhaupt keine Topfscherben. Und dann wurde uns klar, daß wir dort graben mußten, wo einst die Lagune gewesen war. In den anderen Testgräben hatten wir im allgemeinen nur einfache ziegelfarbene Tonwaren eines einzigen Typs gefunden, der bis auf die Ausbauchung am Rand und die Größe der Gefäße kaum Veränderungen aufwies. Manchmal war diese Keramik mit Furchen verziert. Nur hin und wieder holten wir andere gelbe, einfache Tonwaren oder die grünen, chinesisch anmutenden Scherben mit der rissigen Glasur aus dem Boden. Die Vielfalt zeigte sich nur im Korallensand in der Nähe der Anlegestellen oder auf kargen Plätzen beim Dorf mit nur einer ganz dünnen Erdschicht.

Es konnte nur eine Erklärung geben. Die Inselbewohner hatten diese vielfältigen fremden Tonwaren nie benutzt. Letztere waren vielmehr im Laufe der Jahrhunderte von Schiffen hier zurückgelassen worden, deren Besatzungen sich auf der Durchfahrt oder beim Tauschhandel kurze Zeit an Land aufgehalten hatten. Die Einheimischen hatten damals wie heute nur Bedarf an den großen Krügen, die neben der Tür standen, und den kleineren der gleichen Art für die Küche. Wie die frühen Araber schrieben und die heimische Überlieferung bestätigte, gehörten sie zur üblichen Handelsware, die aus Häfen in Südwestindien gebracht und gegen Kauri-Muscheln eingetauscht wurde.

Selbst auf Fua Mulaku und im Addu-Atoll spielte das Wetter verrückt – es gab Gewitter und heftige Regenfälle. Unsere Rückfahrt mit der *Shadas* nach Norden über den Äquatorkanal war ein wenig rauher als die Ruderpartie auf dem palmengesäumten See von Fua Mulaku. Ein Sturm kam auf, kaum daß das Addu-Atoll außer Sicht war, und nirgendwo auf dem Meer steigern sich Wellen eher zu einem bedrohlichen Tanz als dort, wo sich ihnen eine starke Strömung entgegenstemmt oder gemeinsam mit ihnen durch einen Kanal jagt.

Wir waren auf dem Weg zurück nach Gan und Gadu im Gaaf-Atoll, um unsere Ausgrabungen fortzusetzen, und da Loutfi uns zusammen mit Arne Skjölsvold im Addu-Atoll verlassen hatte, kam ein erfahrener Segler aus Gaddu an Bord, der gratis mit uns nach Hause fuhr und uns dafür als Lotse diente. Fauzi, unser neuer Freund, bestätigte, was wir schon wußten, daß nämlich die Meeresströmungen im Gebiet der Malediven so stark und wechselhaft waren, daß man sich nie einem Kompaß anvertrauen sollte, wenn die Möglichkeit bestand, sich an sichtbarem Land zu orientieren.

Maniku Don Maniku, unser stiller Begleiter von der Atolle-Verwaltung, wurde jetzt, da er die Rolle Loutfis als unsere rechte Hand übernommen hatte, etwas gesprächiger. In der schwer rollenden See versuchte er, Funkkontakt zur Außenwelt zu bekommen. Die Reichweite unseres kleinen gemieteten Funkgeräts war nicht viel größer als die der Stimme eines Menschen, und er war daher sehr stolz, als er Verbindung mit der Flugplatzinsel bekam, die wir gerade aus den Augen verloren hatten. Dort regne es, berichtete er fröhlich, denn wir hatten keinen Regen. Doch dann änderte sich seine Stimme. Das Addu-Atoll hatte aus Malé eine schwere Sturmwarnung erhalten; unmittelbar nördlich des Archipels tobte ein Sturm mit Orkanstärke. Etwas, das in diesen Gewässern sehr selten vorkam.

Der West-Südwest-Wind im Kanal verstärkte sich zum Sturm. Asim erklärte uns, daß bei diesem Wetter kein *Dhoni* die Lagune verlassen würde. Schwarze Sturmwolken zogen über uns hinweg. Wir hatten Wind und Wellen im Rücken, und die *Shadas* stampfte in schneller Fahrt voran. Um Viertel vor neun morgens erspähten unsere vom Salzwasser brennenden Augen zwischen Gischtschauern hin und wieder kurz die Insel Fua Mulaku. Eine Küste, zu der man bei diesem Wetter besser Abstand hielt. Aber wir mußten doch nahe genug heran, um unseren Kurs auf Gaaf-Gan abzustimmen.

Die See wurde ausgesprochen rauh, als wir den Äquator überquerten, wo die Meeresströmung ihre größte Geschwindigkeit erreichte. Alles, was nicht niet- und nagelfest war, hatten wir längst unter Deck verstaut, und das Schlauchboot auf dem Kabinendach war gut gesichert. Kaskaden gingen vom Bug bis zum Heck über die *Shadas*

Die so meisterlich zusammengefügten Mauern, die die Hügel umgaben und die versunkenen Bäder einfaßten, waren der maledivischen Überlieferung zufolge das Werk der legendären Redin. *Wer immer die Redin gewesen sind, sie waren auf jeden Fall große Baumeister und hervorragende Steinmetze. Sie hinterließen Kolossalbauwerke und den Nachweis für eine ganz besondere Technik des Mauerbaus, die sonst charakteristisch für eine der ältesten Kulturen der Welt ist. Die Mauern, die die Redin um ihre hoch aufragenden Tempel gebaut hatten, waren unter dem Islam niedergerissen worden, doch die Mauern der tiefliegenden Bäder waren im allgemeinen vollkommen begraben worden.*

hinweg, und wenn sie uns trafen, war es jedesmal so, als tauchte das Schiff. Öystein Johansen war ein gestandener Segler, aber da er seit gestern Bauchschmerzen hatte, sagte er, wir würden ihn in seiner Koje finden, es sei denn, wir hörten die Toilettenspülung. Egil Mikkelsen kam höflich lächelnd nach oben, bevor er die Fische fütterte und dann wieder nach unten stürzte. Zakkaria war in schlechter Verfassung und hing jedesmal über dem Schanzdeck, sobald er ein bißchen von seinem Essen abschmeckte.

Vom Bug näherte sich mir eine Gestalt mit einer Plastiktüte über dem Kopf und radebrechte in Englisch: »Hassan no like this« – Hassan das nicht mögen. Und er zog den großen Beutel bis hinunter auf die Knie und kroch zusätzlich noch schutzsuchend unter das umgedrehte Schlauchboot.

Maniku Don Maniku, der sich mit seinem Funkgerät mühsam auf den Beinen hielt, bekam keine Verbindung und fühlte sich sichtlich unglücklich mitten zwischen den Wellen. Er stolperte zu seiner Koje und ließ durchblicken, daß er Asim als Kapitän seines eigenen Schiffes nicht traue. Nur Fauzi als hier am Kanal Aufgewachsener, so meinte er, könne uns sicher ans Ufer bringen. »Nur Allah kann uns jetzt sicher ans Ufer bringen«, antwortete Asim ruhig und klammerte sich weiter mit aller Kraft an die Pinne, Fauzi gleichzeitig Befehle gebend, der mit anpackte angesichts der auf uns einstürmenden Wellen.

»Die Spanten sind der schwächste Punkt des Schiffes«, rief Asim mir zu, der ich die bescheidene Rolle des Passagiers und Betrachters dieser beeindruckenden Vorstellung spielte. Mit einer Mischung aus Unsicherheit und Bewunderung verfolgte ich, wie Asims kleines, auf der Insel hergestelltes Schiff einer Dame gleich tanzte und anmutig auf jede Bewegung des gebieterischen Meeres reagierte. Hätte sie versucht, sich zu widersetzen, wäre sie zermalmt worden wie ein ausgeblasenes Ei unter einer Dampfwalze. Manchmal hörten wir ein lautes Knacken des Holzes, wenn eine mächtige Welle aus dem Takt der anderen kam, und Asim und ich tauschten dann ein schwaches Lächeln. Keiner von uns war so ganz glücklich. Ich wünschte mir die

---

Loutfi mit dem Kopf eines hinduistischen Wassergottes, den wir zwischen geplünderten Ruinen im Dschungel der Insel Kondai fanden. Der Kalksteinkopf stellt die bedeutende Hindu-Gottheit Makara *in der ältesten und ursprünglichsten Form dar, die typisch für das nepalesische Hochland ist. Charakteristische Merkmale des Kopfes sind der eingerollte Rüssel, große Backenzähne, eine gefiederte Krone und ein verschlagener Ausdruck in den Schlitzaugen des Ungeheuers.*

ganze Zeit, auf einem Schilfboot zu sein. Wenn die Spanten nachgaben oder die Planken aus Palmenholz brachen, wäre die *Shadas* ein sinkendes Schiff gewesen. Mit unseren Schilfbooten hatten wir oft auf sehr viel höheren Wellen als diesen getanzt, dabei aber stets das angenehme Gefühl der Sicherheit gehabt, weil wir auf einem schwimmenden Bündel saßen, das nach einem Brecher nicht vollschlagen konnte, weil das Wasser durch den Boden einfach wieder ablief.

Ich schimpfte auf die frühen Sumerer und Phönizier, die ihre sicheren Schilfboote aufgegeben und uns gelehrt hatten, Schiffe zu bauen, die sinken konnten.

Wenn wir tief unten im Tal der Wellen waren, sahen wir, wie sie sich oben wie Glaswände mit zischenden, schäumenden Kronen einrollten, bereit, überzukippen und auf uns niederzustürzen. Aber bevor es dazu kam, glitten wir den steilen Hang hinauf, und nur die zusammenbrechenden Kämme trafen die Seiten des Schiffes. Es lenkte ab, den fliegenden Fischen zuzusehen. Sie waren nicht imstande, zu ihren langen Gleitflügen anzusetzen. Sobald sie aus einer Welle herausschossen, landeten sie in der nächsten, und so sprangen sie lediglich wie Frösche zwischen den Wellenkämmen herum.

Doch die *Shadas* machte ihre Sache gut. Dank ihrer Schnittigkeit und Maße nahm sie die glasige See wie ein nordischer Trawler. Mit einer Gesamtlänge von 14 Metern war sie gerade so klein, daß sie gut zwischen den Wellen oder über sie hinweg tanzen und rollen konnte, während Zehntausende von Tonnen Wasser unter ihr vorbeiglitten. Wäre sie etwas länger gewesen, hätte sie sich über einem Wellenkamm oder zwischen zweien das Rückgrat gebrochen.

Im Zentrum des Äquatorialstroms wurde das Meer aufgeregter und erhob sich so unberechenbar über unsere Köpfe wie ein Gespann Hengste. Selbst der Wind schien wütender in den Stagen zu heulen und zu pfeifen. Doch je wilder es um uns wurde, desto deutlicher wurde auch, daß Asims Schiff standhalten würde, und wieder einmal merkte ich, daß ich meine Kindheitsvision vom bösen Meer verloren hatte. »Das freundliche Meer«, sagte ich mir immer wieder. Der Anblick rundum war zwar in gewisser Weise beängstigend, aber doch auch ein herrliches Schauspiel der Kraft und freundlichen Behandlung von Mutter Natur für diejenigen, die im Einklang mit ihrem Rhythmus lebten und sich nicht in vermeintlicher Selbstverteidigung erhoben und sie bekämpften.

Asim und Fauzi waren Meister an der Pinne. Gelegentlich war der Sturm so stark, daß sie den Kurs ändern, das Tempo drosseln und vor dem Wind fahren mußten. Doch am frühen Nachmittag konnten wir vor uns jedesmal Palmenkronen sehen, wenn wir auf einen Wellenkamm gehoben wurden. Von Deck aus sahen wir die Palmenwipfel normalerweise aus etwa zehn Seemeilen Entfernung, den Sandstrand aus drei oder vier. Fauzi kletterte auf den Mast, und wir korrigierten unseren Kurs, da Fauzi erklärte, es sei Gaaf-Gan. Später entdeckten wir, daß es Vadu war.

Die Heftigkeit der Wellen schien nachzulassen. Auch der Wind heulte und pfiff nicht mehr in den Stagen, und wir meinten, die Hauptströmung hinter uns zu haben, vielleicht dank des Einflusses der nahe gelegenen Riffe. Als wir die *Hawitta* von Vadu erkannten, änderten wir den Kurs völlig und fuhren – das Wetter hatte sich inzwischen geändert – der Küste entlang, das Riff und die Inseln des Gaaf-Atolls immer dicht backbord.

Allah meinte es gut mit dem frommen Asim, und vor Salzwasser triefend und vor Dankbarkeit und Stolz über das ganze Gesicht strahlend steuerte er uns in die Lagune von Gaaf, wo wir hinter Gan Schutz fanden.

Als wir schließlich von Gan mit drei Löwen und einem Stier an Bord nach Norden fuhren, beherrschte die maledivische Sonne wieder den Himmel. Der Meeresgott hatte seinen Frieden mit dem Wind geschlossen, wenngleich letzterer aus der falschen Richtung blies.

Zu den vorgeschriebenen Zeiten blickte Asim auf die Uhr und bat Hassan, das Ruder zu übernehmen. Als einziger der fünf Moslems an Bord kniete er sich auf dem Deck nieder und verbeugte sich gen Mekka. Zakkaria putzte Fisch und Maniku Don Maniku spielte an seinem Funkgerät herum, während sich Öystein Johansen und Egil Mikkelsen beim Sortieren der Topfscherben an Deck den Rücken rösten ließen. Die Inseln glitten wie Korken auf blauer und grüner Tinte vorbei, und ich saß auf dem Kabinendach und überprüfte ihre Namen anhand Hassan Manikus kleinem Buch mit der langen Auflistung. Die letzten Worte seiner kurzen Einleitung trafen meine augenblickliche Stimmung sehr gut:

»Das Geheimnis und die Ungewißheit, die die Malediven zwischen den vielen Inseln und Riffen verbergen, ... die Spannung und das Glück, die man aus ihrer Erkundung zieht, lassen sich nicht beschreiben. Man muß sie schmecken und riechen, weniger fühlen. Denn es ist die Freude zu sehen, was bisher dem Blick der Allgemeinheit verborgen war.«[48]

Und wieder Malé. Waren wir der Antwort auf das Rätsel nähergekommen?

Kapitel 11

Buddhisten – woher?

In der Höhle des Löwen

Wer Löwen jagen will, fährt weder nach Sri Lanka noch nach Norwegen. Es gibt nämlich keine Löwen in diesen Ländern, und der Löwe hat dort auch nie zur heimischen Tierwelt gehört. Und dennoch kann man auf Sri Lanka im Altertum in Stein gehauene Löwenpranken sehen, gegen die diejenigen der ägyptischen Sphinxe klein wirken, und das norwegische Staatswappen ziert seit alters her ein stehender Löwe, der eine Axt in seinen Pranken hält. Wieso hat Sri Lanka keinen Elefanten und Norwegen keinen Bären gewählt?

Die Antwort lautet: Der Mensch der Frühgeschichte ist umhergezogen. Er war nicht wie ein Gefangener in einem Gebiet eingesperrt. Die nationale Kultur, die er in seiner Heimat begründete, war nicht ausschließlich dort gewachsen. Einiges hatte er von seinem früheren Aufenthaltsort mitgebracht, anderes von anderen Völkern übernommen. Der Mensch hatte damals ebensoviel Phantasie wie wir heute, aber er war auch imstande zu lernen und offen gegenüber den Einflüssen anderer. Der Löwe der Alten Welt und sein Gegenstück aus der Neuen Welt, der Puma, gehörten überall in der Welt, wo in den drei letzten vorchristlichen Jahrhunderten voreuropäische Kulturen zu blühen begannen, zu den frühesten Symbolen göttlicher Königswürde. Es ist daher nicht so verwunderlich, daß sich das Symbol des Löwen im Gefolge der königlichen Seefahrer verbreitete, die in den letzten Jahrhunderten vor der christlichen Zeitrechnung ihr Reich auf Sri Lanka gründeten. Und es erstaunt auch nicht, daß die umherziehenden Nordländer sich ein Symbol ausliehen, das in ihren Jagdgründen am Mittelmeer so häufig anzutreffen war.

Auf Gaaf-Gan hatten wir sogar entdeckt, daß das Bild des Löwen die maledivischen Atolle vor dem arabischen Pferd erreicht hatte. Tatsächlich hatten Löwe, Stier und Sonne die große *Hawitta* schon geziert, bevor sie dieser Symbole entkleidet und von denen mit weißem Mörtel verdeckt worden war, die den Redin-Hügel als letzte vor den Moslems für religiöse Zwecke genutzt hatten. Die Legenden über die wilden Katzenmenschen konnten zwar einheimische Erfindungen sein, doch die vergrabenen Löwenskulpturen waren ein Beweis für irgendwelche Verbindungen zur Welt draußen. Löwe, Stier und Lotosblume, die Standbilder der Langohrigen, die Perlen aus Halbedelstein, die Kupferstifte, die spezielle Mauerbautechnik und die klassischen Profile an den Säulengrundplatten der *Hawitta* verbanden die vormoslemischen maledivischen Künstler mit den Kulturgründern auf dem Festland. Eins nach dem anderen, oder zusammen, waren diese Elemente mit den Seefahrern aus anderen Ländern auf die Malediven-Atolle gelangt.

Aber aus welchen Ländern? Nach den losen Enden mußten wir außerhalb der Malediven suchen. Seit unserer ersten Begegnung mit maledivischer Archäologie hatten wir nach Stücken Ausschau gehalten, die zu denen paßten, die wir in das Museum von Malé gebracht hatten. Zwischen den einzelnen Besuchen auf den Malediven waren wir alle, angesteckt vom maledivischen Rätsel, in Asien herumgereist und hatten Museumssammlungen, Bibliotheken und archäologische Stätten aufgesucht, um die fehlenden Teile des Puzzles zu finden.

Sri Lanka hatte zu den unmittelbaren Verdächtigen gezählt. Es war das nächstgelegene Land. Von dort war Bell gekommen und hatte von einer singhalesischen Epoche in der frühen maledivischen Geschichte gesprochen. Sri Lanka war in der Tat eines der beeindruckendsten buddhistischen Zentren. Und, was nicht zu vergessen war, Sri Lanka war seit dem Altertum die Heimat der frühgeschichtlichen Löwenmenschen.

Einige von uns würden sich fürchten, dem frühgeschichtlichen Menschen mit einem seiner altertümlichen Schiffe auf das Meer zu folgen, andere haben absolut nichts dafür übrig, in einen weglosen Dschungel einzudringen, durch Gräben in seine unterirdischen Höhlen zu kriechen oder ihm eine senkrechte Felswand hinauf zu folgen.

Mit der Schwindelfreiheit hatten die einstigen Löwenmenschen wohl kaum Probleme. Zumindest nicht ihr König Kaschjapa, der seinen Palast auf die höchste Spitze des Sigirija-Felsens setzte, als er im fünften nachchristlichen Jahrhundert über Sri Lanka herrschte. Ich war gerade von den pfannkuchenflachen Inselchen der Malediven gekommen und stand plötzlich am Fuß seiner Felsenfestung und hatte das Gefühl, die Welt wäre hochkant gestellt worden. Der Aufstieg zum Palast König Kaschjapas führte durch die senkrechte Wand eines Felsens, der wie ein überdimensionaler Zylinderhut aus dem Dschungel wuchs. Die 200 Meter hohen Felswände waren nicht nur senkrecht, sie hingen an vielen Stellen über, so daß nicht einmal eine Gemse Halt gefunden hätte. Doch die Techniker des Königs hatten das Zugangsproblem mit den ihnen zur Verfügung stehenden Mitteln gelöst. Und jeder, der eine gute Lunge hat und schwindelfrei ist, kann sich das Vergnügen leisten, die Stufen König Kaschjapas zu erklimmen.

Heute ist Sigirija ein bedeutendes Touristenzentrum in Sri Lankas kulturellem Dreieck. Ich kam zwar als Tourist dorthin, hatte aber den Vorteil, den für die Ausgrabungen verantwortlichen Wissenschaftler als Führer zu haben. Senake Bandavanayak war selbst ein Nachfahre der Löwenmenschen und was er mir erzählen konnte, war die Geschichte seines eigenen Stammes. Ich war überrascht zu hören, daß selbst diese Stätte vergessen und kaum bekannt gewesen war, bis der unerschrockene H. C. P. Bell 1894 begonnen hatte, den Dschungel zu lichten und den ersten Graben zu legen.

Durch die Überreste eines Lustgartens aus dem fünften Jahrhundert mit Marmorbrunnen und Teichen, die durch unterirdische Aquädukte gespeist worden waren, erreichten wir den Fuß des »Löwenfelsens« und machten uns daran, breite Stufen zwischen mächtigen, pittoresken Findlingen zu ersteigen. Das Nest eines Adlers, nicht die Höhle eines Löwen, ging es mir durch den Kopf, als wir als nächstes steile, schmale Stufen hinaufkletterten, die sich in die Wand krallten und seitwärts durch den senkrechten Fels führten.

Hoch über uns, wo der Felsen schützend wie ein Dach überhing, hatten die Maurer des Königs eine bequeme Galerie erbaut. Der schmale, geneigte und von einer Brüstung eingefaßte Boden aus Ziegeln, die einen glasigen Überzug aufwiesen, war heute noch so glatt und fest wie vor anderthalb Jahrtausenden, als er angelegt worden war.

Und hier begann das eigentlich Aufregende für jemanden, der im Kielwasser der seefahrenden Langohren über drei Weltmeere gejagt war. Denn da waren sie. In lebensechten Fresken bildhübscher Frauen in halber natürlicher Größe. Dank des Schutzes durch den überhängenden Fels und die hohe Brüstung waren Linienführung und Farben noch so klar, als hätte ein moderner Maler das Bild gemalt. Was den kunstvollen Entwurf und die Farbgebung betraf, hatte der alte Meister von seinen modernen Kollegen kaum etwas zu lernen, ihnen vielmehr eine Menge beizubringen. Auf der mit Mörtel bedeckten Felswand des natürlichen Wolkenkratzers König Kaschjapas hatten sich einige wahre Meisterwerke ornamentaler und darstellender Kunst erhalten.

Männer waren nicht dargestellt. Alle Gestalten waren Frauen, Frauen, die wegen ihrer außergewöhnlichen Schönheit ausgewählt worden zu sein schienen. Bis auf einen bunten Lendenschurz, der deutlich unterhalb des Nabels um die Hüften geschlungen war, waren sie nackt, und mit ihren schlanken Taillen und schwellenden Brüsten hätten sie bei jedem Pin-up-Wettbewerb teilnehmen können. Kein

Wunder, daß die Brüstung, die die gegenüberliegende Wand bildete, übersät mit Inschriften späteren Datums war, in denen die Schönheit der barbusigen jungen Damen gepriesen wurde. Senake übersetzte mir einige der singhalesischen Texte, die größtenteils von vereinzelten Besuchern aus dem siebten bis elften Jahrhundert stammten. Ein Mann hatte sich gewundert, daß König Kaschjapa es wagte, diesen Schatz vor den Augen der Allgemeinheit auszubreiten. Nur eine Besucherin aus jener Zeit hatte sich weniger wohlwollend geäußert: »Eine rehäugige junge Frau auf dem Berg erregt meinen Zorn. Sie hat eine Perlkette in der Hand, und aus ihrem Blick spricht die Nebenbuhlerschaft zu uns.«

Zwei andere Jungfrauen halten große Lotosblüten – eine ägyptische Art – in der Hand und öffnen oder zupfen anmutig mit den anderen die Blütenblätter. Dann sind Jungfrauen dargestellt, die große, flache, mit bunten Blumen gefüllte Schalen tragen. Ihre Haut ist hell, das Profil beinahe griechisch, aber die Augen haben einen leichten orientalischen Einschlag. Ihr vornehmes Auftreten, die anmutige Haltung ihrer schlanken Arme und Hände und die langen Finger mit den spitzen Nägeln zeigen, neben dem Schmuck und den herrschaftlichen Frisuren, daß sie in ihrer Gesellschaft Damen der Oberschicht waren. Die Zugehörigkeit zum Adel drückt sich auch in einer ihnen allen eigenen Besonderheit aus, die zugegebenermaßen abstoßend wirkte, aber doch ein Teil in unserem Puzzle war. Sie hatten lange Ohren. Sie hatten die Ohrläppchen durchbohrt und stark vergrößert und in die Schlitze große Scheiben gesteckt, so daß die Ohrläppchen fast bis auf die Schultern hingen.

Sie hatten sich mit zahllosen Halsketten und Armreifen geschmückt, und jede trug einen vornehmen, juwelenbesetzten Kopfschmuck, der an die kunstvollsten derartigen Schöpfungen des Maya-Adels erinnerte. Leuchtende Edelsteine wie roter Achat und grüner Jade waren in goldene Rahmen eingearbeitet, die von Künstlerhand als Sonnensymbole und Lotosblüten entworfen waren.

Wie auf den Malediven – das Sonnenmotiv und die Lotosblüte als bevorzugte Symbole bei Menschen, die ihre Ohrläppchen ausweiteten. Und weiter oben auf dem Felsen war ein Löwe, ein dem König so wichtiges Symbol, daß es seiner ganzen märchenhaften Behausung und sogar seinem Volk den Namen gab. Und das auf einer Insel, auf der Löwen nicht vorkamen.

Jenseits der Galerie der schönen Jungfrauen waren die Stufen aus dem Fels gebrochen, doch eine schmale, neuzeitliche Eisenbrücke brachte uns dorthin, wo der ursprüngliche Stufenweg unerschrocken weiterging und zu einer breiten Terrasse führte.

Unglaublich! Wohin ich mich wandte, es war faszinierend. Stand ich mit dem Rücken zum Felsen, hatte ich einen selten schönen Rundblick über eine hügelige Tropenwelt, die sich vor mir ausbreitete, bis sich der grüne Dschungel wie ein Meer vor hohen, wildzerklüfteten Bergen verlor, die sich wie Inseln am Horizont erhoben. Drehte ich mich, stand ich zwischen den Pranken eines so gewaltigen Löwen, daß er, bevor Kopf und Brust gegen die Felswand hinuntergestürzt waren, für Freund und Feind ein auf viele Kilometer sichtbares Monument gewesen sein mußte. Diese monströse Raubkatze war so riesig, daß jeder einzelne Vorderfuß schon die doppelte Größe eines echten Löwen hatte. Sie bestand aus massiven Ziegeln und war dann skulptiert und mit einer solchen Akribie verputzt worden, daß bis hinunter zu den mächtigen, scharfen Krallen das haarige Fell zu erkennen war. Zwischen den Pranken des Löwen führte eine breite Treppe nach oben, die einst durch Brust und Kopf weitergelaufen war. Da dieser Teil verfallen war und der nackte Fels zutage trat, brachten jetzt einige Eisenleitern und Geländer die ganz mutigen Besucher weiter hinauf zu den Ruinen des Palastes und einem großen Felsenteich auf dem Gipfel.

Vor den Pranken des Löwen stand ein mit modernem Maschendraht umkleideter Eisenkäfig, in dem durchaus mehrere echte Löwen Platz hatten, der aber nicht groß genug gewesen wäre, auch nur eine Pranke des die Terrasse beherrschenden, von Menschenhand geschaffenen Kolosses aufzunehmen.

»Wozu das?« fragte ich staunend.

Senake wies nach oben.

Über unseren Köpfen hingen ein paar gewaltige Felswespennester.

»Gelegentlich greifen sie die Besucher hier oben an«, erklärte Senake. »Die Käfige sind für die Menschen, nicht für die Löwen. Man ist schneller in dem Drahtkäfig als unten.«

Ich war froh über diese Vorsorge, und er war froh, daß ich nicht darauf bestand, bis zum Gipfel zu steigen. Das einzige, was wir nach seinen Worten versäumten, sei, daß wir nicht die gewaltige Größe der Kalksteinblöcke betrachten könnten, die von den Männern König Kaschjapas auf den Gipfel gebracht worden waren.

Bevor wir wieder abstiegen, sah ich mir noch einmal die ausgestreckten Vorderbeine des Löwen an. War es denkbar, daß bei diesem mächtigen, von Menschenhand geschaffenen Löwen die ägyptischen Sphinxe Pate gestanden hatten? Schließlich wußten wir aus römischen Berichten aus dem zweiten Jahrhundert, daß ägyptische Papyrusboote diese Insel schon angelaufen hatten, lange bevor Kaschjapa seine Festung baute. Aber ich wußte auch, daß Kaschjapa für seinen Löwen keiner Eingebung von außen bedurfte, denn er glaubte, selbst von dieser Spezies abzustammen.

Die Geschichte vom Niedergang König Kaschjapas sollte ich noch am selben Abend am Fuß eines Felsens erfahren. Bevor ich im komfortablen Hotel des Dorfes Sigirija zu Bett ging, wurde ich in der angenehmen Gesellschaft von Wissenschaftlern aus Sri Lanka von ihnen über das informiert, was sie über die Löwenmenschen und ihren Hintergrund wußten. Sri Lanka besaß eine Fülle geschriebener Unterlagen buddhistischer Mönche, die vor mehr als tausend Jahren Legenden und geschichtliche Ereignisse aufgeschrieben haben. Wie auf den Malediven waren die Texte zu richtigen Büchern gebunden, zum Teil mit Seiten aus Kupferplatten, die mit einer Art Scharnier zusammenhingen, zum Teil aus Palmblättern, die zwischen hölzerne Buchdeckel eingebunden waren. Bei den jüngsten Ausgrabungen hatte man ein paar kostbare Bücher zutage gefördert, deren dünne Seiten aus purem Gold bestanden. Außer China kann sich in Asien kein anderes Land rühmen, eine so genaue Geschichtsaufzeichnung zu besitzen, die einen Zeitraum von über zweitausend Jahren umfaßt.

Aus diesen alten Aufzeichnungen weiß man, daß arische Eindringlinge, die aus dem Golf von Kambay an der Nordwestküste Indiens über das Meer kamen, Sri Lanka im ausgehenden sechsten Jahrhundert v. Chr. erreichten. Diese Seefahrer nannten sich *Singhalesen* oder Löwenmenschen, weil ihr Führer, König Vijaya, behauptete, Löwenblut in seinen Adern zu haben. Der Überlieferung zufolge war seine königliche Großmutter mit einem heiligen Löwen verheiratet gewesen. Nach einem Streit mit seinem Vater, dem König und Sohn des Löwen, war Prinz Vijaya mit 700 Gefolgsleuten in zwei Schiffen in See gestochen. Mit Männern, Frauen und Kindern an Bord liefen Vijayas Schiffe zunächst einige andere Inseln an. Schließlich aber landeten sie an der Küste Sri Lankas, wo die erste Siedlung in der Nähe von Puttalam an der Westküste gegründet wurde. Der von da an gültige Kalender Sri Lankas beginnt mit dem Jahr der Landung. Während wir inzwischen beim Jahr 1982 (nach Christus) angekommen waren, hatten die Singhalesen ihr Jahr 2525 (nach der Ankunft Vijayas) begonnen. Die Löwenmenschen erreichten Sri Lanka also um das Jahr 543 v. Chr., und ihre Sprache verrät dem Wissenschaftler, daß sie dem arischen Stamm angehören.

Aber waren diese Löwenmenschen die ersten, die Sri Lanka erreichten? War es niemandem sonst gelungen, vor dieser Einwanderung aus dem nördlichen Indien im sechsten, vorchristlichen Jahrhundert vom nahe gelegenen Festland auf diese große Insel überzusetzen?

Die singhalesischen Archäologen räumten ein, daß es erdrückende Beweise dafür gäbe, daß zumindest eine Kultur schon auf dieser Insel existierte, als die Löwenmenschen ankamen. Bisher war wenig unternommen worden, ihre Identität zu enthüllen. In der buddhistischen Ära taten die Mönche, die die Chronik Sri Lankas niederschrieben, einiges, um die Erinnerung an diese früheren Srilanker auszulöschen. Sie teilten sie in drei Klassen von »Dämonen« ein, in die *Yakkha,* die *Naga* und die *Rakshasa,* die Wasser und Feuer und Fruchtbarkeit verehrten.

Wie auf den Malediven versuchen auch diese Menschen, aus religiöser Überheblichkeit die Anfänge ihrer eigenen Geschichte auszulöschen, dachte ich bei mir, als ich mich von meinen singhalesischen Begleitern verabschiedete, um ins Bett zu gehen. Aber jetzt, wo die moderne Wissenschaft die menschlichen Spuren dieser angeblichen Dämonen aufdeckte, mußten wir auch sie mit einkalkulieren bei unserer Suche nach dem Ursprung der Malediver. Wer immer sie gewesen waren, dachte ich, sie mußten die Nachfahren von Schiffsbauern gewesen sein, denn diese große Insel war zu keiner Zeit des Menschen mit dem Festland verbunden gewesen. Wenn wir also wegen möglicher vormoslemischer Besiedler der Malediven nach Sri Lanka blicken, konnten wir uns nicht nur auf ihre buddhistische Zeit konzentrieren. Selbst die Löwenmenschen befuhren das Meer, bevor sie Buddhisten wurden, und sie bekannten sich erst im dritten vorchristlichen Jahrhundert zum Buddhismus, das heißt, drei Jahrhunderte nach ihrer Ankunft. In dieser frühen Periode müssen die Löwenmenschen die Religion ihrer Väter beibehalten haben, so wie sie sie aus dem Gebiet der einstigen Indus-Kultur mitbrachten, abgeändert vielleicht durch Kontakt und Vermischung mit den Yakkha und ihren Zeitgenossen, die bereits im Besitz des Landes waren.

Die Yakkha, wer waren sie?

»Die Yakkha waren die eigentlichen Techniker hinter der hydraulischen Kultur Sri Lankas«, sagte ich mir und wiederholte, was jemand mir am Tag zuvor einzutrichtern versucht hatte. Irgendein einheimischer Wissenschaftler hatte das gesagt. Jemand, der in Colombo in mein Hotelzimmer gekommen war und darauf bestanden hatte, daß ich seine Veröffentlichung läse. »Ein Spinner«, hatte ich gedacht, als ich den Titel gesehen hatte: »Die alte hydraulische Kultur Sri Lankas . . .« Von hydraulischer Kultur hatte ich noch nie etwas gehört. Von neolithischer, ja. Sogar von megalithischer. Aber von hydraulischer noch nicht. Aber die Wissenschaftler, die mir an dem Tag die eindrucksvollen Dämme und Wasserspiele der Löwenmenschen gezeigt hatten, hatten ihre Kultur ebenfalls »hydraulisch« genannt. Offenbar war dieser Begriff in dieser Region legitim.

Von meinem Bett aus konnte ich den Sigirija-Felsen sehen, der wie ein überdimensionaler, schwarzer Zylinderhut aus dem Dschungel wuchs und sich als Silhouette gegen die Sterne abhob. Ich stand zu sehr im Bann dieser Atmosphäre, als daß ich hätte schlafen wollen. Ich versuchte, lose Enden der maledivischen und srilankischen Frühgeschichte miteinander zu verbinden. Falls die Yakkha königlichen Geblüts gewesen waren wie die Löwenmenschen, hatte sie das gleiche Schicksal ereilt wie die Redin auf den Malediven. Wie bei den Redin war auch die Erinnerung an sie bei den späteren Eindringlingen verblaßt, bis sie nur noch als mythische Wesen in Legenden existierten. Wenn es zutraf, daß die Yakkha konkrete archäologische Spuren hinterlassen hatten, dann hatten die »Dämonen« des Landes, als die sie in den buddhistischen Aufzeichnungen hingestellt werden, höchstwahrscheinlich das gleiche Schicksal wie die amerikanischen Indianer, als diese von den Christen »entdeckt« wurden: Sie wurden von den Invasoren zwar nicht alle umgebracht, verloren aber durch Vermischung und Berührung ihre Identität, ihre Nachfahren und ihre Kultur wurden einverleibt und mußten als Bestandteile der späteren singhalesischen Gesellschaft weiterleben. Einer für Sri Lanka, und nur für dieses Land, charakteristischen Gesellschaft. Die Buddhisten machten auf Sri Lanka das, was die Moslems auf den Malediven machten. Sie vernachlässigten die Bedeutung ihrer nationalen Vergangenheit vollkommen. In dem übereifrigen Bemühen, den Gründer ihres eigenen Glaubens herauszustellen, spielten beide Nationen den kulturellen Stand und das eindrucksvolle Alter ihrer eigenen Vorfahren herunter.

Ich nahm die Schrift, die der Mann mir in Colombo gegeben hatte, vom Nachttisch, um zu sehen, was er über die Yakkha zu sagen hätte. Auf der ersten Seite las ich: »Ich widme dieses Buch den Yakkha, denen wir mehr schulden als bisher zugestanden wird.« Der Autor hieß A. D. N. Fernando. Es war ein druckfrisches Exemplar des *Journal of the Sri Lanka Branch of the Royal Asiatic Society*[49], deren Generalsekretär der Autor war. Vielleicht war er doch kein Spinner. Er war tatsächlich ein seriöser Wissenschaftler. Mein Blick fiel auf diesen Satz:

»Die historischen Aufzeichnungen lassen erkennen, daß auf Sri Lanka drei Stämme lebten, als Prinz Vijaya, der Begründer der singhalesischen Nation, im sechsten Jahrhundert v. Chr. auf Sri Lanka landete, die Rakshasa, die Yakkha und die Naga. Als er sein Schiff verließ, sah er die Yakkha-Prinzessin Kuweni neben einer Zisterne sitzen.«

Der Autor zitiert den *Mahawamsa,* die »große Chronik« und das wichtigste frühe buddhistische Buch Sri Lankas. »Der Mahawamsa bestätigt, daß König Pandukabhaya [der Löwenmensch] den Yakkha-Königen einen ehrenvollen Platz in der Gesellschaft einräumte und daß sie zusammen auf derselben Tribüne saßen, um den jährlichen Feiern des Volkes zuzuschauen. Es war König Pandukabhaya, der dem Land die Einheit brachte und die Yakkha befriedete. Dem Mahawamsa zufolge wurden die Forderungen der ursprünglichen Yakkha-Herrscher auf ihr Geburtsland friedlich beigelegt. Zweifellos waren die Yakkha mit Pandukabhaya einig, und Pandukabhaya seinerseits war den Yakkha von früher Kindheit an verbunden für ihre Hilfe und Unterstützung bei der Einigung Sri Lankas. Mit Hilfe des technischen Wissens der Yakkha plante er den Bau von Anuradhapura und führte ihn aus.«

Die mit einer Mauer umgebene Stadt Anuradhapura wurde demnach gemeinsam von den Löwenmenschen und Yakkha erbaut. Das war im vierten Jahrhundert v. Chr. und lag damit noch immer ein Jahrhundert vor der Zeit, als die Löwenmenschen Buddhisten wurden. Anuradhapura wurde mit seinen gewaltigen Bauten und Wasserversorgungsleitungen vom Moment seiner Gründung bis ins 13. Jahrhundert n. Chr., die Herrschaftszeit von 113 singhalesischen Königen hindurch, Hauptstadt und kulturelles Zentrum Sri Lankas. Doch die Seniorpartner bei der Gründung dieser Stadt, die Yakkha, gerieten allmählich in Vergessenheit, und als die Singhalesen ein Jahrhundert später den Buddhismus annahmen, wurden die Yakkha nach und nach zu Dämonen degradiert.

Fernandos Bericht beeindruckte mich mit jeder Zeile mehr. Hier war ohne Frage ein tüchtiger srilankischer Wissenschaftler, der versuchte, durch den religiösen Schleier zu blicken, der seit langer Zeit die Größe der heimischen Vergangenheit verhüllte. Beherzt schrieb Fernando: »Man darf nicht vergessen, daß der Mahawamsa, die große Chronik, im wesentlichen eine buddhistische Chronik und damit wie die Bibel für einen Christen ist. Im Text wird manchmal ein Standpunkt eingenommen, der sich liest, als hätte alles mit der buddhistischen Ära begonnen, so wie die Christen gerne meinen, alles habe seinen Anfang mit dem auserwählten Volk genommen.«

Fernando zieht aus dem *Mahawamsa* den Beweis, daß die Yakkha-Kultur sehr hochstehend war. Um ihre Fähigkeiten in der Metallverarbeitung vor Augen zu führen, wird auf einen Tempel hingewiesen mit »goldenen Standbildern von vier großen Königen, 32 Jungfrauen, 28 Yakkha-Herrschern, Dewas, tanzenden Devadasis mit Musikinstrumenten, Dewas mit Spiegeln in den Händen und einer großen Zahl anderer Dewas mit Blumen, Lotos, Schwertern und Krügen . . .«

Die Yakkha waren schon Städtebauer, bevor sie den Löwenmenschen halfen, die gemeinsame Hauptstadt Anuradhapura zu bauen. Die Aufzeichnungen erwähnen, daß Lankapura die alte Stadt Sri Lankas war, bevor die Löwenmenschen kamen. *Pura* heißt »Stadt«, *Lanka* bedeutet in Sanskrit und Pali, den alten Sprachen des indischen Subkontinents, »strahlend«. Dem Text zufolge herrschten in der Stadt Lanka lärmende Festlichkeit und Ausgelassenheit anläßlich der Hochzeit der Tochter des Yakkha-Königs in dessen Palast, als Vijaya mit seinen Löwen-Soldaten einfiel. Nach der Eroberung der Yakkha-Metropole gründete Vijaya fünf Stadtgemeinden. Einige davon, wenn nicht sogar alle, bestanden wahrscheinlich schon, denn für 700 Mann hätte man kaum fünf Stadtgemeinden gebraucht. Daß die Yakkha weder Höhlenbewohner noch mit notdürftigen Unterkünften zufrieden waren, geht aus Fernandos Beobachtungen hervor:

»Wenn wir die alte Yakkha-Siedlung und Festung Ariththa (heute Ritigala) aufsuchen, finden wir große Monolithe, die aber schön und zu vollkommenen Rechtecken zugehauen sind, jeder einzelne Monolith 5,5 Meter × 1,8 Meter × 0,45 Meter groß wie Tischplatten und gut aufgestellt, wie in einem Konferenzsaal, ohne die geringste Spur von Buddhismus. Das Vorhandensein zahlreicher *Asanagaras* mit riesigen Monolithen und das Vorherrschen der Yakkha-Technologie im Wasserbau im vierten vorchristlichen Jahrhundert weisen auf den hohen Stand der megalithischen Kultur der Yakkha in der vorbuddhistischen Zeit hin.«

Aufgrund von Luftaufnahmen entdeckte Fernando 1979 die einstige srilankische Metropole Vijithapura aus dem sechsten vorchristlichen Jahrhundert, die eine Fläche von 250 Morgen einnahm. Doch seine bedeutendste Entdeckung von Yakkha-Überresten machte er zwei Jahre später. Damals bauten srilankische Ingenieure an einem bedeutenden Wasserkraftwerk und wollten ein großes Tal mit einem Damm abriegeln, um einen viele Kilometer langen See aufzustauen. Als die Bulldozer mit den Erdarbeiten für den Damm begannen, stießen sie auf Ziegel im Boden, und zu aller Verwunderung stellte sich heraus, daß die Ingenieure des Altertums bereits die gleichen Berechnungen angestellt und an genau derselben Stelle schon einen Damm gebaut hatten.

Fernando, der die massive frühgeschichtliche Ziegelmauer zum Vorschein kommen sah, benachrichtigte die Behörden, und unter der Leitung der srilankischen Abteilung für Archäologie wurden weitere Ausgrabungen durchgeführt. Als ich seinen Bericht gelesen hatte, begab ich mich selbst nach Maduru Oya, um mir diese Entdeckung anzusehen, und war tief beeindruckt. Hier war tatsächlich der Beweis für frühere Ingenieursarbeit, die den Aufzeichnungen der buddhistischen Mönche vorausging und dennoch von einem Ausmaß war, das einem Pharao Bewunderung abverlangt hätte. Für diese Anlage war durchaus der Begriff hydraulische Kultur angemessen. Aber das Riesenformat der Steine zeigt, daß man ebensogut von megalithischer Kultur hätte sprechen können. Aber gleichgültig, ob wir unser Augenmerk stärker auf ihren geschickten Umgang mit Wasser oder auf den mit Steinen lenken, wir verlieren den Blick für die Gesamtheit des technologischen Wissens, das diese Menschen bereits hatten. Weil es an einem gelehrten Superlativ mangelte, hielt ich es für angemessen, von Mega-Kultur zu sprechen. Und unter diese Begriffsbestimmung würde eine ganze Reihe jener frühgeschichtlichen Kulturkolosse fallen, die ihre Spuren an den Flüssen und Küsten Nordafrikas sowie Ost- und Südasiens hinterließen.

Das erste, was ins Auge stach, waren die gewaltigen Blöcke, mit denen ein Doppelstollen ausgekleidet war, der direkt durch die zehn Meter hohe Ziegelmauer lief, die einmal das Tal abgeriegelt hatte. Die getrennten Öffnungen dieser beiden parallelen Austritte bildeten drei hochkant stehende, große Steine, die als Abdeckung einen massiven, zugehauenen Granitmonolithen von mehr als 15 Tonnen Gewicht trugen. Ein Erwachsener konnte bequem durch diese quadratischen Tunnel kriechen, deren Wände und Decken aus megalithischen Blöcken bestanden. Um den Druck von oben abzufangen, hatte man den massiven Ziegeldamm mit jeweils einem Giebelbogen über den Stollen gebaut, eine alte Technik, die, wie Fernando ausführte, vom Mittleren Osten bis zum präkolumbischen Amerika bekannt war. Wie so viele andere frühgeschichtliche Dämme, die die Löwenmenschen oder ihre Vorgänger auf Sri Lanka hinterließen, hatte auch dieser die Aufgabe, mit den Schwierigkeiten der Wasserregulierung der künstlichen Seen fertig zu werden, die zehn Kilometer und länger waren. Millionen Tonnen Wasser mußten bei Hochwasser und Dürre so gelenkt werden, daß die viele Kilometer langen Bewässerungsgräben im trockenen Flachland versorgt waren. Die Fähigkeit, die ungeheuren Wassermassen zu zähmen, war nach Fernandos Darstellung der Schlüssel zum Erfolg der Yakkha:

»Dieser Schlüssel war das Steuerventil oder Stauwehr. Das war die meisterliche Erfindung, die die Entwicklung der hydraulischen Kultur in unserem Land möglich machte. Auf Sri Lanka nennt man sie *Bisokotuwa,* eine durch und durch einheimische Erfindung.«

Das *Bisokotuwa* ist ein senkrechter, quadratischer Schacht, der in den Damm eingebaut war und eine hölzerne Absperrklappe enthielt, die nach oben und unten geschoben werden konnte. Er teilte den Wasserweg in einen Einlaß- und Auslaßkanal, die reguliert werden konnten. Beim kürzlich entdeckten Damm war dieser Schacht glatt mit Granit verkleidet und mit breiten, flachen Ziegeln umschlossen, die mit Harz abgedichtet waren. Außen war wieder ein zusätzlicher Überzug aus einer wasserdichten Mischung aus Lehm und Sand. Fernando beschrieb das komplizierte System mit dem Doppeleinlaß und bemerkte dazu:

»Der Einlaß hat eine kleinere Querschnittsfläche als der Auslaß, was dem bekannten Hydraulikprinzip beim Bau von Schleusen entspricht. Die Menschen jener Zeit waren sich mit einem Wort völlig über die wissenschaftlichen und technischen Grundsätze im klaren, die bei einem solchen Bauwerk gelten.«

Bei den Ausgrabungsarbeiten brach ein Teil des Schachtes ein und gab dadurch den Blick frei auf eine mit einem sehr schönen Relief verzierte Terrakottaplatte, die gar nicht für menschliche Augen bestimmt gewesen war, da sie sich in der inneren Kammer befand. Das Motiv auf der ungefähr ein mal eineinhalb Meter großen Platte stammte aus dem Yakkha-Kult und zeigte fünf Gestalten, offenbar tanzende Dewadasis. »Es war, als kündeten diese tanzenden Dewadasis die Wasser an, die an ihnen vorbeirauschten in die Welt draußen, um die Reisfelder da unten zu nähren.« Sie tanzten zwischen zwei makellos ausgeführten zylindrischen, klassisch geformten Säulen auf quadratischen Grundplatten. Der Autor sieht Ähnlichkeiten mit den animalistischen Wandreliefs aus dem Babylon des siebten vorchristlichen Jahrhunderts, doch diese srilankischen Terrakottareliefs »sind auf fast fugenlos verlegten Ziegeln ausgeführt, die von Naturharz zusammengehalten werden. Die kleinen menschlichen Gestalten sind außergewöhnlich gut herausgearbeitet worden. Sie sind weder verputzt noch glasiert und sehen so aus, als hätte sie ein Handwerksmeister mit dem Meißel in den Ziegel geschlagen.«

Nach den Worten Fernandos wurden die Reliefplatten, bevor man sie verbaute, offenbar bei einer rituellen Zeremonie verwendet, denn die Gestalten waren mit einem stumpfen Werkzeug leicht entstellt worden, ohne daß man sie richtig hatte zerstören wollen. Außerhalb des Schachts entdeckte man auf beiden Seiten auf Kacheln zwei weitere Terrakottaskulpturen, die zwar kleiner, aber ähnlich meisterhaft als Hochreliefs ausgearbeitet waren. Beide stellten einen Kopf aus dem Yakkha-Kult dar. Das runde Gesicht mit den ziemlich teuflischen Zügen war den vorbuddhistischen dämonischen Gottheiten von den Malediven nicht unähnlich, und verstärkt wurde diese Ähnlichkeit vielleicht noch dadurch, daß diese Yakkha-Gestalten ausgeweitete Ohrläppchen mit großen Ohrpflöcken hatten.

Das Fehlen von Aufzeichnungen oder sonstigen buddhistischen Überresten am Ort, die Art der Dammkonstruktion und der definitive Nachweis von Yakkha-Ritualen sowohl in der Schleuse als auch außerhalb siedeln das Datum der Errichtung in der Zeit vor dem Einfluß durch den Buddhismus an. Die Yakkha waren demnach ein sehr gut organisiertes und technologisch fortgeschrittenes Volk.

Wir erinnern uns vielleicht, daß sich die älteste, uns bekannte Praxis des Ausweitens der Ohrläppchen bis zu den Seefahrern von Lothal zurückverfolgen läßt, dem Haupthafen Mohenjo-Daros am Golf von Kambay im Nordwesten Indiens. Die Yakkha gehörten somit, wie die auf sie folgenden Löwenmenschen, jener großen Kulturfamilie an, die auf die eine oder andere Weise vom Einfluß der Indus-Kultur profitiert hat.

Natürlich erhebt sich eine Frage: Wie groß war der ethnische und kulturelle Unterschied zwischen den Löwenmenschen und den Yakkha, die ihnen vorausgingen und so schnell aufgesogen wurden? Konnte es sein, daß beide Gruppen des im wesentlichen gleichen indisch-arischen Stammes waren, die nacheinander die Westküste Indiens entlangzogen?

Irgendwie kam mir der Verdacht, daß die Antwort auf diese Frage auch mit dem maledivischen Rätsel zu tun hatte.

In einem Strom von Touristen betrat ich den überwältigenden Tempelbezirk, wo die Yakkha und die Löwenmenschen ihre erste gemeinsame Hauptstadt erbaut hatten, Anuradhapura. Gewaltige Kuppeldome erhoben sich wie überdimensionale Iglus über den Wald, einige weiß getüncht und in der Sonne leuchtend, andere vom wuchernden Dschungel übermannt, so daß sie nur noch grünen Hügeln glichen. Eine Märchenwelt, die aus gutem Grund Besucher aus aller Welt anlockte, wenngleich die Srilanker heute die Mehrheit bildeten. Der Fremdenverkehr sei, wie es hieß, vorübergehend zurückgegangen, weil die Touristen Angst vor ethnisch begründeten Zusammenstößen zwischen den Singhalesen und einer Tamilen-Minderheit hätten. Der Staat bestand aus 74 Prozent Singhalesen, die überwiegend Buddhisten waren, und 18 Prozent Tamilen, in der Mehrzahl Hindus. Der Rest waren Moslems und Christen. Doch alle schienen friedlich die steinernen Stufen dieser alten buddhistischen Heiligtümer hinauf- und hinunterzugehen. Alle waren gleichermaßen beeindruckt von den fast unglaublichen Ausmaßen dieser Bauwerke, die der Mensch in längst vergangenen Jahrhunderten errichtet hatte, als den Baumeistern und Ingenieuren keine andere Kraft als die der Elefanten und die vereinte der Menschen zur Verfügung gestanden hatte. Hier standen guterhaltene Stupas oder Dagoben aus den ersten nachchristlichen Jahrhunderten, die jedoch größer als alle Bauten des zeitgleichen Römischen Reichs waren. Jede war als solider Hügel aus Ziegelsteinen erbaut, gewölbt wie eine Seifenblase und mit mathematischer Präzision, und enthielt doch nichts weiter als ein paar Reliquien Buddhas. Die mächtigste von allen, die Jetavana-Stupa, war im dritten Jahrhundert nach Christus vollendet worden und hatte eine Höhe von fast 120 Metern, und bis auf die beiden größten ägyptischen Pyramiden gab es damals keine höheren Bauwerke auf der Welt.

Ich hatte das Glück, von niemand geringerem als Roland Silva nach Anuradhapura begleitet worden zu sein, dem Architekten und Archäologen, der die Ausgrabungen und die Wiederherstellung des gesamten srilankischen »kulturellen Dreiecks« leitete. Wir waren Freunde geworden, seit wir uns damals in Björns Haus begegnet waren, als wir meine erste Reise auf die Malediven planten. Bei einem solchen Führer schien die alte Metropole zu neuem Leben zu erwachen; Mauern wuchsen empor und bekamen wieder ihr Dach, und die bunten Besucherscharen füllten die Straßen und Treppen der Heiligtümer wie in alten Zeiten. Silva zeigte auf eine Gruppe junger Mädchen, die alle bunte Gewänder trugen. Damals kleideten sich die Menschen ganz ähnlich. Die Frauen in Saris und die Männer in Dhotis, in um die Lenden gewickelten Tüchern.

Vor 1500 Jahren war dies keine unbedeutende Stadt gewesen. Der *Mahawamsa,* die in jener Zeit geschriebene Chronik, erklärt, daß Anuradhapura neben seinen kolossalen Schreinen noch vier Vorstädte, große Klöster, Krankenhäuser, warme Bäder und einen öffentlichen Friedhof hatte, und der König beschäftigte 500 Straßenkehrer und 200 Kloakenreiniger. Ich mußte meinem berühmten Führer beipflichten, daß der Sinn für das Schöne seinen Gipfel in einem eleganten WC erreicht hatte, in dem selbst der Marmorfußboden mit seinen Reliefs, die die beiden kleinen Fußplatten über einer versenkten Rinne umgaben, ein künstlerisches Meisterwerk war.

Das hydraulische System funktionierte dank der Stadtgründer der Yakkha und Singhalesen, die ein Sumpfgebiet ausgegraben und einen Damm errichtet hatten, um einen großen See aufzustauen. Aus diesem Speicher floß Wasser durch Tonröhren und offene Kanalisationsanlagen in die Aquädukte der Stadt und die Bewässerungskanäle der gesamten Umgebung. Die Mönche hatten sich sogar für rituelle Zwecke und ihr Badevergnügen ein Schwimmbecken gebaut, das olympische Dimensionen übertraf.

Wie in vielen anderen frühgeschichtlichen Städten aus der gleichen Zeit konnte sich ein heutiger Besucher nicht des Gefühls der Einheit der Menschheit durch Zeit und Raum erwehren. Nimmt man, wenn es um das Grundlegende im Leben geht, alles zusammen, so hat das letzte Jahrtausend technischer Fortschritt die Welt um uns stärker verändert, als es die Gefühle berührt hat, mit denen die Umwelt täglich auf uns eindringt. Die langohrigen Löwenmenschen von Sri Lanka, ihr Adel und die Priesterschaft, ihre Gelehrten und Schreiber, ihre Baumeister und Ärzte, ihre Bauern, Bergleute und Seefahrer, ihre Töpfer, Weber und Maler, ihre Zimmerleute, Schmiede und Juweliere lebten in den Stadtmauern und außerhalb mit all ihrer Arbeit und ihren Mühen, ihrem Verlangen nach Nahrung und Liebe, ihren Träumen von Gesundheit, Reichtum und Sicherheit, die einige hatten, andere nicht, damals wie heute.

»Wir waren selbst in moderner Zeit nicht imstande, die Leistungen dieser Architekten und Ingenieure nachzuvollziehen«, erklärte Roland Silva, als wir die Stufen zu einer Plattform hinaufstiegen, auf der eine große Stupa stand.

»Dieser Bau ist etwa 110 Meter hoch und 2200 Jahre alt. Wir mit all unseren modernen Hilfsmitteln haben immer noch Mühe, beim Bauen über 60 Meter zu kommen. Unser höchstes Gebäude in Colombo ist heute eine Bank mit 65 Metern.«

Wir gingen über die erhöhte Plattform, die die riesige, weiße Halbkugel trug, und alles blickte nach oben, um die gewaltige eiförmige Kuppel mit der Stupa zu bestaunen. Ich betrachtete dagegen die großen Platten, die das steinerne Pflaster bildeten, auf dem wir liefen. Groß, aber nicht alle schienen aus dem gleichen Stein und passend zugehauen zu sein. Dann erblickte ich plötzlich eine Platte, die mich stutzen ließ. Ich rief Silva zurück. Wir waren über einen alten Stein gelaufen, der ein deutlich erkennbares Relief trug. Das Symbol der Sonne, in Form konzentrischer, um eine Scheibe geordneter Ringe in Stein gehauen. Silva hatte keine Erklärung dafür. Er konnte mir nicht sagen, wieso diese eine Platte ein derartiges Muster hatte und die anderen nicht.

Ich untersuchte nun die ganze Plattform und entdeckte bald noch ein paar Platten mit genau dem gleichen Motiv. In einer Ecke lagen mehrere von ihnen willkürlich zwischen den anderen Platten, und keine schien behauen worden zu sein, so daß sie ursprünglich zusammengepaßt hätten.

»Das sind wiederverwendete Platten«, sagte ich, und Silva stimmte mir zu. Bestimmt waren sie nicht verziert worden, um von Anfang an als Bodenplatten zu dienen. Ich sagte ihm, daß mir das Motiv bekannt sei. Es war so, als wenn diese Platten von den Mauern der großen *Hawitta* auf Gaaf-Gan genommen worden wären. In den Mauern der Stupa oder der anderen Ruinen, die wir auf dieser Insel gesehen hatten, gab es keine solchen »Sonnen-Steine«. Ich hatte ganz besonders auf Parallelen zu den Malediven geachtet. Und hier waren sie nun.

»Diese Platten sind wiederverwendet worden«, wiederholte ich, und Silva war offensichtlich verwundert über ihr Vorhandensein. »Die Erbauer dieser buddhistischen Stupa könnten sie von einem älteren Tempel genommen haben.«

Silva rief einen Kollegen an. Keiner hatte diesen Steinen bisher besondere Beachtung geschenkt. Man räumte ein, daß sie ursprünglich sicher zu irgendeinem anderen Bauwerk gehört hatten. Niemand hatte in diesem Gebiet je nach präbuddhistischen Überresten gesucht. Und doch mußte man mit ihnen rechnen, denn Anuradhapura wurde als die Hauptstadt Sri Lankas gegründet, bevor es ein Zentrum der Buddhisten wurde. Kein Mensch wußte, wo die Tempel waren, die die Yakkha und Löwenmenschen gebaut haben mußten, als sie diese Stadt gründeten. Der gedruckte Führer für diese Stätte bestätigte lediglich, daß vor dem Bau der ersten Stupa an dieser Stelle ein präbuddhistischer Schrein gestanden habe, der »Haus des großen Opfers« geheißen hatte.

Von der Stupa selbst war kein einziger Stein zu sehen, da die ganze Kuppel mit einer dicken Schicht aus weißem Mörtel bedeckt war. Es war ein 100-Millionen-Rupien-Projekt für die UNESCO, dieses buddhistische Riesenbauwerk auszubessern und zu stabilisieren. Demnächst würden vielleicht auch Mittel zur Verfügung stehen, damit man nach den Überresten früherer Tempel aus der präbuddhistischen Zeit suchen könnte. Vielleicht fand man sie in der unmittelbaren Nachbarschaft. Vielleicht befanden sich die Überreste schon versiegelt als Füllung im Innern der massiven Stupa. Diese letzte Alternative kam mir erst, als wir später entdeckten, daß auch die ursprüngliche *Hawitta* auf Gaaf-Gan mit einer weißen Mörtelschicht bedeckt gewesen war. Verborgen im Innern lagen die alten Sonnensteine und Löwenskulpturen als bloße Füllung.

Bei diesem Besuch auf Sri Lanka wußten aber weder wir noch sonst jemand, daß in der maledivischen *Hawitta* drei kleine Löwenskulpturen begraben lagen. Daher sah ich keine Verbindung, als ich auf der Plattform der großen Stupa von Anuradhapura eine regelrechte Ansammlung von Löwenskulpturen erblickte. Zusammen mit anderen skulptierten Baublöcken lagen sie auf einem Haufen im Freien, als sollten sie vorübergehend dort gelagert, nicht ausgestellt werden. Offensichtlich gehörten sie nirgendwohin, denn auf dieser flachen Stupa gab es keinen Platz für sie. Unter diesen übriggebliebenen oder umgestellten Skulpturen waren unversehrte Löwenstatuen, Löwenköpfe und Löwenreliefs. Ein Löwe trug die konzentrischen Kreise des Sonnensymbols auf der Brust, andere hatten das gleiche Symbol auf den Gliedmaßen oder einer erhobenen Pranke. Bei einem Relief befand sich das Sonnensymbol im eingerollten Schwanz des Löwen. Alle waren offenbar ohne jeden Bezug gefunden worden. Waren sie buddhistischer Herkunft oder aus der präbuddhistischen Zeit der eigentlichen Löwenmenschen?

»Denken Sie daran, daß Buddhas Familienname Sakyamuni lautete«, sagte Silva. »Und dieser Familienname war traditionellerweise mit dem Löwen und der Sonne verbunden. Die Sonnensymbole konnten also durchaus buddhistisch sein.«

Ich wußte es. Silva hatte mir die mächtige Skulptur des schlafenden Buddhas im nahen Polonnaruva gezeigt. Der langohrige steinerne Gigant schläft, den Kopf auf einem mit Löwen verzierten Kissen, und hat konzentrische Kreise als Sonnensymbole auf seinen Fußsohlen. Löwe wie Sonne waren der Legende nach die Vorfahren Buddhas, denn der Löwe und die Sonne galten als die Ahnen des königlich-hinduistischen Geschlechts, dem der Buddha entstammte.

Das erschwerte unsere Bemühungen, in den vor uns liegenden Monaten das Rätsel der Malediven zu lösen. Wer war wer unter den missionarischen Abkömmlingen des Löwen und der Sonne? Buddhisten oder Hindus? Wo endete die eine Linie und wo fing die andere an? Wann immer ich versuchte, einen Weg durch dieses Labyrinth zu finden, kamen der Löwe und die Sonne, aber auch die Lotosblüte und die Langohren in trauter Gemeinsamkeit zum Vorschein. Ihre Spuren schienen in einem geschlossenen Kreis zu verlaufen, wie ein gordischer Knoten, der keine losen Enden hat, an denen man die vormoslemische Epoche der Malediven hätte festmachen können.

Kapitel 12

Den Fingerzeigen nach

Buddhas Weg begann in einer hinduistischen Wiege

In der Zeit zwischen den Ausgrabungen auf den Malediven schwärmte unser kleines Team der umherreisenden Detektive aus, um sich mit buddhistischen und hinduistischen Überresten und denen der frühen Sonnenverehrer in Indien, Pakistan, Tibet, Birma, Malaysia und Indonesien vertraut zu machen. Es wurde immer offenkundiger, daß die verlockende Theorie, alle vormoslemischen Aktivitäten auf den Malediven Buddhisten aus Sri Lanka zuzuschreiben, Löcher hatte. Die Malediver selbst sahen in den Nachbarn auf dieser großen Insel nie ihre Blutsverwandten. Noch aufschlußreicher aber war, daß die so genauen srilankischen Chroniken keinen einzigen Hinweis auf die Malediven enthielten, wo sie doch sämtliche Ereignisse selbst von geringstem nationalem Interesse von dem Tag an abhandelten, an dem die buddhistischen Mönche dieser Insel ihren Glauben gebracht hatten. Hätten die srilankischen Mönche von den großen *Hawittas* auf den Malediven gewußt oder Verbindung zu den dortigen Königen und der Priesterschaft gehabt, wäre das durchaus der Erwähnung in der so reichen singhalesischen Literatur wert gewesen.

Trotz dieses Schweigens in den srilankischen Chroniken waren die maledivischen *Hawittas* in der letzten Phase in mörtelüberzogene Stupas verwandelt worden. Und dazwischen hatte man auch steinerne und bronzene Buddha-Standbilder auf diesen Atollen gefunden.

Da ich kein loses Ende entdecken konnte, nahm ich mir einen auffälligen Knoten im Seil der Löwenabkömmlinge vor, Buddha selbst. Trotz seiner mythischen oder symbolischen Abstammung war Buddha genausoviel oder ebensowenige eine Märchengestalt wie die nachfolgenden Begründer des Christentums und des Islams. Die Herkunft Buddhas hatte irgendwie mit dem Rätsel zu tun.

Buddha wurde um 563 v. Chr. in Nepal oder Nordindien als Sohn eines Hindu-Fürsten der Sakja-Linie geboren. Sein Kindheitsname war Siddhartha. Er wuchs in Luxus und Wohlleben auf und mußte sich als

Hindu-Prinz der Zeremonie unterziehen, sich gemäß der Tradition der Vorfahren die Ohrläppchen durchbohren und ausweiten zu lassen. Er war verheiratet und hatte sogar einen Sohn, wurde dann aber von Mitgefühl für das menschliche Leid überwältigt. Er verließ seine adelige Familie und führte ein Leben der Selbstverleugnung und Meditation, bis eines Tages ein Ereignis sein Leben erneut veränderte. Er saß als gewöhnlicher Bettler unter einem großen heiligen Feigenbaum, als er spürte, wie ihn die »Erleuchtung« überkam und er zum Dharma erwachte, der »letzten Wahrheit«. Um diese Wahrheit der übrigen Menschheit zukommen zu lassen, zog er für den Rest seines Lebens mit seinen ausgewählten Jüngern durch das Land; alle lebten als Bettler, und er lehrte die Wiedergeburt und predigte den heiligen achtteiligen Pfad zur höchsten Erleuchtung. Ihre Lehre lautete vor allem Rechtschaffenheit, Bescheidenheit, rechtes Leben und rechtes Sichversenken. 483 v. Chr. starb er. Für seine Anhänger, die ihn als den heiligen Buddha verkündeten, ging er ins Nirwana ein, während sie über Land und Meer zogen und die neuen Lehren dieses einstigen Hindu-Prinzen verbreiteten.

Den frühen srilankischen Aufzeichnungen zufolge, die Mönche im vierten nachchristlichen Jahrhundert anfertigten, soll entweder Buddha selbst oder einer seiner Gefährten zu Lebzeiten Buddhas dreimal auf Sri Lanka gewesen sein. Diese drei Besuche wurden somit einer Periode zugeordnet, die mehrere Jahrhunderte vor der Zeit lag, in der die Singhalesen schließlich selbst zum Buddhismus bekehrt wurden.

Aber wie erreichte die Lehre Buddhas die Malediven? Diese Frage hängt damit zusammen, wie man früher auf dem indischen Subkontinent und in den angrenzenden Ländern miteinander in Verbindung trat. Die verschiedenen Möglichkeiten werden sichtbar, wenn wir die wichtigsten kulturellen Strömungen auf dem Festland berücksichtigen.

Das Jahr Null der indischen Kultur erlebten diejenigen, die um 3000 v. Chr. im Indus-Tal lebten. Lassen wir nach oben und unten jeweils ein Jahrhundert Spielraum, so haben wir das Jahr Null aller drei großen Flußkulturen, die damals, nur eine Fahrt mit dem Schilfboot voneinander entfernt, ins Leben traten: das Indus-Tal, Mesopotamien und Ägypten. Alle waren plötzlich da, und das auf dem Höhepunkt ihrer Entwicklung. Wenn wir den Lehren der Hindus aus ihren ersten Aufzeichnungen Glauben schenken wollen, existierten noch früher irgendwo auf diesem Planeten ältere Kulturen. Aber solange wir aufgrund archäologischer Funde nichts anderes wußten, war der Mensch plötzlich als Kulturwesen vor 5000 Jahren da und fing an, Städte wie Amri, Kot Diji, Mohenjo-Daro und Harappa im Indus-Tal zu bauen. Er war ein Seefahrer aus der gleichen Zeit und baute Häfen an den Flußufern und den Küsten des Indischen Ozeans. Mehr als ein Jahrtausend blühte die Indus-Kultur und umfaßte ein riesiges Gebiet, wobei der Handel auf dem Wasser sich die indische Küste entlang bis in den Persischen Golf erstreckte. Dann erlebte diese Kultur ganz plötzlich ihren Niedergang. Sie verschwand ebenso unvermittelt, wie sie aufgetaucht war. Ab etwa 1500 v. Chr. waren alle Städte und Häfen im Indus-Tal verlassen.

Zu lange hat man uns erzählt, die Indus-Kultur sei untergegangen, ohne eine Spur zu hinterlassen. Das trifft nicht zu. Eine Kultur, die den Großteil eines Kontinents mehr als ein Jahrtausend beherrscht hat, kann weder untergehen noch auswandern, ohne allen angrenzenden Ländern ihren Stempel aufzudrücken. Heute wissen wir, daß dies der Fall war. Es wird immer offenkundiger, daß, als die eigentliche Indus-Kultur in der Mitte des zweiten vorchristlichen Jahrtausends auseinanderbrach und sich auflöste, mehrere regionale Kulturen an ihre Stelle traten und eine eigenständige Entwicklung nahmen. Diese neue Epoche war die Zeit, in der die traditionelle Hindu-Gesellschaft entstand. Als Teil dieses kulturellen Fortlebens bildete sich eine zweite städtische Kultur, wo sich die Oberläufe von Indus und Ganges einander näherten. Und dieser binnenländischen Kultur in den fruchtbaren Tälern zwischen den beiden heiligen Flüssen gehörte die Adelsfamilie der Sakjas an. Gemäß der Mythologie ihrer Vorfahren behaupteten sie, vom Löwen und der Sonne abzustammen. Im sechsten Jahrhundert vor Christus wurde den Erben dieser Familie der Prinz Siddhartha geboren, der spätere Buddha. Man könnte versucht sein, sich bildlich der buddhistischen Sprache zu bedienen und das kulturelle Umfeld Buddhas als eine »Wiedergeburt« der untergangenen Indus-Kultur zu bezeichnen. Es besteht auf jeden Fall eine deutliche geographische und chronologische Verbindung, die nicht übersehen werden sollte.

Es klafft eine große Lücke zwischen der kulturellen Umgebung Buddhas zu Füßen des Himalajas und dem rätselhaften Vorkommen von Buddha-Statuen auf den Malediven. Doch die Menschen der Frühzeit sind umhergezogen. Im vierten Jahrhundert vor Christus marschierte Alexander der Große von Griechenland zum Indus-Tal und schickte seine Armee vom Indus auf dem Seeweg zurück nach Mesopotamien, ohne daß er die indische Kultur in irgendeiner Weise dauerhaft beeinflußt hätte. Aber kurze Zeit darauf kam König Tschandragupta (320–296 v. Chr.), ein regionaler indischer Kriegsherr, an die Macht und gründete die Maurja-Dynastie, indem er fast den ganzen indischen Subkontinent eroberte. Mit seinem Enkel Aschoka sind wir wieder bei der Geschichte Buddhas und dem Knoten unseres Rätsels.

König Aschoka kam 270 v. Chr. auf den Thron und herrschte vor seinem Tod über ein Gebiet, das von Afghanistan bis nach Bangladesch und von Maisur im Süden Indiens bis zum Himalaja reichte. Während seiner Regierungszeit eroberte er das Land Kalinga an der Westküste Indiens, das ein wichtiger Handelspartner des präbuddhistischen Sri Lankas war. Den srilankischen Chroniken zufolge forderte diese blutige Schlacht 100000 Tote und noch einmal ein Mehrfaches an Opfern nach dem Kampf. Der siegreiche Herrscher war von den Greueln, die er angerichtet hatte, so entsetzt, daß er sich zum Buddhismus bekannte. Von da an stand das Leben König Aschokas im Dienst der Lehre Buddhas. Sein Sohn Mahinda wurde Mönch, der die Menschen im Südosten Indiens zum Buddhismus bekehrte. Um 250 v. Chr. führte ihn der Weg auch nach Sri Lanka. Er kam in Mihintale an Land, 15 Kilometer östlich von Anuradhapura, wo zu der Zeit der Löwenmensch König Tissa herrschte.

Aus Angst vor dem mächtigen Herrscher auf dem Festland wollte König Tissa Buddhist werden, doch laut Chronik lag es nicht in der Absicht des Mönchs, irgendwelche Dummköpfe für den neuen Glauben zu gewinnen, und so stellte er dem König eine Aufgabe:

»Welchen Namen hat dieser Baum, o König?«

»Es ist ein Mangobaum.«

»Gibt es außer diesem noch andere Mangobäume?«

»Ja, es gibt viele Mangobäume.«

»Gibt es außer diesem und den anderen Mangobäumen noch andere Bäume?«

»Es gibt noch viele Bäume, aber es sind keine Mangobäume.«

»Gibt es außer jenen Mangobäumen und den Bäumen, die keine Mangobäume sind, noch andere Bäume?«

Der König beantwortete diese letzte Frage richtig und wurde von dem Mönch bekehrt. Er hatte geantwortet:

»Ja, es gibt noch *diesen* Mangobaum.«

Ob Buddha selbst nach Sri Lanka gekommen ist oder nicht, er soll auf jeden Fall im Fels dort seine Fußabdrücke hinterlassen haben. Aber das taten auch Adam und der Hindu-Gott Schiwa. Nacheinander haben die frühen Hindus, Buddhisten und Moslems (die sich Adam mit den Juden und Christen teilten) ihren Anspruch auf dieselben heiligen Fußabdrücke auf Sri Lanka erhoben. Die Kunde von diesen Fußabdrücken erreichte sogar die Malediven. Anläßlich seiner beiden Aufenthalte im Sultanat der Malediven zwischen 1343 und 1346 erwähnt Ibn Battuta zwei moslemische Fakire, die »von dem Besuche des Adamsfußes« auf der Insel Serendib (Sri Lanka) auf die Malediven zurückkehrten. Später besuchte Ibn Battuta den »Fuß« selbst.[50]

Als ob die natürlichen Vertiefungen, die den großen und kleinen Fußabdrücken ähneln, den Ansprüchen der frühen Gläubigen nicht genügten, begannen sie, weitere heilige Abdrücke herzustellen, die sich bequem in den eigenen Tempeln unterbringen ließen. Als ich diesen Abdrücken nachspürte, stellte ich fest, daß sie unter den Hindu-Gläubigen im südlichen Indien noch älter und häufiger waren. Es sah so aus, als stamme der letzte Fußabdruck auf dem kleinen Felseneiland Sri Pada direkt vor der südlichsten Spitze Indiens von einem Absprung nach Sri Lanka. Hier hatten die Hindu-Gläubigen einen Tempel um eine leicht ovale, bräunliche Vertiefung im Fels gebaut. Nach der hinduistischen Mythologie stammte dieser Fußabdruck von der Göttin Parvati, die an dieser Stelle versucht hatte, die Hand des Urgottes Schiwa zu erfassen. Von weit her kamen die Gläubigen des Landes zur Südspitze Indiens, um den Fußabdruck auf diesem Felsen zu verehren. Ein altersschwaches, überfülltes Motorboot brachte uns vom nahen Festland hinüber. Die einheimischen Fischer hatten ihre Balkenflöße auf das Felsenufer gezogen, die genau wie die Flöße auf den Lagunen der Malediven einen nach oben gebogenen Bug hatten. Ich fragte mich, warum die Göttin auf diese Felsinsel vor der Südspitze des Festlands hatte treten müssen, um Schiwas Hand zu erhaschen. Kam dieser hohe Gott der Hindu-Mythologie etwa vom Meer?

Keiner dieser hinduistischen und buddhistischen Fußabdrücke wies deutlicher nach den Malediven als zwei große, schöne Vertiefungen, die sich fein säuberlich nebeneinander auf einer Steinplatte befanden, die man auf Sri Lanka entdeckt hatte. Die Platte hing in der Eingangshalle des srilankischen Nationalmuseums, einem der größten und ältesten Museen ganz Asiens. Sie war in Kantarodai in der Nähe von Jaffna im äußersten Norden dieser birnenförmigen Insel gefunden worden. Das heißt, so weit weg von den Malediven und so nah dem indischen Festland wie nur möglich. Und doch war die Verbindung zu den Malediven so eindeutig wie ein Fingerabdruck. Auf dieser Platte befanden sich fast all die seltsamen Zeichen, die wir für Hieroglyphen gehalten hatten, als wir sie auf den Kalksteinfragmenten im Museum von Malé sahen. Hier im Nationalmuseum von Sri Lanka war die Platte unversehrt und hatte einen Ehrenplatz in der Eingangshalle. Auf den Malediven lag sie, zerbrochen und unvollständig, zusammen mit hinduistischen und buddhistischen Standbildern den Blicken verborgen hinter der Tür in der Rumpelkammer.

Hier auf Sri Lanka waren die gleichen Symbole: der Angelhaken, die Muschelschale, der Fisch, der Krug, selbst das Sonnenrad und der Rahmen mit Lotosmotiven und der Hakenkreuzreihe. Aber hier waren die Zeichen wahllos über die Platte verteilt. Auf dem maledivischen Fragment standen sie wie ein Schriftzug in einer Zeile. In beiden Fällen hatten diese Zeichen aber offensichtlich symbolischen und nicht nur schmückenden Charakter.

Auf der Platte auf Sri Lanka waren die Symbole eingraviert, als sollte die magische Kraft der sehr kunstvoll gearbeiteten Abdrücke der beiden großen Füße noch verstärkt werden.

»Ein doppelter *Paduka«*, erklärte die Museumsdirektorin, die uns herumführte. »Ein Paar Abdrücke der Füße Buddhas.«

Fußabdrücke auf den maledivischen Fragmenten auszumachen war schwierig, bis wir die fehlenden Stücke auf Wadu fanden. Als die Teile zusammengelegt wurden, waren die Umrisse zweier großer Fußabdrücke zu erkennen. Aus demselben Schutthaufen holten wir auch einen beschädigten Kalksteinblock, in den ein einzelner Fußabdruck gehauen war, der aber sonst keine Verzierungen und Symbole aufwies.

Aber sollten das alles Fußabdrücke von Buddha sein? Wahrscheinlich. Aber ganz sicher war es nicht. Auf den Malediven waren auch hinduistische Standbilder gefunden worden. Und die Platte von Sri Lanka hatte man an der Nordspitze der Insel entdeckt, wo überwiegend Tamilen leben, die bis zum heutigen Tag Hindus geblieben sind. Und tamilische Könige hatten auch eine Zeitlang auf Sri Lanka geherrscht. Nachdem König Tissa um 250 v. Chr. zum Buddhismus bekehrt worden war, verloren seine Nachfahren den Thron. Der offizielle Fremdenführer für die einstige Hauptstadt Anuradhapura streift dieses kaum bekannte Interregnum nur mit einem kurzen Kommentar:

»Nach König Tissa machen wir einen Sprung zur Herrschaft Elaras. So wie vierhundert Jahre zuvor die Singhalesen nach Sri Lanka kamen, nahte jetzt eine neue Invasionswelle aus Indien, die tamilische Könige auf den Thron brachte.«

Diese tamilischen Könige regierten Sri Lanka bis 161 v. Chr.; dann ging die Herrschaft an die Singhalesen zurück. Höchstwahrscheinlich waren diese Tamilen Hindus, weil das der Glaube ist, der sich unter ihren Nachfahren hielt. Die alte Steinplatte an der Wand des Nationalmuseums läßt sich zeitlich nicht eindeutig bestimmen. Sie enthält nur die eine Erkenntnis, daß sie älter ist als die buddhistischen Standbilder auf Sri Lanka und aus einer sehr frühen Zeit stammen muß.

Es gibt tatsächlich überlieferte Hinweise, daß schon die frühen Singhalesen irgendwelche heiligen Fußabdrücke auf Sri Lanka entdeckt haben. Als König Gajabahu, der von 114 bis 136 n. Chr. regierte, die 115 Meter hohe Stupa von Abhayagiri baute, wurde sie über einem bereits existierenden Fußabdruck errichtet, den man damals für einen Abdruck Buddhas hielt. Das veranlaßte Fa Hien, der im fünften Jahrhundert die Hauptstadt von Sri Lanka besuchte, zu der Annahme: »Der Buddha kam in dieses Land und setzte dank seiner übernatürlichen Fähigkeiten einen Fuß in den Norden der Königsstadt und den anderen über den Berggipfel . . .« Der Fußabdruck am Berg war der, von dem Ibn Battuta später meinte, er stamme von Adam, und den die Hindus für einen Abdruck Schiwas halten.

Wer hatte die Steinplatten mit den eigenartigen Zeichen und den Fußabdrücken bearbeitet, die jetzt entdeckt worden waren? Oder wenn sie nicht am Ort bearbeitet worden waren, wer hatte sie zu so weit auseinanderliegenden Plätzen wie der Nordspitze Sri Lankas und den Ufern des Äquatorkanals gebracht? Die Reaktionen auf unsere Entdekkung der ersten religiösen Fußabdrücke auf den Malediven legen nahe, die Antwort anderen zu überlassen, denn hier sind moslemische, singhalesische und tamilische Ansichten im Spiel, ganz zu schweigen von denen christlicher Gelehrter der Schule, die bei Ozeanüberquerungen vor Kolumbus empfindlich reagiert. Hier genügt es festzuhalten, daß diesmal voreuropäische, genauer vorislamische Seefahrer praktisch imstande gewesen sind, ihre Fußabdrücke in Stein zu hauen. Fußabdrücke, die mit Zeichen und Symbolen versehen waren, die niemand dem Zufall oder Ähnlichkeiten im Klima oder geistiger Verwandtschaft zuschreiben würde.

Jedes für sich genommen konnten die Symbole auf diesen Steinplatten unabhängig voneinander erfunden worden sein – Sonnenrad, Hakenkreuz, Lotosmotiv, Fisch, Angelhaken, Muschelschale, Krug etc. Aber wenn sie alle zusammen in ein Paar Fußabdrücke auf einer Steinplatte graviert waren, konnte man einen Zufall ausschließen. Auf der maledivischen Platte sind die kleinen Zeichen schön nebeneinander wie ein Schriftzug in den Stein gehauen, während nur das große Sonnenrad in der Mitte sowie die Lotosblütenblätter und das Hakenkreuz als kombinierte Symbole und Verzierung verwendet werden. Auf dem Stück aus Sri Lanka sind die kleinen Zeichen einzeln über den Stein verstreut, als gäbe es kein Schriftkonzept und die Symbole hätten nur magisch-religiöse Bedeutung. Zu der Zeit, als diese Tafeln entstanden, hatten sowohl die Malediven als auch Sri Lanka fortgeschrittene Formen einer Lautschrift. Warum schrieb man weder hier noch dort heilige Texte oder Botschaften, die man übermitteln wollte, mit eigenen Schriftzeichen?

Ohne Frage stellten die Symbole auf diesen Platten die Reste einer Urschrift oder Art dar, bildlich einem bereits eingeweihten Betrachter Gedanken zu vermitteln. Hatten Buddhisten oder Hindus diese Zeichen in Stein gehauen? Ich habe bei beiden den Test gemacht, und beide erkannten in ihnen Symbole ihres eigenen Glaubens. In dem Fall mußten die Buddhisten sie von den Hindus geerbt haben. Denn Buddha war ein hinduistischer Reformierter, der sehr viel von der Tradition weiterführte, in der er groß geworden war, so wie die Christen, und nach ihnen die Moslems, später nie das alte hebräische Testament ganz aufgaben.

Wieviel die Hindus an die Buddhisten weitergegeben haben, wurde mir so langsam klar, als sich mir die Aufgabe stellte, die Fußabdrücke der einen Glaubensgemeinschaft von denen der anderen zu trennen.

Die srilankischen Buddhisten betrachteten das Sonnenrad auf der Steintafel als das Zeichen Buddhas; es war das Symbol seiner mythischen Abstammung von der Sonne. Doch im kleinen Museum von Trivandrum im Süden Indiens zeigte man mir eine große Bronzestatue des hinduistischen Gottes Wischnu. Er hatte lange Ohren, wie Buddha, eine Sonnenscheibe auf dem Rücken und hielt in einer Hand ein großes Sonnenrad mit Speichen, das genau wie das aussah, das in die Fußabdruckplatten von Sri Lanka und den Malediven gehauen war.

»Wir nennen dieses Sonnenrad *Chakra«,* erklärte der dortige Wärter. »Es ist in unserer hinduistischen Religion ein sehr verbreitetes Symbol.«

Neben dieser großen Bronzefigur stand eine genauso große Holzstatue desselben Gottes, die mit Sonnensymbolen bedeckt war; außerdem hatte der Gott Wischnu eine große Sonne über seinem Kopf. In der Linken hielt er eine Muschelschale.

»Die Muschelschale ist das besondere Symbol Wischnus. Wir nennen es *Shanka«,* erläuterte der Wärter. »Alle Götter stammen von der Sonne ab, aber *Shanka* ist das besondere Symbol für den Gott Wischnu«.

Einige Museumsbesucher schlossen sich uns an und wunderten sich, daß ich mich so sehr für hinduistische Zeichen interessierte. Ich zog ein Foto des Tafelfragments von den Malediven aus der Tasche und zeigte ihnen das in Stein gehauene Sonnenrad und die Muschelschale. Einer der Besucher deutete auf das Gefäß mit den drei Pfeilen.

»Das ist ein *Purna ghata.* Das heißt ›voller Topf‹«, erklärte er. »Ein Gefäß des Überflusses«, ergänzte ein anderer.

Diese Menschen waren keine Wissenschaftler. Aber für sie war dies auch keine Wissenschaft. Das war ihre Religion.

»Und diese beiden Angelhaken?« fragte ich.

»Das eine ist ein Angelhaken, aber der andere nicht. Das ist eine Stange mit Widerhaken, die die Götter benutzen, wenn sie menschliche Seelen fangen.«

»Und der Fisch?«

»Er ist das Symbol, das die schiwaistischen Göttinnen tragen.«

Ein Zeichen nach dem anderen wurde so erläutert. Unsicherheit gab es nur bei einer Sanduhr oder einem Becher, der in der Mitte sich verengte. Aber dann lenkte der Wärter unsere Aufmerksamkeit auf einen bronzenen Tänzer, der von einem Ring aus Feuer umgeben war. In einer Hand hielt er ein Symbol, das genau einem derjenigen auf der maledivischen Tafel glich. Es war eine Hindu-Gestalt, aber niemand wußte, was der Gegenstand zu bedeuten hatte.

»Und die Hakenkreuze um diese Zeichen?«

»Hinduistisch. Hier im Süden sieht man es nicht so oft, aber in Nordindien ist es sehr verbreitet.«

»Aber das hier muß doch buddhistisch sein.« Ich versuchte, eine Reaktion zu entlocken und zeigte auf das Band aus Lotosblütenblättern, das außen um die Platte lief.

»Das haben sie von uns«, erklärten sie lachend und zeigten mir, was ich schon erblickt hatte. Überall im Museum standen Gottheiten auf Thronen, die mit Bändern aus Lotosblüten verziert waren, und auch Säulenplatten mit Lotosmotiven. Einige Götter gingen im Kreislauf der Wiedergeburt aus Lotosblüten hervor.

Es schien kaum noch etwas zu fragen zu geben. Die ganze Sache mit dem doppelten Fußabdruck hatte ich bereits in einem Hindu-Tempel gesehen. Der Gott Wischnu selbst lag als eine große Skulptur inmitten eines Teichs auf seinem mythischen Schlangenfloß mit einem *Chakra* in der Hand, einem Sonnenrad. Auf einem Sockel am Tisch lag eine Platte mit dem Abdruck beider Füße, dem fromme Besucher noch immer Verehrung entgegenbrachten.

Ich hatte alle Fragen, die ich zu den Zeichen auf den Platten hatte, gestellt und holte die Fotos von den vielköpfigen Steindämonen hervor, die dort ausgegraben worden waren, wo auf Malé die Jungfrauenopfer stattgefunden hatten. Die Besucher waren sich nicht sicher, stimmten aber alle darin überein, schon einmal etwas Ähnliches gesehen zu haben. Und tatsächlich gab es im Museum etwas Ähnliches. Einige der Holzstatuen aus diesem Teil Südwestindiens stellten dämonische Gottheiten mit ausgestreckter Zunge, langen Raubtierzähnen, vorquellenden Augen und runden Scheiben dar, die in den ausgeweiteten Ohrläppchen steckten. Wir kamen der Sache näher, waren aber doch noch nicht am Ziel. Wir waren ihr nicht näher als bei den indonesischen Holzmasken und den traditionellen präbuddhistischen Tanzmasken, die im Süden Sri Lankas noch immer kopiert und an die Touristen verkauft wurden.

Aber einer von den Besuchern wies auf ein Zeichen, das in das steinerne maledivische Standbild gehauen war. Es war das uralte, bekannte Symbol des Blitzes, dargestellt als eine Art Dreizack mit zwei Enden.

»Das ist ein *Vagra«,* sagte er, und der Museumswärter zeigte uns eine Statue des Hindu-Gottes Indra, der einen solchen Gegenstand in der Hand hielt. Indra war der wedische Hauptgott Indiens, ein kriegerischer, arischer Gott, der die Sonne bezwang und als Waffe diesen Blitz hatte. Aber auch die buddhistische Mythologie hatte Indra übernommen. In Polannaruva auf Sri Lanka hatte ich die große Statue eines sitzenden Buddhas gesehen, deren Sockel mit einem Band abwechselnd aus Löwen und »Blitzen« verziert war. Wäre also der maledivische *Vagra* nicht auf einer nichtbuddhistischen, mehrköpfigen Bildsäule dargestellt worden, hätte man ihn jeder dieser beiden miteinander zusammenhängenden Religionen zuschreiben können.

Auf einem Regal im selben Museum hatte ich zwei ganz kleine sitzende Bronzefiguren entdeckt, bei deren Anblick ich sofort an maledivische Gegenstücke dachte. Eine der beiden kleinen Figuren von den Malediven stellte zweifellos Buddha dar, aber die andere nicht. Und hier standen nun offensichtlich Verwandte dieses zweiten Typs. Die kleinen Bronzefiguren saßen auf einem runden Kissen, ein Bein verschränkt, das andere nach unten hängend, mit hohem, feierlichem Kopfputz, Halskette, Bund und Reifen an den Oberarmen, genau wie bei den Statuen auf den Malediven.

Als letzten Test zeigte ich der interessierten Besuchergruppe meine Fotos von diesen beiden maledivischen Stücken. Niemand zögerte, und alle waren sich einig:

»Das eine ist ein Buddha, der mit verschränkten Beinen in der *Padmasana*-Stellung sitzt. Das andere mit dem hohen Kopfputz ist eine in der *Sukhasana*-Stellung sitzende Hindu-Gottheit, die ein Bein verschränkt und das andere nach unten hängen hat.«

Zu diesem Schluß waren wir auch gelangt. Im Moment schienen wir einer Antwort nicht näherzukommen. Es sah vielmehr so aus, als würden die Schwierigkeiten größer, da diese Symbole und Religionen so eng miteinander verbunden waren. Hier an der Malabar-Küste Südwestindiens gab es Parallelen, die auf Sri Lanka fehlten, aber doch längst nicht das, wonach wir suchten. Dies war die den Malediven nächstgelegene Festlandsküste, aber das fehlende Glied in der Verbindung zur Außenwelt schien es nicht zu sein.

Ich hatte mit deutlicheren Beweisen für den Kontakt zwischen dem südlichen Indien und den Malediven gerechnet, einmal, weil wir wußten, daß in den letzten Jahrhunderten Handelsbeziehungen bestanden hatten, und zum anderen, weil die lokale Geschichte der Chola einen Hinweis auf die Malediven enthielt. Dort hieß es, daß ihr König Rajaraja I. zwischen 985 und 1014 n. Chr. die gesamte Festlandsküste Südwestindiens eroberte. Er »unterwarf (sogar) die vielen alten Inseln, 12000 an der Zahl«. Außerdem »überquerte sein starkes Heer mit Schiffen das Meer und vernichtete den König von Lanka«. Die vielen Inseln müssen die Lakkadiven und die Malediven gewesen sein, denn Lanka war Sri Lanka, wo er Anuradhapura eroberte, die neue Hauptstadt in Polonnaruva baute und Hindu-Tempel dort errichtete.[51] Aber anscheinend hat dieser erfolgreiche Flottenüberfall der Chola auf die Malediven keine bleibenden Spuren hinterlassen.

Ich besuchte sämtliche alten Tempel und archäologischen Stätten bis hinunter zur äußersten Südspitze des Festlands. Überall gab es etwas zu sehen und zu lernen, herrliche Landschaften und freundliche Menschen, aber doch kaum etwas, das auf eine Beziehung zu den Malediven hätte schließen lassen.

Meine einzigen Hilfen beim Abklappern all der Tempel bis hinunter zur Südspitze waren eine Straßenkarte und ein Taxifahrer, der mit Freuden überall wartete. Keiner verstand auch nur ein Wort des anderen. Wir tauschten lediglich Beifalls- oder Mißfallenskundgebungen aus, wenn wir gemeinsam aßen. Einmal bat ich ihn anzuhalten, weil ich die tiefen Töne eines Muschelhorns oben am Berghang hörte. Ich wurde endlose Stufen den Berg hinauf bis zu einer Höhle in luftiger Höhe gelockt. Dort wurde ich von zwei Mönchen unterhalten, die den Affengott *Haneman* in seiner Reinkarnation als riesiger Affe verehrten, der oben auf den Felsen erschien, wenn sie ihn riefen. Zwei steinerne Wächter mit langen, geschlitzten Ohren standen rechts und links neben dem Eingang zur Höhle. In den mächtigen Steinsturz zwischen ihnen waren rot angemalte konzentrische Kreise gehauen, die die Mönche mir dadurch erklärten, daß sie zur Sonne zeigten.

Eins war klar. Sowohl auf Sri Lanka als auch hier an der Malabar-Küste war ich auf heilige, phallusförmige Skulpturen gestoßen, wie wir sie auf den Malediven ausgegraben hatten. Hier bei den Hindus des Landes hatten sie noch ihre rituelle Bestimmung als *Schiwalingam,* das Lingam Schiwas. Ich sah sie, groß und klein, wie sie in den Hindu-Tempeln verehrt wurden, selbst von eleganten Damen und jungen Mädchen, die sie berührten und, ohne verlegen zu werden, rote Farbe oder Blumen auf sie streuten, und Gelehrte aus der Gegend versuchten mir klarzumachen, daß es falsch sei, das Lingam mit Sex in Verbindung zu bringen. Es sei nichts als das Symbol des Gottes Schiwa. Man zeigte mir die alten Wandmalereien in einem Palast, die den seefahrenden Schiwa darstellten, der auf seinem Schlangenfloß ruhte und mit der ausgestreckten rechten Hand ein Lingam berührte, das losgelöst neben ihm dargestellt war. Es war wie eine Kuppel auf einer quadratischen, stufenförmigen Plattform gemalt, einer kleinen Stupa vergleichbar. Da hatten wir sie wieder; ähnliche, auf Sri Lanka ausgegrabene Skulpturen galten dort als Mini-Stupas. Die Darstellungsart war die gleiche, der Unterschied bestand lediglich in der Auslegung.

Aber wer hatte dieses Bild auf die Malediven gebracht? Ich kehrte nach Sri Lanka und dann wieder auf die Malediven zurück und hatte das Gefühl, daß die Frage noch immer offen war.

Man frage einen Malediver, woher sein Volk seiner Meinung nach stammt, und er wird wahrscheinlich sämtliche Möglichkeiten offenlassen. Als Angehöriger eines Volks von Seefahrern weiß er, daß tausend Meilen mehr oder weniger auf dem Meer für ein Schiff kein entscheidender Umstand sind. Das sind die Schwimmfähigkeit des Bootes und das Wetter. Für einen versierten Seefahrer sind selbst Proviant und Wasservorrat alles andere als entscheidende Faktoren. Also: Sri Lanka? Ja, vielleicht. Oder warum nicht die arabische Welt, von wo der Islam kam? Tanger in Nordafrika oder Täbris im Iran? Alles war möglich.

Die beiden einzigen Quellen, aus denen wir verläßliche Informationen über alte Ansichten über die Herkunft der Malediver erhalten konnten, waren Bell und Maloney. Ersterer als ein erfahrener, aus früheren Tagen stammender archäologischer Beauftragter von Sri Lanka, letzterer als moderner Berufsanthropologe, den Bells Ruinen nicht interessierten und der statt dessen die noch lebenden Menschen studierte.

Man wäre geneigt anzunehmen, daß von den beiden Bell die besseren Karten hätte, wenn es darum ginge, vergangene Ereignisse auf der

---

Die Sonnensymbole waren ebenso verbreitet wie typisch für die Inseln am Äquatorkanal, wohingegen die Ochsenskulptur (b) ganz allein zwischen den Trümmern der Füllung des Tempelhügels auf Gaaf-Gan gefunden wurde. Wie die Löwenskulpturen vom selben Tempel hatten auch die Ochsen den hinteren Teil nur als Rechteck ausgebildet, so daß es in die Mauer eingesetzt werden konnte und nur das Vorderteil reliefartig vorstand. Die Hörner waren wie bei einem indischen Wasserbüffel skulptiert.

Die spulenförmigen Ohrenpflöcke, die die Ohren der alten Skulpturen ausweiteten, glichen denen, die bei Ausgrabungen in der frühgeschichtlichen Hafenstadt Lothal im Industal entdeckt wurden.

Als wir die fehlenden Fragmente einer Steinplatte mit Piktogramm- und Symbolreihen auf der Äquatorinsel Vadu fanden, stießen wir auch auf einen bedeutenden Hinweis auf die verwickelte Herkunft der Malediver. Eine verblüffend ähnliche Platte war an der Nordspitze Sri Lankas entdeckt worden, das ursprünglich vom Golf von Kambay im Nordwesten Indiens aus besiedelt worden war. Unsere Entdeckung bestätigte somit alte schriftliche Unterlagen in Indien und auf Sri Lanka, die vermuten ließen, daß die alte Hafenstadt Bharuch im Industal der Heimathafen der »Löwenmenschen« gewesen war, die an der Nordspitze Sri Lankas landeten und auch eine wichtige Gruppe der frühesten Besiedler der Malediven bildeten.

Folgende Doppelseite: *Die Republik der Malediven hat einige ihrer traumhaften Inseln für den Tourismus reserviert. Das kleine Kuramati-Atoll liegt gleich westlich der Hauptinsel Malé.*

Insel zu rekonstruieren. Er hatte sofort die alten Ruinen aufgesucht, die die frühgeschichtlichen Bewohner hinterlassen hatten, während Maloney seine indirekten Schlüsse aus seiner Untersuchung der Lebensgewohnheiten der heutigen Inselbewohner gezogen hatte. Wie wir gesehen haben, hatte sich Maloney trotz der konkreten Beobachtungen Bells der allgemeinen Ansicht angeschlossen, daß die Archäologie aufgrund des sterilen Sandes und des niedrigen Grundwasserspiegels auf den Malediven keine Zukunft habe. Obwohl er mit dieser Annahme falsch lag, neigte ich, je mehr wir aus unseren eigenen Untersuchungen lernten, mehr und mehr zu der Vermutung, daß Maloney auf dem richtigen Weg war.

Bell, der in einer schwierigen Zeit arbeitete und vom moslemischen Monopolanspruch auf die Geschichte der Malediven behindert wurde, versuchte, die ursprüngliche maledivische Kultur als einen direkten Abkömmling der buddhistischen Kultur Sri Lankas zu erklären. Maloney teilte Bells Ansicht nicht und wies auch nach, daß Bell selbst als erster eingeräumt hatte, daß die historischen Chroniken Sri Lankas keinerlei Hinweise auf die Malediven enthielten. Bell hatte sogar geschrieben:

»Als Alternative, wenn auch weniger wahrscheinliche Vermutung, ist es vielleicht nicht vorschnell, als erste arische Besiedlung der Gruppe eine Zeit anzunehmen, die mit der Besiedlung Ceylons selbst zusammenfällt (nämlich vier oder fünf Jahrhunderte vor der christlichen Ära), und zwar durch einen anderen, wenn auch verwandten Stamm der gleichen Abenteurer, als eine spätere direkte Einwanderung von dieser Insel aus.«[52]

Obwohl Maloneys Studienobjekt *People of the Maldive Islands* (Die Menschen der Malediven) waren, wies er darauf hin, daß die Hälfte seiner eigenen Bemühungen dem problematischen Hintergrund der Geschichte ihrer Kultur gegolten hatte. Weil, wie er sagt, »das nicht

---

Eine Galerie prämoslemischer Vorfahren, ausgegraben auf den Malediven. Alle stammen aus der Zeit vor dem zwölften Jahrhundert, als das islamische Recht die Darstellung des Menschen verbot. Der Buddha mit dem gelockten Haar (links unten) wurde als Hinduprinz geboren und erbte damit den königlich-hinduistischen Brauch des Ausweitens der Ohrläppchen. Schon lange vor der Geburt Buddhas hatten die adligen Hindus und ihre Götterahnen diese eigenartige Sitte von den einstigen Sonnenanbetern der Industal-Kultur übernommen. Wer waren die Männer mit den langen Ohren, den Schnauzbärten und den Eckzähnen eines Raubtieres, die lange vor der Zeit des Islam und des Buddhismus den Indischen Ozean befuhren?

verfolgt worden war, und frühere Beobachter nicht die große Komplexität der geschichtlichen Strömungen gesehen haben, die sich zur maledivischen Kultur entfalteten. Das war auch als ein Korrektiv zu Bell nötig, dessen Arbeit zwar äußerst gewissenhaft war, aber doch versuchte, alles auf singhalesische Ursprünge zurückzuführen.«[53]

Maloney erkannte voll und ganz an, daß Bell die alten maledivischen Texte gesammelt und nachgewiesen hatte, daß die meisten Dihevi-Worte in der heutigen Sprache der Malediver etymologisch mit dem alten Singhalesisch zusammenhingen. Aber da diese Worte eindeutig indisch-arischen Ursprungs waren, hätten die Malediver sie auch direkt aus dem nordwestlichen Indien übernehmen können anstatt auf dem Umweg über Sri Lanka. Auch wenn Bell dies nicht als eine wahrscheinliche Arbeitshypothese ansah, Maloney tat es. Jeder größere srilankische Einfluß, so Maloney, wäre in die frühere Zeit der Naga und Yakkha gefallen, noch bevor Sri Lanka durch die Singhalesen besiedelt wurde.

Diese von der Archäologie völlig unabhängige Annahme stützte sich ausschließlich auf geschichtliche, sprachliche und kulturelle Beweise. Während die Chroniken Sri Lankas nichts über die Malediven in der buddhistischen Zeit sagen, gibt es doch Hinweise auf solche Inseln, und zwar in den kurzen Texten, die sich auf die frühen Yakkha und Naga beziehen:

»Den srilankischen Chroniken zufolge gab es in präbuddhistischer Zeit an der Küste nahe Colombo Naga-Könige, von denen einer ein Reich hatte, das sich ›ein halbes tausend Yojanas auf das Meer‹ erstreckte. Es gibt auch die Legende, daß Yakkha und andere ›Nicht-Menschen‹ von Sri Lanka auf eine andere Insel durch die Gnade eines früheren Buddhas vertrieben wurden, damit die Singhalesen das Land in Besitz nehmen konnten.«[54]

Die ersten buddhistischen Mönche, die diese singhalesischen Chroniken schrieben, hinterließen keine Hinweise darauf, wer dieser frühere »Buddha« war. Er erleichterte die Einnahme der Insel durch die Löwenmenschen dadurch, daß er den größten Teil der früheren Bevölkerung fortschickte, doch das geschah, lange bevor der wirkliche Buddhismus Sri Lanka erreichte und König Tissa und die Löwenmenschen bekehrt wurden. Gebildete Mönche, die zu ihrer Zeit klug genug waren, König Tissa eine Aufgabe zu stellen, wie etwa die Frage nach dem Mangobaum, hätten die Geschichte über das Schicksal der Naga und Yakkha höchstens in Form eines allegorischen Hinweises auf irgendein tatsächliches Ereignis festgehalten. Die beiden frühesten singhalesischen Chroniken, der *Mahawamsa* und der *Dipawamsa*, beziehen sich beide auf dasselbe Ereignis.

Im *Mahawamsa* wird berichtet, daß ein Naga-König namens Maniakkhika an der Westküste Sri Lankas in Kalyani herrschte, das unmittelbar nördlich der heutigen Hauptstadt Colombo lag. Er hatte eine große Naga-Gefolgschaft. Der Sohn seiner Schwester, König Mahodara, herrschte »in einem *Naga*-Reich auf dem Meer, das ein halbes tausend *Yojanas* bedeckte«. König Mahodara stritt sich mit seinem Neffen Culodara um den Thron zu der Zeit, als »der Erleuchtete« sich einschaltete. Zur »wahren Lehre« bekehrt, verzichteten diese Könige zugunsten dieses frühen Buddhas auf ihren Thron, der daraufhin 80 Naga-Gebiete »auf dem Meer und auf dem Festland« errichtete.

Auch der *Dipawamsa* aus dem vierten nachchristlichen Jahrhundert erwähnte diesen »Erleuchteten«, der den Löwenmenschen den Weg ebnete:

». . . der Lehrer, der frei von Leidenschaft war, sah die herrliche Insel Ceylon. Zu der Zeit gab es auf der Ebene von Lanka ausgedehnte Wälder und große Schrecken: verschiedene *Yakkha . . . Rakkhasa . . . Pisakas . . .* Das versammelte Heer der *Yakkha* sah den Erhobenen Buddha stehen; sie hielten ihn nicht für den Buddha, sondern für einen anderen *Yakkha.* Der Buddha sagte zu ihnen: ›Ihr alle bittet mich um Feuer; ich werde augenblicklich große Hitze erzeugen, um die ihr gebetet habt, großes Feuer und starke Hitze.‹«

Dieser Wortlaut würde offenbar andeuten, daß die Yakkha gemäß dem singhalesischen Chronisten unter Umständen Verehrer des Feuers waren und jetzt vom »Erleuchteten« für ihr Heidentum bestraft wurden. Denn der Buddha gab den Yakkha das Feuer, das sie haben wollten, allerdings im Überfluß. Die Hitze wurde »unerträglich auf den Inseln. Die *Yakkha* flüchteten bald, nach Osten, Westen, Süden, Norden, nach oben, unten und in zehn Richtungen . . .«

Als der »Erleuchtete« die Yakkha bekümmert und verängstigt sah, hatte er Mitleid und Erbarmen und dachte darüber nach, diese unwürdigen Geschöpfe glücklich zu machen. Und er brachte ihnen das (oder brachte sie zum) Land Giri-dipa, die Insel Giri. Es war ein »flaches Land . . . wie die Ebene von Lanka . . . mitten im Meer . . . Schön, angenehm, grün und kühl, mit lieblichen und ausgezeichneten Hainen und Wäldern hier, die Bäume tragen Früchte und Blüten, leer und allein, ohne Herr. Auf dem großen und tiefen Meer, mitten im Wasser der See, brechen sich ständig Wellen, umgeben von der unzugänglichen Bergkette ist es schwer, gegen den Willen hineinzugelangen.«

Dieser Hinweis auf »Berge« und ein weiterer Hinweis auf »die Insel *Giri* mit Flüssen, Bergen und Seen« lassen einen flüchtigen Leser sicher nicht an die Malediven-Atolle denken. Aber Maloney war kein flüchtiger Leser. Ihm fiel auf, daß das Wort *Giri* auf den Malediven »Riff« bedeutet, was ein unter Wasser liegender Berg ist. Er zählte sogar 36 Riffe im Bereich der Malediven, die *Giri* heißen oder die Nachsilbe *-giri* haben. So ergibt alles einen Sinn! Die stillen Lagunen sind die vielen Seen, die Flüsse sind die starken Strömungen, die in die und aus den Lagunen laufen, und im kristallklaren Wasser zeigen sich diese Inseln als das, was sie wirklich sind: hohe, kraterförmige Gipfel, die vom Meeresboden bis zur Oberfläche steigen. Obwohl sich der oberste Teil dieser untergetauchten Berge kaum über den Meeresspiegel erhebt und flach wie die Ebene von Lanka ist, ist es wegen der engen Einfahrten und der ständigen Brandung doch schwer, in das kranzartige *Giri* hineinzukommen.

Nach diesen anschaulichen srilankischen Texten verließen die Singhalesen das Land nach ihrer Ankunft nie wieder. Sie waren nicht diejenigen, denen die anderen Inseln zukommen sollten. Die gab der »Erleuchtete« den Yakkha und deren Zeitgenossen unter den Unwürdigen:

»Er ließ alle Rakkhasa ... auf *Giridipa* wohnen ... von wo sie nicht zurückkehren sollten«, und »zufriedengestellte *Yakkha,* zufriedene *Rakkhasa,* da sie die herrliche Insel wie gewünscht bekommen haben, alle überglücklich ...«[55]

Die Chroniken machen keinen großen Unterschied zwischen den Naga, den Yakkha und den Rakkhasa, die für sie alle mehr oder weniger Dämonen waren. Aber doch sehr menschliche Dämonen, denn der erste singhalesische König heiratete nach seiner Ankunft die Yakkha-Prinzessin.

Im Singhalesischen bedeutet *Naga* wörtlich »Schlange«. Maloney weist nach, daß es guten Grund zu der Annahme gibt, daß die Naga der alten singhalesischen Chroniken in Wirklichkeit die frühen Tamilen waren. Der Hauptaufenthaltsort der Tamilen war immer die Halbinsel Jaffna an der Nordspitze Sri Lankas, die in Pali und Tamil und sogar in der alten griechischen Literatur Naga-dipa oder »Naga-Insel« heißt. Seit Beginn der singhalesischen Geschichte saßen die Tamilen dort, vermischten sich mit den Singhalesen und übernahmen auch mehrere Male die Herrschaft. Maloney entdeckte in der singhalesischen Sprache eine, wie er es nannte, sehr starke tamilische Komponente, und trotz ihrer indisch-arischen Herkunft haben die Singhalesen viele soziale Eigenheiten der Tamilen übernommen. Unter der Annahme, daß die legendären Naga Tamilen waren, schreibt Maloney:

»Die Naga-Legenden lassen sich bis zu der sagenumwobenen Stadt Patala zurückverfolgen, die wahrscheinlich dieselbe war, die die Griechen zur Zeit Alexanders an der Mündung des Indus kannten, und gehen vielleicht zurück auf die urgeschichtlichen, Drawidisch sprechenden Seefahrer, deren Handelsinteressen bis in die Zeit der Indus-Kultur reichten.«[56]

Wer immer die Naga, Yakkha und Rakkhasa waren, unabhängige

Stämme einer gemeinsamen Rasse oder völlig verschiedene Volksstämme, wir können aus den buddhistischen Aufzeichnungen den endgültigen Schluß ziehen, daß sie diejenigen waren, die zur systematischen Besiedlung der Malediven beigetragen haben.

All das schien ein loses Ende des maledivischen Knäuels dem frühen Sri Lanka zuzuordnen, wo die singhalesischen Aufzeichnungen in ähnlicher Weise ein Ende hinaus aufs Meer offenließen. Es war verlokkend, das Rätsel für gelöst zu halten. Die Vorsehung oder der »Erleuchtete«, so konnte es scheinen, hatte diese malerischen Atolle für einen Zweig der eifrigen hydraulischen Kultur reserviert, deren Angehörige von der nächstgelegenen Küste dorthin segelten.

Aber so ist es nicht ganz. Es gibt noch mehr lose Enden im Malediven-Knäuel als nur die, die mit Sri Lanka in Verbindung zu bringen sind.

Kapitel 13
Woher kommen die Hindus?
Zum Hafen der Langohren

Die Sprache ist ein nützlicher Wegweiser, wenn man alte Verbindungen zurückverfolgen will. Das Divehi, das heute mit leichten dialektbedingten Abweichungen im gesamten Malediven-Archipel gesprochen wird, unterscheidet sich von allen uns bekannten Sprachen. Dennoch verbindet, wie Bell nachgewiesen hat, ganz offensichtlich etwas Grundlegendes die Malediven mit Sri Lanka. Das Divehi ist im Grunde eine indisch-arische Sprache, und das gilt auch für das Singhalesische, das auf Sri Lanka gesprochen wird.

Wie wir gesehen haben, hatten die Singhalesen eine indisch-arische Sprache, weil sie mit Schiffen direkt von der Nordwestküste Indiens kamen. Sofern man zu dem Ergebnis kommt, daß die Malediver nicht von den Singhalesen abstammen, muß man doch zumindest einräumen, daß wenigstens einige ihrer Vorfahren auch von derselben Nordwestküste Indiens gekommen sein müssen. Damit wären die Malediver Vettern der Singhalesen und Nachkommen von Indern aus dem Nordwesten des Landes, allerdings vermischt mit den Vorgängern der Singhalesen von Sri Lanka, die möglicherweise Tamil sprachen. Und tatsächlich fand Maloney heraus, daß das Divehi der Malediver viele tamilische Worte enthält. Er wies nach, daß die meisten Begriffe aus dem Bereich Verwandtschaft tamilischen Ursprungs sind, ebenso wie die meisten maledivischen Begriffe, die mit dem Meer, Schiffen und der Seefahrt zusammenhängen. *Dhoni* zum Beispiel ist ein tamilisches Wort.

Am wichtigsten aber ist, daß die Malediver in ihren ältesten offiziellen Unterlagen selbst einräumen, tamilische Vorfahren gehabt zu haben. Koimala, der erste schriftlich erwähnte König, der ihre Vorfahren in vormoslemischer Zeit auf die Malediven brachte, mußte sich die Erlaubnis, sich auf Malé niederzulassen, von bereits auf der Insel Giravaru im selben Atoll lebenden Bewohnern holen. Dieser Volksstamm von Giravaru aus der Vor-Divehi-Zeit existiert heute noch, und seine

Angehörigen glauben, Abkömmlinge eines tamilischen Stamms zu sein, dessen Angehörige sie *Tamila* nennen.[57] Äußerst bemerkenswert ist, daß die Bewohner von Giravaru glauben, ihre tamilischen Vorfahren seien Buddhisten.

Mit dieser tamilsprachigen Grundlage, die den überlieferten, frühen nichtsinghalesischen Auszug aus Sri Lanka vollauf bestätigt, aber auch einer indisch-arischen Komponente, die auf das nordwestliche indische Festland weist, deutet sich ein weiteres loses Ende an und auch ein neuer Hinweis, der beachtet werden muß. Die Spur führt direkt zum Golf von Kambay, der angestammten Heimat der Löwenmenschen.

Bisher haben die Archäologen, Historiker und Sprachwissenschaftler, die auf dem gesamten indischen Subkontinent und Sri Lanka die Fäden aufgenommen haben, festgestellt, daß die Enden alle in diesem frühen Ausgangszentrum zusammenlaufen. Das heißt, in dem und um das Gebiet, das durch die frühe Indus-Kultur zuerst aufgebaut und dann wieder aufgegeben wurde. Wir haben festgestellt, daß die Ahnen des Hindu-Adels und ihr Abkömmling Buddha aus diesem alten Zentrum die Sitte des Ausweitens der Ohrläppchen und den Glauben an die göttliche Abstammung vom Löwen und der Sonne geerbt haben.

Die auf den Malediven geübte einstige Praxis des Ausweitens des Ohrläppchens fand kaum Beachtung, bis uns durch Zufall die buddhistischen und hinduistischen steinernen Bildsäulen gezeigt wurden. Die ersten Sonnensymbole wurden gefunden, als wir auf die Blendsteine stießen, die von der *Hawitta* auf Gaaf-Gan abgefallen waren. Und kein Mensch wußte, daß der Löwe auf diesen Inseln jemals ein konkreter Begriff gewesen war, bis wir die Löwenbüsten in der aus Schutt bestehenden Füllung derselben *Hawitta* fanden und ein Inselbewohner beim Graben eines Brunnens auf der Insel Digura eine kleine Löwenfigur entdeckte.

Geschichten über große Katzen mit menschlichen Eigenschaften, die die Inseln vom Meer aus überfielen, hatten unsere Gedanken auf die Löwenmenschen gelenkt. Und im Addu-Atoll am Äquatorkanal griff Maloney eine Legende über einen Tiermenschen auf, die ihn veranlaßte, Vergleiche anzustellen mit den alten religiösen Überzeugungen auf Sri Lanka und an der Nordwestküste Indiens. Die maledivische Version war wie folgt:

»Es war einmal ein indischer König, der ein Jäger war. Als er einmal mit einem Netz jagte, erblickte er ein Geschöpf wie einen Menschen, das jedoch auf allen vieren lief und die Menschen belästigte. Dieses Geschöpf nahm auch die Netze der Jäger und stahl ihre Beute, so daß der König nichts fing . . . Eines Tages warf der König mit der Hilfe vieler Männer das Netz über das Geschöpf, das wegen der schweren, steinernen Gewichte nicht mehr entfliehen konnte. Der König nahm das Geschöpf mit in seinen Palast und kümmerte sich gut darum, und da es keine Sprache sprach, brachte der König ihm das Sprechen bei, was sehr lange dauerte. Das Geschöpf fing an, dem König zu Diensten zu sein, und zeigte ihm Schätze im Wald, und der König begegnete ihm mit Achtung. Der König hatte eine Tochter, die sich in das Geschöpf verliebte (in einer anderen Fassung zwingt der König seine Tochter, das Geschöpf zu heiraten). Der König war erzürnt, setzte das Paar auf ein Schiff und schickte sie in die Verbannung. Ihr Schiff kam zum Laamu-(Haddummati-)Atoll, wo das verstoßene Paar eine Krähe erblickte, die schrie. Sie hielten die Krähe für ein schlechtes Vorzeichen und meinten, es wäre daher nicht erstrebenswert, hier an Land zu gehen, und so fuhren sie weiter nach Malé. Sie ließen sich im jetzigen Sultanspark nieder und gründeten ein Königreich.«

Auch im Noonu-Atoll am anderen Ende des Archipels im äußersten Norden hörte Maloney von einer Legende über einen König, der einen Tiermenschen dazu brachte, in ein fremdes Land zu gehen, vermutlich Sri Lanka. Der Tiermensch heiratete die Königstochter und sorgte für politische Unruhe, so daß man ihn zwang, das Land zu verlassen. »Er und die Prinzessin kamen nach *Rasgetimu* und lebten dort eine Weile. Dann baten die Menschen dort sie darum, sie zu regieren.«[58] *Rasgetimu* ist eine Insel im Ra-Atoll neben dem Noonu-Atoll, wo die Legende zusammengetragen wurde. Die Insel ist so gelegen, daß ein Anlaufen von Sri Lanka ausgeschlossen ist, da die Seefahrer die Noonu-Riffe überqueren oder die Hilfe eines Lotsen in Anspruch nehmen müßten, der sie durch das Labyrinth zu dirigieren hätte, damit sie die andere, äußere Seite der Malediven erreichten. Für ein Anlaufen von Nordwestindien liegt Rasgetimu dagegen ideal.

Maloney legt dar, daß die Sultane von Malé den Gedanken einer Abstammung von einem Tiermenschen abscheulich fanden, und so unterdrückten sie diese Fassung über den Ahnherrn des ersten Königs, im Gegensatz zu den Buddhisten auf Sri Lanka, die voller Stolz am Löwen als ihrem totemistischen Symbol festhielten. Die einzige ursprüngliche Fassung, die die moslemischen Sultane von Malé zur offiziellen Niederschrift in das Kupferfolienbuch zuließen, war die sogenannte Koimala-Aufzeichnung, über die Bell berichtete. Nach dieser offiziellen Genealogie herrschte auf den Malediven vor Einführung des Islam nur ein einziger König:

»Einmal, als die Malediven noch kaum bewohnt waren, machte ein Prinz aus königlichem Hause namens *Koimala Kalo,* der die Tochter des Königs von Ceylon geheiratet hatte, mit zwei Schiffen eine Reise mit ihr von der Insel *Serendib.* Als sie die Malediven erreichten, gerieten sie in eine Flaute und blieben einige Zeit auf der Insel *Rasgetimu* im

Norden des Malosmadulu-Atolls. Als die Malediver erfuhren, daß die beiden hohen Besucher aus dem ceylonesischen Königshaus stammten, luden sie sie ein zu bleiben und riefen *Koimala* schließlich zu ihrem König von *Rasgetimu* aus, der ursprünglichen ›Königsinsel‹ (*Rasge* gleich ›König‹, *timu* gleich ›Insel‹). Später zogen *Koimala* und seine Gemahlin von dort nach *Malé* . . . und ließen sich dort mit dem Einverständnis der Eingeborenen der Insel *Giravaru* nieder, die damals die wichtigste Gemeinschaft des Malé-Atolls waren.«

Die moslemische Aufzeichnung behauptet, dieser erste König habe seine beiden Schiffe zurück nach Sri Lanka geschickt, damit sie weitere Menschen »der Löwenrasse« dorthin brächten, woraufhin sein Sohn »zwölf Jahre als Buddhist herrschte und dann zum Islam bekehrt wurde und noch weitere dreizehn Jahre regierte, bevor er schließlich nach Mekka aufbrach«. Danach herrschte seine Tochter mit dem Titel Sultanin, bis ihr Sohn »eine Dame vom Land heiratete. Von ihnen stammen die nachfolgenden Herrscher der Malediven ab.«[59]

Selbst Bell kam zu dem Schluß, daß diese Aufzeichnung die viele Jahrhunderte alte vormoslemische Geschichte der Malediven auf ein unbedeutendes Minimum reduzierte. Die Möglichkeit, daß im 12. Jahrhundert ein srilankischer Prinz den maledivischen Thron übernimmt, kann nicht ausgeschlossen werden. Falls es sich aber so zugetragen hat, ist dieses Ereignis den srilankischen Chronisten vollkommen entgangen. Außerdem würde kein srilankischer Prinz zuerst in Rasgetimu weit oben im Nordwesten landen, genau dort, wo die heidnischen Aufzeichnungen genau die gleiche Geschichte dem Tiermenschen und der Prinzessin zuschrieben. Die interessante Einzelheit dieser Sultansfassung ist das Eingeständnis, daß sowohl im Noonu- als auch im Malé-Atoll schon vorher Eingeborene gelebt haben. Und daß sie bei ihrem Bemühen, als Abkömmlinge von einem Prinzen der Löwenmenschen und nicht von einem Tiermenschen dazustehen, am Ende auf jeden Fall eine Katze als Ahnherrn haben.

Es überrascht nicht, daß Maloney später in Malé eine mündliche Fassung zusammentrug, in der Koimala der Sohn eines Prinzen war, den ein indischer König verbannt hatte:

»Der indische König war erzürnt über seinen Sohn und schickte ihn und seine Frau in zwei Booten fort; sie hatten 700 Soldaten. Sie kamen nach Rasgetimu im Raa-Atoll, und als er dort König wurde, nannten die Menschen diese Insel Rasgetimu (Königsinsel). Später gingen der König und die Königin nach Malé, wo diesem indischen Paar Koimala geboren wurde.«[60]

Erst zu der Zeit, als ich selbst im Archiv des moslemischen Kulturzentrums nachforschte, wurde ein zweites Kupferfolienbuch aus dem zwölften Jahrhundert übersetzt und veröffentlicht. Es war der bereits erwähnte *Loamaafaanu*-Text, in dem ein König namens Koimala überhaupt nicht vorkommt. Dieser Text führt vielmehr die Namen der fünf letzten Könige aus der Mond-Dynastie auf, die von 1105 n. Chr. bis zur Übernahme des Islam und dem Bau der ersten Moschee einander auf dem Thron von Malé folgten. Keiner von ihnen hieß Koimala.

Das würde Maloneys Vermutung bekräftigen, daß *Koi-mala* ein Sammelbegriff war, der für eine ganze Gruppe von Einzelpersonen galt, nicht nur für einen einzigen Herrscher. Er zeigte, daß *Koi* in Divehi das Wort für »Prinz« war und *Mala* sich durchaus von *Mala-div,* den Malé-Inseln, ableiten ließ. *Koi-mala* wären dann die »Prinzen von Malé« gewesen und hätte für alle vormoslemischen Herrscher zusammen gestanden, die bis zu dem Tag regierten, als der Islam eingeführt wurde. Maloney legte ferner dar, daß *Koya* in Südindien »Prinz« bedeutet, eine Ableitung aus dem Drawidischen *Ko,* »König«.

Da die Ankunft Koimalas auf der Insel Rasgetimu auf eine Allegorie über den Anfang einer Dynastie von Einwanderern reduziert wurde, die von der früheren Bevölkerung angenommen worden war, konnte Maloney mit Recht annehmen, daß die Tiermensch-Fassung die wirkliche Ursprungssage war: »Das Bild vom Löwen ging auf den Malediven infolge der Abgeschlossenheit verloren und wurde daher in der Sage durch den Tiermenschen ersetzt, während auf Sri Lanka das Bild vom Löwen durch die Kontakte zum Nordwesten Indiens in bestimmter Form aufrechterhalten wurde.«

Hätte die Löwensage von Sri Lanka auf die Malediven kommen können? Im Fall einer direkten Übertragung wäre diese in der entgegengesetzten Richtung erfolgt. In der maledivischen Fassung heißt es, daß der Tiermensch direkt aus Indien kam und ihr König wurde. In der srilankischen Version steht, daß derjenige, der dorthinkam, nachdem er auf der Fahrt einige Inseln entdeckt hatte, der Enkel des Löwen war. Die Namen zweier Inseln wurden von den frühen Mönchen festgehalten und sind unter Umständen von Bedeutung. Die zur See Reisenden, nicht nur Männer, sondern auch Frauen und Kinder, segelten auf zwei großen Schiffen. Die Chronik *Dipawamsa* schreibt dazu:

»Das Schiff, das die Jungen bestiegen, kam zu einer herrenlosen Insel, die daraufhin *Naggadipa* genannt wurde. Das Schiff, das die Frauen bestiegen, kam zu einer herrenlosen Insel, die daraufhin Königreich *Mahila (Mahilarattham)* genannt wurde.«

Dem *Mahawamsa* zufolge landeten die Männer auf einer Insel namens Naggadipa und die Frauen auf Mahiladipaka. Beide Chroniken berichten übereinstimmend, daß die Männer zuerst ihre eigene Heimatküste überfielen und dort Supparaka (oder Suppara) und Bharukaccha (Bharuch) plünderten. Es war der Hafen Bharuch, von dem Vijaya und seine Männer nach Sri Lanka segelten.

Man kann vernünftigerweise annehmen, daß Naggadipa identisch mit Nagadipa war, der Naga-Insel, die die Nordspitze Sri Lankas bildete. Das Königreich Mahila oder Mahiladipaka, wo die Frauen landeten, konnte dann kaum etwas anderes als die Male-dipas, die Malediven, sein.

Blieb die reisende Prinzessin im Inselkönigreich Mahila, wo sie den Chroniken zufolge landete, und erklärt das den alten maledivischen Brauch, von Königinnen regiert zu werden? Und erklärt das, warum der Prinz, der nur mit Männern auf Nagadipa landete, sich nach einer neuen Frau umsah? Laut *Mahawamsa* ließ er sich auf Sri Lanka nieder und dann: ». . . heiratete (er) eine *Yakkhini,* die Königin der Insel, und später eine Prinzessin aus dem südindischen Königreich Pandiyan und wurde Ahnherr der Singhalesen.«[61]

Stück für Stück berichten uns die Aufzeichnungen und mündlichen Überlieferungen dieser zivilisierten Staatengründer offenbar eine Menge von dem, was sich tatsächlich ereignet hat. Maloney, der der Sprachenspur nach Bharuch und den anderen Häfen im Nordwesten Indiens folgte, fand in den alten *Jataka*-Texten aus Indien einige Hinweise auf das frühe Befahren des Meeres von dieser Küste aus. Diese aufgezeichneten Ereignisse hingen vermutlich mit den früheren Existenzen des Buddha zusammen und liegen folglich vor der Zeit des Buddhismus:

»*Jataka* Nr. 213, das Bharu-Jataka, spielt in Gudscharat, denn König Bharu muß in der Gegend von Bharukaccha, dem Bharuch heutiger Zeit, geherrscht haben, das in der alten Literatur oft als ein Hafen erwähnt wird. Dieses Jataka berichtet, daß König Bharu Asketen dazu brachte zu murren, und daher zürnten die Geister, die im Reich Bharus wohnten, dem König. Sie brachten das Meer auf, so daß die Bewohner des Königreiches umkamen. Der alte Kommentar macht zu dieser Passage folgende bedeutsame Anmerkung: ›Und diejenigen, die zu jener Zeit die Wahrheit sprachen und König Bharu beschuldigten, ein Bestechungsgeschenk genommen zu haben, fanden auf tausend Inseln Platz zum Stehen, die man noch heute über der Insel *Nalikera* sieht.‹«

Nalikera heißt »Kokosnuß«, und Sri Lanka war berühmt für die ausgedehnten Haine dieser Palme, die aus Malaysia und dem pazifischen Raum auf diese Insel gekommen war. Die tausend Inseln, die so klein waren, daß diejenigen, die aufgrund von Streitigkeiten mit dem König wegzogen, kaum Platz zum Stehen fanden, können nur die Malediven draußen im Meer vor der Kokosnußinsel sein. Es gibt auch einen entsprechenden schriftlichen Hinweis auf einen König im Gebiet von Bharuch, von dem es heißt, er habe einen großen Teil seines Volkes auf Inseln im Meer verbannt.

Ein anderes *Jataka* (Nr. 360), das sich auf denselben Hafen bezieht, berichtet von einer gewissen Königin Sussondi, die auf eine Naga-Insel namens Seruma verschleppt wurde. Der König schickte zu Schiff einen Kundschafter mit Namen Sagga aus, der sie suchen und »alles Land und Meer durchforschen« sollte. Sagga schiffte sich mit Kaufleuten aus Bharuch ein, die ins Goldene Land (Südostasien) segelten. Doch ein Ungeheuer ließ ihr Schiff untergehen, und der königliche Kundschafter rettete sein Leben, indem er sich an eine Planke klammerte, bis er an das Ufer einer Naga-Insel trieb, wo der Naga-König lebte, der die königliche Frau aus Bharuch entführt hatte: »Die Königin sah Sagga am Ufer und sagte, ›Hab keine Angst‹, und ›sie umfing ihn in ihren Armen und brachte ihn in ihr Haus und legte ihn auf einen Diwan‹, beköstigte und kleidete ihn, und ›unter dem Einfluß ihrer Leidenschaft gab sie sich der Lust mit ihm hin‹. Nach eineinhalb Monaten landeten Kaufleute aus Banaras dort, um Holz und Wasser zu holen, und Sagga ging mit ihnen.«

Sehr wahrscheinlich war diese Königin aus Bharuch, die überglücklich war, in ihrem Inselexil einen Mann ihres eigenen Volkes zu sehen, auch wenn sie nicht mit ihm zurückkehren wollte, diejenige, die Bharuch auch nach den königlichen Chroniken Sri Lankas verließ, als ein Schiff mit Frauen auf einer anderen Insel landete und die Männer allein kamen und die Löwen-Dynastie gründeten.

Maloney bemerkte dazu:

»Das Motiv, daß Sagga von einer Königin verführt wird, paßt zur matrilinearen Tradition der Malediven, die auch lange in dem Ruf standen, sexuell sehr freizügig zu sein. Später landete noch einmal ein Schiff, um Brennholz und Wasser zu holen, und bei dieser Gelegenheit werden die Malediven erneut erwähnt; früher waren Schiffe sehr vorsichtig, wenn sie an einer Festlandsküste Holz und Wasser holten, die von Königen oder Piraten beherrscht wurde, und machten lieber bei einer der unbewohnten Malediven-Inseln halt, um sich diese Dinge zu beschaffen.«[62]

Ein drittes *Jataka* (Nr. 463) schließlich berichtet von einem blinden Seemann, der, auch wieder in Bharuch, in eine Familie von hervorragenden Seefahrern geboren wird. Die einheimischen Kaufleute wollten ihn auf ihren Schiffen haben, weil sie glaubten, er bringe ihnen Glück. Einmal hatte er ein Schiff unter der Führung eines »Großen Wesens« und mit 700 Menschen an Bord geleitet. Nach vier Monaten auf stürmischer See kam er zurück und berichtete, er habe die sagenumwobenen Seen von *Khuramala, Aggimala, Dadhimala, Dalamala* und *Nilavannakusa* sowie den *Valabhamukhu-See* besucht, »wo das Wasser weggesaugt wurde«. Das »Große Wesen« mit den 700 Passagieren erinnert an die 700, die den srilankischen Chroniken zufolge Bharuch mit dem verbannten Prinzen verließen, und ein solches Ereignis erklärt vielleicht, warum ein Teil einer solchen Geschichte über einen blinden Lotsen für wert befunden wird, in dem indischen religiösen *Jataka* festgehalten zu werden. Einen weiteren Hinweis liefert der Name der Seen. Vier von ihnen haben die Endsilbe *mala.* Wo sonst, außer auf den *Mala-dipas,* den Malé-Inseln, findet man vor Bharuch auf dem offenen Meer so viele Seen? Der zuletzt genannte See könnte durchaus die flachen Gewässer im Golf von Mannar mit der Palk-Straße sein, in die die 700 Reisenden sich begeben mußten, wenn sie, wie die srilankischen Aufzeichnungen berichten, in Nagadipa an der Nordspitze ihrer Insel gelandet waren. Das Meer ist hier bekannt dafür, daß die Gezeitenströme die Riffe und Sandbänke freilegen.

Bharuch spielte eine zentrale Rolle in diesen frühen Aufzeichnungen, sowohl in den Chroniken Sri Lankas als auch in den indischen *Jatakas.* Ich mußte unbedingt nach Bharuch.

Mit einem Gefühl großer Erwartung betrat ich ein Reisebüro in Neu-Delhi und erkundigte mich, wie ich nach Bharuch kommen könnte. Es war gar nicht so einfach. Man konnte mir nichts über Bharuch sagen. Warum dorthin gehen? Wenn ich unbedingt hinwollte, sollte ich nach Ahmadabad fliegen, einer nahe gelegenen Großstadt, und dort fragen.

Das tat ich auch. In einem ausgezeichneten Hotel am Ort lieh mir der Eigentümer seinen Wagen samt einem sehr unterhaltsamen indischen Fahrer, und auf ging es in eine Welt, in der die Kultur seit ihren Anfängen vor 5000 Jahren zu Hause war. Es war eine Tagesfahrt auf einer guten Straße durch weite Teile des Staates Gudscharat. In der flachen Landschaft links und rechts der Straße war wenig von der einstigen Größe der ersten Kultur der Welt zu sehen, doch das farbenprächtige Landleben mit Indern aller Kasten und Typen, mit Ochsenkarren und Elefanten, machte die Fahrt zu einem Erlebnis.

Den ersten Teil des Weges kannte ich. Ich war schon zweimal in Gudscharat gewesen, als ich versucht hatte, mich mit den seefahrerischen Aspekten der Indus-Kultur vertraut zu machen. Nach ein paar Stunden Fahrt kamen wir an dem Märchenpalast des Maharadschas von Baroda vorbei. Ich erkannte alle Türmchen hinter den tropischen Bäumen des Parks wieder. Bei meinem letzten Besuch des frühgeschichtlichen Hafens von Lothal, der auf der anderen Seite des Golfs lag, war ich dort Gast meines Freundes Fatesinghrao Gaekwad gewesen. Wie ein Fjord dringt der langgestreckte Golf von Kambay in die nordwestliche Ecke Indiens vor und zerschneidet den Staat Gudscharat fast in zwei Teile. Lothal liegt auf der West-, Bharuch auf der Ostseite dieses schiffbaren Fjords. Das Land war flach, aber die Straße führte nie dicht an der Küste entlang. Der Fahrer erzählte mir, daß es enorme

Gezeitenströme und einen großen Unterschied zwischen Hoch- und Niedrigwasser gäbe, so daß die Fischer bei Flut einlaufen und ihre Boote in der Schlammzone auf dem Trockenen lassen konnten, sobald die Ebbe kam. Man mußte ein ausgezeichneter Seefahrer sein, wenn man die Strömungen und Gezeiten nutzen wollte, und die Menschen hier an der Küste waren auf dem Wasser ebenso zu Hause wie an Land.

Das wußte ich. Denn dies war einer der Plätze, an dem die Seefahrt einen ihrer frühen Höhepunkte erlebte, dies war das Hafengebiet der Langohren.

Alles, was ich sah und hörte, wurde aufmerksam registriert, während ich Landschaft und Menschen nach möglichen Hinweisen auf das maritime Rätsel überprüfte. Die Gesichter, die achtlos fortgeworfenen Steinblöcke neben der Straße, die Vegetation. Die Tempelstatuen. Aber wir lebten in einer anderen Zeit. An den Tempelfassaden waren zwar einige Makara-Götter mit vorspringender Schnauze, aber doch ziemlich jung und nicht so charakteristisch wie diejenigen, die wir auf der Insel Kondai auf den Malediven gefunden hatten, und die den älteren aus Nepal ähnelten. Natürlich sah ich viele Individuen, die man für Malediver hätte halten können. Aber andererseits stellten die Malediver eine so offensichtliche Mischung verschiedener Typen dar, daß etwas anderes gar nicht zu erwarten gewesen wäre. Gelegentlich sahen wir einen Mann mit goldenen Ohrpflöcken in den Ohrläppchen; einer hatte nur die leeren Löcher, die groß genug waren, daß man einen Finger hätte hineinstecken können. Doch das waren bestimmt keine Langohren. Vieleicht waren ihre Vorfahren welche gewesen. Denn nach dem Baroda-Palast kamen wir zur Universität, wo Professor R. N. Mehta mir beim letztenmal eine Schublade gezeigt hatte, die voll war mit großen Ohrspulen. Man hatte sie in Lothal gleich auf der gegenüberliegenden Seite des Golfs ausgegraben. Diesmal fuhren wir vorbei, jedoch mit dem Wissen, daß zumindest dieses Teil in das Puzzle paßte.

Wir waren unterwegs nach Bhagatrav, einem trostlosen Ort. Er lag in der Nähe von Bharuch und war zur Zeit Harappas ein Hafen gewesen, das heißt ein Hafen der Indus-Kultur. S. R. Rao hatte ihn aufgespürt und ausgegraben, der indische Archäologe, der auch Lothal ausgegraben hatte.

Ich betrachtete eingehend die Teiche und Gräben an der Straße. Sie standen voll mit hohem, grünem Schilf. Wo sich Feuchtgebiete befanden, waren große Flächen mit dieser Schilfart bedeckt. Wir hielten, und ich konnte ein Rohr abschneiden. Die gleiche Art, wie wir sie für den Bau unseres Schilfbootes *Tigris* verwendet hatten: *Typha angustata.* Die ersten Schiffbauer sowohl in Mesopotamien als auch im Indus-Tal hatten diese Art verwendet. Es gab in der Tat genug davon. Fünf Monate waren wir mit diesem Schilf auf dem Wasser gewesen, und selbst da hatte es noch genügend Schwimmfähigkeit gehabt. Seit jener Zeit arbeitete ich mit indischen Wissenschaftlern von der Universität Bombay zusammen. Sie hatten versucht, solche Schilfbündel mit verschiedenen Mischungen wasserdicht zu machen, die man früher an der Westküste Indiens angewandt hatte. Sie mischten Harz verschiedener Baumarten mit Haifischtran und Asphalt. Das Interessanteste an diesem Experiment war das Endergebnis. Das beste Ergebnis wurde mit der Mischung erzielt, die auf der alten babylonischen Tontafel über die Überschwemmung angegeben war: zwei Teile Harz und je ein Teil Tran und Asphalt. In einem alten indischen Botanikbuch aus dem letzten Jahrhundert fanden die Wissenschaftler den Hinweis, daß *Typha elephantina,* eine besonders große, heimische Art der gleichen Schilfgattung, früher von Fischern dieser Gegend für den Bootsbau verwendet worden war. Wie auf den Gezeitenniederungen Bahrains waren Schilfboote mit flachem Boden in diesem Golf fraglos ideal für ein sicheres und glattes Auflaufen auf den Strand. Kein Wunder, daß der Schiffbau und die Seefahrt in diesem Gebiet ihren Anfang nehmen konnten, lange bevor die Schiffbauer lernten, wie man Planken für Boote mit Spanten und Rumpf herstellt.

Wir kamen dort nach Bharuch, wo es nichts zu sehen gab. Eine Händlerstadt, in der es wie in einem Ameisenhaufen zuging, wie in allen anderen Hafenstädten Indiens auch. Weit weg vom Golf, aber an der breiten Mündung des schiffbaren Narmada. Wir fuhren über die lange Brücke, die diesen heiligen Fluß in den Außenbezirken der Stadt überquert. Hier wurde es interessant. Wir bogen von der Straße ab und verloren uns in einem Gewirr von Feldwegen zwischen winzigen Dörfern und morastigen Feldern. Im Vorbeifahren erkannte ich zu meiner großen Überraschung das Symbol der geflügelten Sonne, das auf die Fronten mehrerer Dorfläden gemalt war, aber der Fahrer hatte nichts anderes im Sinn, als diesem Labyrinth von Nebenstraßen zu entkommen, und meine Versuche, ihm klarzumachen, daß ich gerade deswegen hierhergekommen sei, waren vergebens. Hier war offensichtlich ein modernes Überbleibsel eines Motivs, das ich in dieser alten Form außerhalb der Malediven nicht entdeckt hatte.

Kurz darauf sah ich es erneut. Wir hatten auf dem Tempelplatz des kleinen Dorfs Obha gehalten, um nach den Ruinen von Bhagatrav zu fragen. Kein Mensch wußte etwas. Aber als wir den Dorflehrer fragten, sahen wir die gleichen konzentrischen Kreise mit drei waagerechten Balken auf beiden Seiten rechts und links auf das Tor zu der kleinen Schule gemalt. Nur einmal hatte ich bisher dieses Symbol außerhalb der Malediven gesehen, und dann wieder in moderner Form. Es war auf beide Seiten der Tür eines kleinen Bauernhauses auf Sri Lanka in der Nähe der Ruinen von Anuradhapura gemalt gewesen. Als der Besitzer herauskam und wir ihn fragten, wo er dieses Motiv abgezeichnet habe, hatte er sehr ausweichend geantwortet und erklärt, es sei lediglich »eine Idee des Malers« gewesen. Als jetzt in Gudscharat der Lehrer vor das Haus trat, stellten wir ihm dieselbe Frage. Er wußte keine Antwort. Niemand im Dorf wußte, was dieses Symbol darstellte oder warum es sich hier befand. Aber unter der geflügelten Sonne stand in gudscharatischen Buchstaben das Wort WILLKOMMEN. Es war wohl kaum ein Zufall, daß gerade dieses maledivische Sonnensymbol sich in moderner Form in den beiden alten Heimatländern der Löwenmenschen gehalten hatte.

An der Tempelfassade auf der anderen Seite des Platzes befand sich über dem Eingang das Relief eines großen Lotos und darüber eine geflügelte aufgehende Sonne. Neben der Sonne sah man ein Hakenkreuz. Auch warum das Hakenkreuz da war, wußte niemand. Ein alter Mann meinte, es sei das Symbol des Hindu-Gottes *Khanish.* Als ich aber später einen Wissenschaftler in Bharuch fragte, erklärte er mir, diese Menschen wüßten nicht mehr, daß dies ursprünglich ein regionales Symbol für die Sonne gewesen sei.

Ich war sprachlos angesichts der Ausmaße des dörflichen Brunnens, der so groß war, daß ohne weiteres ein Elefant hätte hineinfallen können. Er hatte schöne Steinmauern und war umstanden von alten, steinernen Skulpturen. Zu groß und zu aufwendig für einen so kleinen Weiler. Der Lehrer wußte, wo einige Wissenschaftler nach Überresten aus der Zeit Harappas gegraben hatten. Es waren nur zwei Minuten zu Fuß über ein paar ausgetrocknete, harte Schlammflächen außerhalb des Dorfs.

Von Bhagatrav war nichts mehr zu sehen. Der Wind hatte wieder zugeweht, was immer die Archäologen freigelegt hatten, und nur ein paar außergewöhnlich alte und abgenutzte Topfscherben lagen verstreut umher. Sie waren zu unscheinbar und einfach, als daß sie uns etwas hätten erzählen können, doch die roten und grauen Scherben und auch die Form der Ränder waren dem sehr ähnlich, was wir an normalen Oberflächenscherben auf den Malediven gefunden hatten.

Mit dem spärlichen Ergebnis der Erkenntnis, daß die geflügelte Sonne, der Lotos und das Hakenkreuz sich in einem noch bewohnten Dorf gehalten hatten, während Bhagatrav begraben lag, kehrten wir über die Brücke nach Bharuch zurück.

Wir übernachteten in einem Rasthaus an der Straße, und ich erwachte am nächsten Morgen durch das Gekrächze von mindestens 100 Krähen. Noch nie hatte ich so viele Krähen gesehen wie in den Dörfern und Städten von Gudscharat. Als Bestandteil der alten sanitären Einrichtungen in den Städten schienen sie unter Schutz zu stehen. Ich habe Krähen immer gemocht, da ich als Junge einmal eine zahme Krähe hatte. Jetzt sah ich sie mit neuen Augen. Ich hatte gerade einen Bericht über die frühe Schiffahrt in diesem Teil Indiens gelesen, den der griechische Geograph und Autor von *Periplus Maris Erythraei* (Umschiffung des Erythräischen Meers) im ersten nachchristlichen Jahrhundert geschrieben hat. Er schreibt, daß Krähen den frühen Seefahrern von Bharuch als Navigationshilfe dienten. Die Seefahrer nahmen die Tiere mit an Bord, ließen sie auf hoher See fliegen und verfolgten ihren Flug. Flog die Krähe fort, ohne wiederzukehren, wußten sie, daß Land in der Nähe war, und wo es lag. Das hatte mich veranlaßt, über die eigenartige Tatsache nachzudenken, daß die Krähe auf den Malediven ein häufig anzutreffender Vogel war, wo Vögel sonst sehr selten waren. Wenn wir bei der *Hawitta* auf Gaaf-Gan gesessen hatten, hatten Krähen in den Bäumen gesessen und darauf gewartet, die Reste zu vertilgen. Krähen können nicht so weit über das Meer fliegen, daß sie die Malediven erreichen könnten, und auf Gaaf-Gan hatten wir außer Meeresvögeln keine anderen gefiederten Arten gesehen. Aber in der Sage über die Entdeckung der Malediven wird die Krähe erwähnt. Als der Tiermensch und die Prinzessin die erste Insel erreichten, sahen sie eine Krähe, nahmen das als schlechtes Vorzeichen und fuhren weiter zur nächsten Insel. Vielleicht erkannten sie, daß die Krähe ein Zeichen dafür war, daß vor ihnen schon andere Seefahrer hier gewesen waren.

An diesem Morgen waren die Krähen ein gutes Vorzeichen. Ich besaß ein persönliches Empfehlungsschreiben von Indira Gandhi an Sri B. M. Pande, den leitenden Archäologen des indischen Archäologieprogramms, dessen Sitz sich in Baroda befand. Als einer der Wächter mich durch den offenen Hof zu seinem Büro führte, erblickte ich eine kleine Gruppe Steinstatuen von hohem Alter, wie an der Erosion zu sehen war. Ich traute meinen Augen kaum. Dort stand ein fast quadratisches steinernes Standbild, ein etwa 60 Zentimeter hoher Kopf mit einem Gesicht auf jeder der vier Seiten, genau wie bei dem großen präbuddhistischen Standbild, das auf Malé ausgegraben worden war. Ich hatte Sri Pande kaum begrüßt, da führte ich ihn auch schon wieder in seinen eigenen Hof und zeigte ihm das Standbild.

»Das ist ein Schiwa«, sagte er. »Wir haben ihn gerade von einer Ausgrabungsstätte in der Nähe von Goraj am Deo mitgebracht. Das ist in der Gegend des alten Königreichs von Bharuch.«

Die Gesichter waren so verwittert, daß man in dem groben Sandstein kaum noch Spuren der Eckzähne und der Zunge erkennen konnte, aber auf einer Seite war deutlich eine große Scheibe in einem Ohrläppchen zu erkennen. Die Größe und alle Einzelheiten der Skulptur kamen denen des Gegenstücks von den Malediven so nahe, daß ein enger Zusammenhang offenkundig war.

»Der alte Name der Stätte heißt Maha-Deo-Pura, die Stadt Schiwas«, erklärte Sri Pande, und ein paar Stunden später waren wir dort. Die Ausgrabungen wurden unter der Leitung von Narayan Vyas durchgeführt, dem Assistenten Pandes. Direkt über den alten Ruinen lag ein weißgetünchter »moderner« Tempel, den vor 200 Jahren ein Vorfahre meines Freundes im Palast des Maharadschas erbaut hatte. Das erste, was mir in die Augen stach, waren zwei Löwenköpfe rechts und links neben einem Lotos über dem Eingang. Ich wußte, daß ich im Löwenland war. Einen weniger exponierten Platz hatte man drei frei stehenden Stierstatuen gegeben, die an dieser Stätte ausgegraben worden, weiß angemalt waren und außerhalb der Mauern gestanden hatten. Was immer sie für die frühgeschichtlichen Bildhauer dargestellt hatten, heute galten diese buckligen Ochsen in diesem Hindu-Tempel selbstverständlich als Schiwas Stier Nandi. Im Innern befanden sich nur ein großer Phallus-Stein, ein *Shivalingam,* der mitten auf dem Boden stand, und eine kleine Nische mit der Statuette einer vierarmigen schiwaistischen Gottheit, die zwei Fische am Schwanz hielt.

Draußen war ein tiefer Graben, auf dessen Grund Männer gruben und die Überreste von Mauern sauberfegten, die unter mehreren Metern Erde und Schutt gelegen hatten. Die niedrigsten Mauern waren aus Ziegelsteinen und hatten eine Kehlung; ihre Entstehung schätzte man auf die vorchalukyanische Zeit, mindestens aber auf das zweite oder dritte nachchristliche Jahrhundert. Die abgerundeten Profile der Kehlungen erinnerten an die von den Malediven. Aber überall an dieser Stätte und etwa anderthalb Kilometer im Umkreis gab es auch sehr schön bearbeitete und geschliffene Gebäudeblöcke aus hartem Stein, von denen einige in den nahen Häusern des Dorfes wiederverwendet worden waren, andere einfach herumlagen. Ich bemerkte sofort, daß der weißgetünchte Tempel mit dem *Shivalingam,* der über allem thronte, ein Fundament aus solchen wiederverwendeten Blöcken hatte, wie es bei den Moslems üblich gewesen war, die die Blendsteine der alten maledivischen *Hawittas* verwendet hatten. Diese schönen Steine waren meisterhaft bearbeitet und zusammengefügt, wie bei jener Mauerbautechnik, der wir schon auf den Malediven begegnet waren. Aber noch interessanter war, daß diese Blöcke einst mit »Schmetterlingsklammern« zusammengehalten worden waren, den gleichen Klammern wie bei der begrabenen Mauer, die wir auf unserer ersten Redin-Insel entdeckt hatten. Hier waren die meisten Steine jedoch zum zweitenmal zusammengefügt worden, so daß die Schmetterlingsflügel selten zueinander paßten. Aber hier waren sie immerhin, jeder einzelne »Flügel« tief in den Rand des Blocks gehauen wie ein Dreiecksstumpf. Hier, in der Nähe von Bharuch, hatten wir nun das erste und bisher einzige Beispiel für diese Verbindung mit Metallklammern, das ich in dem riesigen Gebiet zwischen dem phönizischen Hafen Byblos und den Malediven bislang zu Gesicht bekommen hatte. Die Wege dorthin mochten vielfältig und indirekt sein, doch es bestand ganz eindeutig eine Verbindung.

Nicht gerade kleine Steinstatuen und Standbilder waren von der frühgeschichtlichen Kultstätte überallhin geschleppt worden. Einige lagen auf dem Feld, andere waren im nahen Dorf aufgestellt worden, und viele ragten aus der abgetragenen Eindämmung des heiligen Flusses Deo. Wie die drei Stiere hatte die jetzige Bevölkerung auch einen großen Steinelefanten der Beachtung wert gefunden. Man hatte ihn in das Dorf gebracht, weiß getüncht und neben den großen Tempel gestellt. Bemerkenswert war die Entdeckung, daß er in der Mitte auf dem Rücken eine tassenförmige Vertiefung hatte, die so groß war, daß ich meine Faust hineinlegen konnte. Dies war das besondere Detail, das die maledivischen und hethitischen Löwenskulpturen miteinander verband. Warum oder wozu diese Vertiefung? Weder die Dorfbewohner noch die Wissenschaftler hatten eine Erklärung, wenngleich hinter dieser Besonderheit nur ein allgemeiner magisch-religiöser Brauch stecken konnte.

Etwa ein halbes Dutzend von Menschenhand geschaffene Hügel erhob sich auf dem Gebiet dieser riesigen archäologischen Grabungsstätte. Am Fuß eines dieser Hügel zeigte Vyas mir, daß die umgepflügte Erde voll war von frühgeschichtlichen Topfscherben. Die Hänge dieses großen Erdhügels bargen die verwüsteten Spuren einstiger, aus Ziegeln bestehender Terrassenmauern, die der Beweis dafür waren, daß dies einmal ein massiver Tempelberg von etwa 20 × 20 Metern oder mehr war, wenn man unterstellte, daß ein Teil noch unter der Erde lag. In einer Grube ganz oben lagen ein großer, umgestürzter Stein-Phallus und ein Stein mit einer quadratischen Vertiefung für eine Säule, wie wir sie so oft in den zerfallenen *Hawittas* der Malediven gefunden hatten. Und hätten wir diesen Tempelberg auf den Malediven entdeckt, wäre er allein schon aufgrund seines Aussehens eine weitere *Hawitta* gewesen. Weiter im Inneren von Gudscharat, in einem Gebiet mit dichten Wäldern, in denen feindliche Stämme lebten, hatte Vyas mehrere ähnliche, aber besser erhaltene Terrassenanlagen gesehen. Sie bestanden aus großen Ziegeln und hatten die Form einer Stufenpyramide oder Zikkurat von der Größe etwa dieser Hügel, waren aber mit einer dicken Schicht aus hartem, weißem Mörtel bedeckt.

Was mußte das für ein Anblick gewesen sein in den Tagen, als die Könige von Bharuch in diesem Teil Gudscharats herrschten und die Seefahrer unter den Löwenmenschen förderten, die lossegelten, um ferne Inseln zu besiedeln. Heute fanden wir hier wie auf den Malediven überall Spuren der Zerstörung von Siegern, die das religiöse Erbe ihrer Vorfahren am Ort mißbrauchten und den Tempel zerstörten. Aber auf den Malediven war mit dem Islam eine völlig neue Religion eingeführt worden. Nicht dagegen hier im Hafengebiet der Indus-Kultur. Hier hatte jede neue Religion auf der alten aufgebaut. So waren hier, wo das Gebiet übersät war mit zerstörten *Hawittas* und aufgegebenen Standbildern aller Art, zumindest einige Symbole, wie der Löwe, der Stier, der Lotos, die Sonne und das Hakenkreuz, in die Rituale der Sieger eingegangen, wohingegen sie auf den Malediven ohne Ausnahme ausgemerzt und vergraben worden waren. Vielleicht wäre auch diese Bildsäule Schiwas mit den vier Gesichtern, die von dieser Stätte hier stammte, in den neuen Schiwa-Tempel über den Ruinen aufgenommen worden, hätten nicht indische Wissenschaftler sie als Trophäe in ein Museum gebracht.

Die Arbeiter da unten im Graben und ich, wir hatten keine gemeinsame Sprache, doch ich wollte, bevor ich sie verließ, ihnen meine Anerkennung für ihre gute Arbeit zeigen. Automatisch entschlüpfte mir dasselbe Wort, das ich in den letzten Wochen auf den Malediven immer bei unseren grabenden Arbeitern gebraucht hatte. Fast das einzige maledivische Wort, das ich kannte:

»Barábaro«, sagte ich lächelnd und zeigte auf die schönen Kehlungen, die sie sauberkratzten.

»Barábaro!« riefen sie fröhlich zurück, und ich weiß nicht, wer erstaunter gewesen war, sie oder ich, daß wir gemeinsam ein Wort kannten. Ich hatte völlig vergessen, daß *barábaro* in Urdu und der Sprache gerade dieses Teils des Gudscharats das Wort für »gut«, »fein« war, wie auf den Malediven. Es war einer der vielen Begriffe, der die Sprachwissenschaftler veranlaßt hatte, bei der Suche nach den Wurzeln des Divehi ihr Augenmerk auch auf diesen nördlichen Teil Indiens zu lenken.

Ich kehrte von Maha-Deo-Pura, der Stadt Schiwas, mit dem Gefühl zurück, daß die Sprache und die Mythen der Archäologie einen guten Dienst erwiesen hatten, als sie auf dieses Gebiet als einen gemeinsamen Ursprung der königlichen Ahnen Sri Lankas und der Malediven aufmerksam machten.

An jenem Abend lag ich im Bett und dachte immer wieder an die *Hawitta,* die Stupa und die Zikkurat. Zweifellos war die mesopotamische Zikkurat die älteste bekannte Form dieser Art kompakter Kulthügel. In ihrer frühesten sumerischen Phase war sie eine massive, oben abgeschnittene Stufenpyramide, auf der ein Tempel stand, genau wie im alten Mexiko. Früher hatte niemand angenommen, daß irgendeines dieser Völker im Altertum seine Landesgrenzen überschritten hatte, aber inzwischen wissen wir, daß es intensiven Kontakt und Handel über große Entfernungen gegeben hat. Erst jetzt hatte man auf der Insel Bahrain eine kleine Zikkurat entdeckt und eine andere in der Nähe der frühgeschichtlichen Kupferminen von Oman. Es gibt ausreichend Gründe zu der Annahme, daß sogar die zentrale Erhebung von Mohenjo-Daro ein terrassierter Tempelberg war, bevor die Buddhisten den Gipfel später umgestalteten. Die frühgeschichtlichen Hügel, die ich an diesem Tag in Gudscharat gesehen und von denen ich gehört hatte, waren auf genau die gleiche Art gebaute Schreine: kompakte, terrassierte Erhöhungen.

In Trivandrum hatte der bekannte Bauhistoriker A. D. Nair Worte zitiert, die Buddha selbst gesagt haben soll. Als seine Schüler ihn auf dem Sterbebett fragten, wie er begraben werden wolle, antwortete er: »In einer Stupa, denn ich bin ein Hindu-Prinz.«

Die Encyclopaedia Britannica schreibt über die Stupa: »Die halbkugelförmige Gestalt der Stupa leitet sich offenbar von präbuddhistischen Grabhügeln in Indien ab.«

Tatsächlich hatte ich in Nepal die Variante der ältesten Hindu-Schreine gesehen. Die ältesten bezeichnet man am besten als Zikkurats: eine nach der Sonne ausgerichtete, oben abgeschnittene Stufenpyramide mit einer langen Kulttreppe, die zu einem kleinen Tempel auf der Spitze führt. Das Bauwerk an sich war also massiv. Bei späteren Formen nahmen Größe und Bedeutung des Tempels selbst zu, während die massive Basis auf zwei oder drei übereinanderliegende Terrassen beschränkt wurde.

Auf Gaaf-Gan erinnerte man sich, daß die große *Hawitta* einst einen kleinen Raum auf der Spitze gehabt hatte. Sie war also in der Art einer Zikkurat oder eines Hindu-Tempels gewesen. Diejenige, die Bell in noch besserem Zustand als wir auf Laamu-Gan gesehen hatte, soll eine Spitze gehabt haben, die sieben aufeinandergestellten Kesseln glich, und war ohne Zweifel eine buddhistische Dagoba oder Stupa. Aber wie wir gesehen haben, hatten die Buddhisten vielleicht den oberen Teil eines älteren Bauwerks abgeändert, wie Bell es bei einer besser erhaltenen *Hawitta* auf derselben Insel vorgefunden hatte. Der guterhaltene untere Teil jener *Hawitta* hatte laut Bell nichts mit irgendeiner Dagoba oder Stupa zu tun.

An der Malediven-Geschichte war doch mehr, als wir alle gedacht hatten.

Am nächsten Tag fuhr ich durch endlose Baumwollplantagen, um den berühmten Sonnentempel in Modhera zu besichtigen, eine der großen Touristenattraktionen in diesem Teil Indiens. Der Fahrer erklärte mir stolz, daß Baumwolle eines der wichtigsten Exportgüter Gudscharats sei, das auf dem Land- und Seeweg ausgeführt werde. Wir begegneten langen Reihen geduldiger Ochsen, die paarweise die mächtigen Baumwolladungen nach Bharuch und anderen Hafenstädten an der Küste zogen. Die großrädrigen Holzkarren mit jeweils einem Ochsen rechts und links einer gewöhnlichen Deichsel sahen genauso aus wie die berühmten kleinen Keramikmodelle, die Künstler aus Mohenjo-Daro vor 4000, 5000 Jahren angefertigt hatten. Sogar Baumwolle wurde mit diesen von zwei Ochsen gezogenen Mohenjo-Daro-Karren transportiert. Hier auf diesen Feldern hatte der Mensch mit dem Anbau von Baumwolle begonnen.

Da ich direkt von den Malediven kam, hatte ich noch die Aufzeichnungen mit den Aussagen Loutfis bei mir – Baumwolle war eine der wichtigsten Pflanzen der alten Malediven. Schon aus den ganz frühen Aufzeichnungen geht hervor, daß *Kafa,* Baumwolle, angebaut, gesponnen und auf waagerechten Webstühlen zu außergewöhnlich feinem Tuch verarbeitet wurde. Die frühen Portugiesen schrieben, daß man nirgendwo feinere Baumwolltuche finde. Maledivisches Baumwolltuch wurde wegen seiner hohen Qualität nach Indien exportiert. Auf speziellen Inseln arbeiteten alle Bewohner an der Herstellung von Baumwolltuch. Jeder Bewohner der Malediven, ob Mann oder Frau, der starb, mußte in Baumwolle begraben werden, die auf seinem eigenen Grund gewachsen war, und jede Familie hatte zwei oder drei Baumwollbäume in ihrem Garten.

Ich war mir, als ich nach Gudscharat kam, voll der Tatsache bewußt, daß Baumwolle seit langem ein wichtiger Fingerzeig war, wenn man die Wanderungsbewegungen der frühen Kulturen verfolgen wollte. Keine andere Pflanze hat die Botaniker so sehr mit der Anthropologie in Konflikte verwickelt. Ich war gerade aus Polynesien zurückgekommen, wo wir bei unserer Fahrt von Peru mit dem Balsa-Floß *Kon-Tiki* 1947 gelandet waren, da wurde ich mit dem Baumwollproblem konfrontiert. Ich kam mit einem Team der in der Welt führenden Fachleute auf diesem Gebiet der Vererbung der Baumwolle zusammen, J. B. Hutchinson, R. A. Silow und S. G. Stephens. Sie hatten im selben Jahr die erste Chromosomenanalyse aller wilden und kultivierten Baumwollarten erstellt. Und dabei hatten sie eine revolutionäre Entdeckung gemacht. Alle Baumwollarten der Alten Welt hatten 16 große Chromosomen. Die Baumwollarten der Neuen Welt ließen sich dagegen in zwei Gruppen einteilen. Die wilde, nicht spinnbare amerikanische Baumwolle hatte 13 kleine Chromosomen. Aber die kultivierte amerikanische Baumwolle hatte 26 Chromosomen, 13 kleine und 13 große. Diese Art mit langen, spinnbaren Samenhaaren war von den präkolumbischen Kulturen in Mexiko und Peru gezüchtet worden und wuchs nicht wild. Den Vorfahren der Mayas, Azteken und Inkas war es gelungen, die unbrauchbare, heimische, wildwachsende Baumwolle mit einer Art aus der Alten Welt zu kreuzen und so eine ausgezeichnete, spinnbare Hybride zu bekommen.

Wie waren die frühen Indianer in Mexiko und Peru an Samen der großchromosomigen Art aus der Alten Welt gekommen, um sie mit einer unbrauchbaren heimischen Pflanze zu kreuzen? Ein Streit entbrannte. Die Botaniker wagten es, an eine Überquerung des Atlantiks durch den Menschen vor Kolumbus zu denken. Ausgeschlossen. Selbstverständlich hätte kein Schiff vor dem europäischen Mittelalter die Überfahrt schaffen können. Die Baumwollsamen mußten den Weg ganz allein zurückgelegt haben. Vielleicht waren sie von den vorherrschenden Passatwinden hinübergetragen worden.

Die Botaniker hatten zweifelsfrei nachgewiesen, daß die Baumwolle mit 26 Chromosomen, die der Mensch in Amerika eingeführt hatte, von frühgeschichtlichen Seefahrern von Amerika auf die Galapagos- und die Marquesas-Inseln in Polynesien gebracht worden waren. So beschränkte sich der Streit auf die Samen, die über den Atlantik gekommen waren; sie hätten wild wachsen und nicht unbedingt von der kultivierten Art sein müssen.[63]

Die Schwachstelle des Widerspruchs der Archäologen war die Annahme, ein Samen könne leichter allein über den Atlantik schwimmen als auf einem Segelschiff, das Wind und Meeresströmung gleichermaßen nutzen kann. Außerdem fällt es schwer, sich vorzustellen, daß die Indianer am Strand standen und warteten, um die Baumwollsamen entgegenzunehmen. Sie hätten wissen müssen, daß sie spinnbares Samenhaar erhalten, wenn sie diese Samen mit denen der wildwachsenden heimischen Pflanze kreuzten, die bisher zu nichts nutze gewesen war.

Die schwache Stelle in der Überlegung, daß der Mensch der Verbreiter wäre, lag darin, daß die Baumwolle weder von den Phöniziern, noch den Nordländern oder sonstigen europäischen oder afrikanischen Volksgruppen, die das Meer befuhren, gezüchtet worden war. Nicht einmal die Ägypter oder Mesopotamier des frühen Altertums machten die Baumwolle für den Menschen nutzbar. Die Nutzung der Baumwolle als ein im Haus gebräuchliches Produkt und Handelsgut war auf die Indus-Kultur begrenzt, bis sie sich in präkolumbischer Zeit plötzlich unter allen kultivierten Stämmen Mexikos und Perus auszubreiten begann.

Als ich jetzt in Gudscharat die Ochsen ihre Ladung in die Häfen ziehen sah, wie sie es auch schon vor Jahrtausenden gemacht hatten, fing ich an, einige Zusammenhänge zu erkennen, die hinter der frühen Verbreitung der Baumwolle sogar auf den Malediven standen. Ibn Battuta erwähnte noch vor der Ankunft der Europäer die Baumwolle auf diesen Inseln und lobte das maledivische Baumwolltuch als das feinste der Welt! Waren die Samen der spinnbaren Baumwolle noch vor den Tagen des Kolumbus allein zu diesen Inseln im Meer geschwommen? Wohl kaum. Jeder Floßfahrer in tropischen Meeresströmungen hat schon gesehen, wie es auf dem Wasser von Aasfressern wimmelt; nicht nur die großen Planktonfresser, sondern auch die winzigen Fische und Meereskrabben, die sich überall herumtreiben und auch noch die kleinsten, an der Oberfläche schwimmenden Dinge anknabbern. Wir werden zwar nie erfahren, wer es war, aber der Mensch hat die Kulturpflanze Baumwolle aus dem Indus-Tal mit dem Schiff auf die Malediven gebracht. Der Botaniker Silow, der seine Folgerungen auf unwiderlegbare genetische Beweise stützte, war so dreist gewesen zu behaupten, die Baumwolle müsse irgendwann, nachdem der Mensch angefangen hatte, sie anzubauen, ihren Weg vom Indus-Tal nach Amerika gefunden haben. Aber wie? Weder er noch ich, noch sonst jemand hatte dabei an die Malediven gedacht. Dieses Königreich mitten im Meer, das mindestens 1000 Jahre vor der Reise des Kolumbus, wahrscheinlich aber schon lange vorher, Verbindung zum Golf von Kambay hatte, läßt das geographische Hindernis bröckeln. Boote, die bereits imstande waren, Baumwolle auf die Malediven zu bringen, hatten einen günstigen Ausgangspunkt, die Südspitze Afrikas zu umrunden und sich von Wind und Meer bis zum Golf von Mexiko treiben zu lassen.

Der Sonnentempel war den Besuch wert, auch wenn er anders war, als ich erwartet hatte, und wir mehrere Stunden in das Landesinnere fahren mußten. Er war erst im elften nachchristlichen Jahrhundert in Modhera erbaut worden und verkörperte eine völlig andere Kulturepoche als die Tempel, die ich an der Küste in Bharuch gesehen hatte. Der Oberbau des Bauwerks, der, wie man wußte, aus einem stufenpyramidenförmigen Dach bestanden hatte, existierte nicht mehr, und man konnte nur noch den Eindruck der vielen gewaltigen, reichverzierten Säulen mitnehmen, die das stützten, was vom wuchtigen Unterbau der Pyramiden übriggeblieben war. Aber was von dem mächtigen Bauwerk noch stand, genügte, das außergewöhnliche Können der frühen Techniker aus Gudscharat unter Beweis zu stellen, und gehörte zum Besten, was die indische Kunst und Architektur zu bieten hatten.

Ein heimischer Führer erklärte uns, daß der Tempel genau nach Osten wies und so angelegt war, daß die aufgehende Sonne bei Tagundnachtgleiche durch die Türen der *Mandapas* in den Schrein schien und das ganze Bauwerk »im Glanz des herrschenden Sonnengottes erstrahlen« ließ. Das große Sonnenstandbild fehlte, aber es gab noch zwölf große und zwölf kleinere Statuen des Sonnengottes. Der Führer erläuterte, daß sie nach dem Bilde *Mithras* in Stein gehauen worden seien, des Sonnengottes aus dem Iran und den mittelasiatischen Ländern.

In der Zwischenzeit hatte ich eine Beobachtung gemacht, aufgrund der ich die kleine Gruppe Inder, die dem Führer folgte, aus den Augen verloren hatte. Ich hatte wieder einige Zapfenlöcher einstiger »Schmetterlingsverbindungen« entdeckt, aber an den falschen Stellen und ohne System. Dieser alte Sonnentempel war an der Stelle eines älteren, zerstörten Bauwerks errichtet worden. Einige der großen Blöcke, die den Boden bildeten, lagen noch an ihrem alten Platz, so daß die benachbarten »Flügel« der »Schmetterlingsverbindungen« jeweils von Stein zu Stein zusammenpaßten. Einige Blöcke waren willkürlich in die Mauer gesetzt worden, ohne Rücksicht darauf, ob die alten Zapfenlöcher zusammengehörten. Das bedeutete, daß diese spezielle Art der Steinverbindung im Altertum in diesem Teil Indiens weit verbreitet gewesen sein muß. Es bedeutete aber auch, daß dieser reichverzierte Sonnentempel aus dem elften Jahrhundert nicht die in dieser Gegend ursprüngliche Form besaß.

Die Stufenpyramide als eine religiöse Form war, wie nicht nur aus dem Dach ersichtlich wurde, sondern auch aus dem beherrschenden Motiv draußen, den Erbauern dieses Tempels bekannt. Am Osteingang stieß ich wieder zu dem Führer, der gerade damit fertig geworden war, die unzähligen sich bekämpfenden und liegenden Figuren zu erklären, die die Mauern und Säulen bedeckten. An der Ostseite vor dem Tempel zeigte er uns ein riesiges Kultbad, das in seinen Ausmaßen dem Tempel gleichkam. Es wurde *Surya Kunda,* »Sonnenweiher«, genannt und war ein rechteckiges, mit Wasser gefülltes Becken, dessen Wände sich stufen- und terrassenförmig bis zum oberen Rand erhoben und bis an das Fundament des Sonnentempels reichten. Dieses Sonnenbad war nicht nur wie eine spiegelbildliche, auf den Kopf gestellte Zikkurat gebaut, auf jeder Terrasse standen auch nebeneinander viele kleine Stufenpyramiden als Verzierung, als hätte das Motiv durch die Wiederholungen verdeutlicht werden sollen.

In der Mitte der westlichen Mauer befand sich eine Skulptur Wischnus, der auf seinem ewigen Schlangenfloß ruhte. Ein ziemlich ungewöhnliches Boot. Ich konnte nicht umhin, an Con-Tici zu denken, den vorinkaischen Sonnengott Perus, und an Quetzalcoatl, den aztekischen Sonnengott Mexikos. Auch sie fuhren auf einem dieser besonderen Wasserfahrzeuge. In den Legenden beider Gebiete waren sie bärtige, hellhäutige Fremde, die gekommen waren, den Vorfahren den Sonnenkult und die Künste der Kultur zu bringen. Auch den Anbau von Baumwolle. In der Überlieferung der Azteken fuhr Quetzalcoatl auf einem Schlangenfloß über das Meer. In der ikonographischen

Kunst der Vor-Inka-Zeit an der Küste Nordperus wird auch Con-Tici dargestellt, wie er mit seinem Gefolge auf einem Schlangenfloß fährt. Ein Zufall? Wir, die wir den Atlantik auf den Bündeln des Schilfsbootes *Ra* überquerten, hatten damals das Gefühl, auf einem Bündel sich windender Schlangen zu fahren.

Besaßen diese Völker dieselbe Legende, weil sie die gleiche Art von Boot fuhren, oder fuhren sie die gleiche Bootsart, weil sie dieselbe Legende besaßen?

Auf der Rückfahrt zum Golf machte der Fahrer halt und zeigte mir die *Oao* (»Wogen«), für die Gudscharat berühmt ist – riesige, unterirdische Wasseranlagen. Im Grunde als Tempel gebaute Brunnen, die kunstvoll verziert und über zeremonielle Stufen zugänglich sind. Manchmal ist der Brunnen sehr groß und das Wasser so weit unten, daß die Stufen von einer Ebene zur nächsten denen einer modernen U-Bahnstation gleichen. Diese erstaunlichen technischen Meisterstücke sind sehr alt; einige stammen aus frühgeschichtlicher Zeit. Gudscharat lag ohne Frage im Ausdehnungsbereich der miteinander verbundenen hydraulischen Kulturen, die ab dem dritten vorchristlichen Jahrtausend im gesamten westlichen Asien in Blüte standen. Die sumerischen Texte sind voller Hinweise auf die großen Kanäle und komplizierten Bewässerungsanlagen, die die heimischen Könige bauen und ständig mit großem Aufwand ausräumen ließen. Auf der Insel Bahrain hatten dänische Archäologen phantastische, unterirdische Aquädukte einer ganz ausgeklügelten Art entdeckt, die man sonst nur aus der persischen Archäologie kannte. Und auf der anderen Seite der Straße von Hormus hatte ich über die frühgeschichtlichen *Falaj* von Oman gestaunt. Als mit Steinen ausgelegte Tunnel liefen sie viele Kilometer in einer Tiefe von zehn Metern unter dem kargen Wüstenboden, ausgestattet mit Schächten für die Instandhaltung und hin und wieder an die Oberfläche kommend. Um den erforderlichen Wasserdruck zu erreichen, begann ein *Falaj* oben in einem Canon und kam auf einer Seite oberhalb des Flusses nach unten, verschwand dann in einem Tunnel unter dem Flußbett und kam auf der anderen Seite wieder nach oben, um dort auf gleicher Höhe wie zuvor seinen Weg fortzusetzen. Die Menschen jener Zeit wußten, wie man das Wasser beherrscht. Es ist daher nicht verwunderlich, daß die Reisenden nach Sri Lanka Hydraulikexperten waren, und diejenigen, die auf den Malediven landeten, sich zumindest beim Bau eleganter Bäder hervortaten, bei denen die Süßwasserzufuhr nach Belieben durch Öffnungen im Boden reguliert wurde. Die meisten Schiffbrüchigen der Neuzeit kamen an den Stränden der Salzlagunen um, bevor sie es verstanden, aus dem festen Muttergestein eines Korallenatolls Süßwasser zu gewinnen.

Voller Bewunderung für all die Beweise der Intelligenz, des Geschmacks und Geschicks des frühgeschichtlichen Menschen, die ich in Gudscharat gesehen hatte, stand ich am nächsten Tag in der sengenden Sonne und starrte in das stehende Wasser eines gewaltigen, frühgeschichtlichen Beckens aus gebrannten Ziegeln. Den Angaben auf einer Tafel zufolge war es 218 Meter lang, 37 Meter breit, 4,15 Meter tief und hatte rundum senkrechte Mauern. In dieses ungewöhnliche Bekken führten keine Stufen, doch eine der Schmalseiten war unterbrochen von einem offenen Tor mit den Spuren der Kammern eines ehemaligen Überlaufs. Dies war kein Kultbad. An den Seiten gab es keine Bänke. Dies war der frühgeschichtliche Hafen von Lothal. Die senkrechten Wände bestanden aus Ziegeln, die gebrannt waren, damit sie der Einwirkung des Salzwassers besser widerstanden. Rao, der diese Entdeckung 1954 machte und die Ausgrabungen leitete, schrieb:

»Das größte Bauwerk aus gebrannten Ziegeln, das die Harappaner je errichtet haben, ist dasjenige, das am Ostrand der Stadtanlage freigelegt wurde und als Platz für anlegende Schiffe und zum Be- und Entladen diente.« Und: »In keinem anderen Hafen des frühen oder späten Bronzezeitalters hat man einen künstlichen Anlegeplatz mit einer Schleusenvorichtung gefunden. In Indien selbst hat der Wasserbau in der Zeit nach Harappa keine Fortschritte mehr gemacht.«[64]

Als ich diesen Hafen das letztemal besuchte, fiel mir die enge Zufahrt auf, die nur Schiffe einer Größe hätten passieren können, die man leicht auf den Strand ziehen konnte. Ich war etwas ratlos und erklärte Professor Mehta, der mich zu der Stätte gebracht hatte, daß es noch einen anderen Kanal geben müsse.

»Zu diesem Schluß ist Rao auch gekommen«, meinte Mehta lachend. »Aber wir haben außerhalb der übrigen Mauern Testgräben angelegt und überall den gleichen harten, sterilen Boden vorgefunden. Es kann keine andere Zufahrt gegeben haben. Und daher fragen sich einige von uns inzwischen, ob das Becken nicht nur zum Sammeln von Regenwasser gebaut wurde!«

»Unmöglich«, rief ich. »Sie haben mir selbst eben die großen Ankersteine gezeigt, die Rao im Innern gefunden hat, und den alten Brunnen ein paar Schritte abseits. Niemand würde direkt neben einem Wasserreservoir einen Brunnen graben. Und wenn man Regen- oder Hochwasser hätte sammeln sollen, wäre es einfacher und funktioneller gewesen, ein Auffangbecken von der Art eines Teiches mit allmählich abfallender Begrenzung zu graben, wo Mensch und Tier auch dann noch das Wasser hätten erreichen können, wenn es fiel. Man hätte keine hohen, senkrechten Mauern errichtet, wo man das Wasser hätte in Eimern hochziehen müssen.«

Alle Umstehenden waren meiner Meinung. Aber trotzdem hätte kein Schiff durch diese schmale Zufahrt in diesen herrlichen Hafen einlaufen können. Und trotzdem gab es an der Längsseite den großen, mit Ziegeln gepflasterten Anlegeplatz und daran anschließend all die Lagerhäuser. Aufgrund dessen, was Rao gefunden hatte, schien es so offenkundig zu sein, daß dies ein Anlegeplatz war, daß ich um die Erlaubnis bat, noch einen zusätzlichen Testgraben anzulegen. Zwei Männer kamen mit Schaufeln und gruben außerhalb der Mauer, wo sich die schmale Zufahrt befand, und ein paar Meter neben dem jetzigen Kanal ein Loch in die Erde. Alte Topfscherben und zerwühlte Erde kamen zum Vorschein. Dann Füllung. Der Zufahrtskanal war einmal sehr viel breiter gewesen. Diese Beobachtung zog eine eingehendere Untersuchung des guterhaltenen Mauerwerks auf der Innenseite der Zufahrtsmauer nach sich. Wie die modernen Maurer hatten auch die von Lothal die Ziegel immer genau so verarbeitet, daß die Mitte jedes Ziegels über dem Stoß der beiden Steine darunter lag. Aber mehrere Meter rechts und links von der jetzigen Öffnung in der Mauer fand sich ein Mauerverbund, der nicht so sorgfältig ausgeführt war, so als wären Teile nachträglich hinzugekommen. Der Sinn einer solchen Maßnahme konnte nur sein, die Breite einer Einfahrt zu reduzieren, die ursprünglich sehr viel größer gewesen war.

Der äußere Testgraben und der Mauerverbund auf der Innenseite der sich anschließenden Beckenmauer ließen erkennen, wie groß die Zufahrt ursprünglich gewesen war; es hatten große Schilfboote in der frühen Zeit des Hafens von Lothal einlaufen können. In einer zweiten Phase hatte man dagegen die Zufahrt zum Hafen auf einen bescheidenen Einlaß verkleinert, der mit hölzernen Toren verschlossen werden konnte. Warum?

Lothal ist heute vom Golf von Kambay durch große, ausgetrocknete Sumpfniederungen getrennt. Selbst der heimische Fluß ist zu weit entfernt, als daß noch mit der Flut Wasser in das Becken gelangen könnte. Wir wissen, daß der Meeresspiegel in diesem Gebiet seit der Zeit Harappas und der Sumerer gesunken ist. Selbst der große sumerische Hafen von Ur liegt heute weit vom Fluß und Golf entfernt unter Wüstensand begraben. Wir kennen außerdem den gewaltigen Unterschied des Wasserstandes bei Ebbe und Flut. Er liegt bei 10,5 Meter. Selbst heute werden die heimischen Boote noch mit flachem Kiel und breitem Boden gebaut, damit sie nicht umkippen, wenn sie bei Ebbe auf dem Strand aufsitzen. Das alte Lothal war ideal für Schilfboote mit einem Zwillingsbündelrumpf, die bei Flut direkt anlegen konnten, wenn das Deck hoch über dem gepflasterten Dock lag. Sank das Wasser bei einsetzender Ebbe, saß das Boot mit dem Zwillingsbündel fest so auf dem trockenen Boden auf, daß das Deck sich auf gleicher Höhe wie das

Dock befand. Selbst die Bündel unseres kleinen Schilfbootes *Tigris* waren schon drei Meter dick gewesen.

Als ich jetzt zum drittenmal nach Lothal kam, hatten wir vorher auf den Malediven gegraben und verschiedene importierte frühgeschichtliche Perlen gefunden. Eine davon gehörte zu jener unvorstellbar kleinen Art, für die Lothal bei den Wissenschaftlern berühmt war. Hier, nur wenige Schritte von der Anlegestelle und den Lagerhäusern entfernt, befanden sich die Überreste der frühgeschichtlichen Perlenmanufaktur, wo Rao Unmengen dieser winzigen Perlen von nur ein bis 1,3 Millimetern Durchmesser gefunden hatte. In dem kleinen Feldmuseum am Ort befanden sich noch mehr Schmuckstücke aus Lothal, die ich bei meinen vorigen Besuchen kaum beachtet hatte. Diesmal machte ich die Augen weit auf. In einer Glasvitrine lag eine Halskette aus runden, bräunlichen Achatperlen, die sich abwechselten mit weißlichen Stein- oder Muschelperlen in der Form länglicher Fäßchen, die der Länge nach durchbohrt waren. Genau die beiden Arten, die wir auf den Malediven gefunden hatten. Und auch die Form und Größe, die man für die beiden Materialien gewählt hatte, glichen durchweg denen auf den Malediven. Auf der daneben liegenden Tafel hieß es: »Indus-Perlen aus Halbedelsteinen, die in Sumer, Elam, Ägypten und auf Bahrain sehr begehrt waren, wurden in Lothal verarbeitet und in ferne Länder exportiert. Das Rohmaterial, nämlich Achat, Feuerstein, Jaspis etc., kam aus den Minen von *Ratanpura* im Süden Gudscharats über die Harappa-Häfen *Mehgam* und *Bhagatrav*.« Im Erdreich des Hofes der Perlenmanufaktur hatte Rao Krüge gefunden, in denen achthundert Karneol- und Achatperlen in unterschiedlichem Bearbeitungsstadium lagen.

Genau diese Art Perlen hatte, direkt oder später über Zwischenstationen, die Malediven erreicht. Nach den Erklärungen der heimischen Archäologen wurde das Hafengebiet von Lothal aufgegeben, als um 1900 v. Chr. eine verheerende Flutwelle das Becken abschnitt und damit auch die Blütezeit Lothals ihrem Ende zuführte. In der Zeit davor war es Lothal jedoch gelungen, in den Besitz des Schatzes der maledivischen Kauri-Muscheln zu kommen, die ich in einer anderen Vitrine neben den Perlen bemerkte. Import und Export. Sie ermöglichten die Schiffahrt, und sie standen am Anfang der kulturellen Entwicklung des Menschen.

Kapitel 14
Bewertung

Arne Skjölsvold, Öystein Johansen, Egil Mikkelsen und ich saßen im ersten Stock des Kon-Tiki-Museums in Oslo. Im Erdgeschoß standen das Balsa-Floß *Kon-Tiki* und das Papyrusboot *Ra II*, die gewissermaßen verantwortlich dafür waren, uns alle über ein gemeinsames Interessengebiet zusammengebracht zu haben: Inselarchäologie.

Bei uns war außerdem noch Knut Haugland, Kurator des Museums und mein engster Mitarbeiter in all den Jahren, seit wir zusammen am Ende der Fahrt auf dem Balsa-Floß in Polynesien an Land gewatet waren. Er war ein unentbehrliches Mitglied des Teams. Er hatte diese Einrichtung aufgebaut, aus einem behelfsmäßigen Schuppen für das Floß ein Wissenschaftszentrum mit Einnahmen aus einem ständigen Besucherstrom gemacht, das wissenschaftliche Forschung ermöglichte. Abbas Ibrahim, der maledivische Minister aus dem Präsidialamt, war vor kurzem hier gewesen. Das Museum wollte einige Exemplare der bearbeiteten Steine ausstellen, die wir ausgegraben hatten, einige der Steine, von denen wir so viele gefunden hatten. Jetzt waren wir zusammengekommen, um über das weitere Vorgehen zu sprechen, denn Arne Skjölsvold, Öystein Johansen und Egi Mikkelsen wollten die Einzelheiten der Ausgrabungen schriftlich ausarbeiten, und das Kon-Tiki-Museum sollte die Berichte und Zeichnungen veröffentlichen.

»Und wer hat nun die Malediven entdeckt? Habt ihr die Antwort gefunden?« fragte Knut scherzhaft.

»Wir haben eine Antwort«, sagte Arne Skjölsvold. »Und sie wird vielleicht viele überraschen. Diese Inseln wurden nicht einfach von primitiven Seefahrern entdeckt, die sich von der Meeresströmung hatten treiben lassen. Sie wurden von Menschen mit einer entwickelten Kultur besiedelt, die bereits im Altertum das Meer befuhren.«

»Sie waren schon große Künstler und Architekten, bevor sie zu den Malediven segelten. Und das war vor der Wikingerzeit in Europa«, ergänzte Egil Mikkelsen.

»Vielleicht sogar schon in der europäischen Jungsteinzeit.« Öystein Johansen nickte und betrachtete lächelnd einen noch verschnürten Sack mit Topfscherben, den er zwischen uns und den Tisch gelegt hatte.

»Vielleicht. Aber auf jeden Fall haben wir jetzt den ersten Beweis dafür, daß die Malediver schon 1000 Jahre vor Kolumbus in klassischer Form gebaut haben. Ich habe gerade aus dem Labor die ersten Ergebnisse der Karbondatierung bekommen«, sagte Arne Skjölsvold weiter. »Irgendwann um 500 n. Chr. wurde auf Nilandu eine Tempelanlage gebaut. Vielleicht sogar umgebaut, denn sie enthielt bearbeitete Steine eines älteren Bauwerks.«

Wir dachten an die begrabenen Mauern der *Hawitta* auf Nilandu mit den klassischen Hohlkehlen, die jeder modernen Kathedrale zur Ehre gereicht hätten. Und wir dachten auch an die große, schöne Muschel, die wir unten auf dem Boden des mit Sand gefüllten Inneren gefunden hatten. Sie, noch eine andere große Muschel und ein schönes Stück Holzkohle, alle drei aus derselben Grabungskampagne, waren jetzt mit Hilfe der Karbondatierung altersmäßig bestimmt worden und stammten alle etwa aus derselben Zeit. Zusammen mit der ausgegrabenen Muschel hatte Arne Skjölsvold aber auch die schönen rötlichen Kalksteinblöcke gefunden, die gemeinsam mit der Füllung in die *Hawitta* geworfen worden waren. Sie stammten von einem älteren Bauwerk.

»Wie alt dieses Bauwerk war, können wir nicht sagen. Aber das macht zweifellos deutlich, daß sich auf Nilandu schon vor 500 n. Chr. einiges getan hat«, folgerte Arne Skjölsvold.

Wir hatten kein datierbares Material in der *Hawitta* von Gaaf-Gan gefunden, wo wir nicht gegraben hatten. Nur die Skulpturen. Ein paar Knochen, die wir außerhalb der *Hawitta* freigelegt hatten, stammten aus der Zeit der Moslems von etwa 1500 n. Chr., aus den Tagen des Kolumbus, 1000 Jahre nach dem Umbau der *Hawitta* von Nilandu.

»500 n. Chr., das sind 600 Jahre vor der offiziellen Besiedlung der Malediven, wenn man ihren geschichtlichen Aufzeichnungen folgt.« Die Archäologen hatten allen Grund, mit ihren ersten Testgrabungen zufrieden zu sein. Aber Knut Haugland wunderte sich.

»Von wo hätten Seefahrer mit Erfahrung in Architektur kommen können, 1000 Jahre bevor sich europäische Karavellen hinaus auf das offene Meer wagten?«

Aus Asien, Afrika, Amerika. Jetzt war es an mir, von dem zu berichten, was ich im Zentrum der Seefahrt im Nordwesten Indiens gesehen hatte, in Lothal und der Gegend von Bharuch. In der eigentlichen Heimat der Löwenmenschen, die seetüchtige Schiffe bauten und im sechsten vorchristlichen Jahrhundert mit dem Schiff ihre Heimathäfen verließen. Die Erinnerungen an ihre Abenteuer auf dem Meer waren längst zu Legenden geworden, als sie um 500 n. Chr. schriftlich festgehalten wurden, zur Zeit der zweiten Bauphase auf Nilandu. Die Bewohner Bharuchs waren hervorragende Architekten, lange bevor der königliche Expeditionstrupp mit Männern und Frauen in die Verbannung geschickt wurde, um sich neues Land zu suchen. Das war 2000 Jahre vor Kolumbus. Zu der Zeit waren Hohlkehlen bei ihnen üblich, wie diejenigen auf Nilandu. Die Menschen verstanden es meisterlich, aus dem Fels kunstvoll geformte Blöcke zu hauen, die sich fast fugenlos zusammenfügen ließen. Gehalten von »Schmetterlingsklammern«. Sie waren gewohnt, große Menschenmassen für den Bau heiliger Hügel aufzubieten. Sie bewahrten sich die alte Tradition, Löwen und Stiere zu skulptieren, und verwendeten die Sonne, den Lotos und das Hakenkreuz als kultische Verzierung. Sie bauten Feuerstein und Achat ab und stellten Perlen, wie diejenigen, die wir gefunden hatten, für den Export her. Sie hatten sogar ein so eigenartiges Wort wie *barábaro* mit den Bewohnern der Malediven gemein. Ich hatte fast alles gefunden, wonach wir gesucht hatten, sogar den Schiwa mit den vier Gesichtern. Aber nicht die Tafel mit den piktographischen Inschriften, die nach Nagga dippa wies, dem Gebiet der Tamilen an der Nordspitze Sri Lankas, wo die singhalesischen Löwenmenschen zuerst gelandet waren.

»Glaubst du immer noch, daß die piktographischen Inschriften, die du auf der zerbrochenen Tafel entdeckt hast, eine Ableitung der Schrift aus dem Indus-Tal waren?« fragte Knut.

Nicht direkt. Aber indirekt schon. All diese Zeichen hatten eine symbolische Bedeutung. Es waren Bilderschriftzeichen. Und sie leiteten sich alle von Symbolen her, die sich unter den ersten Kulturen vom Nordwesten Indiens aus verbreitet hatten. Von den Häfen Lothal, Bhagatrav, Bharuch und den vielen späteren hinduistischen Königreichen im selben Gebiet. Dieses maritime Ausgangszentrum im Nordwesten Indiens war als die Wiege all jener vielschichtigen Kulturen und Königreiche bekannt, die sich bis hinunter zur Südspitze Indiens und ostwärts bis nach Java und anderen fernen Ländern entwickelten. Die Malediven waren ohne Frage ein grundsätzlich anderer Zweig jener bedeutenden, frühen, kulturellen Expansion.

»Wißt ihr«, warf Egie Mikkelsen ein, »daß die phallischen Steine zurück auf die Indus-Kultur gehen?«

»Wir haben im Nationalmuseum von Karatschi eine vollendete Phallus-Skulptur aus Mohenjo-Daro gesehen«, ergänzte Öystein Johansen begeistert.

Ob unsere phallischen Steinskulpturen von den Malediven sich nun von Mini-Stupas oder dem *Schiwalingam* herleiteten, sie hatten auf jeden Fall einen frühen Vorgänger in der Indus-Kultur. Sogar in der *Encyclopaedia Britannica* findet sich ein Eintrag über Schiwa, in dem die Vermutung geäußert wird, daß ein Siegel aus dem Indus-Tal mit einer ithyphallischen (mit erigiertem Glied) Gestalt in Joga-Haltung ein Prototyp dieser bedeutenden Hindu-Gottheit sein könnte, »oder zumindest eine frühe Verbindung zwischen dem Asketischen und Phallischen darstellt, die sich in der Mythologie Schiwas bis zum heutigen Tag gehalten hat«.

»Wir hatten sie einst auch in Norwegen«, lachte Öystein Johansen. »Die heiligen weißen Steine aus der Vorwikingerzeit waren genau wie die aus Asien. Sie werden auf etwa 500 n. Chr. datiert.« Das war sein Spezialgebiet, und er zeigte uns Bilder von nordischen Phallus-Skulpturen, die denen auf den Malediven sehr ähnelten und wahrscheinlich aus derselben Zeit stammten. Wir stimmten alle darin überein, daß dies ein gutes Beispiel für eine jeweils unabhängige Herkunft war.

Aber dann kam das Rätsel mit den Kauri-Muscheln. Natürlich konnten die Menschen in Skandinavien auf die Idee kommen, heilige Phallus-Steine zu skulptieren, selbst in einer Form, die einer Stupa ähnelte. Aber wie konnten sie in den Besitz von Kauri-Muscheln kommen?

Ich hatte meinen Freunden gerade von den Kauris berichtet, die als Grabbeigaben in Lothal gefunden worden waren, als ich einen Brief einer Leserin aus Finnland bekam. Sie hatte im Nationalmuseum von Helsinki maledivische Kauri-Muscheln gesehen, die Archäologen in frühgeschichtlichen Gräbern in Finnisch-Karelien entdeckt hatten! Auf meine Bitte nach näheren Informationen setzte sie sich mit den zuständigen Personen des Museums in Helsinki in Verbindung und erhielt die überraschende Auskunft, daß Kauri-Muscheln bei archäologischen Arbeiten im finno-ugrischen Raum immer wieder gefunden würden. Man hatte sie im alten Finnland hauptsächlich als Schmuck für die Pferdegeschirre verwendet. Sie waren durch die Mari am Oberlauf der Wolga als »Schlangenköpfe« bekannt, und aus geschichtlichen Aufzeichnungen geht hervor, daß sie als Zahlungsmittel für Pelzwaren entgegengenommen wurden, die die Mari zum Umschlagplatz Bulgarien brachten, das von etwa 600 bis 1250 n. Chr. die Küste des Kaspischen Meers am Unterlauf der Wolga innehatte. Diese Kaufleute bezogen die Kauris von arabischen Händlern. Deren Handelswege liefen vom Indischen Ozean durch den Persischen Golf und weiter über Land zu den Marktplätzen von Täbris und zum Kaspischen Meer. Es war lediglich eine Ausweitung des frühen maledivischen Handels mit ganzen Schiffsladungen Kauri-Muscheln, auf die sich die frühen arabischen Quellen bezogen, Jahrhunderte, bevor das maledivische Königreich moslemisch wurde. Einer der arabischen Schriftsteller, die 922 n. Chr. Bulgarien besuchten, war Ibn Fadlán.

Der estnische Historiker L. Meri schrieb über diesen erstaunlichen Handelsweg: »Eine gewaltige Modewelle in Sachen Kauri-Muscheln erfaßte die finno-ugrischen Länder, in denen man sich nicht vorstellen konnte, daß diese ›Schlangenköpfe‹ von den Malediven kamen, aus dem fernen Indischen Ozean, dem Ursprungsort dieser Schnecken.«[65]

Ich las diese kurze Notiz meinen Freunden vor und glaubte, wir hätten damit die äußersten Grenzen des Handels mit Kauri-Muscheln erreicht. Doch weit gefehlt.

»Wir können dem hinzufügen, daß norwegische Archäologen Kauri-Muscheln an der Atlantik-Küste nördlich des südlichen Polarkreises ausgegraben haben. Elf Stück wurden in Lödingen in Nordnorwegen in einem Grab aus dem sechsten nachchristlichen Jahrhundert gefunden!«

Egil Mikkelsen überraschte uns mit diesem kaum glaublichen Einwurf. Öystein Johansen wartete unsere Reaktion ab und brachte dann dies:

»Und 1975 fand man mehrere Kauri-Muscheln in einem Frauengrab von etwa 600 n. Chr. auf Luröy, einer Insel vor der offenen Küste Nordnorwegens, genau auf dem nördlichen Polarkreis!«

Egil Mikkelsen wartete, bis ich diese Überraschung aus unserer eigenen Heimat verdaut hatte, und brachte dann in aller Seelenruhe eine Veröffentlichung von B. Nerman, einem schwedischen Archäologen, auf den Tisch, der Gräber aus der Vorwikingerzeit auf der Insel Gotland vor der Ostküste Schwedens ausgegraben hatte. Er hatte Kauri-Muscheln aus dem Indischen Ozean in drei Frauengräbern gefunden, die aus der Zeit zwischen 550 und 800 n. Chr. stammten. Eine war durchbohrt, damit man sie hatte umhängen können; sie war offenbar an einem Gürtel getragen worden. Es hatte in Schweden sehr verwundert, daß die Bewohner der Insel Gotland schon so früh Verbindung zu Menschen im Indischen Ozean hatten haben können, wenn auch indirekt. Aber dann fand man noch ein anderes schwedisches Grab aus derselben Zeit, das einen sehr schönen Bronze-Buddha enthielt, der auf einer Lotosblüte saß.

Wir waren uns einig, daß die Menschen schon gereist waren, lange bevor einzelne Fahrten schriftlich festgehalten wurden. Aber Knut fragte:

»Hätten die Kauri-Muscheln nicht aus dem Atlantik kommen können?«

»Nein«, konnte ich antworten. »Die Münz-Kauri, *Cypraea moneta*[66], ist eine ausschließlich indisch-pazifische Schnecke. Man findet sie nirgendwo sonst.«

»Vielleicht kamen sie von Ostafrika?«

»Ibn Battuta hat berichtet, daß Ostafrika die Kauris von den Malediven importierte, und er selbst hat ganze Schiffsladungen nach Asien exportiert. Nur auf den Malediven wurden sie für den Massenexport gepflegt. Die Araber nannten die Malediven die Geldinseln, noch bevor sie sich dorthin aufmachten, um den Islam einzuführen. 300 Jahre vor Ibn Battuta schrieb Al-Biruni, daß die Kauri-Muscheln ein Monopol der Malediven seien.«

Von der nördlichsten Ecke Europas kamen wir bei unserer Beschäftigung mit dem maledivischen Handel bald zum Fernen Osten auf der entgegengesetzten Seite der Alten Welt.

»Alte chinesische Keramik«, erklärte Öystein Johansen, als er einen Haufen uns vertrauter grüner Topfscherben aussortierte. »Das haben wir auf Nilandu, Gaaf-Gan und Fua Mulaku ausgegraben. Ich habe es bei meiner Reise durch Südostasien auf den Osten spezialisierten Archäologen gezeigt. Sie alle haben es als chinesisch aus etwa dem achten Jahrhundert identifiziert, als der Handel mit China zunahm und Keramik das Hauptexportgut Chinas war.«

Öystein Johansen hatte außerdem erfahren, daß J. Carswell vom Institut für Orientalistik in Chicago Malé besucht und dort Hunderte von Topfscherben aus den chinesischen Sung- und Ming-Dynastien (960–1279 n. Chr. und 1368–1644 n. Chr.) gesammelt hatte. Carswell war überrascht gewesen, daß all diese Beweise für den Handel mit dem Fernen Osten in die arabische Zeit fielen, denn er hatte kaum islamische Keramik entdeckt. Auch ein gewisser J. V. Allen hatte direkt an der Oberfläche auf einer Insel unmittelbar südlich von Malé Töpferwaren gefunden, die die Experten für Orientalistik als unter Umständen sassanidisch einstuften, also aus dem hintersten Teil des Persischen Golfs kommend. Die übrigen Scherben, die Allen gesammelt hatte, waren als südostasiatisch und chinesisch identifiziert worden.

Sonst hörten wir von niemandem, der maledivische Topfscherben entdeckt hätte, ausgenommen Ivar, der sechsjährige Sohn unserer Freunde Eva Jonsson und Mohamed Hameed aus Malé, der das vielleicht schönste Stück gefunden hatte. Er hatte beim Spielen mit seinen Eltern im Sand auf Vadu (Kaaf-Vadu) gegraben, einer Insel südwestlich von Malé, und dabei eine alte Topfscherbe im Sand gefunden, schöne, handgeformte, graubemalte Keramik mit einem besonderen Blattschmuck, der charakteristisch für die Indus-Kultur war. Die kleine Insel Vadu schien unter ihrem Sand noch so manches Geheimnis der Vergangenheit zu bergen. Ich hatte die Touristeninsel einmal ganz kurz besucht und dabei einen kleinen Bronze-Buddha gesehen, den jemand beim Aushub für sanitäre Einrichtungen gefunden hatte.

Wir bestaunten noch die Topfscherbe des kleinen Ivar, als Öystein Johansen einen kleine Schachtel hervorholte, um seinen Trumpf auszuspielen. Er hatte ebenfalls die Insel Vadu besucht und erzählte uns jetzt, während er die Stücke in der Schachtel auspackte, seine Geschichte.

Im Rahmen unseres gemeinsamen Programms war Öystein Johansen noch einmal allein auf die Malediven geflogen mit der Absicht, die Insel Maalhos im Alifu-Atoll westlich von Malé aufzusuchen. Der Grund: Ein schwedischer Tourist war im selben Jahr auf dieser Insel gewesen, weil er von einem Steinkopf gehört hatte, den man dort angeblich vor 17 Jahren gefunden hatte. Der schwedische Tourist erzählte uns, die Inselbewohner hätten die Existenz des Kopfes zunächst geleugnet. Schließlich aber zeigten sie ihm eine steinerne Maske, die mit dem Gesicht nach unten auf einem Schutthügel gelegen hatte. Sie war aus einem alten Brunnen zutage gefördert worden. Der Schwede hatte darauf gedrängt, die Maske nach Malé zu schicken, und dort sahen wir die etwa 30 Zentimeter große Kalksteinmaske vor unserer Abreise. Ein wunderschönes Exemplar. Das wirklichkeitsgetreue Gesicht trug auf der Stirn das Symbol des »dritten Auges«, und über einem verzierten Stirnband erhob sich eine hohe Kappe.

Die nochmalige Rückkehr Öystein Johansens auf die Malediven hatte nur den einen Zweck, Testgräben in der Gegend anzulegen, wo die steinerne Maske gefunden worden war. Aber aus irgendwelchen Gründen erlaubten unsere Freunde vom Nationalen Zentrum ihm nicht, Maalhos aufzusuchen, und so war er auf der kleinen Insel Vadu gelandet, wo der Junge die kostbare Topfscherbe gefunden hatte, die jetzt vor uns lag. Überall im Sand von Vadu hatte Öystein Johansen alte Scherben gefunden. Die Insel mußte einmal sehr bedeutend gewesen sein. Er hörte aus Erzählungen, daß sie früher sehr viel größer gewesen sei, und war in die Lagune gewatet. Mit bloßen Händen hatte er Topfscherben aus dem Sand des Lagunengrundes graben können. Das hier waren einige Stücke davon.

Er zeigte uns einige alte Scherben von feinen, mit der Hand geformten, unbemalten Töpfen aus grauer Keramik mit einer ganz besonderen Verzierung der Oberfläche, sogenannte Schnurkeramik.

»Ich habe die Sachen den Archäologen in den Nationalmuseen von Singapur, Kuala Lumpur und Manila gezeigt, ohne zunächst zu sagen, wo ich sie gefunden habe. Gefunden hatte ich sie, als ich vor dem Strand von Vadu getaucht war. Unabhängig voneinander erklärten alle, daß es sich um jungsteinzeitliche Töpferwaren einer Art handle, die um 2000 v. Chr. aufgehört habe hergestellt zu werden.«

Schweigend betrachteten wir jede der so verschiedenen Scherben, die die Runde machten. Einige dieser maledivischen Scherben werden vielleicht eines Tages die Geschichte erzählen, wie das frühgeschichtliche Madagaskar von Indonesien aus besiedelt wurde.

Dann kam die Reihe an mich zu berichten, was ich von unseren moslemischen Freunden des Nationalen Zentrums erfahren hatte. Sie hatten mir am Ende die ganze Geschichte um den großen, steinernen Buddha-Kopf anvertraut, wegen dem ich überhaupt auf die Malediven gekommen war. Es stimmte, daß er zu einer vollständigen Statue gehört hatte, die von religiösen Fanatikern zerstört worden war. Man hatte sie auf der Insel Toddu unmittelbar westlich von Malé gefunden, vor der Nordspitze des Alifu-Atolls. Aber damit war die Geschichte noch nicht zu Ende.

Die Statue war im Innern einer kleinen Stupa entdeckt worden. Auch diese Stupa hatte sich in gutem Zustand befunden und war 800 Jahre in einem Hügel verborgen gewesen, den Palmen und dichtes Buschwerk bedeckt hatten. Bei den Bewohnern hieß der Hügel *Bodu gafusi*, »Der große Steinhaufen«. Aber 1958 war Mohamed Ismail Didi, ein hoher Beamter aus Malé, mit Zustimmung der Behörden und des moslemischen Rates nach Toddu gefahren. Unter seiner Leitung lichteten ungelernte Dorfbewohner das Dickicht über dem Hügel und gruben ihn aus. Die wenige Meter hohe Kuppel der kleinen Stupa war noch erhalten, und auch die schöne Steineinfassung, die einen imitierten Balkenzaun darstellte. Didi hatte persönlich einen Bericht über seine Entdeckung angefertigt, in Divehi und auch mit den entsprechenden Schriftzeichen. Shadas half mir bei der Übersetzung. Der guterhaltene Buddha war in einer Kammer unter einer schweren Steinplatte verborgen gewesen. Man fand außerdem ein Reliquienkästchen, das wie ein Steintopf aussah, in dem eine silberne Schale umgeben von schwarzem Pulver lag, wahrscheinlich Asche. Daneben entdeckte man zwei etwa 30 mal fünf Zentimeter große Silberplatten mit einer Inschrift, einen kleinen Goldzylinder, ähnlich einem Amulettdöschen, einige Goldspäne und etwas Golddraht, weiter drei Ringe, zwei Münzen und eine Substanz, die einer heimischen Medizin glich. Man hatte die Münzen gesäubert und poliert, um zu sehen, was sie darstellten. »Es war die Gestalt eines Rehs oder Pferdes, wir konnten es nicht mit Sicherheit bestimmen ... auf der anderen Seite der Münze war ein Kopf abgebildet. Die andere Münze war zu undeutlich. Wir haben die Münzen fotografiert.«

Kein Mensch wußte, was aus dem Inhalt des Reliquienkästchens geworden war. Die Münzen und auch alles übrige waren verschwunden. Vandalen hatten die kleine Stupa systematisch zerstört. Aber die Fotos der Münzen waren von unserem Freund Hassan Maniku gerettet worden. Eins zeigte den lorbeerbekränzten Kopf Apollos auf der einen Seite und Minerva in ihrem Streitwagen mit vier galoppierenden Rossen auf der anderen. Diese Münze war durchbohrt und wahrscheinlich als Amulett getragen woden. 1980 hatte A. D. W. Forbes von der Universität Aberdeen auf den Malediven geforscht und Abdrücke erhalten, die er Dr. N. M. Lowick von der Abteilung für Münzen und Medaillen des British Museum geschickt hatte. Im Archiv des Büros von Loutfi hatte man mir vor kurzem den maschinengeschriebenen, sehr eingehenden Bericht von Forbes gezeigt:

»Dr. Lowick identifizierte die Münze sofort als einen *Denar* von Caius Vibius Pansa aus der Zeit der Römischen Republik, 90 v. Chr. in Rom geprägt ... Die Münze konnte im Römischen Reich bis 100 n. Chr. in Umlauf sein ...«[67]

»Eine Münze von 90 v. Chr. Natürlich war es denkbar, daß sie einige Zeit als Amulett getragen worden war«, meinte Arne Skjölsvold. »Andererseits wissen wir, daß es zwischen den Malediven und dem alten Rom direkte Verbindungen gegeben hat.«

Er spielte auf die Regierungszeit des römischen Kaisers Flavius Claudius Julianus an, der 363 n. Chr. starb. Sein Waffengefährte Ammianus Marcellinus schrieb die Gesandten auch der fernsten Länder auf, die kamen, um dem Kaiser zu huldigen, und die er zu beiden Seiten des Hofes sitzen sah:

»Hier flehten die Völker jenseits des Tigris und die Armenier um Frieden, von dort schickten die indischen Völker im Wetteifer miteinander vorzeitig Adlige mit Geschenken, von den Divern und Serendivern ...«[68]

Die Serendiver waren die Srilanker, die Diver die Bewohner der davorliegenden Inseln.

»Die Römer hatten von den Ägyptern gelernt, zu diesen Inseln zu segeln«, ergänzte ich mit meinem Lieblingszitat von Plinius dem Älteren. Wir hatten ein Exemplar seiner *Historia Naturalis* im Regal stehen, nach dem ich jetzt griff, um eine deutlich gekennzeichnete Stelle vorzulesen. Plinius schrieb dieses Werk, bevor er beim Ausbruch des Vesuvs 79 n. Chr. starb. Schon damals fuhren römische Schiffe nach Sri Lanka und der gegenüberliegenden indischen Küste. Das heißt, zu einer Zeit, als römische Münzen, wie die von den Malediven aus dem Jahr 90 v. Chr., noch in Umlauf waren. Um nach Sri Lanka zu kommen, mußten die römischen Schiffe die Malediven durchfahren.

Aber ich suchte die Stelle, wo Plinius von den Fahrten zu den *Prasii* schreibt, einem Handelsvolk vom Ganges auf der entfernter liegenden Seite Indiens. Nach einer Beschreibung Sri Lankas mit all seinen Städten und Erzeugnissen fährt Plinius fort:

»Früher glaubte man, sie [die Insel] liege 20 Schiffstagereisen von dem Volke der Prasier, weil man nur auf Schiffen aus Papyrusstauden, die auch nur mit dem auf dem Nil gebräuchlichen Takelwerke versehen waren, die Überfahrt machte; später aber wurde die Entfernung nach dem Laufe unserer Schiffe auf sieben Tagreisen geschätzt.«

Wer steif und fest behauptet, ägyptische Schilfboote wären nie über den Nil hinausgekommen, muß diesen Bericht übersehen haben. Ohne ihn wäre ich weniger erpicht darauf gewesen, Schilfboote auf dem Meer zu erproben. Außer den ungefähren Entfernungen in Segelzeit hatten die Ägypter den Römern auch die Geheimnisse verraten, wie man im Einklang mit dem jahreszeitlich bedingten Wechsel des Monsuns den Indischen Ozean überquert. Plinius setzte sich dafür ein, daß die Römer den Handel auf dem Indischen Ozean an sich zögen, anstatt den Zwischenhändlern in Ägypten den Gewinn zu überlassen:

»Wir halten es der Mühe wert, die ganze Reise von Ägypten aus näher zu beschreiben, da sie uns jetzt erst durch zuverlässige Nachrichten bekanntgeworden ist. Die Sache verdient Aufmerksamkeit; denn in keinem Jahre zieht Indien weniger als 50,000,000 Sesterzen [4,773,611 Gulden] aus unserem Reiche, und sendet uns Waren dafür, die um das Hundertfache verkauft werden.«

Er riet den römischen Kaufleuten, ungefähr zwölf Tage nilaufwärts bis nach Keft zu fahren, wo Kamelkarawanen für die nächste zwölftägige Etappe nach Berenike am Roten Meer zusammengestellt wurden. Es gab in Abständen eingerichtete Wasserstellen und anscheinend einen lebhaften Verkehr sowie Karawansereien, die imstande waren, bis zu 2000 Reisende zu beherbergen.

»Die Seereise beginnt in der Mitte des Sommers vor dem Aufgang des Hundgestirns, aber sogleich nach dem Aufgange desselben. Am 30. Tage ungefähr kommt man nach Ocelis** (** lag an der Straße Bab-el-Mandeb.) ... Von da segelt man mit dem Winde Hippalus [Westwind] in 40 Tagen nach ... dem ersten Stapelplatze Indiens, ... Aus Indien schifft man zu Anfang des ägyptischen Monats Tybis, welcher unserem Dezember entspricht, oder doch spätestens am sechsten Tage des ägyptischen Monats Mechir, nämlich während des Idus [bis zum 13. Tage] unseres Januars zurück; und so kommt es, daß man noch in demselben Jahre die Heimreise antritt.«[69]

»Wir haben erfahren, daß Vasco da Gama das Monsunsegeln von den Arabern lernte«, erklärte ich. »Das stimmt. Aber wir dürfen nicht vergessen, daß die Römer das Monsunsegeln auf dem Indischen Ozean schon anderthalb Jahrtausende früher von den Ägyptern gelernt hatten.«

»Welch ein Anblick für die Malediver, die stolzen ägyptischen Papyrusboote mit ihren bunten, quadratischen Segeln über die Sonnenautobahn durch den Äquatorkanal fahren zu sehen«, schwärmte Öystein Johansen.

Wir waren uns darin einig, daß sie wahrscheinlich nicht nur vorbeisegelten. Kein Seefahrer würde aus der grenzenlosen Weite des Indischen Ozeans kommen oder dorthin segeln, ohne haltzumachen und sich mit Proviant und Wasser zu versorgen. Vielleicht haben die Malediverinnen die schönen Kragenstücke ihrer Kleider und die Männer den eleganten Bug ihrer *Dhonis* den durchreisenden Ägyptern abgeschaut.

»Wer hat da behauptet, die Malediver hätten isoliert im Meer gelebt?« fragte Egil Mikkelsen. »Sie haben eine Drehscheibe für alle wichtigen Seefahrtsnationen eingerichtet.«

Wenn Schilfboote vom Roten Meer hierherkamen, war es für die vom Persischen Golf noch einfacher. Und die aus dem Golf von Kambay waren praktisch die Nachbarn von nebenan.

Wäre es nicht um praktische Seefahrtshinweise gegangen, die Plinius im Interesse Roms niederschrieb, wären die Seereisen der Ägypter nach Sri Lanka und darüber hinaus in den Aufzeichnungen gar nicht vorgekommen. Denn wenn nicht Königin Hatschepsut durch das Rote Meer zum legendären »Punt« fuhr oder Pharao Necho einen Erkundungstrupp um das afrikanische Festland schickte, hielten es weder die Ägypter noch ihre Nachbarn für der Mühe wert, die Seereisen eines Handelskaufmanns in Inschriften oder Aufzeichnungen festzuhalten. Die kurzen Texte der Indus-Kultur sind noch nicht entziffert und nur durch Siegel bekannt, aber das eine Siegel, das ein großes Schilfboot zeigt, und die vielen anderen Siegel mit der Schrift des Indus-Tals, die man in ganz Mesopotamien ausgegraben hat, sprechen schon allein durch ihr Vorhandensein eine deutliche Sprache. Auf den mesopotamischen Tontafeln dagegen gibt es reichlich Hinweise auf große Schiffe und Fahrten in Länder, die viele Monate entfernt sind. Aber die angegebenen geographischen Bezeichnungen stimmen nicht mit denen überein, die wir heute verwenden, und nur die immer wieder erwähnten Namen wie Dilmun (Bahrain), Makan (Oman) und Meluhha (das Indus-Tal) sind mit der Zeit identifiziert worden. Einige andere Orte waren sehr viel weiter entfernt, und wir können nur raten, um welche es sich gehandelt haben könnte. Im sechsten Jahrhundert waren Schiffe im Vergleich zur Zeit der Sumerer oder Babylonier sicher noch nicht wesentlich verbessert, und da hatten die Araber den Handel mit den maledivischen Kauris den Tigris hinauf und zu den jenseitigen Karawanenstraßen übernommen.

Maloney, einem Mann mit weitem Horizont, fiel auf, daß die Malediver die eigenartige, traditionelle Angewonheit hatten, mit der 12 als Grundzahl zu rechnen. Ein Widerspruch herausforderndes System mit problematischer Herkunft, wie er sagt, und bei der Frage, woher dieses Duodezimalsystem kommen könne, läßt er Sri Lanka und Indien außer acht und meint:

»Wahrscheinlich müssen wir letztlich nach Mesopotamien blicken, von wo sich der Gebrauch der Zahlen 6 und 12 in mehrere Richtungen ausbreitete.«[70]

Er meint, daß dieses Merkmal sumerischer und babylonischer Kultur über Persien und Sind nach Gudscharat und von dort auf dem Seeweg auf die Malediven gelangt ist.

Ich erzählte den anderen, daß ich nach meinem Besuch in Bharuch und Lothal in Gudscharat überzeugt war, daß zumindest das hinduistische Element auf den Malediven aus der Nordwestecke Indiens gekommen sei. Und wahrscheinlich waren die Hindus nicht einmal die ersten gewesen, die eine solche Fahrt vom Golf von Kambay direkt nach Süden zu den Malediven unternommen hatten. Vielleicht hatten sich Seefahrer schon zur Zeit Mesopotamiens und der Indus-Kultur von der Sonne zum Äquatorkanal führen lassen und überlebten in den Legenden als die Redin. Vielleicht waren sie diejenigen, die die Tonwaren vor 2000 v. Chr. auf den Malediven zerbrochen und in der gleichen Zeit Kauri-Muscheln zum Hafen von Lothal gebracht hatten.

Arne Skjölsvold hob hervor, und wir alle stimmten ihm zu, daß der Buddhismus auf den Malediven eine starke Position gehabt haben mußte, bevor der Islam eingeführt wurde. Diese Buddhisten konnten direkt von Birma gekommen sein, wie das Bambusfloß, das wir gesehen hatten. Es gibt zahlreiche Fakten, die belegen, daß die Malediver schon lange vor der islamischen Zeit Verbindung zu buddhistischen Ländern bis hin nach Südostasien und China hatten.

Aber Sri Lanka ist wohl der wahrscheinlichere Ursprung. Dort gibt es Aufzeichnungen über eine größere Wanderungsbewegung zu Korallenatollen im Meer. Und sie wurde hervorgerufen von einem mächtigen Buddhisten, der die Inseln um 500 v. Chr. aufsuchte. Auch wenn die Malediven in der singhalesischen Ära nie weder politisch noch religiös von Sri Lanka beherrscht worden sind, müssen diese beiden unabhängigen Staaten doch voneinander gewußt und sogar irgendwelche inoffiziellen Handelskontakte gehabt haben. Wie Egil Mikkelsen hervorhob, wurde dies durch einige der Topfscherben deutlich, die er und Öystein Johansen im Tempelkomplex von Nilandu ausgegraben hatten. Die Scherben waren als srilankischer Herkunft identifiziert worden und stammten aus der Zeit ab 700 n. Chr.

Buddhisten aus Sri Lanka und Hindus aus dem Nordwesten Indiens haben damit offenbar zu etwa gleichen Teilen zur Besiedlung des Malediven-Archipels vor ungefähr 2500 Jahren beigetragen, und das sogar in etwa demselben Jahrhundert. Wer sich in der Zeit davor auf den Inseln aufgehalten hatte, wurde vertrieben oder aufgesaugt.

Die Malediven, von denen die meisten an unserem Tisch vorher kaum gehört hatten, erschienen uns jetzt allmählich wie ein Riff, von dem sich Krakenarme bis in die entferntesten Winkel der Alten Welt erstreckten. In das Rote Meer und das Mittelmeer bis Rom. In den Persischen Golf und darüber hinaus bis nach Finnland und zur arktischen

Küste Norwegens. In den Golf von Kambay und um Indien herum in die entgegengesetzte Richtung, durch die Meerengen von Indonesien bis zum fernen China. Direkt und indirekt waren die frühgeschichtlichen Malediven eingebunden in den Welthandel.

Aber woher kamen die Malediver selbst?

»Lassen wir alle Möglichkeiten offen«, schloß Arne Skjölsvold. »Wir wissen, daß Sri Lanka und die Häfen am Golf von Kambay eine bedeutende Rolle in der Frühgeschichte und auch in der Geschichte der Malediven gespielt haben. Aber zu viele sind hierhergekommen oder vorbeigesegelt, bevor die europäische Geschichte begann, also . . .«

»So ist wohl der beste Schluß, daß das Meer eine freie Straße ist und immer war, seit der Mensch begann, Schiffe zu bauen«, sagte ich.

»Du weißt also nicht den Namen und die Anschrift des ersten Menschen, der die Malediven betreten hat?« ulkte Knut.

»Wer war der erste Europäer, der den Ärmelkanal überquert hat?« fragte Öystein Johansen.

Knut lächelte:

»Aber wer immer als erster eines der winzigen Atolle in den Malediven mit einem Segelboot erreicht hat, verdient einen Platz in der Geschichte der Seefahrt.«

Anhang

Bibliographie

AMMIANUS MARCELLINUS, *Römische Geschichte,* Dritter Teil, Buch 22, 7. 10., Akademie Verlag, Berlin 1970.
IBN BATTŪTA, *Die Reise des Arabers Ibn Batūta durch Indien und China,* Gutenberg-Verlag, Hamburg, 1911.
BELL, H. C. P., (1925), »A Description of the Maldive Islands: C. a. 1683.«, *Journal of the Royal Asiatic Society, Ceylon Branch,* Nr. 78, Colombo.
BELL, H. C. P. (1940), *The Maldive Islands. Monograph on the History, Archeology, and Epigraphy.* – Posthume Veröffentlichung, Ceylon Government Press, Colombo.
BIBBY, G. (1969), *Looking for Dilmun,* New York.
BURGESS, C. M. (1970), *The Living Cowries,* New York, London.
FERNANDO, A. D. N. (1982), »The Ancient Hydraulic Civilization of Sri Lanka in Relation to its Natural Resources.« *Journal of the Sri Lanka Branch of the Royal Asiatic Society,* keine näheren Angaben, Bd. XXVII, Sondernummer, Colombo.
FORBES, A. D. W (1983), »The Mosque in the Maldive Islands. A preliminary historical survey.« in: *Etudes interdisciplinaires sur le mondes insulindien,* Archipel 26, Archeologie Musulmane, Paris.
GRAY, A. (1888), *The Voyage of François Pyrard of Laval to the East Indies, the Maldives, the Moluccas, and Brazil.* Übersetzt und kommentiert von Albert Gray unter Mithilfe von H. C. P. Bell, 2 Bde., London, Hakluyt Society, 1888.
HEYERDAHL, T. (1952), *American Indians in the Pacific. The Theory Behind the Kon-Tiki Expedition,* London, Chicago.
HEYERDAHL, T. (1958), *Aku-Aku, The Secret of Easter Island,* London.
HEYERDAHL, T. (1979), *Tigris,* Bertelsmann, München.
HUTCHINSON, J. B., SILOW, R. A. und STEPHENS, S. G. (1947), *The Evolution of Gossypium and the Differentiation of the Cultivated Cottons,* London, New York, Toronto.
HUTCHINSON, J. B., SILOW, R. A. und STEPHENS, S. G. (1949), »The problems of trans-Pacific migration involved in the origin of the cultivated cottons of the World.« Auszug vom Siebten Pac. Sci. Kongreß, Neuseeland, Februar 1949.
MALONEY, C. (1980), *People of the Maldive Islands,* Madras.
MANIKU, H. A. (1977), *The Maldive Islands, a Profile,* Malé.
MANIKU, H. A. (1983), *The Islands of Maldives,* Malé.
MERI, L. (1984), *Hobevalgem,* Tallin.
CAJUS PLINIUS SECUNDUS (77), *Naturgeschichte,* Bd. 6, Übers. Ph. H. Külb, Verlag der J. B. Metzler'schen Buchhandlung, Stuttgart, 1842.
RAO, S. R. (1965), »Shipping and Maritime Trade of the Indus People«, *Expedition,* University of Pennsylvania, Philadelphia, Bd. 7, Nr. 3.
SASTRI, K. A. N. (1955), *The Colas,* University of Madras.
SILOW, R. A. (1949), »The Evolution and Domestication of a Crop Plant«, Austral. Inst. Agricult. Sci., Bd. XV, Nr. 2, Melbourne.

Anmerkungen

[1] Bell (1940)
[2] Maloney (1980, S. X, 48)
[3] Maniku (1983)
[4] Bell (1940, S. 119)
[5] Bell (1940, S. 122)
[6] Bell (1940, S. 104)
[7] Bell (1940, S. 126 f.)
[8] Bell (1940, S. 105, 106)
[9] Heyerdahl (1958)
[10] Bibby (1969)
[11] Heyerdahl (1979, Kap. 5)
[12] Heyerdahl (1979)
[13] Maloney (1980, S. 172)
[14] Maniku (1983, S. 33)
[15] Bell (1940, S. 116)
[16] Bell (1940, S. 125)
[17] Bell (1940, S. 111)
[18] Bell (1940, S. 131)
[19] Bell (1940, S. 151)
[20] Bell (1940, S. 105)
[21] Bell (1940, S. 112)
[22] Bell (1940, S. 95)
[23] Maloney (1980, S. 417)
[24] Bell (1940, S. 17, 76)
[25] Gray (1888, S. 444)
[26] Maloney (1980, S. 420 f.)
[27] Gray (1888, S. 478)
[28] Gray (1888, S. 484 f.)
[29] Gray (1888, S. 236 f.)
[30] Bell (1925, S. 132–142)
[31] Maloney (1980, S. 155)
[32] Battuta (S. 316–318)
[33] Battuta (Bd. II, S. 344 – engl. Ausg. Cambridge 1962)
[34] Forbes (1983, S. 71 Fußnote)
[35] Bell (1940, S. 18 f.)
[36] Bell (1940, S. 203) und Hassan Maniku in einem unveröffentlichten Manuskript über »Islam in Maldives« (Malé, Dez. 1982, Bezugsnummer MOE/82/CISSEA/12, S. 3) zitiert den alten maledivischen Chronisten Hassan Thaajuddeen (1727), der ebenfalls den falschen Namen gebraucht, Shamshuddeen al Thabreezi, aber den interessanten Hinweis hinzufügt, daß er Thabreezi im elften Jahr der Herrschaft von Khaleefa Mugthafee Li-Amrillha verließ, was dem Jahr 1147 n. Chr. entspräche. Falls diese Angaben richtig sind, muß der Reisende aus Träbis auf seiner Fahrt von Träbis mehrere Pausen eingelegt haben, wenn er erst 1153 angekommen ist.
[37] Battuta (S. 328–330)
[38] *Loamaafaanu,* Manuskript, Übersetzung ins Englische durch das Nationale Zen-

trum zur Erforschung der Sprache und Geschichte, mit einem Vorwort Seiner Exzellenz Maumoon Abdul Gayoom, Präsident der Republik der Malediven, Malé, 1982.

[39] Battuta (S. 323–327)

[40] Gray (1888, S. 468–471)

[41] Gray (1888, S. 472 f.)

[42] Bell (1940, S. 26 f.)

[43] Maniku (1977, S. 3)

[44] *Rasge-timu* bedeutet »Königsinsel«. Die maledivische Legende, die von dieser Insel als der ersten Besiedlung der maledivischen Herrscher spricht, wird in Kapitel XI näher erläutert.

[45] Maloney (1980, S. 165 f.)

[46] Maloney (1980, S. 146 f.)

[47] Brief vom 29. August 1983 vom srilankischen Kulturministerium. Unterschrieben von Roland Silva und S. U. Deraniyagala.

[48] Maniku (1983, S. 3)

[49] Fernando (1982)

[50] Gray (1888, S. 454–457)

[51] Sastri (1955, S. 183)

[52] Bell (1940, S. 16)

[53] Maloney (1980, S. IX, 48)

[54] Maloney (1980, S. 57)

[55] Maloney (1980, S. 41–49)

[56] Maloney (1980, S. 57)

[57] Maloney (1980, S. 54–67)

[58] Maloney (1980, S. 31 f.)

[59] Bell (1940, S. 16)

[60] Maloney (1980, S. 30)

[61] Maloney (1980, S. 33–36)

[62] Maloney (1980, S. 38–41)

[63] Hutchinson et. al. (1947; 1949); Silow (1949); Heyerdahl (1952, S. 446–453)

[64] Rao (1965, S. 30–37)

[65] Brief von Esa Anttonen vom 31. 10. 84, der auf einem Hinweis von Ildiko Lehtinen beruht; L. Meri (1984, S. 174)

[66] Burgess (1970, S. 343)

[67] »A Roman Republican Denarius of c. 90 B. C. from the Maldive Islands, Indian Ocean.« Manuskript von Andrew D. W. Forbes. Nationales Zentrum zur Erforschung der Sprache und Geschichte, Malé.

[68] Ammianus Marcellinus, Buch 22, 7. 10., S. 21

[69] Plinius (Bd. 6, S. 646, 659, 660 f.)

[70] Maloney (1980, S. 53)

Register

3/10.50 cs

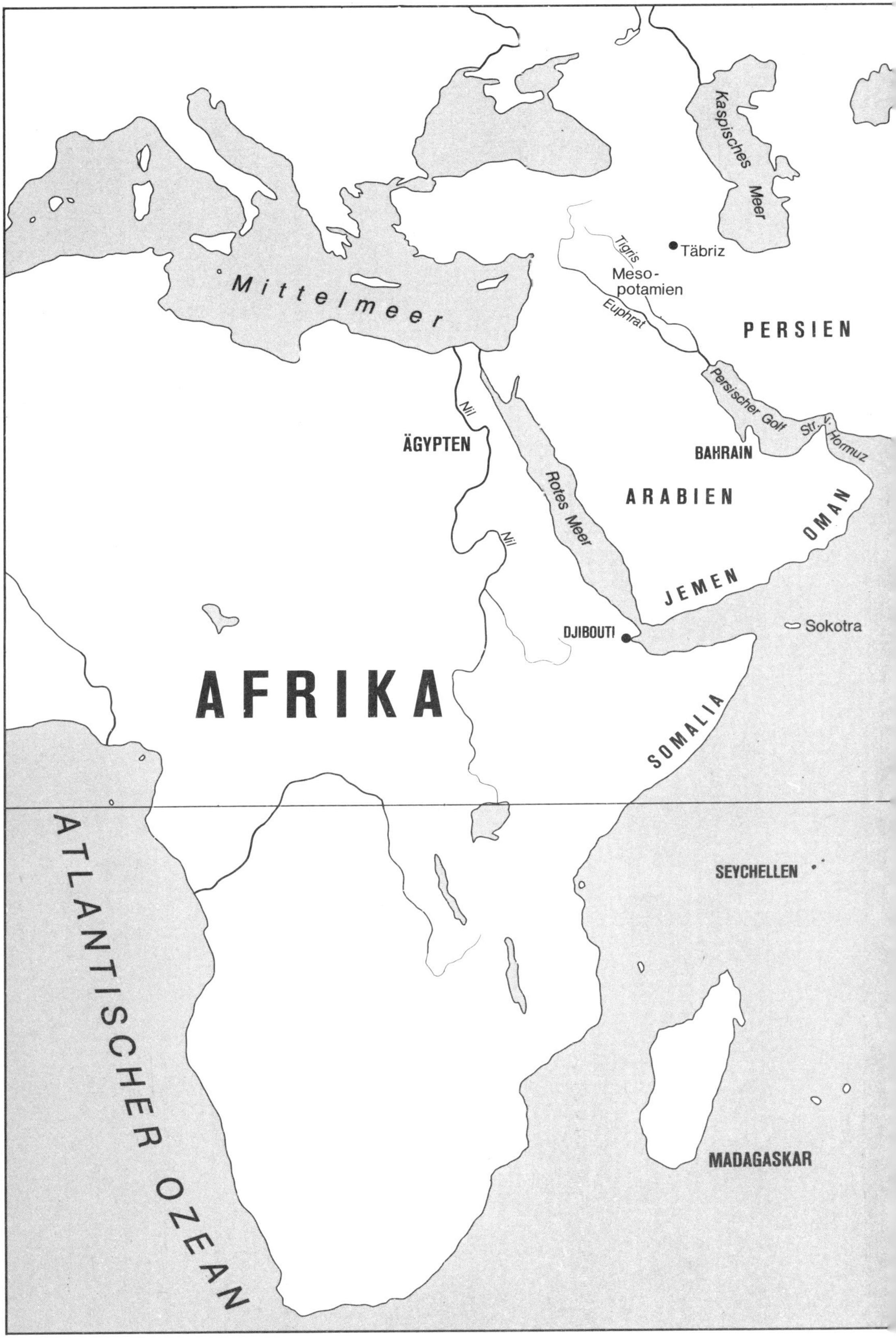

Kaspisches Meer
Täbriz
Tigris
Meso-potamien
Euphrat
PERSIEN
Mittelmeer
Nil
ÄGYPTEN
Persischer Golf
Str. v. Hormuz
BAHRAIN
Rotes Meer
ARABIEN
OMAN
JEMEN
DJIBOUTI
Sokotra
AFRIKA
SOMALIA
SEYCHELLEN
ATLANTISCHER OZEAN
MADAGASKAR